漢唐
經典

曾振宇 主编

汉代人的
观念世界

济南出版社 汉唐书局

图书在版编目（CIP）数据

汉代人的观念世界 / 曾振宇主编. -- 济南 : 济南出版社, 2024.12. -- ISBN 978-7-5488-6908-5

Ⅰ.G129

中国国家版本馆CIP数据核字第2025NA3904号

汉代人的观念世界

曾振宇　主编

出 版 人　谢金岭
图书统筹　冀瑞雪
责任编辑　冀春雨　张子涵　王亚楠
装帧设计　谭　正

出版发行　济南出版社
地　　址　山东省济南市二环南路1号（250002）
编辑热线　0531-82926535（编辑室）
印　　刷　山东彩峰印刷股份有限公司
版　　次　2025年5月第1版
印　　次　2025年5月第1次印刷
开　　本　170mm×240mm 16开
印　　张　20.25
字　　数　290千
书　　号　ISBN 978-7-5488-6908-5
定　　价　68.00元

如有印装质量问题 请与出版社出版部联系调换
电话：0531-86131736

版权所有　盗版必究

序　言

在中国文化史上，汉代是极为重要的历史时期。这一时期，孔子儒家思想由一种地域性文化上升为国家主流文化。它接续西周以来孔子、思孟学派以及荀子的儒家思想，借助汉朝中央政府的权力，重构了中国人的价值体系。仁义礼智信忠孝廉耻等，成为"何谓中国人"这一命题下的价值共识。

如果说西方社会的价值体系是由苏格拉底和犹太教先知塑造的，那么中华文明体系中的价值观，就主要是由儒家建构而成。在社会政治层面，儒家首先为政治制度的正当性确立了道德基础——仁义。不符合仁义的政治制度，就会丧失存在的合法性。在董仲舒"屈民而伸君，屈君而伸天"的逻辑架构中，"伸天"才是其政治诉求。这里的"天"既不是至上神，也非自然之天，而是道德义理之天。换言之，天心即民心，天意即民意。

此外，儒家在家、国之上，还提出了"天下"这一社会政治观念。"天下"是超越民族国家意识的价值共同体，人同此心，心同此理。"天下为公"成为儒家在政治思想方面的奋斗目标。其中蕴含的"现代性"意义，在当今社会日益彰显。

观念史研究不同于概念研究，后者侧重于从逻辑层面进行语词分析，前者则注重从思想史角度梳理每个观念如何萌芽与传播，并从哲学高度分析观念的学术价值与社会意义。观念如水，具有变动性，因时而变，因地而异。观念史研究的具体目标，是梳理与分析每个观念如何影响一个时代的价值观、生活观和审美情趣。譬如，五四运动和新文化运动中传播的"民主"和"科学"观念，是如何激励成千上万中华儿女为之奋斗不已的。"虽千万人，吾往矣！"因此，观念史的研究，并非单纯学者书房中的学问，其价值也远非人们印象中的仅能应用于学术研究。

是为序！

曾振宇

2024 年 6 月 29 日于山东大学

目 录

序 言 / 1

第一章 友 / 1

一、汉代以前"友"观念的起源与衍变 / 1

（一）"友"的文字学探源 / 1

（二）"友"的字义变迁 / 3

（三）"以友辅仁"：《论语》的"友"观念 / 7

（四）"友，君臣之道"：《郭店楚简》与孟子友朋观 / 21

二、汉代儒家"友"观念 / 37

（一）"朋友以极之"：《礼记》的友朋观 / 37

（二）《白虎通》的友朋思想 / 42

三、对汉代儒家"友"观念的思考 / 57

（一）汉代儒家"友"观念的价值定位 / 57

（二）汉代儒家"友"观念的现代转化 / 58

第二章　孝 / 61

一、儒家孝观念的基本内涵及样式 / 61

二、汉代社会民众中普遍流行的儒家孝观念 / 63

（一）"不孝有三，无后为大"观念的承续 / 64

（二）"互助合作"的精神纽带：汉代宗族内部成员的孝观念 / 66

（三）曲从：汉代出嫁女子的孝观念 / 68

三、西汉董仲舒对儒家孝观念的神圣化改造 / 71

（一）天人关系与孝观念 / 72

（二）阴阳五行与孝观念 / 75

（三）人性论与孝观念 / 78

四、东汉儒家孝观念神秘化转向的文本：《孝经纬》/ 81

（一）"德"为核心：《孝经纬》中的"五等之孝" / 82

（二）通于神明：《孝经纬》中"孝"的重要特质 / 84

（三）东汉儒家孝观念神秘化转向之原因 / 86

五、汉代知识精英对儒家孝观念的新论、体证与批判 / 88

（一）韩婴对儒家孝观念的新论 / 89

（二）司马迁、班固对"无改于父之道"孝观念的体证 / 92

（三）王符、王充、孔融对儒家孝观念的批判 / 95

第三章　忠 / 99

一、"忠"观念的产生与发展——以孔、孟、荀为例 / 99

（一）"忠"观念溯源 / 99

（二）孔子的"忠"观念——奠定仁爱的精神 / 102

（三）孟子之忠：成善与为善 / 109

（四）荀子之忠：礼义之忠 / 115

二、汉代的"忠"观念 / 121

（一）贾谊的"忠"思想：尊君与爱民 / 122

（二）董仲舒之忠：推进"大一统"秩序 / 129

（三）王符之忠：爱民与振君 / 142

（四）马融之忠：忠德至上 / 147

三、"忠"的现代意义 / 152

第四章 礼 / 157

一、孔、孟、荀等人的礼学思想 / 157

（一）孔子：学礼以立 / 157

（二）孟子：有礼者敬人 / 161

（三）荀子：礼是一种制度 / 163

二、汉代的礼学观念 / 164

（一）陆贾：以礼治国 / 165

（二）贾谊：重视"行其礼" / 166

（三）董仲舒：礼是社会道德的综合 / 170

（四）汉代儒家礼学特点 / 176

三、汉代儒家礼学的现代价值 / 179

（一）身体力行的实践性 / 179

（二）注重人性情感的教化培育 / 180

（三）强化伦理道德的品德塑造 / 183

第五章　乐 / 187

一、孔、孟、荀的音乐思想 / 187

（一）概述 / 187

（二）孔子——寓教于乐的创始人 / 187

（三）孟子——独乐乐不如众乐乐 / 189

（四）荀子——乐者，中和之纪 / 191

二、《吕氏春秋》的音乐思想 / 192

三、汉代儒家音乐思想的基本内容及特点 / 194

（一）概况 / 194

（二）《史记》中的自然音乐思想 / 195

（三）《乐记》中的音乐道德教化思想 / 203

（四）《春秋繁露》中的音乐治国思想 / 208

四、汉代音乐思想的现代社会价值 / 216

第六章　心 / 219

一、陆贾"调心以向道" / 220

二、贾谊"求道以心" / 224

三、董仲舒对"心"的深察 / 227

四、扬雄"潜心于圣" / 236

五、王充论心 / 240

六、结语 / 245

第七章　美 / 247

一、天人之际：讨论的缘起 / 247

二、取天地之美以养其身：董仲舒的"美"论 / 247

（一）作为理想境界的"天地之美" / 247

（二）作为价值向度的"仁爱之美" / 251

（三）作为德性养成的"中和之美" / 255

（四）理论特点与影响 / 261

三、问题的转向：从扬雄到王充 / 261

四、疾虚妄与求真美：王充论"美" / 262

（一）元气自然的理论根基 / 262

（二）"疾虚妄"的展开 / 263

（三）"求真美"的内涵 / 270

（四）为文真美的讨论 / 275

（五）结语 / 279

第八章　天下 / 281

一、天下观念的产生与流变 / 282

（一）从"四方"到"天下" / 282

（二）文德双修，天下有道：孔子的天下观念 / 284

（三）仁人之政，天下归之：孟、荀天下观念概述 / 287

二、汉代儒者的天下观念 / 289

（一）从寻找王者到强调仁义 / 290

（二）由近及远：实现天下太平 / 293

（三）三世异治：王者教化永无止境 / 294

（四）给以厚利与共盟于天：董仲舒对世俗性与神圣性的糅合 / 297

（五）神圣还是世俗？——形塑天下的两难 / 301

三、对汉代儒家天下观念的评价与反思 / 303

（一）"大一统"理念的滥用及双标 / 304

（二）从王朝观念到天下观念——也说贾谊、董仲舒之差异 / 307

（三）人与人的交往——天下的基本形态 / 310

后　记 / 313

第一章 友

一、汉代以前"友"观念的起源与衍变

"创造和使用文字，是人类的一种特殊能力。文字作为文化的主要载体和社会交往的主要媒介，既是文化发展的历史成果，又随着社会变迁而不断演变。"[①]就"友"字而言，从字面来看，人们会说这是"朋友"的"友"，或是"友谊"的"友"，这种理解虽然有道理，但不够全面，不全面的原因在于我们无暇去探其源、寻其流。在接触到更多资料之后，才能逐渐发现"友"的天地是一个不断拓展的世界，"友"反映了人类历史的某些变迁，也许是中国思想史领域的重要理念之一。

（一）"友"的文字学探源

从已有资料来看，"友"既是特定的人称，也用于表达伦理规则，现代人一般将"友"认定为朋友或朋友间的伦理规范。在先秦早期，"友"的内涵与现代有所差别。有些学者认为"友"的古义为同族的人、僚属或同僚；在一些文献中，"友"与君臣之道联系密切；在《尔雅·释训》中，友即"善兄弟为友"，在这个解释中，友可指兄弟间的相处规范……上述不同的解释不禁使人们感到好奇，看似简单的一个"友"字，怎会产生如此多的内涵呢？难道与"友"的造字及原始含义有关？下文能否揭开"友"字的奥妙呢？

---

① 王利华：《周秦社会变迁与"友"的衍化》，载《江西社会科学》2004年第10期。

: 汉代人的观念世界 :

在甲骨文中，友，写作⚯，从二又（手），字形为两手相依，似两人在共同做事，从中我们可以简单推断其有互助之义，代表了亲密的人际关系，用作人名之组成部分时为借音字。一些学者就"善兄弟为友"来说明"友"指手足兄弟，但"兄弟"一说很可能是后起的引申义。单独分析甲骨文中的"又"（手），像右手之形，罗振玉指出"卜辞中左右之右，福祐之祐，有亡之有，皆同字"[①]。"又"字，甲骨文用作侑祭之"侑"时为借音字，对先王和自然神进行又祭，是为了求得福佑和好年成。殷代卜辞常见"受又"一词，意思是说受到神灵的佑助，若借用罗振玉等人的考证，"友"为二又（手）连列，可解释为相互帮助。

《说文解字》释"又"为"手"。"又"是"右"之初文，王力先生认为助人以手，右的本义应是以手相助。"友"从二又（手）相交，本义则是两手相助。"友"又作帮助之义，在《孟子》《荀子》等文本中可见，如《孟子·滕文公上》："乡田同井，出入相友。"[②]

"友"可用作官名、人名，如"中友父""友邦君""友邦家君"。从友的本义出发，"'友'引申出'亲爱、友好'义（多用于兄弟之间）和'志趣相投的人'义，在此基础上，'亲爱、友好'义又引申出'和顺'义，'志趣相投的人'义又引申出'交友'义"[③]。"友"的"亲爱、友好"义常见于兄弟之间，兄弟间更离不开互相帮助。

东汉许慎在《说文解字》中说："同志为友，从二又相交。"段玉裁注引《周礼》注曰："同师曰朋，同志曰友。"[④]可见"同志为友"为当时学者所采纳，"友"为拥有共同志向的人群。清代段玉裁注解说："二又，二人也。善兄弟曰友。亦取二人而如左右手也。"段玉裁认为"友"为以

[①] 于省吾主编：《甲骨文字诂林》，中华书局1996年版，第877页。为行文简洁，本书所引专著只在第一次出现时列出完整的版本信息，后从略。
[②] ［清］焦循：《孟子正义》，中华书局1987年版，第359页。
[③] 吴峥嵘：《"朋"与"友"的词义发展》，载《信阳师范学院学报》（哲学社会科学版）2005年第2期，第77—80页。
[④] ［东汉］许慎撰，［清］段玉裁注：《说文解字注》，上海古籍出版社1988年版，第116页。

善对待兄弟,有"友爱"义。许慎与段玉裁对"友"的解释已接近"友"的现代含义。

由上述内容,我们已经了解到"友"的本义为两手相助,作帮助之义讲。那么,它的其他含义在文献中有哪些表现?又出现了怎样的衍变呢?

(二)"友"的字义变迁

1."族人"与"僚属"或"同僚"

童书业解释"士有隶子弟"与"士有朋友"时说,士一般无家臣,以子弟为仆隶,类似于臣。但他也说"隶"可能为亲族隶属之义。朋友应是士之宗族成员,朋友即"隶子弟"。他举铜器铭文作例证时说朋友为族人。"朋"字有比、类、党等含义,"'善兄弟为友',则'朋友'古义为族人……《毛公鼎铭》'以乃族干吾王身',《师訇殷铭》作'以乃友干吾王身',二器同时,可证'朋友'古义为族人"[1]。

鲁庄公二十二年(前672),陈国公子完(卒谥敬仲)逃亡到齐国,齐桓公想让敬仲做卿,敬仲以诗辞谢说:"翘翘车乘,招我以弓。岂不欲往,畏我友朋。"于是敬仲做了一个小官工正(管理工匠的官)。童书业认为此处"友朋"是族人之义,指陈国的同族。至于为什么说"友朋"是敬仲的族人,童书业并未作出详细解释。如果我们留心一下诗中的"畏"字,就可以知道,一个"畏"字已足够说明敬仲的友朋可以评论他的言行,友朋有责善之职,否则因何生畏呢?当然,敬仲心中已有不做卿的决断,引诗作答是他委婉谢绝齐侯的言语方式。

孔子说:"不学诗,无以言。"[2]孔子也说过:"诵诗三百,授之以政,不达;使于四方,不能专对;虽多,亦奚以为?"[3]我们该如何理解孔子的这两句话?结合敬仲对诗的巧妙运用,我们可知,诗是古人在重要场合交流的一种方式。诗中已含人情礼仪、治国安民之道,善于用诗的人可以恰当地表达自己的意见而不至于招辱,能够避免使对

---

[1] 童书业著,童教英校订:《春秋左传研究(校订本)》,中华书局2006年版,第111页。
[2] 程树德:《论语集释》(四),中华书局2014年版,第1505页。
[3] 程树德:《论语集释》(三),第1161页。

方感到不愉快甚至忿怒。难怪孔子希望学生在出使四方时，能够做到在理解诗的内涵的基础上，做到以诗专对。通过对传统文化的学习，我们很容易感受到古人言语的方式比现代人更委婉一些，在孔子的时代及其以前，有以诗作答的传统，《荀子》一书大量引用诗歌是十分明显的。

除了提到"朋友"的古义为族人，童书业又指出，"'友'如非指族人，即指僚属或同僚"[①]。从童书业的论述中我们不难看出，早期"朋友"的含义不容易确定，但大体可以归为"族人"和"僚属"两种。

2. "兄弟"之称

先秦之前，"友"曾指兄弟间的亲属关系，这一看法在一些学者的论述中经常出现。西周的青铜器铭文中有一类与器主关系较密切的人——"友"（或"朋友"），朱凤瀚解读西周青铜器铭文并比照《左传》等书，得出西周时期"友"或"朋友"指同一家族的亲属，亲兄弟也在朋友一称中，由于"西周器铭未见朋友、兄弟并称者，当是亲兄弟亦包含在朋友之称中"[②]。

王利华认为西周铭文中提到的人称，除了"友"与"朋友"，还有父母祖先、子孙，有时提到同僚（如卿士、师尹）和姻亲，都属于关系亲密的人，这些人群"要么是同姓亲属，要么是异姓亲戚"[③]，他把"友"归到了同姓亲属与异姓亲戚中。《广雅》释"友"为"亲"，如今"亲"这一称呼被应用于朋友甚至是陌生人之间，颇有一番趣味。

3. "群臣"之义

在探讨"友"的含义时，学者们的意见并不一致。究竟哪一种解释更接近客观史实呢？接下来，我们不妨去寻找一些相关证据。童书业曾以铭文解释"友"的含义，认为"友"与"族"含义接近。"《毛公鼎铭》'以乃族干吾王身'，《师訇殷铭》作'以乃友干吾王身'，二器同时"。由此可见，"友"与"族"的地位比较重要。"友"和"朋友"在春秋之

[①] 童书业著，童教英校订：《春秋左传研究（校订本）》，第111页。
[②] 朱凤瀚：《商周家族形态研究》，天津古籍出版社1990年版，第311页。
[③] 王利华：《周秦社会变迁与"友"的衍化》，载《江西社会科学》2004年第10期。

前究竟指哪一类人群，就研究者的说法来看，似都有漏洞，唯童书业"'友'如非指族人，即指僚属或同僚"一说，较为中肯。结合"友"的本义分析，我们暂作猜测："友"指较亲密的人群，也可指兄弟间的亲密关系，还有"僚属或同僚"的含义，"孝""友"二字连用，当取"友"的延伸义"友爱、扶助"讲。如果这个论断成立，《诗经》《左传》《郭店楚简》等文献所涉及的友朋内容，当能顺利解释。

在《诗经》的篇章里看不出"友"有同族亲属的含义，有时它与"兄弟"次第出现，如《小雅·沔水》所述"嗟我兄弟，邦人诸友"①。《诗经》谈到的"友"是脱离血亲关系的一类人。自天子以及庶人，未有不需友以成，"相彼鸟矣，犹求友声。矧伊人矣，不求友生"②。朋友有规劝之责，"朋友攸摄，摄以威仪"③。《沔水》的作者劝告朋友要警惕和提防谗言兴起，"我友敬矣，谗言其兴"。在《诗经》中，"友"还有"善兄弟为友"的含义，"张仲孝友"④中的"友"可解释为友爱，《大雅·皇矣》称赞王季对兄友爱，诗人说"维此王季，因心则友。则友其兄"⑤。

吕思勉认为"朋友"的古义是群臣，君臣的关系近似于朋友。他说："《毛传》曰：'朋友，群臣也。'此古义也。"⑥《史记·廉颇蔺相如列传》记载，赵国宦官令缪贤说："我曾经跟随大王与燕王在边境上会盟，燕王私下与我握手，说'愿结友'。"此处的"友"即互助的朋友。

鲁桓公二年（前710），师服曰："天子建国，诸侯立家，卿置侧室，大夫有贰宗，士有隶子弟。"杨伯峻称："'士'自以其子弟为隶役。'士'自是'宗子'（家长）。"⑦在周代，"士"是贵族等级制度中最低的一个等级，以子弟为仆隶。随着时代的变迁，"朋友"成员取代

---

① [清]方玉润：《诗经原始》，中华书局1986年版，第374页。
② [清]方玉润：《诗经原始》，第335页。
③ [清]方玉润：《诗经原始》，第511页。
④ [清]方玉润：《诗经原始》，第361页。
⑤ [清]方玉润：《诗经原始》，第489页。
⑥ 《吕思勉读史札记》，上海古籍出版社2005年版，第241页。
⑦ 杨伯峻编著：《春秋左传注》（一），中华书局2016年版，第101—102页。

了"隶子弟"。鲁襄公十四年（前559），师旷曰："天子有公，诸侯有卿，卿置侧室，大夫有贰宗，士有朋友。"对比两则史料，不难发现"士有隶子弟"与"士有朋友"表达的意思相近，"隶子弟"与"朋友"都有辅助士的职责。

杨伯峻在《春秋左传注》"士有朋友"下指出："桓二年《传》云'士有隶子弟'，似此'朋友'即指'隶子弟'。以桓二年《传》'各有分亲'及此下文'皆有亲昵'推之，朋友一词，非今朋友之义，或其同宗，或其同出师门。"① 王志在《〈左传〉"士有隶子弟"献疑》中说"士有隶子弟"的"隶子弟"也指前来依附于"士"的其他家族的子弟（不排除自家子弟）。② 郭守信指出："朋友不是今天意义上之朋友，同样，隶子弟也绝不是限于血缘关系的子和弟，而是古代社会特有的概念，反映的是一个特定的历史阶段发生的人际关系。"③《大戴礼记·曾子制言》称："父母之仇，不与同生；兄弟之仇，不与聚国；朋友之仇，不与聚乡；族人之仇，不与聚邻。"④ 这句话将朋友列在兄弟之后、族人之前，表明朋友比族人更亲近一些。由于"士"的职业、身份不一，不排除他们指同一师门的弟子。

4. 志趣相投之友

春秋以后，见于文献的"友"主要指志趣相投、联系密切的人群。《庄子·内篇·养生主》记载了这样一个故事：老聃病终，秦失前去吊唁，哭了几声就出来了。弟子问："您的吊唁这样简单，难道老聃不是您的朋友吗？"秦失说："他是我的朋友。来到人世时，老聃应时而生；离开人世时，他顺理而去。"秦失认为"安时而处顺，哀乐不能入"⑤ 是他和老聃对生命共有的认识，因此他可以这样吊唁。《庄子·内

---

① 杨伯峻编著：《春秋左传注》（四），第1118页。
② 王志：《〈左传〉"士有隶子弟"献疑》，载《中山大学学报》（社会科学版）2009年第4期，第80—85页。
③ 郭守信："士有朋友"——古代社会人际关系初探（上）》，载《文化学刊》2007年第3期，第142—150页。
④ ［清］王聘珍：《大戴礼记解诂》，中华书局1983年版，第91页。
⑤ 陈鼓应：《庄子今注今译》，商务印书馆2016年版，第124页。

篇·大宗师》记载，子祀、子舆、子犁、子来聚到一起谈论："谁能把无当成头，把生当作脊梁，把死当作尾骨，谁能认识到死生存亡是一体的，我们就和他交朋友。"说完，他们相视而笑、彼此心意相通，于是结为朋友。这样的事例在古代文献里并不鲜见。

综上所述，作为特定人称的"友"或"朋友"，其字义经历了一定变化。由典籍可证，"友"最初可指互助、共事的一类人，或指兄弟间的亲属关系，随着周代社会的历史变迁，"友"或"朋友"进一步指同僚或僚属，士友关系逐渐瓦解时，"友"的当代义浮现，即过渡到有共同志向的人群这一含义上来。

（三）"以友辅仁"：《论语》的"友"观念

孔子的"友"观念奠定了儒家朋友一伦的基本内涵，"友直，友谅，友多闻"等品质是朋友的道德品格，"切切偲偲""言而有信"是朋友间的相处规范，"以友辅仁"则是友朋之道的归宿。孔子的"友"观念对后世儒家友朋观的形成影响深远，《郭店楚简》"君子之友也有向，其恶有方"与孟子"友其德"的主张继承并发展了孔子的相关思想。

《论语》一书中有不少富有开创性的思想，其中士的精神影响了后代士阶层精神品格的塑造，"以友辅仁"则奠定了中国传统文化中朋友一伦的基本内涵，朋友切磋互益，使彼此渐入仁道。"仁"为孔子学说的核心思想，孟子说"仁也者，人也。合而言之，道也"[①]。"以友辅仁"，则此处的"友"便不寻常，它定有优良的品性与"仁"相衬。

《论语》中对朋友多有论述，有学者分析："'友'出现的次数最多，有27次；'朋'次之，有9次；'朋友'连用有8次。"[②] 孔门弟子之间互称"友"，如子游讲："吾友张也。""友"指朋友子张，在《论语》中"友"有时也作帮助之义。《论语》中的"朋友"有时与"士有朋友"中"朋友"的含义相同，但不影响我们对孔子友朋观的理解。

---

① [清]焦循：《孟子正义》，第977页。
② 侯步云：《论孔子的交友之道》，载《西北大学学报》（哲学社会科学版）2008年第3期，第56—58页。

"朋友之馈，虽车马，非祭肉不拜"①，可见古时朋友有通财之义，《白虎通疏证》记载："朋友之际，五常之道，有通财之义，振穷救急之意，中心好之，欲饮食之，故财币者，所以副至意焉。《礼·士相见》经曰'上大夫相见以雁，士冬以雉，夏以脯'也。"②在《论语·乡党》中，孔子说："朋友死，无所归，曰：'于我殡。'"③这看似普通的行为却体现出孔子对朋友的"仁至而义尽"。

以《论语·学而》"有朋自远方来，不亦乐乎"为例，清代毛奇龄曰："同门曰朋。"④他认为"朋"可能是同在某贵族门下或同一师门的人。朱熹注为："朋，同类也。自远方来，则近者可知。程子曰：'以善及人，而信从者众，故可乐。'"⑤宋代朱熹将"朋"注解为"同类"，他也认为"以善及人"是"信从者众"的原因之一。清代刘宝楠解释说："弟子至自远方，即'有朋自远方来'也。'朋'即指弟子。"⑥杨伯峻以"志同道合的人"解释"朋"。钱穆与朱熹、杨伯峻的注解类似："朋，同类也。志同道合者，知慕于我，自远来也。"⑦无论从考据入手，还是着眼于义理，因"朋"指示的人群与孔子有交流的共通点，故精神"可乐"。

1."益者三友，损者三友"

先看朋友的品格，"益者三友，损者三友"里的"友"为辅助之义，我们把"直""谅""多闻"理解为益友的标准也是合适的。直，即正直；谅，即"信"，守信；多闻，即见闻广博。孔子说有三类品质对人有帮助，有三类品行则于人有损。有益的三类品质分别为直、谅、多闻；而有害的三类品行是便辟、善柔、便佞。

---

① 程树德：《论语集释》（二），第932页。
② [清]陈立：《白虎通疏证》，中华书局1994年版，第358页。
③ 程树德：《论语集释》（二），第931页。
④ 程树德：《论语集释》（一），第7页。
⑤ [南宋]朱熹：《四书章句集注》，中华书局2016年版，第47页。
⑥ [清]刘宝楠：《论语正义》，中华书局1990年版，第4页。
⑦ 钱穆：《论语新解》，生活·读书·新知三联书店2002年版，第4页。

（1）"直"

"直"在《论语》中一共出现了22次，多有正直之义。《论语》中有最具初始义的"人之生也直"[1]，有表达人格品质的"质直"，也有具处世意义的"以直报怨"和"直道而事人"。"直"反映了人性的本质特征，冯友兰称："孔子注重人之有真性情，恶虚伪，尚质直；故《论语》中屡言直。"[2]

包含真实、直率、坦诚品格的"直"，是"仁"的基本要求，也是儒家提倡的德性之一。"直者，诚也。诚者内不自以欺，外不以欺人。中庸云：'天地之道，可一言而尽也。其为物不二，则其生物不测。'不二者，诚也，即直也。天地以至诚生物，故系辞传言乾之大生，静专动直。专直皆诚也。不诚则无物，故诚为生物之本。人能存诚，则行主忠信，而天且助顺，人且助信，故能生也。若夫罔者，专务自欺以欺人，所谓自作孽不可活者。非有上罚，必有天殃，其能免此者幸尔。"[3]刘氏正义将"直"解释为"诚"，友"直"即是友"诚"。《郭店楚简》称"凡人伪为可恶"[4]，虚伪会贪吝，贪吝会算计，就不要与算计之人交往了。

"直"与"诚"是孔子看重的"益友"特征。孔子回答子张"达"义时说"质直而好义，察言而观色，虑以下人"[5]，与之相反的"闻"则"色取仁而行违，居之不疑"[6]，邦家有闻的人"巧言令色足恭""鲜矣仁"。孔子赞许三代"直道而行"，反对便辟、善柔、便佞的恶行，他若对人有所赞誉，一定是见证了此人的作为，而不会随便毁誉别人。

此外，"直"还有哪些表现呢？《礼记》记载君子"于有丧者之侧，不能赙焉，则不问其所费；于有病者之侧，不能馈焉，则不问其所欲；

---

[1] 程树德：《论语集释》（二），第517页。
[2] 冯友兰：《中国哲学史》，古吴轩出版社2021年版，第45页。
[3] 程树德：《论语集释》（二），第519页。
[4] 李零：《郭店楚简校读记》，中国人民大学出版社2007年版，第138页。
[5] 程树德：《论语集释》（三），第1120页。
[6] 程树德：《论语集释》（三），第1121页。

有客不能馆，则不问其所舍"①。君子诚以待人，不以巧言与人交接。

"直""谅""多闻"等优秀品质是"贤友"所具备的。孔子很看重友之"贤"，他提到的"益者三乐"就包括了"乐多贤友"，因而"有朋自远方来，不亦乐乎"这句话的深意就不难理解了。朋友相互切磋，彼此"见贤思齐"，学问、道德从中得以进步和提高。

（2）"多闻"

"多闻"、择其善从之，是孔子认为的一等"知"。多见而识，是"知之次"，多闻、明察、慎言有助于避免过失，是出仕的行为方法。"多闻阙疑，慎言其余，则寡尤；多见阙殆，慎行其余，则寡悔。"②"多闻"包括向古人的思想学习，孔子"信而好古""我非生而知之者，好古"③，"好古"与孟子"尚友"的思想一致。《孟子·万章》曰："以友天下之善士为未足，又尚论古之人。颂其诗，读其书，不知其人，可乎？是以论其世也。是尚友也。"④"尚"通"上"，在孟子看来，"尚友"即与古圣贤为友。

当然仅"多闻"并不够，还须博学、审问、慎思、明辨，子贡问"贫而无谄，富而无骄"时，孔子给出了"未若贫而乐，富而好礼"⑤的答案，接着子贡说"如切如磋，如琢如磨"，孔子赞许他："赐也，始可与言诗已矣，告诸往而知来者。"⑥"如切如磋，如琢如磨"正是治学的正确态度，学者须不拘泥于已得、已知，应"告诸往而知来者"，避免"学而不思则罔"。虽然子贡比较用功，但不及颜回，连孔子也说自己不如颜回。明代王阳明说"子贡多学而识，在闻见上用功，颜子在心地上用功"⑦，因而子贡"闻一以知二"，而颜回"闻一以知十"。

---

① [清]孙希旦：《礼记集解》，中华书局1989年版，第1316页。
② 程树德：《论语集释》（一），第149页。
③ 程树德：《论语集释》（二），第619页。
④ [清]焦循：《孟子正义》，第726页。
⑤ 程树德：《论语集释》（一），第70页。
⑥ 程树德：《论语集释》（一），第72页。
⑦ [明]王守仁撰，施邦曜辑评：《阳明先生集要》，中华书局2008年版，第84页。

（3）"无友不如己"

孔子说"无友不如己者"[①]，"如"即"似"，这句话是讲不要和不似己的人交友。朋友是志同道合之人，而孔子认可的志同道合的人是"就有道而正"[②]者，他说"道不同，不相为谋"[③]。《郭店楚简》主张"君子之友也有向""同悦而交，以德者"[④]，更是充分证实了《论语》的交友之道，朋友间的"同悦"是"理义之悦我心"的"悦"，不是随意与一个路人交往所能达到的，因而孔子说颜回"于吾言无所不说"[⑤]。

"无友不如己"，简单的五个字，引起了众多学者的围观和辨析，若其经典的含义不容易把握，我们不妨尝试从它所处文本或与之相近时代的思想家的论述中找到佐证。《论语》载："樊迟请学稼。子曰：'吾不如老农。'请学为圃。曰：'吾不如老圃。'"[⑥]芸芸众生，职业不同，各有所专，孔子"志于学"的学问在于人道。孔子之学多论人之情性，孔子并不擅长稼、圃之学，因而他希望樊迟求教于懂得此业的人。子夏说"虽小道，必有可观者焉；致远恐泥"[⑦]，小道恐不能致远，因而君子不为。只有理解了"如"的字义，"无友不如己"的含义才算真正明了。择友如择师，君子要与以"道"为追求的贤德之人交往，学问才能日见精进。恕道在交友中也起到了积极作用，孔子指出了具体的实践方法。他说，我希望朋友怎样对我，我就先那样对待朋友，努力实践日常的德行，尽力在平时的言语中保持谨慎，做到言行一致。人们须在交往中"反求诸己"，知己然后知人。

由于"诚者，君子之所守""独行而不舍"，故"君子和而不同"[⑧]，"周而不比"，"易事而难说"[⑨]。士的精神决定了友的取舍，理解了士

[①] 程树德：《论语集释》（一），第44页。
[②] 程树德：《论语集释》（一），第67页。
[③] 程树德：《论语集释》（四），第1451页。
[④] 刘钊：《郭店楚简校释》，福建人民出版社2005年版，第91页。
[⑤] 程树德：《论语集释》（三），第963页。
[⑥] 程树德：《论语集释》（三），第1156页。
[⑦] 程树德：《论语集释》（四），第1682页。
[⑧] 程树德：《论语集释》（三），第1205页。
[⑨] 程树德：《论语集释》（三），第1208页。

的品格，也就明白了儒家的友朋之道和志士仁人的交友事迹。似是孔子奠定了"士"的基本品格，如"士志于道""士而怀居，不足以为士""行己有耻，使于四方，不辱君命""志士仁人，无求生以害仁，有杀身以成仁""知有不该求生时，自知有不避杀身时。杀身成仁，亦不惜死枉生"①，也有关于自身修养的，如"言忠信，行笃敬""不怨天，不尤人""躬自厚而薄责于人"。

颜渊问为邦，孔子说"放郑声，远佞人"，郑声淫乱，佞人危险，因而须远离。孔子说臧文仲似偷窃官位的人，私心独据，"知柳下惠之贤而不与立"，这样的人也是孔子厌恶的。君子有恶，"恶称人之恶者。恶居下流而讪上者……恶讦以为直者"②，《郭店楚简》记载："唯君子能好其匹，小人岂能好其匹。故君子之友也有向，其恶有方。此以迩者不惑，而远者不疑。《诗云》：'君子好逑。'"③ "匹"的含义为同道朋友，孔子说只有君子能喜欢他的朋友，所以君子交友是有准则的，厌恶谁也是有道理的。君子不与小人交往，王良说"我不贯与小人乘""羞与射者比"。迎合小人的心意，无疑"枉道而从"。

子曰："巧言令色足恭，左丘明耻之，丘亦耻之。匿怨而友其人，左丘明耻之，丘亦耻之。"④花言巧语、伪善的容貌、十足的恭顺，孔子认为是可耻的。"便辟""善柔""便佞"的朋友同"巧言、令色、足恭"的人，都是"鲜仁"之人，不是孔子认可的交往对象。内心隐藏对他人的怨恨，表面上却与人友好，是非常可耻的。子曰："巧言令色，鲜矣仁！"⑤ 孔子希望弟子远离"巧言令色"的一类人，因为他们不是志士仁人，郑声可乱雅乐，与他们交往是有害的，巧言足以乱德，利口足以倾覆国家。孔子说"乡原，德之贼"，乡原是什么样的人呢？孟子说："阉然媚于世也者……非之无举也，刺之无刺也，同乎流俗，合乎污世，居之似忠信，行之似廉洁，众皆悦之，自以为是，而不可与

---

① 钱穆：《论语新解》，第402—403页。
② 程树德：《论语集释》（四），第1599—1600页。
③ 刘钊：《郭店楚简校释》，第51页。
④ 程树德：《论语集释》（一），第449页。
⑤ 程树德：《论语集释》（一），第21页。

入尧舜之道。"①此人八面玲珑、四处讨巧,看似近于中道,却是媚世附和、不分是非。"枉道而事人"②无以立,孔子最厌恶的就是这类巧言令色的人。

柳下惠"直道而事人"③,因而孔子称赞他。"不得中行而与之,必也狂狷"④,狂者进取,狷者有所不为,而乡原既不得中道,又毫无原则,实属乱朱之紫,遭人唾弃,与其得到众人喜好,不如乡人之善者好之,不善者恶之。孟子与戴不胜曾有一段对话,孟子提及:"在于王所者,长幼卑尊皆薛居州也,王谁与为不善?"⑤无论是君主还是志士仁人,他身处的人群对其道德的持养会产生潜移默化的影响,因而交友不可不慎。

子夏门人曾问"交"于子张。子张曰:"子夏云何?"对曰:"子夏曰:'可者与之,其不可者拒之。'"子张曰:"异乎吾所闻。君子尊贤而容众,嘉善而矜不能。我之大贤与,于人何所不容?我之不贤与,人将拒我,如之何其拒人也?"⑥

在这里,子张以"君子"为例,认为君子的品格是能"容众"的,也就是说"君子"交往的范围比较宽泛,既能与贤人交友,也能和普通人交往。子张的交友之道可以说是"攻乎两端",不是说"大贤",就是说"不贤",而没有提到处于大贤与不贤中间的平常人。平常之人是"近朱者赤,近墨者黑",易受益友之益,也易受损友之损。所以对平常人来说,交友不能不慎。

谈到这句话时,东汉蔡邕在《正交论》中解释说:"子夏之门人问交于子张,而二子各有所闻乎夫子。然则其以交诲也,商也宽,故告之以拒人;师也褊,故告之以容众。各从其行而矫之。"⑦蔡邕之注关注

---

① [清] 焦循:《孟子正义》,第1029、1031页。
② 程树德:《论语集释》(四),第1614页。
③ 程树德:《论语集释》(四),第1614页。
④ 程树德:《论语集释》(三),第1199页。
⑤ [清] 焦循:《孟子正义》,第439页。
⑥ 程树德:《论语集释》(四),第1677页。
⑦ 程树德:《论语集释》(四),第1677页。

的是孔子教学的变通性，即针对不同性格的弟子采取不同的教诲方法。实际上，子张谈论的君子已是"明君子"了，近于圣人，"于人何所不容？""昔者舜之治天下也，不以事诏而万物成。"①圣人胸怀宽广，"养一之微，荣矣而未知"②。

《说苑·杂言》记载：子夏喜欢同比自己贤能的人交朋友，而子贡喜欢与不如自己的人来往，难怪孔子谈"为仁"时，对子贡讲"事其大夫之贤者，友其士之仁者"③。"好与贤己者处"是子夏为人的特点之一，与比自己贤能的人交朋友，可以无形中提升自己，孔子预计子夏会不断进步的原因就在于此。孔子认为子贱可称得上君子了，"鲁无君子者，斯焉取斯"，君子身边必有贤者，才能"择其善者而从之"。

2. "切切偲偲"与"言而有信"

具备了"直""谅""多闻"等品质的朋友在实际交往中应做些什么呢？《论语》论朋友，有时与"君""兄弟"同举，例如"事君数，斯辱矣。朋友数，斯疏矣"④"朋友切切偲偲，兄弟怡怡"。"君""朋友"放在一起讲，可见此两伦较为接近，"古称此两伦以人合"⑤，对待朋友与事君有相似之处，就在于这两类人际关系的联结比较疏松，且以"道"相合。《郭店楚简》开门见山地提出"友，君臣之道"，将此两伦最终关联到一处。

（1）"责善"与"不可则止"

"责善，朋友之道也；父子责善，贼恩之大者。"⑥"责善"即因求好而相责备，是孟子提出的"朋友之道"，《论语》里"朋友切切偲偲"也是朋友之间相互责善的样子。与朋友交往要有度，处事不可过于琐屑，见朋友有过错，规劝太多只会彼此疏远。但若为了更加亲近朋友而屡次夸耀自己的功劳和长处，也是不合适的，"处朋友务相下，则得

---

① [清] 王先谦：《荀子集解》，中华书局 2013 年版，第 472 页。
② [清] 王先谦：《荀子集解》，第 472 页。
③ 程树德：《论语集释》（四），第 1385 页。
④ 程树德：《论语集释》（一），第 364 页。
⑤ 钱穆：《论语新解》，第 107 页。
⑥ [清] 焦循：《孟子正义》，第 599 页。

益，相上则损"①。子贡问"友"于孔子，子曰："忠告而善道之，不可则止，毋自辱焉。"②事君也是一样，子曰："所谓大臣者，以道事君，不可则止。"③兄弟与朋友不同，把"朋友"与"兄弟"放在一起讨论可更好地突出各自的特征。子路问"士"于孔子，子曰："切切偲偲，怡怡如也，可谓士矣。朋友切切偲偲，兄弟怡怡。"④孔子认为朋友应互相批评，兄弟之间应和顺相处。朋友以义处，既须相互责善，又要把持有度，"不可则止"；兄弟以恩处，则须彼此亲爱、和睦，即处朋友以切磋，处兄弟以和悦。

孔门弟子虽在同一师门，观点却并不一致，即使有争辩，也不影响同门的友谊，他们正是"朋友切切偲偲"的典型。身为吴国人的子游，在孔子周游列国期间拜孔子为师；子夏是卫国人，与子游年纪相仿，他们的才能难分伯仲，有争辩也是在所难免。一天，子游批评子夏说："子夏之门人小子，当洒扫应对进退，则可矣，抑末也。本之则无，如之何？"子夏反驳说："言游过矣！君子之道，孰先传焉？孰后倦焉？譬诸草木，区以别矣。君子之道，焉可诬也？有始有卒者，其惟圣人乎！"⑤

（2）"朋友信之"

孔子谈到自己的志向时说，愿"朋友信之"，可见"信"在朋友交往中非常重要。曾子也特别看重"信"的修养，把它作为每日克己省察的内容之一。他说："吾日三省吾身：为人谋而不忠乎？与朋友交而不信乎？传不习乎？"⑥

首先，"信"是交友的原则。"信"字在《论语》中出现了38次，"信"即守信，说出的话真实无妄，能够做到人己不欺，言行一致。孔子提出做人要"主忠信"，他要求学生"入则孝，出则弟，谨而信，

---

① [明] 王守仁撰，施邦曜辑评：《阳明先生集要》，第46页。
② 程树德：《论语集释》（三），第1132页。
③ 程树德：《论语集释》（三），第1022页。
④ 程树德：《论语集释》（三），第1213页。
⑤ 程树德：《论语集释》（四），第1699页。
⑥ 程树德：《论语集释》（一），第24页。

泛爱众而亲仁"[1],他期望通过孝、悌、信等德性品质逐渐接近仁的境界。对古人"言之不出,耻躬之不逮"的重信作风,孔子十分重视。"人而无信,不知其可"[2],无"信"约束的人,如同"无辀"的车一样。

"获乎上有道:不信乎朋友,不获乎上矣。信乎朋友有道:不顺乎亲,不信乎朋友矣。"[3]《中庸》将"朋友之交"作为"天下之达道"的内容,认为"信乎朋友"才能"获乎上",才可治民,而做到使朋友信任,必先孝顺父母、友爱兄弟。孟子也提到"朋友有信",《大学》讲"为人君,止于仁;为人臣,止于敬;为人子,止于孝;为人父,止于慈;与国人交,止于信"[4]。可见"信"是先秦儒家论述朋友之道的共同准则。

《吕氏春秋》说:"交友不信,则离散郁怨,不能相亲。"[5]历史上以信交友的事例俯拾皆是,如《后汉书·独行列传》记载了范式守信的故事。范式与汝南人张劭是好朋友,两人曾一同在太学读书。后来范式离开太学回到自己的家乡,临走时范式对张劭说:"两年后我一定回来,届时我将到你家拜访你的父母,见一见你的孩子。"于是他们约定了日期。当约好的日期临近时,张劭把这件事告诉了他的母亲,恳请他的母亲准备酒菜招待范式。母亲问:"两年前的离别、千里之外约定的话,你就那么相信他来拜访的诚意吗?"张劭回答说:"范式是一个讲信用的人,他一定不会食言的。"母亲说:"如果真是这样,我就为你酿酒准备。"到了约好的那一天,范式果然到了,他们一起喝酒,度过了快乐的一天。这件事发生在东汉初年,可见东汉之士极重承诺。范式以"山阳死友"闻名于当世,奉行"厚施而薄望",受到士人的称赞。

孟子非常重视"朋友有信",他认为对朋友言而有信是得到君主信任的前提。"悦亲"才能"信于友","信于友"才能"获于上"。孟子

---

[1] 程树德:《论语集释》(一),第34页。
[2] 程树德:《论语集释》(一),第163页。
[3] [南宋]朱熹:《四书章句集注》,第31页。
[4] [南宋]朱熹:《四书章句集注》,第5页。
[5] 许维遹:《吕氏春秋集释》,中华书局2009年版,第536页。

曰："获于上有道，不信于友，弗获于上矣。信于友有道，事亲弗悦，弗信于友矣。"①《中庸》讲"获乎上有道：不信乎朋友，不获乎上矣。信乎朋友有道：不顺乎亲，不信乎朋友矣"②，同样认为获取朋友信任的前提是孝顺父母。

其次，"言而有信"是为学的内容之一。"与朋友交，言而有信。虽曰未学，吾必谓之学矣。"③从子夏为学的态度，可见《论语》主张的为学是知行合一的。子夏的为学还包括"贤贤易色；事父母，能竭其力；事君，能致其身"④。孔子的"好学"包括"食无求饱，居无求安，敏于事而慎于言"⑤，上述举止渗透着对人世的清醒认识，做到了"就有道而正"，真实地践行了知行合一，能够坚持这样做的人才是真正的好学者。"颜回者好学，不迁怒，不贰过"⑥，从这句话可以看出"好学"的内容还包括"不迁怒，不贰过"，颜回的好学境界已非常高，颜回"退而省其私，亦足以发"，"不迁怒"已经做到了"毋意，毋必，毋固，毋我"，"不贰过"也符合"改之为贵"的行为精神。

孔子说君子"主忠信"⑦，"忠"也是对亲的态度，"孝慈，则忠"⑧，"信"则是与朋友相处的规范。孝、慈二字虽简易，但它们是儒家一对对立统一的伦理规范，分别是子、父的行为原则。人以群分，君子的修养也有几类境界，"忠信如丘者"不如好学之孔丘，反映了忠信是良好修养的组成部分，好学则高一层次。

（3）"信近于义"

"中庸不仅是儒家学派的伦理学说，更是他们对待整个世界的一种看法，是他们处理事物的基本原则或方法论。"⑨"中庸之为德也，其至

---

① [清] 焦循：《孟子正义》，第508页。
② [南宋] 朱熹：《四书章句集注》，第31页。
③ 程树德：《论语集释》（一），第38页。
④ 程树德：《论语集释》（一），第38页。
⑤ 程树德：《论语集释》（一），第67页。
⑥ 程树德：《论语集释》（二），第470页。
⑦ 程树德：《论语集释》（一），第43页。
⑧ 程树德：《论语集释》（一），第154页。
⑨ 庞朴：《中庸平议》，载《中国社会科学》1980年第1期。

矣乎"①，儒家的学说体系以中庸的理论建构，如果仅谈"信"，不免流于偏执。有子曰："信近于义，言可复也。"意思是说与人有约，做到求信近"义"时，才易执行。子贡问："何如斯可谓之士矣？"孔子最后回答："言必信，行必果，硁硁然小人哉！抑亦可以为次矣。"② 在《孟子》中，"大人者，言不必信，行不必果，惟义所在"③。可见"义"是"信"的指导原则，灵活把握"义"的所在，是"大人"的能力。"义"的存在是为了调节"必信"的极端，孔子反省时说："吾有知乎哉？无知也……空空如也。我叩其两端而竭焉。"④ 孔子此说揭示了他的思想方法，即中庸之道，叩其两端进而发现"义"的处所，即可得到"至德"。

此外，子曰："可与共学，未可与适道；可与适道，未可与立；可与立，未可与权。"⑤ 钱穆说此"告人以进学之阶程"⑥，"权"的原则在孔子论说中地位较重，"权"的本义是物之锤，掌握了"权"也就把握了"义"。孟子说："男女授受不亲，礼也。嫂溺援之以手者，权也。"⑦ "执中无权，犹执一也。所恶执一者，为其贼道也，举一而废百也。"⑧ 荀子说："与时屈伸……以义应变。"⑨

子曰："君子贞而不谅。"⑩ "贞"释为真诚，"谅"本义为信，在这里"谅"可解释为"不择是非而必于信"。"不谅"的存在是为了调节"贞"这一品德。子贡曰："管仲非仁者与？桓公杀公子纠，不能死，又相之。"子曰："管仲相桓公，霸诸侯，一匡天下，民到于今受其赐。微管仲，吾其被发左衽矣。岂若匹夫匹妇之为谅也，自经于沟渎而莫之知

---

① 程树德：《论语集释》（二），第548页。
② 程树德：《论语集释》（三），第1195页。
③ [清] 焦循：《孟子正义》，第555页。
④ 程树德：《论语集释》（二），第755页。
⑤ 程树德：《论语集释》（二），第808页。
⑥ 钱穆：《论语新解》，第246页。
⑦ [清] 焦循：《孟子正义》，第521页。
⑧ [清] 焦循：《孟子正义》，第918—919页。
⑨ [清] 王先谦：《荀子集解》，第48页。
⑩ 程树德：《论语集释》（四），第1448页。

也？"①齐襄公当政时，昏暴虐民，公子小白和公子纠为了避难而逃往境外。鲍叔牙追随公子小白，管仲和召忽则跟随公子纠逃到鲁国。后来齐襄公被杀，公子小白回国做了国君，为齐桓公。为了防止公子纠与其争夺政权，他要求鲁国杀掉藏在那里的公子纠，召忽恪守臣道，为主人殉难，管仲不仅没有殉难，反而成为齐桓公的重臣。孔子高度肯定了管仲"一匡天下"及开拓华夏文明的功绩，断然否定了死守臣道的一类"忠信"，他认为近乎"匹夫匹妇之谅"的做法是愚昧且毫无意义的。荀子说"从道不从君"，孔子说"志于道"，真正的儒者可以看透空间、时间的轮回，能够把握生命的意义与价值。士、士君子、明君子的知仁观以及对交友的看法有异，"大人者"与小人对"信"的理解也不同。以"中道"来看待"信"，方不辜负孔子对"信"的理解。"信"的诠释和实行在于人，因人的境界不同，对"信"的运用便不同，这一特征也是君子（"大人"）与小人的区别之一。

"信"为人类交往的美德和原则，而"必信"则需要"义"去调节，"信，义之期也"②，如能这样理解便做到了对"信"的正确认识。

3."以友辅仁"

曾子曰："君子以文会友，以友辅仁。"③朱熹注："讲学以会友，则道益明。"④朱熹把"文"解释为讲学，钱穆注："文者，礼乐文章。君子以讲习文章会友。"⑤荀子说"贵本之谓文，亲用之谓理，两者合而成文，以归大一"⑥。荀子谈的第一个"文"显然不指文章，第二个"文"则指礼仪。作礼仪讲的"文"也出现在《荀子·礼论》"凡礼，始乎棁，成乎文"⑦等语句中，"以文会友"的"文"可理解为"贵本"或礼仪之义。"周监于二代，郁郁乎文哉"⑧，因礼在孔子思想体系中的地位较重，君

---

① 程树德：《论语集释》（三），第1274—1279页。
② 刘钊：《郭店楚简校释》，第161页。
③ 程树德：《论语集释》（三），第1133页。
④ ［南宋］朱熹：《四书章句集注》，第141页。
⑤ 钱穆：《论语新解》，第326页。
⑥ ［清］王先谦：《荀子集解》，第416页。
⑦ ［清］王先谦：《荀子集解》，第419页。
⑧ 程树德：《论语集释》（一），第235页。

子以恰当的礼仪与朋友交游自是常理，"人有是，士君子也；外是，民也"①。《诗经》曰"礼仪卒度，笑语卒获"②，说的是君子所行的礼仪都在礼的范围内，说笑等情性也恰当地释放了。"以友辅仁"的说法虽是曾子所提，鉴于孔子的交友思想与这一主张密切相关，笔者也将它视为孔子友朋观的内容之一。

因益友具有"仁"的品质，所以能够辅"我"之"仁"。"友其士之仁者"是"为仁"的途径，孔子提到的"益者三友""无友不如己者"也是为"辅仁"作准备的。在子游心目中，他的同门子羽就是"辅仁"之友。子游做武城宰时，有一次孔子问他："你在这里得到什么人才了吗？"子游觉得子羽是一个可以委以重任的人才，能很好地辅助他造福一方。子游说："只是这个有才能的君子却难得见面，希望先生与他相见时，劝他时常来我这里，以便得到他的帮助。"孔子说："他遇到公事肯定会来的。若你委任他做有益于地方的公事，他肯定不会推辞，用不着我相劝。"

友道何以辅"仁"？《中庸》称"天下之达道五，所以行之者三：曰君臣也，父子也，夫妇也，昆弟也，朋友之交"③，《孟子》说"朋友有信"，朋友之间没有血缘关系，彼此以志同道合、以信相维系。此类人际关系相对疏松，非自然情感融汇之处，因而在交往中彼此须持有诚敬之心、恭敬之貌，承担起"切切偲偲"与"责善"的职责。友道承载了"仁"的重要内涵，如"直""诚""忠信""恭敬"等德性，所谓友可辅"仁"便是此义。

孔子的"友"观念虽简易，但它给后世的朋友一伦划定了基本框架，提出一系列问题，也给出了相应的答案，如朋友应具备何类善的品质、朋友如何相处互助。师、弟子虽不在五伦范围内，但在荀子以后的儒家著作中，师友时常并提，可见师、弟子也可归到朋友一伦中

---

① [清] 王先谦:《荀子集解》，第423页。
② [清] 方玉润:《诗经原始》，第430页。
③ [南宋] 朱熹:《四书章句集注》，第29页。

讨论，孔子说"三人行，必有我师"①，从宏观上讲，师亦在友中。由《论语》可见，"直""谅""多闻"等品质是朋友的德性，也是交友的前提，在"朋友切切偲偲""言而有信"的交往中彼此切磋、勉励，享受精神之"乐"的同时得以"辅仁"，最终以"仁"的实现为归宿，上述内容便是孔子对朋友之道的期许。

（四）"友，君臣之道"：《郭店楚简》与孟子友朋观

朋友是人际关系的重要组成部分，是儒家五伦之一，属于社会伦理。朋友在五伦中的地位是非常特殊的，它的特殊性表现在选择性、平等性、责善辅仁、重诚信等方面。早期儒家对朋友关系作了各类深入的研究，尤其以《郭店楚简》与孟子的友朋观最具特色。

1."友"与君臣之"义"

在子思之儒看来，以友相待是处理君臣关系的准则。"父无恶，君犹父也，其弗恶也，犹三军之旌也，正也。所以异于父，君臣不相才（存）也。则可已；不悦，可去也；不义而加者（诸）己，弗受也。友，君臣之道也。"②《郭店楚简》载："鲁穆公问于子思曰：'何如而可谓忠臣？'子思曰：'恒称其君之恶者，可谓忠臣矣'。"③"以忠事人多。忠者，臣德也。"④为了道义批评君主的过错，指责君主的行为过失，是符合君臣之道的，孔子提倡的友道也是如此：当朋友有过失时，应"忠告而善道之"。在此，友道与君臣之道极其相似。

朋友与君臣属于"无亲"的社会关系，因而《郭店楚简》有时将友、君臣同举，如"友、君臣，无亲也"⑤"君臣、朋友，其择者也"。作者进而以"友"来规范君臣关系，这是儒家友朋观的一个新变化。《论语》也曾提到君臣与朋友存在相似性，"事君数，斯辱矣。朋友数，斯疏矣"⑥，君、友放在一起讲，可见此两伦较为接近，"古称此两

---

① 程树德：《论语集释》（二），第621页。
② 刘钊：《郭店楚简校释》，第208页。
③ 刘钊：《郭店楚简校释》，第177页。
④ 刘钊：《郭店楚简校释》，第113页。
⑤ 刘钊：《郭店楚简校释》，第182页。
⑥ 程树德：《论语集释》（一），第364页。

伦以人合"①。"子贡问友。子曰：'忠告而善道之，不可则止，毋自辱焉。'"②事君也是一样，子曰："所谓大臣者，以道事君，不可则止。"

君臣以友相待与"君臣义生言"的观点是一致的，《中庸》说"义者宜也，尊贤为大"③，《六德》说"以义使人多。义者，君德也"，君若以不义加于臣，臣可以不接受。"尊贤"是义之举，"忘贤"即不义，《唐虞之道》称"爱亲忘贤，仁而未义也。尊贤遗亲，义而未仁也"④。"贵贵，其等尊贤，义也。"⑤"贵贵"即以下敬上，尊贤是以上敬下，同属于"义"的范畴。《周礼·地官·师氏》记载："友行，以尊贤良。"在这里我们不难看出"友"与"义"存在密切联系，"友"被包含在"义"中。

"义"的内涵十分丰富，在《中庸》、《郭店楚简》与《孟子》等文献中，"义"却有着共同的内容：尊贤。《释名》说通常"义"指合理地裁制事物。告子说："吾弟则爱之，秦人之弟则不爱也，是以我为悦者也，故谓之内。长楚人之长，亦长吾之长，是以长为悦者也，故谓之外也。"⑥在告子看来，"内"以"我"为范围，而"外"指"我"之外，即门外。庞朴曾经指出"告子所持的仁内义外说，不是说仁出自内心，义起于外物，不是这样的道德发生论的问题，而只是叙说了仁义的施行范围之别"⑦。《六德》称："仁，内也。义，外也。礼乐，共也。"⑧这句话更加说明了内外之别，内外是指家族内外。由此可见在家族之外，尊贤为"义"之大者，而"友行，以尊贤良"，则"友行"为"义"之重。

但值得注意的是，"友，君臣之道"的"友"与"友行，以尊贤良"中"友"的含义并不十分相同，因此在后文中，君臣相友便含有两个方

---

① 钱穆：《论语新解》，第107页。
② 程树德：《论语集释》（三），第1132页。
③ [南宋]朱熹：《四书章句集注》，第28页。
④ 刘钊：《郭店楚简校释》，第148页。
⑤ 刘钊：《郭店楚简校释》，第71页。
⑥ [清]焦循：《孟子正义》，第744页。
⑦ 庞朴：《试析仁义内外之辨》，载《文史哲》2006年第5期，第28—30页。
⑧ 刘钊：《郭店楚简校释》，第109页。

面的内容：一是君臣相互辅助以志于道，二是敬贤使能，合而言之为尊贤重道。

"友，君臣之道"这一观点的出现并不偶然，它与士、友的相处规范有关。在周代封建制度中，"士"是贵族阶级的最低一层，士的上面是"大夫"，下面为"庶人"，在森严的封建系统下，社会的流动性极小，"士"的身份是相当固定的，有僚属关系的士之"朋友"也应有特定的群体，不同于现今意义上的朋友。到了春秋战国之际，封建秩序的崩坏导致士的队伍发生了剧烈变动，"封建关系虽然在理论上是固定的、静态的，但周代社会在实际上却处在不断的发展之中，从公元前6世纪中叶到公元前5世纪初叶，种种证据都显示封建秩序已不复能维持其原有的固定性了"[①]。与此同时，"友"的群体发生了流动，士友关系有了相应的变化，但这对曾在历史上出现的士友关系仍为早期儒家学者所看重，因此便出现了不少有关"士"与"友"的论述，在士友与君臣有着相似点的基础上，"友"为"君臣"之道可能是儒家的理想境界。

在《郭店楚简》中，我们可以读到一些士与友的内容。士与友有唇齿相依的关系，"士无友不可"。"山无堕则坨，成无蓑则坨，士无友不可。君有谋臣，则壤地不削；士有谋友，则言谈不弱。"[②]《荀子集解》记载"天子之丧动四海，属诸侯；诸侯之丧动通国，属大夫；大夫之丧动一国，属修士；修士之丧动一乡，属朋友"[③]，从中我们不难看出"朋友"与"士"的密切关系。《礼记·曾子问》中有朋友为士的丧事设奠的记载："孔子曰：'非此之谓也。天子诸侯之丧，斩衰者奠；大夫齐衰者奠；士则朋友奠。'"[④]《左传》也有关于朋友的记载，师旷曰："是故天子有公，诸侯有卿，卿置侧室，大夫有贰宗，士有朋友，庶人工商皂隶牧圉皆有亲昵，以相辅佐也……自王以下各有父兄子弟

---

① 余英时：《中国知识人之史的考察》，广西师范大学出版社2004年版，第122页。
② 刘钊：《郭店楚简校释》，第224页。
③ ［清］王先谦：《荀子集解》，第426页。
④ ［清］孙希旦：《礼记集解》，第515页。

以补察其政。"①从"士有朋友"这则史料中同样可以看出士与朋友之间的亲昵与其中的辅佐关系。随着历史变迁，"士"和"友"的群体发生了变化和流动，出现了"巨雄"和"贤人"的亲密关系，进而发展为君臣关系。

君臣异于父子，不像父子那样互相依存，相悦则可，不相悦则离开。以友相待并以恩义相处，是君臣之间的正道。在《郭店楚简》中，君臣关系的地位高于朋友，在丧服制度中，君臣与父子的规范一致，朋友与宗族一致。"疏斩布，绖、杖，为父也，为君亦然。疏衰齐，牡麻绖，为昆弟也，为妻亦然。袒免为宗族也，为朋友亦然。"②在丧礼的一些规定中，父的地位略高于君，朋友则列于宗族之后。"为父绝君，不为君绝父。为昆弟绝妻，不为妻绝昆弟。为宗族杀朋友，不为朋友杀宗族。"③《郭店楚简》将父子、君臣对举，主要为了突出两类伦理各自不同的特征，父子间重"亲"、厚"仁"，君臣间重义，例如"父子亲生言，君臣宜生言"④，"（厚于仁，薄）于义，亲而不尊。厚于义，薄于仁，尊而不亲……父，有亲有尊。长悌，亲道也。友、君臣，无亲也"⑤。

孟子也尝试以朋友之道规划君臣关系，他对君臣关系的建构继承了《郭店楚简》"友，君臣之道"的思想，最具代表性的当数《孟子·离娄下》的一段记载：

> 孟子告齐宣王曰："君之视臣如手足，则臣视君如腹心；君之视臣如犬马，则臣视君如国人；君之视臣如土芥，则臣视君如寇仇。"王曰："礼为旧君有服，何如斯可为服矣？"曰："谏行言听，膏泽下于民；有故而去，则君使人道之出疆，又先于其所往；去三年不反，然后收其田里。此之谓三有礼焉。如此则为之服矣。今也为臣，谏则不行，言则不听；膏泽不下于民；有故而去，则君搏执

---
① 杨伯峻编著：《春秋左传注》（四），第1118页。
② 刘钊：《郭店楚简校释》，第109页。
③ 刘钊：《郭店楚简校释》，第109页。
④ 刘钊：《郭店楚简校释》，第109页。
⑤ 刘钊：《郭店楚简校释》，第182页。

之,又极之于其所往;去之日,遂收其田里。此之谓寇仇。寇仇何服之有?

孟子认为君臣相互辅助并以义相合,《郭店楚简》也提到了"君臣义生言"[1]的观点。君主看待臣属如手足,那臣属就看待君主如腹心;君主看待臣属如犬马,那臣属就看待君主如常人;君主看待臣属如土芥,那臣属就看待君主如仇敌。庄子在《人间世》里提到"内直者,与天为徒。与天为徒者,知天子之与己皆天之所子"[2],这句论述在一定程度上反映了庄子君臣平等的思想。当代学者也注意到了先秦时期的君臣关系近似于朋友关系。郝大维(David L.Hall)、安乐哲(Roger T.Ames)在《先贤的民主:杜威、孔子与中国民主之希望》里提到"古典儒学界定君臣关系不是简单地如同父子关系,而是将父子关系与朋友关系相结合的一种关系"[3],杜维明认为士人"能够以教师、顾问、批评者或朋友的身份,对帝王保持一种独立的姿态。他们从来就不是妾妇"[4]。

"伯夷非其君不事,非其友不友;不立于恶人之朝,不与恶人言"[5],若立于恶人之朝,与恶人交谈,好比穿戴整齐坐于"涂炭",这情形如同遇见一个帽子戴歪的乡人,立即不开心地走开,唯恐玷污了自身,而柳下惠则"不羞污君"[6]。孟子评论说:伯夷"隘"、柳下惠"不恭"。那么,君子该如何做呢?当如孔子"无可无不可"[7],依此出仕,则君臣关系更似朋友。

孟子说人皆有"恻隐之心"、"羞恶之心"、"恭敬之心"和"是非之心",还说"仁义礼智,非由外铄我也,我固有之也,弗思耳矣"[8]。

---

[1] 刘钊:《郭店楚简校释》,第109页。
[2] 陈鼓应:《庄子今注今译》,第135页。
[3] (美)郝大维、安乐哲著,何刚强译:《先贤的民主:杜威、孔子与中国民主之希望》,江苏人民出版社2004年版,第86页。
[4] 《杜维明文集》第3卷,武汉出版社2002年版,第523页。
[5] [清]焦循:《孟子正义》,第242页。
[6] [清]焦循:《孟子正义》,第244页。
[7] 程树德:《论语集释》(四),第1655页。
[8] [清]焦循:《孟子正义》,第757页。

: 汉代人的观念世界 :

既然人人有善端,"圣人与我同类者"①,则每个人在人性面前是平等的,在人性平等的基础上,孟子进一步主张政治平等,政治平等的表现之一即君臣可相互"责善"。

孟子认为,君主要听从臣的劝谏并以礼相待,若君主不听劝谏,臣也可遗弃他。"友、君臣,无亲也。"朋友、君臣没有亲属关系,并且朋友、君臣之间是可以选择的,因而彼此能够责善,如果朋友、君主不听劝告也就算了,"不可则止"后并不伤及感情。在《孟子·万章下》中,孟子还指出,若君主有大的过失却始终不听劝谏,贵戚之卿可以使他易位,异姓之卿可以离开他。

> 齐宣王问卿,孟子曰:"王何卿之问也?"王曰:"卿不同乎?"曰:"不同。有贵戚之卿,有异姓之卿。"王曰:"请问贵戚之卿。"曰:"君有大过则谏,反覆之而不听则易位。"王勃然变乎色。曰:"王勿异也!王问臣,臣不敢不以正对。"王色定,然后请问异姓之卿。曰:"君有过则谏,反覆之而不听则去。"

《孟子·离娄下》也提及:"无罪而杀士,则大夫可以去;无罪而戮民,则士可以徙。"②臣遇到无道的君主时,便可舍他而去。贤明的圣人和君主是能够听从谏言,做到从善如流的,"子路人告之以有过则喜,禹闻善言则拜。大舜有大焉,善与人同,舍己从人,乐取于人以为善"③。舜、禹等圣人能谏行言听、与人为善,所以才能成就一番事业。

"孟子的君臣对等思想,实则包括两个方面:一方面说手足—腹心、犬马—国人、土芥—寇仇,土芥—寇仇之论又最让统治者胆战心惊,这是对抗的一面,可谓激进其表、冷峻其里;另一方面说师、友、事,师友之论又最让士阶层心往神驰,这是合作的一面,可谓狂者其表、热忱其里。"④既然"士"是"道"的承担者,若"士"的德行较高,则君主与"士"交友,便会遇到阻力。在《孟子·万章下》中有这样

---

① [清]焦循:《孟子正义》,第763页。
② [清]焦循:《孟子正义》,第549页。
③ [清]焦循:《孟子正义》,第240页。
④ 杨海文:《对抗与合作:孟子对君臣关系的新建构》,载《江南大学学报》(人文社会科学版)2011年第6期,第24页。

一段记载，鲁缪公欲与子思为友，子思不悦，因为无论按地位还是按德行，这种行为都不合适。

> 缪公亟见于子思曰："古千乘之国以友士，何如？"子思不悦曰："古之人有言曰，事之云乎，岂曰友之云乎！"子思之不悦也，岂不曰以位，则子君也，我臣也，何敢与君友也。以德，则子事我者也，奚可以与我友？

在子思看来，论地位，鲁缪公与他是君臣关系，但论道德，鲁缪公是向他学习的人。"依照当时的一般观念，士和君主的关系可分为三类，即师、友与臣。"[①]

《孟子》中说"费惠公曰：'吾于子思，则师之矣。吾于颜般，则友之矣。王顺、长息，则事我者也'"[②]。《史记·魏世家》也记载了魏文侯对卜子夏、田子方、段干木三人以师待之，对吴起、李克、乐羊、西门豹、屈侯鲋五人用之以臣的事例。《战国策》记郭隗答燕昭王说："帝者与师处，王者与友处，霸者与臣处，亡国与役处。"[③]这段有关师、友、臣的记载与《孟子》中费惠公之言基本符合。大概当时的君主与知识人之间存在这三种关系，"君主对少数知识分子的前辈领袖是以师礼事之，其次平辈而声誉卓著的以友处之，至于一般有学问知识的人则用之为臣"[④]。

君主与知识人之间发生师、友、臣关系的重要原因之一为："'道'需要具备某种架构以与'势'相抗衡。道统是没有组织的，'道'的尊严完全要靠它的承担者——士——本身来彰显。因此，士是否能以道自任，最后必然要归结到他和政统的代表者——君主——之间是否能保持一种适当的个人关系。"[⑤]知识人只有"以德"才能担当其弘道的责任，为了彰显"道"的尊严和"德"与"位"的匹配，子思必须坚持以师自

[①] 余英时：《中国知识人之史的考察》，第136页。
[②] [清]焦循：《孟子正义》，第691页。
[③] [西汉]刘向集录，范祥雍笺证：《战国策笺证》，上海古籍出版社2006年版，第1684页。
[④] 余英时：《中国知识人之史的考察》，第137页。
[⑤] 余英时：《中国知识人之史的考察》，第137页。

居，这是先秦时期知识人产生的一种身份的自觉。

庞朴在《初读郭店楚简》里提出："君臣是一种朋友关系，一种互相选择的关系，所谓'友，君臣之道也'，'君臣、朋友，其择者也'。如果对君有所'不悦，可去也'；如果君有'不义而加诸己，弗受也'。这种自由主义的思想，固然有着战国时代那种朝秦暮楚、楚材晋用，或者叫作此处不留爷，自有留爷处的政治背景，但也切勿忽视其中洋溢着的儒家那种以德抗位的倔强精神。"[①] 孟子认为贤明的君主要"贵德而尊士，贤者在位，能者在职"，也就是以德为贵、尊敬士人，使有德行的人居于相当的官位，有才能的人担任一定的职务。他还说："尊贤使能，俊杰在位，则天下之士，皆悦而愿立于其朝矣。"[②] 君主尊德尚贤，势与道之间达到合理的平衡时，国家必能大治。

孔子在《论语·宪问》中已提到臣属可犯颜直谏的主张："子路问事君。子曰：勿欺也，而犯之。"[③]《郭店楚简》载："鲁穆公问于子思曰：'何如可谓忠臣？'子思曰：'恒称其君之恶者，可谓忠臣矣。'"[④] 孟子承继了子思君臣以友相待的观点，并进一步指出若君主有大的过失却始终不听劝谏，贵戚之卿可以使他易位，异姓之卿可以离开他。"在社会政治伦理关系中推行'相责以善'，有赖于一个前提性条件的成立，即重新论证君臣之间的政治关系，将君臣之间的关系定位为'友'。"[⑤] 而《郭店楚简》提出的"友，君臣之道"恰好为儒家君臣"相责以善"的观点奠定了理论基础。

更令人期待的是关于友与君臣的论述并未就此终止，孟子在"友，君臣之道"的基础上继续开拓，在《孟子》中出现了两段记载：一是鲁缪公欲与子思为友，子思不悦，坚持因品德高尚而居于师位；二是"费惠公曰：'吾于子思，则师之矣；吾于颜般，则友之矣；王顺、长

[①] 庞朴：《初读郭店楚简》，载《历史研究》1998年第4期，第8页。
[②] [清] 焦循：《孟子正义》，第226页。
[③] 程树德：《论语集释》（三），第1292页。
[④] 刘钊：《郭店楚简校释》，第177页。
[⑤] 曾振宇：《孟子孝论对孔子思想的发展与偏离——从"以正致谏"到"父子不责善"》，载《史学月刊》2007年第11期，第36页。

息则事我者也'"。君臣之间，由《郭店楚简》的"友"扩展为三种关系：师、友、事。由此势与道相抗衡的画面逐渐展开。孔子之后，"儒家的理想主义到了孟子的手上更获得进一步的发展。孟子把士与道的关系扣得更紧密"①，为了实现士的抱负，因而会有由"友"到"师、友、事"的分化局面。

梁漱溟说："按中国人的道理，大家在团体中的地位应当一律平等；可是有两个天然不可少的等差：一种是从看重理性、尊尚贤智而来的等差，一种是从尊敬亲长而来的等差。"②按照梁漱溟的理解，论道德知识，君臣有等差；论政治地位，君臣有别。

庞朴说《郭店楚简》对夫妇、父子、君臣三大关系，提出了对等的要求，"不仅要求妇德，而且要求夫德；不仅要求子德，而且要求父德；不仅要求臣德，而且要求君德。这也是儒家的传统"③。儒家伦理"体现的是虽有等差、却'互以对方为重'的伦理"。君臣有身份的等差，但"不应该是服从与支配的关系、隶属与领导的关系"④，他们彼此应有平等的相互性责任。唐君毅强调"高下之位分等级间的关系"应是"尊戴与涵容的关系"⑤，这便是友道在政治上的运用。郝大维、安乐哲认为"一个有活力的儒家民主必须提倡一种建立在个人的公共源头基础上的平等，而不是一种建立在源于个人主义概念基础上的平等"⑥。而民主意义上的"个人的公共源头基础上的平等"正是"友，君臣之道"的现代诠释。

臣以"师、友、事"与君交往的观点证实了孟子的民本主义政治学说。胡适认为："因为他把个人的人格，看得如此之重，因为他以为

---

① 余英时：《士与中国文化》，上海人民出版社1987年版，第35页。
② 梁漱溟：《梁漱溟全集》第2卷，山东人民出版社2005年版，第296页。
③ 庞朴：《初读郭店楚简》，载《历史研究》1998年第4期，第8页。
④ 高瑞泉：《比较视野中的观念史研究——以美国学者论中国人"平等"观念为中心》，载《社会科学》2012年第11期，第128页。
⑤ 唐君毅：《人文精神之重建》，九州出版社2016年版，第40页。
⑥ （美）郝大维、安乐哲著，何刚强译：《先贤的民主：杜威、孔子与中国民主之希望》，第14页。

人性都是善的，所以他有一种平等主义。"①他评论说，"孟子的政治学说很带有民权的意味""君臣对等根源于智识分子的独立人格，独立人格于事不能体现，于友也难以彰显，所以师是孟子真正的兴趣"②。德行是子思的生命，也是士所弘扬的道，有了德行，子思才能拒绝与鲁缪公交友，才能为费惠公之师。

2. "贵德而尊士"

孟子常提到君臣、君民之礼，细究起来，孟子重礼仪的根本原因在于"情"。礼是人情之表示，生命之深秘处乃礼之根本，正确的礼仪能够反映恰当的君臣、君民关系。

孟子对待古时君臣关系的态度更加激进，他说贤士"乐其道而忘人之势"③。孟子论仁政，重视尊贤，他认为治国要"贵德而尊士，贤者在位，能者在职"④。孟子描绘的君与士相处是怎样一幅图景呢？君与臣以天下为事，是共同曳木之人。

其一，治政以天下为主，君则为客。若四境之内不治，国君不胜其职，理当废去。民为贵，君则为轻。孟子问齐宣王，若王之臣托其妻、子于友，而冻馁其妻、子，该怎么办呢？齐宣王毫不犹豫地说，这样的人已不算朋友了。孟子又问，若士师不尽职，该怎么办？齐宣王说撤掉他。当孟子问到若国家治理不好，又该如何呢？齐宣王便转移话题了。君以利民为职责，君不实施仁义，不视民如父母，是"残贼之人"。在孟子看来，汤放桀、武王伐纣，无弑君之名，只是诛一夫罢了。臣以万民忧乐为职，天下非一人所能治，官为分身之君。

若君有缺失（但尚可补救，悔过后能承继尧舜之道），宰相可摄位主政，补救政体之阙失。伊尹"相汤以王于天下"，后太甲即位而无德，伊尹称"予不狎于不顺"⑤，于是把太甲放逐到桐邑，民心大悦。

---

① 胡适：《中国哲学史大纲》，上海人民出版社 2014 年版，第 202 页。
② 杨海文：《对抗与合作：孟子对君臣关系的新建构》，载《江南大学学报》（人文社会科学版）2011 年第 6 期，第 24 页。
③ ［清］焦循：《孟子正义》，第 888 页。
④ ［清］焦循：《孟子正义》，第 223 页。
⑤ ［清］焦循：《孟子正义》，第 925 页。

太甲思过,"听伊尹之训己",伊尹便恢复了他的王位,民心亦大悦。伊尹、周公摄政,为生民计,"以宰相而摄天子",传为一代佳话。

有人问孟子:其君不贤,人臣可以放逐君主吗?孟子说:"有伊尹之志则可,无伊尹之志则篡也。"①伊尹之志以天下为事,辅君为尧舜之君,教民为尧舜之民。他说:"予将以斯道觉斯民也……思天下之民匹夫匹妇有不被尧舜之泽者,若已推而内之沟中。"②

其二,孟子说"惟大人为能格君心之非"③,若逢君之恶则其罪大。在其特色君臣论的基础上,孟子对"恭""敬"二字的解释别具一格。他说"责难于君谓之恭,陈善闭邪谓之敬"④。当景子怀疑孟子不敬时,孟子以尧舜之道陈述于齐王,因而孟子说"齐人莫如我敬王"。孟子的思想比较激进,他说:"贼仁者谓之贼,贼义者谓之残。"⑤不行仁义之君为"一夫",诛"一夫"有何不可呢?贵戚之卿可使国君易位:"君有大过则谏,反覆之而不听,则易位。"在孟子看来,贤人乐道忘势,大人尽可藐之:"说大人则藐之,勿视其巍巍然……在彼者,皆我所不为也。在我者,皆古之制也。吾何畏彼哉?"⑥

综上所述,"友,君臣之道"与"贵德而尊士"都反映了"友"的内涵,孟子不仅认同了"君臣主于义"与"贤贤"的主张,还强调了致敬之礼。儒家"创发了中国的自由社会"⑦,其不仅体现在德与位相匹配的主张上,而且体现在"礼"的规定上,也就是说"礼"以规范的形式保证了德与位相衬的思想。通过王公致敬之礼,"尊贤"与"君臣相友"的精神得以真正实现,在儒家的努力下,中国式自由社会的构建得以逐步展开。

---

① [清]焦循:《孟子正义》,第925页。
② [清]焦循:《孟子正义》,第654—655页。
③ [清]焦循:《孟子正义》,第525页。
④ [清]焦循:《孟子正义》,第489页。
⑤ [清]焦循:《孟子正义》,第145页。
⑥ [清]焦循:《孟子正义》,第1014—1017页。
⑦ 徐复观:《学术与政治之间》,九州出版社2014年版,第268页。

3. "同悦而交，以德者"与"友其德"

（1）"悦"与"乐"

对比《论语》论朋友之道，《郭店楚简》在与人交往的论述中融进了"悦"的情感和"心"的参与，《性自命出》篇对"悦"的情感极为重视，"凡人情为可悦也"[①]，人以真情示人皆会令人喜悦，"真情流露是儒家精神的重要内容。真情流露就是率性"[②]。孔子之学的重要内容就是顺人情，它承认喜怒哀乐等情感的自然存在，不去压制，而主张适度地抒发。乐的态度源于安和自在的心境，"不安则不乐，不乐则无德"，而"无中心之悦则不安"。

"悦"是一种美好的情感体验，交友要重视"悦"的快乐感受。先秦儒家文献里有不少有关"乐"和"悦"的文字，子曰："饭疏食饮水，曲肱而枕之，乐亦在其中矣。"[③]《论语》里子路、冉有、曾点等人对自己志向和理想的回答引起了众多学者的重视：其他人都不约而同地谈到治理国家、礼乐教化，唯曾点的想法得到了孔子的赞誉，曾点说："莫春者，春服既成，冠者五六人，童子六七人，浴乎沂，风乎舞雩，咏而归。"[④]曾点的理想蕴含着儒家的真精神——自由、率性，"悦"与"乐"的体验跃然其中，与孔子的追求不谋而合。

《郭店楚简》提到的"交"包含各类人群的交往，因而也涉及了交友。孔子讲"益者三乐"，其中之一便有"乐多贤友"，在交往中，子思之儒看重的是朋友的品德，因品德高尚而达到彼此同心而悦，是交友的真境界，"同悦而交，以德者也。不同悦而交，以猷者也"[⑤]。"德"在楚简的地位很高，"德，天道"，"德之行五，和谓之德"[⑥]，仁、义、礼、智、圣构成了德的内涵。以德交往是《郭店楚简》对交往的

[①] 刘钊：《郭店楚简校释》，第91页。
[②] 庞朴：《孔孟之间——郭店楚简的思想史地位》，载《中国社会科学》1998年第5期，第94页。
[③] 程树德：《论语集释》（二），第600页。
[④] 程树德：《论语集释》（三），第1040页。
[⑤] 刘钊：《郭店楚简校释》，第91页。
[⑥] 刘钊：《郭店楚简校释》，第69页。

至高期许,以德交即以天道交。

"德"与"悦"有着内在关联,无"悦"则必无"德","无中心[之悦则]不安,不安则不乐,不乐则无德"①。而"悦"由"中心"产生,"以其中心与人交,悦也。中心悦,播迁于兄弟,戚也。戚而信之,亲[也]。亲而笃之,爱也。爱父,其继爱人,仁也"②。以"中心"与人交往,才有"悦"的体验,"中心悦"是仁爱产生的基本条件。孟子说:"以德服人者,中心悦而诚服也。如七十子之服孔子也。"③

(2)"君子之友也有向"

《郭店楚简》主张"君子之友也有向",即君子交友是有准则的,"同悦而交,以德者也"。令彼此衷心喜悦的交往,一定是因为品德高洁而接近,这与《论语》"友其士之仁者"的观点一致:"子曰:唯君子能好其匹,小人岂能好其匹。故君子之友也有向,其恶有方。此以迩者不惑,而远者不疑。《诗云》:'君子好逑。'"④"匹"意为同道朋友,孔子说只有君子能喜欢他的朋友,所以君子同谁交友是有准则的,厌恶谁也是有道理的。

君子不与小人交往,王良说"我不贯与小人乘""羞与射者比"。迎合小人的心意,无疑"枉道而从"。至于"胁肩谄笑""面而不心",比顶着炎炎烈日浇灌菜园还要辛苦。子路说"未同而言,观其色赧赧然"是一件令人厌恶的事。"与谗谄面谀之人居,国欲治,可得乎?"⑤"谗谄面谀之人"有害于国家。西汉扬雄说:"朋而不心,面朋也;友而不心,面友也。"⑥朋友贵在交心与以诚相待。东晋葛洪也说朋友之交,不宜浮杂:"必取乎直谅多闻,拾遗斥谬,生无请言,死无托辞,始终一契,寒暑不渝者。"⑦他宣称不与以下几类人交接:"位显名

---

① 刘钊:《郭店楚简校释》,第69页。
② 刘钊:《郭店楚简校释》,第71页。
③ [清]焦循:《孟子正义》,第221—222页。
④ 刘钊:《郭店楚简校释》,第51页。
⑤ [清]焦循:《孟子正义》,第862—863页。
⑥ 汪荣宝撰,陈仲夫点校:《法言义疏》,中华书局1987年版,第34页。
⑦ 杨明照:《抱朴子外篇校笺》(上),中华书局1991年版,第431页。

美，门齐年敌，而趋舍异规，业尚乖互者"，"矜其先达，步高视远，或遗忽陵迟之旧好，或简弃后门之类昧，或取人以官而不论德"[1]，"其不遭知己，零沦丘园者，虽才深智远，操清节高者"。

孟子认为交友的真意即"友其德"。"友其德"告诉人们在交友的过程中，内心绝不能夹杂年龄、地位、财富等外在因素，一定要因对方的德行而相交，建立在"友其德"基础上的交友才是人与人之间真诚的交往，君子选取朋友必待己察，不因别人的毁誉而改变原则。

鲍叔牙与管仲之间的交往可以称得上是"善"交了。在《史记》中，司马迁详细记载了他们的交往事迹。管仲曾说："生我者父母，知我者鲍子也。"管仲与鲍叔牙年少结识，一同经商时，管仲常常分得的钱财多，而鲍叔牙不认为管仲贪财，因为他知道管仲家里比较贫困。管仲为好友出谋划策，却导致鲍叔牙的处境更加窘迫，鲍叔牙也没有责怪管仲愚蠢，因为鲍叔牙明白时运有"利与不利"之分。管仲多次做官又多次遭到国君驱逐，鲍叔牙却没有怀疑过管仲的贤能，他知道管仲没有遇上好的时机。当管仲多次参战又多次逃脱时，鲍叔牙并不认为管仲胆怯，他明白管仲有母亲需要奉养。公子纠战败后，召忽殉难，管仲遭到囚禁，但鲍叔牙不认为管仲无耻，他知道管仲不以小节为耻而耻于功名不显于天下，管仲因为有鲍叔牙这样的知己而感到喜悦。

后来，鲍叔牙向齐桓公举荐了管仲，并甘心位列管仲之下，管仲则帮助齐桓公一匡天下，成就了霸业。司马迁说："天下不多管仲之贤而多鲍叔能知人也。"作为好友，鲍叔牙深知管仲的贤能，他不但不因一己私利与世俗的看法遗弃朋友，反而不遗余力地举荐好友，舍小我，逐大义，可见以德相交的朋友才称得上真正的知音。

"友其德"是交友的前提和基础，即使在君臣之间，也一定是因对方的德行交往，德行是交友的本质，交友的目的在于弘道。在《孟子·万章下》里，万章就"友道"提出了一系列问题："万章问曰：'敢问友。'孟子曰：'不挟长，不挟贵，不挟兄弟而友。友也者，友其德

---

[1] 杨明照：《抱朴子外篇校笺》（上），第420页。

也，不可以有挟也……舜尚见帝，帝馆甥于贰室，亦飨舜，迭为宾主，是天子而友匹夫也。用下敬上，谓之贵贵；用上敬下，谓之尊贤：贵贵尊贤，其义一也。"①孟子是在遵循礼仪等级的基础上来谈交友，他举了四个例子来说明不同身份的人交友都需要符合"友其德"的原则，它们分别是世家子弟交友、小国国君交友、大国国君交友和天子结交平民。我们可以看到，孟子的侧重点是在有等级差别的人互相结交的情况上，既然结交双方在身家地位上有差别，那么在上者很容易倚仗自己的优势与地位，这种"挟"的情况就是孟子所认为必须避免的。这样一来，上下结交的重点在何处呢？那就是"友其德"，个人要想在道德上有所增益，不仅要加强自我修养，同时也要结交有德之人。

公都子问孟子为何不礼待滕更，孟子说："挟贵而问，挟贤而问，挟长而问，挟有勋劳而问，挟故而问，皆所不答也。滕更有二焉。"②滕更有"挟"而问，因他无礼，孟子才不理会他。继孔子"友其士之仁者"和《郭店楚简》"同悦而交，以德者"的观点后，孟子明确提出交友要建立在"友其德"的基础上。在《孟子·离娄下》里孟子讲了子濯孺子的故事，这个故事给我们的启示是交友应交端正之人，即"取友必端"，取友不端，则反生祸患。

士人有自己的操守，其操守决定了交友对象品质的选择。貉稽说："稽大不理于口。"孟子说："无伤也，士憎兹多口。诗云'忧心悄悄，愠于群小'，孔子也。'肆不殄厥愠，亦不殒厥问'，文王也。"③孟子告诉貉稽即使被很多人批评也不要忧虑，孔子也曾"愠于群小"，孔子"厄于陈、蔡之间，无上下之交也"④。大丈夫"居天下之广居，立天下之正位，行天下之大道，得志与民由之，不得志独行其道，富贵不能淫，贫贱不能移，威武不能屈"⑤。如此气节，小人岂能称道？"乡原"之人"非之无举也，刺之无刺也，同乎流俗，合乎污世，居之似

---

① ［清］焦循：《孟子正义》，第690、694—695页。
② ［清］焦循：《孟子正义》，第946页。
③ ［清］焦循：《孟子正义》，第979—980页。
④ ［清］焦循：《孟子正义》，第978页。
⑤ ［清］焦循：《孟子正义》，第419页。

忠信，行之似廉洁，众皆悦之，自以为是，而不可与入尧舜之道"①，君子耻之。君子不为贼德之行，更不与便佞、利口之人交友。

（3）"尚友"

"尚友"即与古圣贤为友，是"友其德"的具体表现。孟子谓万章曰："以友天下之善士为未足，又尚论古之人。颂其诗，读其书，不知其人可乎？是以论其世也。是尚友也。"② "尚"通"上"，在孟子看来，"尚友"即与古圣贤为友。纵观《孟子》整个文本，"尚友"是在修身、齐家、治国、平天下方面与圣人、贤人做真正的学习交流，如能做到，实是读书人的至高境界。孔子也说"信而好古"，即喜好古圣贤的作为。

"尚友"与儒家的道统观念有密切的联系，"尚友"的目的在于继承古圣贤的为人和德行，是"士志于道"的表现。韦政通考证孟子把古帝连成了一条系统，其证据有三："第一个证据见于《离娄下》，孟子分论诸帝的德行和为人，他们的顺序是：禹—汤—文王—武王—周公。第二个证据见于《滕文公下》，孟子提出一治一乱的历史观，而所有的古帝都代表历史上的治世。他们的顺序是：尧—禹—周公—孔子。第三个证据见于《尽心下》，孟子从古史中提出证据，以证明'五百年必有王者兴'之说。顺序是：尧—禹—汤—文王—孔子。"③ 李春青曾对"尚友"有段评论："这里孟子真正想要表达的意思是'交友之道'。……'尚友'的根本之处在于将古人看成是与自己平等的精神主体。与古人交流对话的目的当然是向古人学习，以使自己的品德更加高尚。所以，'知人论世'之说实质上是向古人学习美好品德的方式，用今天的话来说就是将古人创造的精神价值转化为当下的精神价值。这绝不仅仅是一种解诗的方式。"④

《四书章句集注》称："论其当世行事之迹也。言既观其言，则不

---

① ［清］焦循：《孟子正义》，第1031页。
② ［清］焦循：《孟子正义》，第726页。
③ 韦政通：《中国思想史》，上海书店出版社2004年版，第198页。
④ 李春青：《诗与意识形态》，北京大学出版社2005年版，第200页。

可以不知其为人之实，是以又考其行也。夫能友天下之善士，其所友众矣，犹以为未足，又进而取于古人。是能进其取友之道，而非止为一世之士矣。"①孟子"尚友"的表现为"颂其诗""读其书"，进而"论其世"并"知其人"，朱熹的注解较好地诠释了孟子友道的真义，他认为孟子以"友天下之善士"之"未足"，进而友于古圣贤，"观其言""考其行"，"论其当世行事之迹"的同时了解其为人，与古圣贤交友的理想才可能实现。

上文详细地对《郭店楚简》和《孟子》的思想作了比较分析，着重探讨了"友"与君臣的关系，这一研究工作要说明的问题是：今人提及的朋友与最初"朋友"的含义已相去较远。据相关资料，古时朋友与士有着"亲昵"与"辅佐"的关系，"友，君臣之道"这一命题的提出并不是出于偶然。"友，君臣之道"为儒家友朋观增添了新的内容，它建构了君臣之间以友相待的新型关系，孟子在此基础上进一步提出了臣以"师、友、事"与君交往的主张，君臣彼此遵守规范的相互性反映了早期儒家在"友道"方面的平等思想。另外，《郭店楚简》和孟子所说的朋友关系是以德性为基础的互助关系，曾子曰："君子以文会友，以友辅仁。"无论是"同悦而交，以德者"还是孟子主张的"友其德"，都将"德"视为"友"的必备品质，这体现了儒家"以友辅仁"和以友证道的思想。

二、汉代儒家"友"观念

（一）"朋友以极之"：《礼记》②的友朋观

在汉代，人们比较重视朋友之道，"自天子至于庶人，未有不须友以成者"③。《礼记·学记》记载："独学而无友，则孤陋而寡闻。"④朋友

---

① [南宋]朱熹：《四书章句集注》，第329页。
② 因《小戴礼记》成书于西汉，故入选此节。
③ [清]王先谦：《诗三家义集疏》，中华书局1987年版，第569页。
④ [清]孙希旦：《礼记集解》，第965页。

之间通过相互交流、答疑解惑，能够开阔视野，增进彼此的学识。交往可以使个人的才能得以施展、名声得以远播、道德修养得以确立，可见交友大有裨益。孟子将"朋友有信"列为人伦之一："圣人有忧之，使契为司徒，教以人伦：父子有亲，君臣有义，夫妇有别，长幼有叙，朋友有信。"①刘钦认为人与人的交往是人道的基础和成名立事的必由之路，董仲舒以"仁义礼智信"来规范五伦，东汉的儒学著作《白虎通》将朋友关系作为"六纪"之一。

《礼记》，亦称《小戴礼记》，为西汉时期戴圣所编纂。孔子说"克己复礼为仁"②，孟子说"仁之实，事亲是也；义之实，从兄是也……礼之实，节文斯二者是也"。孟子认为礼是行仁义的准则。在荀子看来，"君子处仁以义，然后仁也；行义以礼，然后义也；制礼反本成末，然后礼也。三者皆通，然后道也。"③荀子说礼是义的准则，而礼是圆融的，自身"反本成末"，若通达仁、义、礼三者，便可致道。虽然孔子、孟子、荀子对礼的认识存在差异，但他们对礼的尊崇达成了一致，只是在荀子的思想中，礼的地位可能更加特殊一些。礼的外在内容是制度，在《礼记》中有一些涉及"友"的准则，认识这些准则将有助于我们认识古代的朋友之道。

1. "朋友以极之"

《礼记》提出了人们在交友方面的行为规范，其一为"朋友以极之"。《礼记·表记》说"礼以节之，信以结之，容貌以文之，衣服以移之，朋友以极之，欲民之有壹也"④。"朋友以极之"是在《礼记·表记》中提出的，可见"朋友以极之"指向一定的人群，是民众的规范，"欲民之有壹也"。值得注意的是，《礼记》记载的一些规范不以君子的言行为尺度，而是以民众能够做到的言行为依据。在与朋友交往的问题上，《中庸》的作者认为君子应先正己，而不能只对他人提出要求。"君

---

① [清]焦循：《孟子正义》，第386页。
② 程树德：《论语集释》（三），第1054页。
③ [清]王先谦：《荀子集解》，第581页。
④ [清]孙希旦：《礼记集解》，第1305页。

子之道四，丘未能一焉：所求乎子，以事父未能也；所求乎臣，以事君未能也；所求乎弟，以事兄未能也；所求乎朋友，先施之未能也。"①处朋友时，须先做到对朋友友善，在朋友需要时及时提供帮助，而不能仅对朋友提出过高的要求。

《礼记》记载了一些关于朋友的规范和礼仪，如《礼记·曲礼上》："父母存，不许友以死。"②吕思勉写道："'父母存，不许友以死。'则许友以死者多矣。服虔注《左氏》云：'古者始仕，必先书其名于策，委死之质于君，然后为臣，示必死节于其君也。'此亦许友以死之类也。古人有罪不逃刑，此乃许君以死，而又守信，使之然也。如晋之庆郑是。事见《左氏》僖公十五年。"③《礼记·坊记》记载"寡妇之子，不有见焉，则弗友也，君子以辟远也。故朋友之交，主人不在，不有大故，则不入其门"④，"父之齿随行，兄之齿雁行，朋友不相逾"⑤。这个规范反映的是与朋友相处要有尊敬、礼让的精神。历史上曾发生朋友以爵位、仕途彼此谦让的事迹，东汉朱晖与同郡的陈揖是好朋友，陈揖有个遗腹子陈友，当朱晖的儿子被太守召为官吏时，朱晖却推辞不受，让予陈友。

朋友有信与孝顺父母关系密切，孝顺父母才能有悌、有仁，并信于朋友。《礼记·曲礼上》记载"夫为人子者，三赐不及车马。故州、闾、乡、党称其孝也，兄弟亲戚称其慈也，僚友称其弟也，执友称其仁也，交游称其信也。见父之执，不谓之进不敢进，不谓之退不敢退，不问不敢对，此孝子之行也"⑥。三赐谓三命之赐。周代官吏的品秩有一至九命之差，九命为品秩之最高者。每一命，都有相应的礼服和其他象征品秩的赏赐物。如果做了三命之官，君王就要赏赐他车马了。但有父母在，孝子不敢贪图乘坐车马的享受，虽赐而不受。曾子认为对

---

① [南宋] 朱熹：《四书章句集注》，第23页。
② [清] 孙希旦：《礼记集解》，第22页。
③《吕思勉读史札记》，上海古籍出版社1982年版，第242页。
④ [清] 孙希旦：《礼记集解》，第1295页。
⑤ [清] 孙希旦：《礼记集解》，第388页。
⑥ [清] 孙希旦：《礼记集解》，第17—18页。

朋友不守信即是不孝，原因在于失信于人可能导致灾难并殃及双亲，会使父母得不到尊敬。只有在生活起居时恪守礼义、侍奉君主时忠心谨慎、为官理政时严肃认真、与朋友交往时严守信用、冲锋陷阵时勇于杀敌，才是遵守了孝道。

2."乐其友而信其道"

朋友与个人学问的养成有着密切关系。"独学而无友，则孤陋而寡闻。"儒家提倡多结交学友，彼此相互交流、切磋学问。曾子说："君子以文会友，以友辅仁，则德日进。"有识之士都有自己的"朋友圈"，朱熹与辛弃疾、吕祖谦、张栻等人的交友事迹就为世人所称道。

交友对象品质的优劣影响自身道德水平的高低，"论学取友"可谓学业小成。《礼记·学记》记："一年视离经辨志，三年视敬业乐群，五年视博习亲师，七年视论学取友，谓之小成。"[1]君子能够在与师友的交往、学习中感受到共鸣的喜悦，即便离开师友，其笃信师友的学识也不会使其违反师友之道。《礼记·学记》说："故君子之于学也，藏焉，修焉，息焉，游焉。夫然，故安其学而亲其师，乐其友而信其道，是以虽离师辅而不反也。"[2]"乐其友而信其道"是这句话所阐述的朋友之道。无论乐友亲师，还是不信谣言，君子交友之所以笃信与牢固，根本原因在于他们志于道的信念。有德、有道的交往才是君子之间的交游特征，立于道义的交流才会真正令人喜悦。也正是由于志于道是君子交友的唯一前提，因此道不同，则不相为谋。

在中国古代交友史上，绝交是一道独特的风景。《礼记·儒行》已指出：若志趣不同，朋友可以分手避让。那么，君子绝交的原因是什么呢？主要原因在于士人厌恶以利交友，他们痛感人情淡漠，痛恨营己治私、求势逐利的轻薄行径。还有一些学者，他们不仅认可绝交现象的存在，甚至主张全面绝交。东汉朱穆曾著有《绝交论》，南朝梁刘峻著有《广绝交论》，认为绝交即断绝以利交往，因为以利交友违背了君子志于道的追求。

---

[1][清]孙希旦:《礼记集解》，第959页。
[2][清]孙希旦:《礼记集解》，第962页。

而对于全面绝交之说，我们既要看到它的弊处，也要看到它所呈现的精神价值。以利交往的确令人心寒，西汉翟公曾深切感到人情无常，当他做廷尉时，宾客纷至沓来；遭遇免职时，宾客却一哄而散。等到翟公官复原职，宾朋旧友又想登门拜访，翟公悲愤地在门上写道："一死一生，乃知交情；一贫一富，乃知交态；一贵一贱，交情乃见。"在现实生活中，一些朋友不但以利相交，夫妻之间也存在以利交往的现象，但是以利益结成的关系并不牢固。以利交友，利去则友散；因利而谈婚论嫁，利无则情薄。择妇要以德配身，只有建立在道德基础上的婚姻才是稳固的。唯有以德性为根基的婚姻，才能长久。虽然说天下重"利"，但不合道义之利却有害，利与弊只是看人如何用得得当。

有绝交现象就存在绝交的方式，君子怎样实现绝交呢？君子"交绝不出恶声"。这种友好断交的美德，值得后人学习与弘扬。《幼学琼林》称"管宁割席拒华歆，谓非同志之人"[①]，以割席的方式表明断交之意，显示了古人的素养与雅量。有一次弟子问朱熹：朋友之间已无共同志向，绝交恐伤恩，继续交往又匿情，我该如何与之相处呢？朱熹说：朋友不善，理当疏远。但须疏之以渐，若无大故，不必绝之。在朱熹看来，遇大故才可绝交，除此之外，不善之友"疏之以渐"[②]即可。

《礼记·檀弓下》记载："利其君，不忘其身；谋其身，不遗其友。"[③]这是赵文子称赞随武子的一句话，他说随武子实现自身志向的同时，还能做到举荐他的朋友，可见随武子是一个忠君重友之人。赵文子善于了解他人，随武子也以忠义与人交往。《礼记·儒行》说儒者的交友原则是这样的：志向相合、学道相同的朋友在一起就感到快乐，相互谦让而不厌倦，即使长时间不见面，听到谣言也不相信。儒者的行为本于方正而立于道义，志趣相投就共同进取，不同则分手避让，汉代扬雄也强调朋友之交要志趣相投。

---

① ［明］程登吉原编，［清］邹圣脉增补：《幼学琼林》，岳麓书社2002年版，第65页。
② 黎靖德编：《朱子语类》，中华书局1986年版，第234页。
③ ［清］孙希旦：《礼记集解》，第304页。

儒者与人相处能够坚持原则，君子重视行为而不重视言谈，不根据言语来判断一个人的好坏。君子在有丧事的人旁边，不能资助就不问丧事的花费；在有病的人旁边，不能有所馈赠就不问他需要什么；无法安排客人住宿，就不问他打算住在什么地方。君子之交淡如水，小人之交甘如醴，君子之交虽淡但能相互辅助，小人之交虽甘但久必败坏。《礼记·曲礼上》记载了贤者的处世之道："贤者狎而敬之，畏而爱之。爱而知其恶，憎而知其善。积而能散，安安而能迁。"[1]

（二）《白虎通》的友朋思想

"友，君臣之道"是《郭店楚简》友朋观的突出体现，而《白虎通》记载："三纲者，何谓也？谓君臣、父子、夫妇也。"君臣、父子、夫妇，此"六人为三纲"，书中还引《礼含文嘉》称"君为臣纲，父为子纲，夫为妻纲"[2]，可见班固将"君为臣纲"当作此书的思想主张之一。

1. 从"友，君臣之道"到"君为臣纲"

"友，君臣之道"与"君为臣纲"几乎是风马牛不相及的两类主张，怎能互证，又如何相融相通呢？带着这个疑问进入一段探寻答案的旅程，或许将发现有关儒家思想的某些惊喜。

在子思之儒看来，以友相待是处理君臣关系的准则之一："父无恶，君犹父也，其弗恶也，犹三军之旌也，正也。所以异于父，君臣不相才（存）也。则可已；不悦，可去也；不义而加者（诸）己，弗受也。友，君臣之道也。"[3] 以朋友关系相处属于君臣之道，但上文又说"君犹父""犹三军之旌也"，可见君的尊严不容小觑。同心而悦为君臣相处的正道，"不义"则指君的做法不合于道，也不合于礼。为了道义批评君主的过错、指责君主的行为过失是符合君臣之道的，当朋友有过失时，应"忠告而善道之"。朋友与君臣属于"无亲"的一类社会关系，因而在《郭店楚简》中，作者有时将朋友、君臣同举，如

---

[1] ［清］孙希旦：《礼记集解》，第4页。
[2] ［清］陈立：《白虎通疏证》，第373页。
[3] 刘钊：《郭店楚简校释》，第208页。

"友、君臣，无亲也""君臣、朋友，其择者也"，有时又以"友"来规范君臣关系，可以说这是儒家友朋观的一个新变化。

不难看出，《郭店楚简》提出的君臣之道，基本包含了两个方面的内容。一方面是以君为正，承认君的特殊地位。另一方面，文章指出君臣与父子存在显著不同，君臣无亲，以悦相合，"不义而加者（诸）己，弗受"，由此可证"友"为君臣之道，若将此处的"友"理解为相互辅助，应更加恰当。"（悦）则可已；不悦，可去也"，文中出现的"悦"字反映了《郭店楚简》君臣观的特点，"君臣义生言"也是《郭店楚简》提倡的君臣之道，一个"义"字清晰地展现了君臣关系的纽带。《六德》称"以义使人多。义者，君德也"[1]，"以忠事人多。忠者，臣德也"[2]，君德与臣德有着怎样的关系？答案是"义使忠"，并不复杂的三个字呈现了君德的特殊性。《郭店楚简》君臣之道的重要性在于它以"友"作为君臣相处的规范，而"友，君臣之道"这种提法在其他文献中几乎没有出现。

孟子也尝试以朋友之道规划君臣关系，但他对君臣关系的建构基本继承了子思之儒"友，君臣之道"的思想，并进一步扩展出三类关系："师、友、事"。后世著名的思想家如程颐、黄宗羲、谭嗣同等人，其相关学说也建立在"友，君臣之道"的基础之上，并各有发展。当回顾先秦时期的那段历史、梳理那时涌现的各类思想时，能够发现思想与现实的关系是如此冗杂，学者的论断有很多来源于客观世界。我们很难确切地说他的著述仅是他一人的独创，同样的观点在史书中也有人提及，大概是相似的现实情境决定了类似思想的出现。也有许多思想与业已畅行的礼仪密不可分，孰先孰后，已难以考辨。但无论怎样，把它们归结为中国文化的特征，总是没有差错的。对《郭店楚简》的"友"观念作完初步分析后，再来看看《白虎通》中的相关思想。

2．"臣谏君以义"

显然，《白虎通》一书在内容的丰富性上略胜《郭店楚简》一等，

---

[1] 刘钊：《郭店楚简校释》，第108页。
[2] 刘钊：《郭店楚简校释》，第108页。

但我们更关心的是"友,君臣之道"的思想在东汉时期得到了怎样的发展。

《白虎通》中的《谏诤》一章,详细阐释了臣谏君、妻谏夫、子谏父的内容并论证了谏诤的合理性。对谏诤进行细致分析,反映了作者对谏诤的重视程度。谏诤是君臣、夫妻、父子关系的调适方法,臣谏君的行为意在明示臣对君的帮助职责。那么,什么是谏诤?"谏"字又有何内涵呢?

"谏"又作"间","谏者,间也,更也。是非相间,革更其行也"①,谏有"更其行"的作用。古文"间"为干,"干,犯也。言臣子干君之过,犯颜而谏之也"②。由上文可知,"谏"能够干君之过,正君之行,甚至可犯颜而谏。《白虎通》列举了谏诤的五种类型:"一曰讽谏,二曰顺谏,三曰窥谏,四曰指谏,五曰陷谏。"③"讽谏"似智,"知祸患之萌,深睹其事,未彰而讽告焉"。"顺谏"似仁,"出词逊顺,不逆君心"。"窥谏"似礼,"视君颜色不悦,且却,悦则复前,以礼进退"④。"指谏"似信,"指者,质也。质相其事而谏"。"陷谏"似义,"恻隐发于中,直言国之害,励志忘生,为君不避丧身"。

在五类谏诤中,孔子赞同讽谏,他说:"吾从讽之谏。"孔子的主张反映了儒者的忧患意识,即儒家以"未雨绸缪""防患于未然"为准则。"讽"是何意呢?"谓君父有阙而难言之,或托兴诗赋以见于辞,或假托他事以陈其意,冀有所悟而迁于善。"⑤除了"未雨绸缪"以防祸患,讽谏还有曲得之义,即巧借诗赋或假托他事以述难言之语。讽谏的长处在于不触颜色、冀君自我觉悟,为实现政由君出做了铺垫,有效地维护了君主的特殊地位与尊严,有利于社会的长治久安。

尊君既是《郭店楚简》的学说主张,也是《白虎通》中提到的重要思想之一。尊君观念源远流长,《荀子》《礼记》等书都作过详细阐

---

① [清]陈立:《白虎通疏证》,第234页。
② [清]陈立:《白虎通疏证》,第234页。
③ [清]陈立:《白虎通疏证》,第235页。
④ [清]陈立:《白虎通疏证》,第235页。
⑤ [清]陈立:《白虎通疏证》,第236页。

述。在此，读者可能要问古人为何看重尊君呢？《礼记·坊记》作了解答，"民之贪乱，宁为荼毒"，"君子之道……坊民之所不足者也"①，"朝廷之位，让而就贱，民犹犯君"②，何况不尊君呢？尊父观念的培养也是同样的道理，儒家主张"言孝不言慈"③，以此防民，"民犹薄于孝而厚于慈"④，何况不言"孝"呢？由此可见尊君、尊父观念源于防民之不足，同时也起到了维护安定秩序的作用。

《白虎通》记载臣的职责为"事君进思尽忠，退思补过，去而不讪，谏而不露"⑤。此处的"谏而不露"与下文提到"不显谏"中的谏，是否可以理解为讽谏？《春秋繁露》说"臣有恶，擅名美。故忠臣不显谏"，以彰君德。"从讽之谏"反映了人臣之法，即良大夫不显谏，欲其政令由君出。讽谏适宜用于"纤微未著"之时，"主文而谲谏，言之者无罪，闻之者足以戒"⑥，"主文"即循礼，谲谏即"窥谏"，"窥谏者，礼也"。但过恶已著，则当"据事直书"，冀君有所慎。既有臣谏君之实，那么，臣为何谏君？臣如何谏君？

臣为何谏君？为了"尽忠纳诚"之义。贤人君子尽心于明德，君有过，则"正而止之"。《孝经》记载："天子有诤臣七人，虽无道不失其天下；诸侯有诤臣五人，虽无道不失其国；大夫有诤臣三人，虽无道不失其家；士有诤友，则身不离于令名；父有诤子，则身不陷于不义。"⑦可见谏诤之人，于国于家，都不可或缺。天子置左辅、右弼、前疑、后承为四诤。

《荀子》一书详细阐释了"谏争辅拂"四字的含义，"进言于君，用则可，不用则去"，谓谏；"进言于君，用则可，不用则死"，谓争；"有能比知同力，率群臣百吏而相与强君挢君，君虽不安，不能不听，

---

① ［清］孙希旦：《礼记集解》，第1280页。
② ［清］孙希旦：《礼记集解》，第1284页。
③ ［清］孙希旦：《礼记集解》，第1288页。
④ ［清］孙希旦：《礼记集解》，第1288页。
⑤ ［清］陈立：《白虎通疏证》，第236页。
⑥ ［清］陈立：《白虎通疏证》，第237页。
⑦ ［清］陈立：《白虎通疏证》，第226页。

遂以解国之大患……尊君安国",谓辅;"抗君之命,窃君之重,反君之事,以安国之危"①,谓拂。孟子说"惟大人为能格君心之非""责难于君谓之恭,陈善闭邪谓之敬"。《白虎通》的观点继承了孟子、荀子的君臣思想,仕为行道,臣为"达道数""尽忠纳诚"(此处的"忠"应有为"道"及天下尽己之诚的含义),因而《白虎通》所谈论的君臣关系仍可定义为"友","友,相有也","相有"即相辅助。

3. "无适无莫,义之与比"

在臣谏君方面,《白虎通》承继了孟子、荀子的理性认知,但其关于隐恶之义的记载却是先秦儒家很少论及的地方,这是《白虎通》的特点所在。此书明确提出了臣为君隐,父子、兄弟、朋友相隐,但君不为臣隐的主张。在此,人们不禁要问:为何为君隐恶,而君不为臣隐?接下来,我们不妨细看一下《白虎通》对隐恶之义的详解。

君为至尊,故设辅弼,置谏官,辅弼、谏官的设置为的是在朝堂之内正君之过,以维护君的至尊地位。孔子曾为鲁昭公隐讳其不知礼的事实,荀子说"礼,居是邑,不非其大夫"②,他把"不非其大夫"作为礼的内容,以示对大夫的尊重。《礼记》说:"善则称君,过则称己,则民作忠。"③《后汉书》记有:"子以人不间于其父母为孝,臣以下不非其君上为忠。"④读到这里,我们不免产生疑问:"不间于其父母"岂不悖于"父有争子"?"不非其君上"与谏诤之义岂不违背?其实不然,"不间于其父母"并不等于不"几谏","不非其君上"也不同于放弃谏诤,妙处在于"不显谏"。做到"下不非其君上""人不间于其父母",当是臣、子必于事前孜孜于匡救其过,实际上这种做法也保护了彼此之间的和谐关系。即使未能匡救其过,在儒家有关方法论的指导下,遵行忠、孝也不至于使社会无序。

读过春秋史的人无不知晓当时的学者认为天下动乱的根源在于物

---

① [清]王先谦:《荀子集解》,第295页。
② [清]王先谦:《荀子集解》,第627页。
③ [清]孙希旦:《礼记集解》,第1287页。
④ [南朝宋]范晔撰,[唐]李贤等注:《后汉书》卷三十六《郑范陈贾张列传》,中华书局1965年版,第1226页。

欲横流、人伦大变，在反思现实事件的基础上，学者试图寻找治理天下的有效方法，学术思想与当时的社会现状紧密相连是不容忽略的。韩非子在《忠孝》篇中写道："臣事君，子事父，妻事夫。三者顺则天下治，三者逆则天下乱，此天下之常道也。"[①] 兼相爱、交相利是墨子的重要思想之一，兼相爱、交相利也适用于朋友之间，为什么墨子会提出这个学说呢？欲治天下当察"乱何自起"，"起不相爱"，父子、兄弟、君臣皆自爱而不爱对方，盗贼皆爱其室、其身而不爱异室与他人，大夫、诸侯皆爱其家、其国而不爱异家、异国，上述各类现象便是天下混乱的原因。韩非子与墨子思想各异，但在思索天下混乱的问题上，却趋同了，他们几乎都认为父子、君臣等人伦无序的现实是社会动荡的根本原因。《后汉书》"子以人不间于其父母为孝，臣以下不非其君上为忠"丰富了忠、孝的理性内涵，明确了臣、子的谏诤职责，更加合理地保证了君、父之尊。人臣的谏诤在《白虎通》中有详细的记载，子谏父在《孟子》《荀子》等书中也能找到依据。孔子称赞闵子骞孝行时说"人不间于其父母昆弟之言"，可见"不间于其父母"是孔子乃至汉代学者的共同认知。

在儒家看来，"不间于其父母"及不间于昆弟谋求的是家庭和睦、长幼有序。孟子说："责善，贼恩之大者。"孟子提出的"父子不责善"可以说是"不间于其父母"的另一种说法和诠释，其中的道理可以用来理解"臣以下不非其君上为忠"。以"不非其君上"为忠，为的是君臣有序、家国安宁。荀子说"讳国恶"是礼的内容，"讳国恶"含有隐恶之义，若不讳国恶，则小人得志、家国无序。圣人知"道"，愿受君过，这里的"道"指人道，也指治国之道，臣受君过，则可以适当地维护君王的地位与尊严。了解了"子以人不间于其父母为孝，臣以下不非其君上为忠"这句话的深意，也就把握了中国文化的一丝命脉。

在人臣"不非其君上"的同时，国家制度内也存在约束君主的规则，二者互动始成合理的君臣之道。由相关资料可知，古时君、臣皆

[①] ［清］王先慎：《韩非子集解》，中华书局2013年版，第510页。

为民请命。谏诤立，为"重民而求己失"；立史记事，以为"臣下之仪样，人之所取法则也"①。立史有助于约束君主的日常行为，"动则当应礼"，左史书动、右史书言，若君主言行失当，则"史书之，工诵之，三公进读之，宰夫彻其膳"②，以此警示天子不得为非。史、工、三公、宰夫是君王身边亲近之人，各自肩负着规范天子言行的职责。《白虎通》称："史之义不书过则死，宰不彻膳亦死。"③史官有直书君过的职责，不尽职即死。以死证君过，君主岂敢为非？《说文解字》解释"史"的字义为"记事者也。从又持中"④，中即"正"，由此可知"史"的原始字义为"持正"。至此，我们不禁疑惑："人臣之义，当掩恶扬美"，史官却记君过？随之《白虎通》给出了合理解释：臣职不同，"各有所缘也。掩恶者，谓广德宣礼之臣"⑤。

《白虎通》解释说："君之与臣，无适无莫，义之与比。"⑥君与臣"义之与比"，可以看作"友，君臣之道"的诠释，"友，君臣之道"与"无适无莫，义之与比"同是儒家理想的君臣之义。赏善则众臣劝，罚恶而众臣惧。"无适无莫"即好恶"不设以成心"，"不设以成心"即君、臣皆能克己、不有私心，以义定曲直。齐桓公不计一己恩怨、任用管仲为相的事实表现了古时君臣"无适无莫，义之与比"的精神。

4."臣诤不从得去"

"臣诤不从得去"与待放之义也是《白虎通》论君臣之道的显著特征，尽管它糅杂了先秦时期的诸多思想。为何"臣诤不从得去"？"以屈尊申卑，孤恶君也。"⑦臣与君"义之与比"，当谏诤不从时，人臣可以离开，以孤恶君。《礼记·表记》记载："事君三违而不出竟，则利禄也。"⑧若三违不出境，则看重利禄而忽视道义，明君子不这样做。

---

① [清] 陈立：《白虎通疏证》，第237页。
② [清] 陈立：《白虎通疏证》，第238页。
③ [清] 陈立：《白虎通疏证》，第238页。
④ [东汉] 许慎撰，[清] 段玉裁注：《说文解字注》，第116页。
⑤ [清] 陈立：《白虎通疏证》，第239页。
⑥ [清] 陈立：《白虎通疏证》，第240页。
⑦ [清] 陈立：《白虎通疏证》，第228页。
⑧ [清] 孙希旦：《礼记集解》，第1315页。

《白虎通》中多次指出"仕为行道",道不行,人臣以"不从得去"申明贤者之志。"仕为行道"可与"忠"的早期含义联系起来,忠有为公的内涵。君臣以道义相合,无义则离。《孟子·万章下》记载:"君有大过则谏,反覆之而不听则去。"谏君不从,君待之以礼,人臣去而待放,待放不是君的特权,而是臣的自由选择。

关于为何"去而待放",《白虎通》给出了几种解释。待放于郊,示臣忠厚之至,也冀君觉悟。《孟子·公孙丑下》:"予三宿而出昼,于予心犹以为速,王庶几改之。"① 以三年待放来看,孟子"三宿而出昼"确实"犹以为速"了。无论三宿还是三年待放,人臣的用意都在于冀君改之或觉悟。"礼"是解读《孟子》一书的密钥,孟子的言行基本符合礼的规范,因此他的言行能够反映礼的时代内容,可能《孟子》中对礼的记载有时与其他著述略有出入。

为何待放三年?《白虎通》中解释说因"古者臣下有大丧,君三年不呼其门"②,以此复君恩,故而待放三年。"三谏,待放复三年,尽惓惓也。"③ 三谏不听,遂待放三年,君子以为得君臣之义,有学者说:"谏必以三者,取月生三日成魄,臣道就也。"关于三年待放,《白虎通》也称:臣言"不合于礼义,君欲罪之可得也"④。臣自嫌有罪当诛,故三年不敢去。言放,原因在于"臣为君讳"。言臣有罪,是臣为君隐的表现。大夫无罪而去,不可扬君之过,必"引罪于己"。《礼记·坊记》说"善则称君,过则称己"⑤,孔子以微罪行即是此义。大夫、士待放或去国"引罪于己",为的是维护君的尊严与地位,这与上文"不非其君上"的用意相同。

翻开一些儒家典籍,我们不由得联想起三类人:君、臣与民。君、民的特点决定了中国的治道,君、臣与民三者的合理互动即是中国特有的政治文化传统,臣去国"不洁其名""引罪于己"便体现了这一文化

---

① [清] 焦循:《孟子正义》,第307页。
② [清] 陈立:《白虎通疏证》,第229页。
③ [清] 陈立:《白虎通疏证》,第229页。
④ [清] 陈立:《白虎通疏证》,第229页。
⑤ [清] 孙希旦:《礼记集解》,第1287页。

: 汉代人的观念世界 :

传统。君不以礼待或谏事已行，臣遂去而不留。待放原为冀君觉悟，若事已行、灾咎将至，则臣不留。季桓子微服往观乐舞，怠于政事，子路说："夫子可以行矣。"孔子说："鲁今且郊，如致膰乎其大夫，则吾犹可以止。"桓子受齐国女乐，三日不听政，又不致膰俎于大夫，孔子遂去，但不脱冕，并以微罪行。臣去时说："某质性顽钝，言愚不任用，请退避贤。"君以礼相待则说："予熟思夫子言，未得其道，今子不且留。圣人之制，无塞贤之路。"① 遂遣大夫送至于郊。

待放于郊，依礼制，"君不绝其禄"，《礼记·曲礼》记有"去国三世，爵禄有列于朝，出入有诏于国"②，三年不返，才收其田里。古之君子，进人以礼、退人以礼。君待臣以礼，"有故而去，则君使人导之出疆"③，君"搏执之，又极之于其所往"则为非礼。"不从得去"有保身、远乱之义，君子三揖而进，一辞而退，以远离灾乱。

《白虎通》记有《王者不臣》，王者暂不臣"授受之师"，为"尊师重道，欲使极陈天人之意也"④。《礼记·学记》说："大学之礼，虽诏于天子，无北面，所以尊师也。"尊师即尊德，"天子入太庙，祭先圣，则齿尝为师者弗臣"。

臣见君有质，"质己之诚，致己之悃愊也"⑤。以质见君出于人臣之心，"差其尊卑以副其意"。孟子说"出疆必载质"，君子于所尊敬，"必执质以将其厚意"。古人以卑见尊，必"有物以将其悃忱为质，不敢亵尊之义也"。公侯以玉为质，卿以羔为质，大夫以雁为质。士以雉为质，取"不可诱之以食，慑之以威，必死不可生畜。士行耿介，守节死义，不当转移也"⑥。士贱，伏节死义，一介之道也。私相见也有质，为"相尊敬，长和睦也"。朋友"有通财之义，赈穷救急之意，

---

① [清] 陈立：《白虎通疏证》，第228页。
② [清] 孙希旦：《礼记集解》，第112页。
③ [清] 陈立：《白虎通疏证》，第228页。
④ [清] 陈立：《白虎通疏证》，第319页。
⑤ [清] 陈立：《白虎通疏证》，第355页。
⑥ [清] 陈立：《白虎通疏证》，第356页。

中心好之，欲饮食之，故财币者，所以副至意焉"①。

《白虎通》中还解释了君、臣二字的含义，它说："君，群也，群下之所归心也。"②臣，"缠坚也，历志自坚固也"。君臣属三纲，六人为三纲。"阴者阳之合……臣者君之合。物莫无合，而合各有阴阳。"③君为阳，臣为阴，阳刚阴柔，相配而成。以阴阳之道来看，君臣并无不平等之处，可谓"友，君臣之道也"。君臣法天，取象日月屈信。"六纪，为三纲之纪者"④，六纪以纪三纲，这里的"纪"有"纬"的含义。"师长，君臣之纪也，以其皆成己也。"⑤这句话能够给我们一些启发，与师长类似，君臣有成己之用。师，教人为君子；长，教人为长者。显然师长有成己之功，与君臣类似。仕为行道，君使臣成就道义、实现抱负与理想，而臣使君成为明主，故君臣皆能成己。

《白虎通》在立足三纲的同时，进一步提出六纪说，六纪为诸父、兄弟、族人、诸舅、师长、朋友。《白虎通》说："何谓纲纪？纲者，张也，纪者，理也。大者为纲，小者为纪。所以张理上下，整齐人道也。人皆怀五常之性，有亲爱之心，是以纲纪为化，若罗网之有纪纲而万目张也。"⑥"纲纪"为人道的关键，能为人与人之间的相处作表率。《白虎通·三纲六纪》指出："六纪者，为三纲之纪者也。师长，君臣之纪也，以其皆成己也；诸父、兄弟，父子之纪也，以其有亲恩连也；诸舅、朋友，夫妇之纪也，以其皆有同志为己助也。"⑦三纲为基本的人伦之道，六纪则作其辅助，人事如同一张大的罗网，由三纲六纪总领和推动。六纪的伦理规范是"敬诸父兄，六纪道行，诸舅有义，族人有序，昆弟有亲，师长有尊，朋友有旧"⑧。

实际上，谏诤、"臣诤不从得去"与"无适无莫，义之与比"反映

---

① [清]陈立：《白虎通疏证》，第358页。
② [清]陈立：《白虎通疏证》，第376页。
③ [清]陈立：《白虎通疏证》，第374页。
④ [清]陈立：《白虎通疏证》，第375页。
⑤ [清]陈立：《白虎通疏证》，第375页。
⑥ [清]陈立：《白虎通疏证》，第374页。
⑦ [清]陈立：《白虎通疏证》，第375页。
⑧ [清]陈立：《白虎通疏证》，第374页。

了臣与君的合理与自由关系,"明王所以立谏诤者,皆为重民而求己失也"①。谏诤源于重民,其直接目的在于匡救君主之过失。孟子说:"责善,朋友之道也。"《白虎通》的作者同样认为责善为君臣之义。"臣诤不从得去"也反映了以"友"来处理君臣关系的思想,君臣以"道"相合,无"道"则离,"仕为行道,道不行,义不可素餐,所以申贤者之志"②,所谓"悦,则可;不悦,可去也"。君与臣"无适无莫,义之与比"的思想,一方面体现了二者在地位上的合理秩序,另一方面也显现了君臣志于道下的政治平等。"友,君臣之道"的理想在《白虎通》一书中得到了较好的继承与发展。同时,在谏诤、"臣诤不从得去"与"无适无莫,义之与比"的思想中,作者特别强调了君臣之礼,君待臣以礼则反映了君主敬贤之意。

由《白虎通》中关于君臣、朋友的内容可知,三纲六纪的确能"张理上下,整齐人道",当时的人道也需要这样规范。陈寅恪说"吾中国文化之定义,具于《白虎通》三纲六纪之说,其意义为抽象理想最高之境"③。君臣恪守其职,在各自的职位中保有"独立之精神,自由之思想",而且"臣谏君以义"、"义之与比"与"臣诤不从得去"的主张反映了君臣相友的思想。王国维沉湖后,陈寅恪称"文化神州丧一身",在陈寅恪看来,当时的文化已呈现出怎样的衰落景象呢?他说:"社会经济之制度,以外族之侵迫,致剧疾之变迁;纲纪之说,无所依凭,不待外来学说之撞击,而已销沉沦丧于不知觉之间。"④

那时"纲纪之说"已消沉沦丧,何况时间的表盘已转到 21 世纪!今天,当再度审视民族的历史与文化传统时,我们不禁要问:三纲六纪之说对于现代社会还有意义与价值吗?实际上,《白虎通》的友朋观,无论是内容的丰富性,还是在思想的深度与广度上,远远超出了之前许多论述,难怪陈寅恪说"吾中国文化之定义,具于《白虎通》

---

① [清]陈立:《白虎通疏证》,第 237 页。
② [清]陈立:《白虎通疏证》,第 228 页。
③《陈寅恪集·诗集》,生活·读书·新知三联书店 2009 年版,第 12 页。
④《陈寅恪集·诗集》,第 13 页。

三纲六纪之说,其意义为抽象理想最高之境"。

如今,当再次回望中国浩瀚的传统文化时,不禁慨叹先人作出的不懈努力与斐然成就,而更为重要的是,现在的我们以何种文化继绝学、为万世开太平?

5."近则正之,远则称之,乐则思之,患则死之"

在交往中,子思之儒看重的是朋友的品德,因品德高尚而达到彼此同心而悦是交友的真境界:"同悦而交,以德者也。不同悦而交,以猷者也。"《白虎通》详细解释了"朋友"一词:"朋友者,何谓也?朋者,党也。友者,有也。"①

"近则正之,远则称之,乐则思之,患则死之"②为《白虎通》提倡的朋友之道。相比《郭店楚简》,《白虎通》提出的是具体的交友规范。但不可否认的是,只有在"同悦而交,以德者"的基础上,朋友才能真正做到"近则正之,远则称之,乐则思之,患则死之"。《郭店楚简》的交友观指出了交友前提,划定了交友范围,在以德交友的框架内,朋友一伦所包含的丰富内容得以逐步展开,可以说子思之儒提出的交友论与班固的交友观相为里表,密不可分。

《白虎通·谏诤》称:"朋友之道有四焉,通财不在其中。近则正之,远则称之,乐则思之,患则死之。"③朋友应互相责善,彼此仰慕,荣辱与共。

《吕氏春秋》记载了北郭骚与晏子的故事,这个故事载于《士节》,文中说"士之为人,当理不避其难,临患忘利,遗生行义,视死如归",齐人北郭骚就具有此等气节。北郭骚家里非常贫穷,平日里他以织兽网、捆扎蒲苇、编麻鞋等劳动谋生并奉养母亲,可是通过辛勤劳动赚来的钱依旧不足以维持生活,在不得已的情况下,他求见晏子,说:"希望能讨些粮食以赡养母亲。"晏子的仆人告诉晏子:北郭骚是一位贤者,今天他向您乞讨粮食,是由于悦服您的道义。晏子听后,

---

① [清]陈立:《白虎通疏证》,第376页。
② [清]陈立:《白虎通疏证》,第241页。
③ [清]陈立:《白虎通疏证》,第241页。

连忙派人取出一些粮食与钱币赠予北郭骚,而北郭骚只收下了粮食。过了一段时间,晏子受到齐国国君猜疑后,准备外出避难,路过北郭骚的家门时,晏子向北郭骚辞行。晏子走后,北郭骚叫来他的朋友,说:"以前我听说过这样一句话'养其亲者,身伉其难',如今晏子遭到国君猜疑,我准备以死来告诫齐王。"北郭骚自刎时说:"晏子是天下少有的贤能之士,他若离开齐国,齐国领土必定受到侵犯,与其看到国家遭受侵犯,不如先死。"齐王听说这件事后,大为震惊,于是他亲自将晏子追回。北郭骚用生命为晏子申辩猜疑、以死谏齐君的故事,表现了北郭骚为晏子殉难的友情,也充分体现了"士"的"义"节。

栾布不畏强权为亡友彭越收尸的事迹亦令人折服。栾布贫困时,与彭越已经是好友了。燕王臧荼谋反时,作为燕将的栾布被俘虏,已是梁王的彭越替栾布说情,让他做了梁国的大夫。后来彭越因谋反罪被杀,刘邦命人将彭越的头颅悬挂于洛阳城门外示众,并诏告天下:"收尸或前来看望的人,一律逮捕。"栾布从齐国回来后,不顾生命安危,立即于彭越头颅下祭祀,边祭祀边失声痛哭,官府因此抓捕了栾布并把此事告诉了皇帝。刘邦召见栾布,破口大骂:"你准备与彭越一起谋反吗?我命令任何人不准为他收尸,而你偏偏要祭祀,还要为他痛哭,你与彭越一同造反的罪状已经很明显了,赶快送去煮了。"赴刑之前,栾布回头说:"希望我说完最后一句话。"刘邦问:"说什么?"栾布说:"当皇上困于彭城时,多亏了彭王,项羽才不能顺利西进。垓下之战,若无彭王相助,项羽也不会灭亡。您到梁国征调军队,彭王因病不能随行,您就杀了他并灭了三族,如此下去,我担心有功之臣人人都会自危了。彭王已死,我也生不如死,请把我煮了吧。"刘邦听后,竟赦免了栾布的罪名,并拜栾布为都尉。栾布为好友悼念的胆识与勇气,令人佩服与惊叹,司马迁说:"栾布哭彭越,趣汤如归者,彼诚知所处,不自重其死。虽往古烈士,何以加哉!"

窦婴与灌夫也有一段感人的故事。窦婴是西汉孝文皇后堂兄的儿子,因平定叛乱有功,被封为魏其侯,一时门客众多。后来他与窦太后政见不合,不受重视,趋炎附势之人纷纷离他而去,而灌夫依旧敬他如初。灌夫性格刚直,对达官贵人从不阿谀奉承,对待百姓却礼遇有加。有一次,灌夫在酒宴上得罪了田蚡,被逮捕入狱,灌夫被捕时,患难之交窦婴"终不令灌仲孺独死,婴独生"①,竭尽全力营救灌夫,不幸的是,自己也获罪,两人均遇害。像窦婴和灌夫这样的患难之交,在现代社会是鲜见了。

《三纲六纪》指出:"朋友之交,近则谤其言,远则不相讪,一人有善,其心好之,一人有恶,其心痛之,货则通而不计,共忧患而相救。……生于我乎馆,死于我乎殡。"②这段话对"朋友之交"的解释比上文提到的"朋友之道"略为详细。我们不妨仔细分析一下真正的朋友之义。

其一,"通财不在其(朋友之道)中"与"货则通而不计"表达的是同一个含义,君子以志义交友,虽通财但不计较货利。子路说:"愿车马,衣轻裘,与朋友共敝之而无憾。"子路把与朋友一起实现道义作为自己的志向,而不计较货财。"通财不在其中"也反映了君子的操守,"君子利少而义多,为之"。

其二,"患则死之"基本等同于"共忧患而相救","患则死之"反映了君子"畏患而不避义死"的品格,朋友患难时,君子应尽力解救,甚至不惜付出生命,文中的"死"当理解为"义死"。"患则死之"与古时"许友以死"的旧风俗不同。吕思勉写道:"'父母存,不许友以死。'则许友以死者多矣。"吕思勉的思维方式很值得我们学习,从对"不许友以死"的反思中发现古时特有而如今难觅的社会现象,可谓另辟蹊径、柳暗花明。在吕思勉论证的基础上,我们得知"许友以死"是那时流行的社会风俗,《礼记》提出"父母存,不许友以死"正是为了修正这一风俗。

《白虎通》延续了《礼记》的说法,文章称:"朋友之道,亲存不

---

① [西汉]司马迁:《史记》卷一百七《魏其武安侯列传》,中华书局2014年版,第3448页。
② [清]陈立:《白虎通疏证》,第377页。

得行者二。不得许友以其身，不得专通财之恩。"①"亲存不得行者二"的原因在于"示民有上下""父母在，不可有其身，不敢私其财"。全琮遵父命携米买卖，却赈济于士大夫，空船而回，全琮散父财，其行非子道。"友饥，则白之于父兄，父兄许之，乃称父兄与之，不听则止。"②若父兄不许，身为朋友只能"友饥为之减餐，友寒为之不重裘"③。朋友有通财之义，但"不专通财之恩"。重视父兄反映了儒家学者的重亲思想，许友以死为忘亲也。一些古代文献对朋友之仇作了解释，《周礼》称："主友之仇，视从父兄弟。""乡党朋友之仇，不同市朝。"《礼记·曲礼》说"交友之仇不同国"，或许朋友也有复仇的职分。

其三，"近则正之"与"近则谤其言"表明了责善为朋友之道，"远则称之"与"远则不相讪"说的是朋友不为流言蛊惑，即使远隔万里，仍能坚信彼此的道德。东晋葛洪的"全交之道"，可谓朋友之道的又一处详解。论交际时，他说："君子交绝犹无恶言，岂背向所异辞乎？杀身犹以许友，岂名位之足竞乎？善交狎而不慢，和而不同，见彼有失，则正色而谏之；告我以过，则速改而不惮。不以忤彼心而不言，不以逆我耳而不纳；不以巧辨饰其非，不以华辞文其失；不形同而神乖，不匿情而口合；不面从而背憎，不疾人之胜己；护其短而引其长，隐其失而宣其得，外无计数之诤，内遗心竞之累。"④此全交之道包含了古时"许友以死"的风俗，谈到了"正色以谏"，它提出的"护其短而引其长，隐其失而宣其得"正是朋友相隐之道。

《白虎通》还提到了"朋友有旧"，这种提法在先秦文献中很少见到。"朋友有旧"大概是说不要遗忘旧有的情义，而应尽力做到"同忧乐，共富贵"，含有"朋友有信"的内涵，但比"朋友有信"蕴含的内容丰富。

《白虎通》说："朋友相为隐者，人本接朋结友，为欲立身扬名

---

① ［清］陈立：《白虎通疏证》，第378页。
② ［清］陈立：《白虎通疏证》，第378页。
③ ［清］陈立：《白虎通疏证》，第378页。
④ 杨明照：《抱朴子外篇校笺》，中华书局2004年版，第444页。

也。"①《荀子·大略》也提到"友者，所以相有也"。"有"与"佑"可以通用，"相有"即相佑之义，朋友是需要真诚互助的。《白虎通·五行》说："朋友何法？法水合流相承也。"朋友之交在于志向统一。朋友以义交往，朋友有过，应给予忠告；朋友有难，应挺身相救。但若为了君、亲而失信于朋友，班固也认为是可以理解的。西汉初年，郦寄与吕禄结为好友。吕太后去世后，大臣们想除掉吕氏家族，但顾虑重兵在握的吕禄。于是有大臣派人劫持了郦寄的父亲郦商，并以此威胁郦寄劝说吕禄交出兵权。郦寄无奈之下只得游说吕禄解除兵权，吕禄相信了郦寄的话，交出了兵权，而吕氏家族最终遭到满门杀戮。当时人们对郦寄的行为感到羞耻，而班固对此另有看法。班固认为郦寄并没有见利忘义，他只是选择遵从了君、亲之义。这个故事还存有各类评价，班固之所以肯定郦寄"谊存君、亲"，恐怕还出于他对于国家长治久安的考虑，同样的考虑也见于《吕氏春秋》。

"私相见亦有质何？所以相尊敬，长和睦也。朋友之际，五常之道，有通财之义，振穷救急之意，中心好之，欲饮食之，故财币者，所以副至意焉。"②《白虎通》在朋友责善方面提出了一些见解，例如"士有净友，则身不离于令名"。朋友之间相互劝善，可以使朋友保持好的名声。

三、对汉代儒家"友"观念的思考

（一）汉代儒家"友"观念的价值定位

在《礼记》中，我们似乎看到了两类朋友之道，它们分别对应不同的人群。"朋友以极之"是民众的交友规范，作者将它作为交友之道，希望民众能奉献真情、诚心待友，以此实现"欲民之有壹"，而非欲民之有"权"。而《礼记·儒行》说：儒者的行为本于方正而立于道义，志趣相投就共同进取，不同则分手避让。显而易见，立于道义、志趣不同则避

---

① ［清］陈立：《白虎通疏证》，第241页。
② ［清］陈立：《白虎通疏证》，第358页。

让等规范是君子的交友原则。《礼记》的内容十分丰富，它涵盖了天地之道与人道，它记载的规范与礼仪都有与之相对应的特定人群与适用场合。儒者与民众的生活方式和精神追求不同，因此交友之道也不可避免地存在差异。辨清了两种交友之道而不至于困惑，我们才能更好地学习并全面理解古代的朋友之道。

《白虎通》对朋友之义的总结，奠定了古代中国朋友一伦的基本内涵。"近则正之"蕴含了朋友责善的含义，"乐则思之，患则死之"继承了古时交友的习俗，十六个字传达的内容已十分丰富。若以《白虎通》中提到的朋友之道作为中国朋友思想的代表，与西方的朋友思想进行比较，那么在"远则称之"的职责方面，它与亚里士多德的友朋观有显著的区别。亚里士多德说"一起度日并相互喜悦"是成为朋友的主要标志，分离的时间久了，友谊就逐渐淡忘了。在君子的心中，距离若是朋友之间的障碍，"远则称之"的精义便荡然无存，"元伯、巨卿之好"也不复耳闻了。

（二）汉代儒家"友"观念的现代转化

朋友应互相责善，彼此仰慕，乐于交流，患难与共。

第一，"乐则思之"。所谓"乐则思之"指的是朋友要有福同享，出仕事关黎民苍生，从道义上讲怎能不举荐志同道合的朋友？汉代王吉为人正直，他与贡禹为好友，王吉做官后，便鼎力举荐贡禹，当王吉出仕时，贡禹就知道自己快要做官了，因此人们常说："王阳在位，贡公弹冠。"萧育与朱博二人也交相举荐，人称"王贡弹冠，萧朱结绶"。陈重与雷义交友时，太守张云推举陈重为孝廉，陈重却坚持让给雷义，前后十余次。雷义被推举为茂才时，他也执意让于陈重，刺史不听，于是雷义"阳狂披发走，不应命"。陈重与雷义的义举被世人称作"胶漆自谓坚，不如雷与陈"。有福同享、有义同当，陈重与雷义可谓一对"胶漆之友"。古时真正的朋友能够做到"乐则思之"，"乐则思之"指的是一人取得功名、获得财富时，不应只考虑到自己的快乐感受，还应积极推荐自己的朋友出仕为官，或者在经济上帮助还不如自己的朋友。

第二，患难与共。东汉陇西太守邓融曾对廉范有知遇之恩，邓融获罪后，廉范知道邓融即将面临牢狱之灾，他向邓融辞行，随后前往洛阳，改名换姓之后做了一名狱卒，尽心照顾已逮捕入狱的邓融。邓融经常感觉他有些面熟，但廉范拒绝说出自己的真实姓名。后来邓融因病出狱治疗，廉范跟随照料，直至病终，廉范品节之高尚不得不令人叹服。廉范不仅知恩图报，而且有勇有义。廉范与薛汉曾经有师友情谊，不幸的是，薛汉因一件谋反案的牵连被斩首示众。薛汉的其他学生与从前的朋友畏于灾祸，没有一个人敢去收尸，廉范则只身前往。明帝听说后，责问廉范："薛汉犯的是谋反罪，你为何替他收尸？同情、怜悯谋反的人，追究起来是要处死的。"听了皇帝的话，廉范并不畏惧，他正色回答说："我和薛汉有过师友情谊，我不忍心看到他身首异处。"明帝听后，不仅没有迁怒于他，反而大加赞赏起他的胆识。

历史上不惜牺牲性命，救助患难之交的例子不胜枚举。如灌夫被捕，患难之交窦婴"终不令灌仲孺独死，婴独生"，竭尽全力营救灌夫，不幸的是自己也获罪，二人均被杀害。像窦婴、灌夫这样的患难之交，在现代社会已经很难见到了。朋友有难，多数人的做法是明哲保身、撇清关系，何谈冒死营救呢？

第三，守诺挚友。东汉的朱晖与陈揖是好朋友，不幸的是，陈揖早逝，去世前膝下已有一个儿子陈友。之后朱晖一直替朋友尽心照顾这个孩子，陈友学习刻苦，很有出息。有一次，南阳太守去拜访朱晖，发现朱晖的儿子朱骈一表人才，于是提出希望朱骈出仕为官。朱晖说："如果官府缺人的话，我就向您举荐我的好友陈揖的儿子，陈友志向远大，学业精进，比我的儿子更适合做官。"朱晖不仅不负好友的重托，而且心甘情愿地将官职让与朋友的儿子，世人往往以己为重，朱晖却以道义为重，可见古代真正的朋友能够克己从义，因而其友情难能可贵，更与日月同久。朱晖在交友时，极重诺言。张堪是朱晖的同乡，对朱晖非常器重，两人结成了忘年好友。有一次，张堪对朱晖说："我想把妻儿托付给你，待我去世后请你对他们多加照顾。"朱晖深知一诺值千金，不敢贸然答应，便没有说话。张堪去世后，朱晖听说张堪的妻子生活困难，就前去探望并赠送了财物。朱晖的儿子对父亲的举止很不理解，他问父亲："我很少看到您与张堪有所往来,您为何要帮助他的妻儿?"朱晖语重心长地对儿子说:"张堪生前视我为知心好友,并把妻儿托付给我,当时我不敢轻易许诺,其实心里是愿意的。如今他的妻儿生活困难,我怎能坐视不理?"朱晖不轻率许诺,且在朋友的家人陷于困窘之际,能够舍弃自己的利益,不遗余力地帮助朋友的家人,十分难得。

第四,忘"势"之交。蔡邕比王粲年长四十多岁,二人却是挚友,他们之间发生过一个"倒屣相迎"的故事。有一天,蔡邕与一些朋友在一起聊天,有侍者通报说王粲来访,蔡邕连忙起身相迎,匆忙之中竟将鞋子穿倒了。王粲走进来,众友一看,发现他只是一位少年,都不理解蔡邕为何如此礼遇王粲,蔡邕解释道:"此王公孙也,有异才,吾不如也,吾家书籍文章,尽当与之。"尽管年龄差距较大,但蔡邕爱惜王粲的才华,王粲也十分敬仰蔡邕的学识,两人友情日益深厚。年龄、地位、财产差异皆是"势"的不同,许多人往往借"势"欺人,而真正的朋友是忘"势"之友,因为友道的特征在于"道",而不在于"势"。

第五,以"德"交友,以"诚"待友。友道的标志是以"德"相交,成为好友的关键往往是彼此道义相通。虽然现代人的社交范围日益广泛,不以名利交友仍是人们需要恪守的交友规范。即使以道义交友可能会使得人们一时遇不到真正的朋友,但人们也不要轻易放弃这一原则,有时以自然为友也好过虚伪之交、酒肉朋友。

人们渴望真正的友情,却担心受到欺骗,抱有矛盾心理。无论现实多么残酷,我们仍要相信真正的友情,接纳真挚的朋友。圣贤交友的故事让人们的内心充满了敬仰与向往之情,曾经那是一个怎样的时代,在他们的"朋友圈"内,除了论道、责善,有时竟还能"患则死之"。吕思勉认为许友以死是古人的一类风俗,这样的事情比较多,才会有《曲礼》讲的"不许友以死"之事。虽然现代社会不需要"患则死之",朋友之间做到真诚互助却是必要的。

第二章 孝

一、儒家孝观念的基本内涵及样式

关于儒家孝观念基本内涵的界定，首先要明确儒家思想与儒家学派的区分，不能将其混为一谈。儒家思想有古老的根源，被后人尊称为"大成至圣先师"的孔子也只是"祖述尧舜、宪章文武"者，因此只可称孔子为儒家思想的重要代表人物之一，却不可称孔子为儒家思想的创始人，毕竟春秋时代的儒家思想已是经孔子新的诠释之后获得了新生命的思想体系，孔子只是儒家思想的继承者与改造者。孔子创办私学，从而打破了"学在官府"的长期局面，他"有教无类"地广招弟子，使经过他改造后的儒家思想得以广泛而弥久地传播流传。从这一点上讲，孔子开了先例，故被思想界公认为是儒家学派的创始人。

从人类思想发展史来看，孔子及其弟子所处的春秋战国时代正是卡尔·雅斯贝斯（Karl Jaspers）所称的"轴心时代"。这一历史时期也是中华文化从巫觋、祭祀时代转向礼乐时代之后，人文理性主义基本成熟的时期，之后"人类一直靠轴心时代所产生的思考和创造的一切而生存，每一次新的飞跃都回顾这一时期，并被它重燃火焰"[①]。孔子集当世中华传统文化之大成，经他继承和改造之后的儒家思想，塑造了

---

① （德）卡尔·雅斯贝斯著，魏楚雄、俞新天译：《历史的起源与目标》，华夏出版社1989年版，第8页。

中华民族"重孝、亲人、贵民、崇德"①的精神气质。因此，孔子及其弟子在《论语》中对"孝"的论说，应当视为儒家孝观念的精髓所在，而之后儒家孝观念之变化则不离其宗矣。

儒家学派重视群体，并且注重思考在一个群体中如何保持人与人之间的和谐关系，所以需要建立一种秩序，而且这个秩序要建立在自然人情（人道）的基础之上。因此，如果以西方现代学科的划分为参照的话，那么儒家的大部分思想当可纳入伦理学的范畴，这也是一些西方学者会把儒家学说称为"角色伦理学"的缘由。从汉字"六书"的建构方式来讲，"伦理"一词中的每个单字都属于形声字，据东汉许慎《说文解字》，"伦"的本初意是"辈"，并与古代载人的兵车相关，引申义为秩序；"理"的本初意是"治玉"，讲究治玉要有恰当的路数，方能把非常坚实的玉加工成器，引申义为只有凡事当遵循几微的"道"方能无憾。如今对"伦理"一词的使用多从其引申义，表达一种根据天然的人情之道规范不同类别之人在生活实践中的行为，这种行为是符合天理和天道的，所以每个人都应当根据自己在"舞台"上的角色定位，共同演好一部人生之"戏剧"。与物理相对应，伦理是以"人"为中心的话题，主要体现在人与人之间的关系及其相处之道中，包括个体与群体、个体与个体、群体与群体，以及人与物的关系及其相处之道，包括人与自然的关系及其相处之道，而物理则是以"物"为中心的话题。显然，作为父母子女之间亲子关系及其相处之道的话题属于伦理范畴，而"孝"伦理主要指向子女对父母应当遵循的"道"，因此在现代的用语中我们常把孝与道联结在一起称为"孝道"，可见孝中有道矣。

孝观念作为儒家的重要思想之一，其根本上是对父子间伦理的一种认知，其中也蕴含着"道"。然而道心惟微，所以不可能言说得明白清楚，于是传统儒家把它概括为"善事父母"。这样一来，如何"善事父母"便成为儒家孝观念所关心的中心议题，"爱"与"敬"也被认为

---

① 陈来：《古代宗教与伦理：儒家思想的根源》，生活·读书·新知三联书店2009年版，第8页。

是子女"善事父母"所遵循的两个应然性原则，即将其精神实质或基本内涵认定为子女对父母的"爱"与"敬"，这也是贯穿在孝行实践中的两条暗藏性线索。以此为基点，传统儒家还用多种外在样式表达这一精神，这些样式也可称为"工夫论"，主要可以概括为以下三点：养、谏、礼。

"养"包括养身与养心两个方面，即子女在奉养父母时，要尽自己的最大能力为父母提供物质上的保障、生活上的照料，以及精神上的慰藉。

"谏"包括诤谏和几谏两个方面，即根据事情对象的不同分为直言相劝与婉言相劝，其主要目标是"不陷父母于不义之中"。"谏"体现了对父母的爱，但通常又要采取委婉的方式进行且不能强迫，体现了对父母的敬。

"礼"包括生前和死后两个阶段，礼亲强调了子女对待父母应该具有的态度，特别凸显了一个"敬"字，在时限上不仅包括父母生前还包括离世以后，即生事之以礼，死葬之以礼，祭之以礼。

此外，传统儒家的孝观念还有一些相关性的行为规范与要求，如子为父隐、不改父道，血亲复仇、不毁发肤、扬名显亲等，以及一些更加外围的、泛化性的行为规范与要求，如事君要忠、与友要信、居处端庄、战陈当勇、伐一木与杀一兽要以时等。

二、汉代社会民众中普遍流行的儒家孝观念

两汉时期，统治者倡导以"孝"治天下，儒家的孝观念由此受到最高统治者的空前重视，成为维系"大一统"王朝的重要精神支柱。为了适应当时社会形势的需要，汉代儒生吸收其他各学派思想，对先秦儒家思想进行了一番改造。汉代统治者将经汉儒改造的儒家思想确立为社会的主流意识形态，并贯彻到社会的方方面面，以至儒家孝观念对汉代社会的影响之广之深是其他任何历史时期都无法比拟的。它开始渗透至各个社会阶层的个体与群体之中，继而成为一种类宗教的信仰，对汉代社会产生了正反两

方面的作用。作为儒家思想之一的儒家孝观念，得到了统治者的空前认可，在理论建构上也有所发展，有其积极的意义，如民间社会尊老敬老风尚兴起，但也产生了消极的影响，如导致了普通民众主体性的丧失及话语权的缺失，整个汉代的民间社会思想显得比较沉闷。

儒家孝观念在汉代各个社会阶层中的呈现既有一致性，又有差异性。此时的儒家孝观念变成了一个百衲版的"大箩筐"，但由于主体的社会身份不同，对孝观念的感知、认知及实践也有所不同。不过，无论如何，汉代的儒家孝观念对民众来说，都如同孙悟空头上的"紧箍咒"。汉王朝借助改造之后的儒家孝观念，在家庭中树立了丈夫的权威，在家族中树立了族长的权威，在王朝中树立了皇帝的权威，在孝观念之下的每个汉朝个体都被固定在自己的位置之中。这虽有利于汉代家庭、家族、王朝的结构性稳定，以及宗族内部的互助合作，但以牺牲汉代个体与女性的权益为代价，尤其是婚后女性的权益，如汉代家庭以"孝"之名要求已婚女性各种"曲从"，女性时常处于"被休"的风险中，使已婚女性几乎成为当时社会地位最低者。

（一）"不孝有三，无后为大"观念的承续

"不孝有三，无后为大"的说法源于《孟子·离娄上》，解释了舜"不告而娶"是为了防止"无后不孝"的发生。关于"不孝有三"，汉人赵岐注曰："于礼有不孝者三者，谓阿意曲从，陷亲不义，一不孝也；家贫亲老，不为禄仕，二不孝也；不娶无子，绝先祖祀，三不孝也。"[1]先秦以来，儒家就赋予了人类的繁育以传宗接代的意义，还把"无后"视作最大的不孝。汉代社会继承了这样的观念，反映在婚姻方面，如果妻子不能够为丈夫家族"添丁"（即生育男孩），那么她在家族中的地位则不高，这时丈夫可以纳妾，甚至可以休掉妻子，《大戴礼记·本命》载"妇有七去：……无子，为其绝世也……"，当然也有"三

---

[1] 转引自杨伯峻《孟子译注（简体字本）》，中华书局2008年版，第167页。

不出"①。

《礼记·昏义》载:"昏礼者,将合二姓之好,上以事宗庙,而下以继后世也,故君子重之。"从"事宗庙"和"继后世"两点,可知儒家的婚姻观更加重视男女结合的个体家庭在家族中的功能,而男女双方的感情并非首位。加之"不娶无后"为大不孝的观念,让婚姻中的男女承担了为家族繁衍后代的责任,特别是女性一方。在这种孝观念背景下的汉代婚姻,从根本上就甚少考虑夫妻双方的情感,而更多的是把婚姻视为一种功利化行为,而且对女性存在明显的压迫。这样的孝观念发端于先秦,发酵于汉代,整个封建时代都受到深刻的影响,甚至于当下仍有残余。

不过,在以人力、畜力为主的传统农业社会里,男性在体力上的天然优势,决定了他们在一个家庭中的重要地位,相应地,一个家庭成员中男性的多寡也决定了该家庭生活物质来源的多寡。因此,那时对男性后代的重视成为理所当然之事,以至上升到孝与不孝的高度。另外,一个普通农民家庭中若没有男性后代,在女儿们出嫁之后,年老的父母们孤苦伶仃、形影相吊,随着劳动能力的丧失,谁来赡养老人就成了一个问题。从这个角度来看,那时的男女若是不典礼结婚、不繁衍男性后代,会造成一个家庭未来无能力"善事父母",还真属于不孝的行为。

此外,儒家非常重视祭祀,孔子在回答弟子问"孝"时,认为子女能够适时地、合规地祭祀已故父母,是孝的表现形式之一,《论语·为政》载:"生,事之以礼;死,葬之以礼,祭之以礼。"祭祀既有感恩的情怀,也有祖先崇拜的意蕴,它自人类的远古时代就已产生,西周时期更是形成了"国之大事,在祀与戎"的观念。对于统治阶级而言,祭祀和征伐乃是国家的两件头等大事,祭祀的对象除了天地之外,还包括与自己有血缘关系的祖先,这反映出人类对天地和先人的敬

---

① 两汉时期在婚姻关系方面的立法将男尊女卑的理念发挥到极致,不仅遵循"七出三不去"的休妻原则,而且公婆及丈夫均可以各种理由抛弃妻子,而即使丈夫有十分恶劣的行为也不允许妻子离开丈夫。更有甚者,妻子通奸处死刑,而丈夫通奸只处一般刑罚。

畏之心。对于民间大众而言，祭祀也十分重要，祭祀的对象主要是祖先，通过祭祀的仪式完成与先人的沟通对话，凝聚族人、和睦成员，主持祭祀的人和被祭祀的"尸"均由家族中的男性成员充任。一个家庭同样如此，若没有男性后代，连祭祀都无法进行，即常言中的"断了香火"，按照儒家的孝观念这确属"大不孝"了。

还有，关于"超越"思想，即如何让有限的生命变得无限，让个体摆脱对肉体短暂性存在的烦恼和恐惧，实现对人的终极关怀。一般宗教的方式是"外在超越"，即个体灵魂的不灭；儒家则不同，它是通过"内在超越"的方式，即"成圣"和"三不朽"，但这是针对上层社会而言的，对于民间普通大众来说，终极关怀可以通过子孙后代"生生不息"的繁衍所形成的"血脉相连"实现。追根究底，可能与儒家特别重视集体原则有关："宗教的思路就是'出世'：将自身投入到某种无限、不朽的超越性存在物之中。儒家的思路则是'入世'：将个体溶入群体，就是将有限溶入了无限……保证群体永存的法则，就是仁、义、礼、智、忠、孝等等群体伦理原则。"[①]"集体永存"能消解人们对"个体死亡"的焦虑和恐惧，这是儒家式的"内在超越"。反映在民间普通大众的孝观念中，即为个体非常重视传宗接代，认为多子多福，族人能在生生不息中实现灵魂承接，从而实现某种意义上的永生。从这个角度也能理解儒家称"不孝有三，无后为大"的缘由。

（二）"互助合作"的精神纽带：汉代宗族内部成员的孝观念

西汉武帝以来，土地兼并日益加剧，地方豪强开始崛起，尽管朝廷通过诛杀酷吏、制定"六条问事"规范刺史监察行为，甚至徙陵等各种方式削弱地方宗族力量，但这种局面并未得到根本上的改变。东汉光武帝度田失败，表明地方宗族势力已经形成了尾大不掉的情状，到东汉中后期最终发展成为可以闭门为市、拥有独立武装的庄园地主。其中，儒家的孝观念成为维护宗族内部团结、推动宗族内部互助合作的重要精神纽带之一，下文将以《四民月令》一书为例来谈。

东汉中后期崔寔所著的《四民月令》，并非针对当时普遍意义上的

[①] 黄玉顺：《儒教问题研究》，人民出版社2012年版，第34页。

"士、农、工、商"四类群体，而是当时北方豪强地主崔氏宗族内部"四民合一"的宗族成员所作的安排宗族内部生产生活的指导性资料。《四民月令》虽被作为一部农学著作流传于世，但月令中规定的每个月应该做的事情，也并非只关乎农业，还包括祭祀、入学等，透过此书多少能折射出东汉时期地方宗族内部的孝观念。如书中记载："正月之旦，是谓正日。躬率妻孥，洁祀祖祢。前期三日，家长及执事，皆致斋焉。及祀日，进酒降神。毕，乃家室尊卑，无小无大，以次列坐于先祖之前；子、妇、孙、曾，各上椒酒于其家长，称觞举寿，欣欣如也。谒贺君、师、故将、宗人、父兄、父友、友、亲、乡党耆老。"[①]可见，一个宗族中每年的头等大事是迎神祭祖、为长辈祈福（"上椒酒"：椒柏酒，服用椒酒可以令人耐老）、向尊者谒贺。"正月之旦"相当于现在的大年初一，这是一年中最为重要的日子，"家长及执事"事先都要斋戒三日（还有"心斋"七日）。宗族在正月初一举行的一系列仪礼中，充分体现了"孝"的观念：对长者的敬重在这里得以充分地展现。通过这种方式给宗族内部成员确定一个"人伦秩序"理念，可以强化宗族内部的团结，非常具有现实的教化意义，从而达到"以孝治宗族"的效果。宗族内部固定的仪礼，让杨庆堃笔下的"弥散性宗教"又呈现出"制度性宗教"的特点[②]，充分体现了在"血缘性纵贯轴"之下中国传统社会的民众信仰特点。[③]

两汉时期，地方宗族对孝观念的践行主要体现在定期的祭祀和成员的互助上，这可以让每个宗族成员获得归属感，进一步巩固宗族的稳定。《四民月令》中有许多相关记载，它增强了具有血缘关系的成员间的凝聚力，成为宗族成员之间的精神纽带和维系宗族内部秩序的重要伦理规范，随着世代的繁衍，逐渐形成了可以与中央对抗的力量。因此，宗族内部孝观念的强化在客观上加强了地方与中央的离心力。

---

① [东汉]崔寔撰，石声汉校注：《四民月令校注》，中华书局2013年版，第1页。
② "弥散性宗教"与"制度性宗教"两个词语援引自杨庆堃著，范丽珠译《中国社会中的宗教》，四川人民出版社2016年版。
③ "血缘性纵贯轴"一词援引自林安梧《儒学与中国传统社会之哲学省察——以"血缘性纵贯轴"为核心的理解与诠释》，学林出版社1998年版。

两汉的最高统治者，本期望通过大力提倡孝道教化百姓，培养忠于朝廷的官吏，达到"移孝作忠"的目的，而且举孝廉和乡饮酒礼等外在的显性形式，确实起到了一定的作用。然而，孝观念在宗族内部的大力推广，却成为地方宗族势力逐渐巩固和壮大的重要因素之一，这也是汉代统治者始料未及的。

（三）曲从：汉代出嫁女子的孝观念

东汉班彪之女班昭，从小接受教育且博学高才，接续兄长班固编撰了《汉书》的"八表"和"天文志"，邓太后临朝时还被请入宫中参闻政事。班昭十四岁时出嫁到曹家，丈夫曹世叔早卒。班昭在曹家的四十余年，坚守妇道，孝顺姑舅（公婆），当自己的子女到了谈婚论嫁的时候，她担心女儿们出嫁之后得不到丈夫和公婆的认可，生活不幸，还会使先人受辱，特作《女诫》七篇[①]，希望女儿们能够研习传诵并遵照而行。七篇内容主要围绕出嫁之后的女子该如何为人之妻和儿媳，以避免被丈夫黜休而让父母和族人蒙羞，背上不孝的名声。班昭《女诫》要求女子应当根据阳尊阴卑的观念，承认自己的卑弱身份，出嫁后要勤劳家务、专心丈夫、顺从公婆、谦让姑叔，获得贤淑美名，让父母增光彩，让公婆欢心，这便是出嫁女子重要的孝行。

1. 曲从舅姑

关于女子出嫁以后如何孝敬公婆的问题，《女诫·曲从第六》曰："然则舅姑之心奈何？固莫尚于曲从矣。姑云不尔而是，固宜从令；姑云尔而非，犹宜顺命。勿得违戾是非，争分曲直。此则所谓曲从矣。"[②] 无论公婆所言是或非，出嫁的女子都应当从令顺命，千万不要同公婆就某事争论孰是孰非，以免伤害了婆媳关系，这也是孝敬公婆的重要原则。"曲从"公婆的孝观念，旨在表明在汉代社会的家庭中，儿媳要能够隐忍顺从公婆，让公婆的心情舒畅、家庭和睦，事情本身的是非曲直反倒显得没有那么重要。《女诫》认为儿媳对公婆的"曲从"，是一种孝的表现。

---

① 七篇分别为《卑弱第一》《夫妇第二》《敬慎第三》《妇行第四》《专心第五》《曲从第六》《叔妹第七》。

② ［南朝宋］范晔：《后汉书》卷八十四《列女传》，第2790页。

2. 曲从丈夫

《女诫·专心第五》曰："夫有再娶之义，妇无二适之文，故曰夫者天也。天固不可逃，夫固不可离也。"[1]告诫出嫁的女子要敬顺丈夫，无论丈夫如何，都当忠贞不渝专心侍奉，不与丈夫争论曲直是非，以免伤了夫妻感情。因为对于妇而言，夫如天不可离，但夫可以再娶，若触怒丈夫而被休黜，不仅自己走投无路，还让父母蒙羞，背负不孝之名。

班昭对出嫁女子应当"曲从舅姑、曲从丈夫"的告诫，折射出汉代社会人们对于女性被丈夫休弃的态度：通常认为过错方是儿媳，公婆和丈夫处于正义方，被休的女子不仅不会被民间大众同情和理解，也不会被女性自己所处的家庭和家族所接受，反倒被认为是一个让父母蒙了羞的不孝之女。汉代民间社会的这种态度，造成了汉代女子在婚姻中的被动地位。《后汉书·列女传》中所载汉人姜诗之妻庞氏的孝行故事就是一则典型的例子：

> 广汉姜诗妻者，同郡庞盛之女也。诗事母至孝，妻奉顺尤笃。母好饮江水，水去舍六七里，妻常溯流而汲。后值风，不时得还，母渴，诗责而遣之。妻乃寄止邻舍，昼夜纺绩，市珍羞，使邻母以意自遗其姑。如是者久之，姑怪问邻母，邻母具对。姑感惭呼还，恩养愈谨。其子后因远汲溺死，妻恐姑哀伤，不敢言，而托以行学不在。姑嗜鱼鲙，又不能独食，夫妇常力作供鲙，呼邻母共之。舍侧忽有涌泉，味如江水，每旦辄出双鲤鱼，常以供二母之膳。赤眉散贼经诗里，弛兵而过，曰："惊大孝必触鬼神。"时岁荒，贼乃遗诗米肉，受而埋之，比落蒙其安全。[2]

故事提到姜诗妻庞氏的婆婆喜欢饮江水，于是庞氏每天都要走很远的路去打水；庞氏的婆婆喜欢和邻居一起吃鱼肉，于是庞氏每天都会烹饪鱼肉供给婆婆和邻居。为了打水，庞氏失去了自己的孩子，她担心婆婆伤心，还隐瞒了孩子溺水身亡的情况；庞氏因天气因素打水回家晚了，遭到了丈夫的休弃，庞氏不但没有埋怨，还寄住在邻居家中织布供应家

---

[1] [南朝宋]范晔：《后汉书》卷八十四《列女传》，第2790页。
[2] [南朝宋]范晔：《后汉书》卷八十四《列女传》，第2783页。

里的生活。她的孝行感动了婆婆("感惭呼还"),感动了赤眉绿林军("遗诗米肉"),感动了上天("舍侧忽有涌泉,味如江水,每旦辄出双鲤鱼")。姜诗妻庞氏的孝行故事,不仅被范晔编纂的《后汉书·列女传》所收录,也成为《二十四孝图》之一的"涌泉跃鲤",流传至今。

姜诗妻庞氏为了满足婆婆饮江水、食鱼脍的嗜好,不让婆婆心存担忧,而宁可蒙受休弃之冤和隐忍丧子之痛。这样的妇德非同时代一般人所能为之,正因如此才被中国传统社会所称道。汉代出嫁女子"曲从"的孝观念,使庞氏面对不公待遇能够理解和容忍,并寻求被理解的方式方法,于是庞氏选择了寄居在邻居家,通过自己的孝行感动丈夫和婆婆。面对婆婆的误解和丈夫的休弃,庞氏并没有选择回到娘家倾诉不公,因为那时妻子被丈夫休弃不是一件光彩的事,尽管过错不在妻子一方,但被娘家知晓之后,也会让自己的父母因之蒙羞,这属于不孝的行为,而寄居在邻居家还有婆婆和丈夫消除对自己的误解的一线希望。可见,庞氏的忍辱负重实属汉代出嫁女子一种走投无路的无奈之举,也反映出汉代女性在家庭中话语权的丧失。汉代社会流行阴阳的观念,认为男子阳刚女子柔顺才能让家庭处于和谐状态,主张"夫御妻、妻事夫",出嫁女子的孝行主要体现为曲从舅姑和丈夫,不与舅姑和丈夫争曲直,上事先祖、下继后世。汉代出嫁女子曲从舅姑和丈夫的观念,不可否认是当时社会对于宇宙阴阳和谐的一种理解,但有时也造成女子在家庭中话语权的缺失和平等地位的丧失。出嫁的女子实际上成为被父权、夫权思想双重压迫的对象而毫无反抗之力,社会阴阳观念的引导,也渐渐使出嫁女子认同了这一角色的定位。

汉代出嫁女子的孝观念核心指向了——顺。为了家庭的和谐,出嫁女子被要求无论在何种情况之下都要顺从公婆的心意,在这种孝观念之下,女子的主体性地位被逐渐蚕食,直至消解。这种孝观念建立在丈夫和妻子、儿媳和公婆不对等的基础之上,形成了对汉代出嫁女子的一种外在舆论约束。汉代出嫁女子的孝观念对我国古代社会影响至深至远,其负面效应非常深刻,以至古代出嫁的女子有对"多年的媳妇熬成婆"的期盼,这也多少能反映古代出嫁女子在家庭中地位不高的事实。一直到五四运动，随着女权意识的觉醒，这种状况才逐渐得以改变。

三、西汉董仲舒对儒家孝观念的神圣化改造

西汉时期汉武帝向天下贤良方正之士寻求治国之道，有着"三年不窥园"美誉、专门潜心研究春秋大义的儒生董仲舒，通过"天人感应"学说来阐发他的政治哲学，引起了汉武帝的高度重视，因而得以三次为汉武帝解答疑惑，历史上称为"天人三策"。董仲舒政治哲学的观点主要有：天子不必因担心一家一姓的天下能否永葆而焦虑，而应当努力效法先王，推行符合天道的王道，这样天必佑之，天下当拱手而治。若天子的倒行逆施造成了阴阳不调，天也不会马上夺其之位，而是会先降灾异给予警示，待其悔改，若仍不知悔改，天子才会被其他姓氏取代。这既肯定了君权的合法性，也树立了天的最高权威，天能予之亦能夺之。对于何谓王道政治，董仲舒引入了阴阳理论，认为德为阳刑为阴，两者相反相成但地位不同，阳主阴辅，德主刑辅，统治者在政治上应当吸取秦阴阳倒置、迅速灭亡的教训，转向借鉴三代长治久安的经验，改弦更张放弃严刑峻法，以德教化天下，并指出只有将贤能之士吸纳到统治集团之中，才能有效地对百姓进行教化，"今之郡守、县令，民之师帅，所使承流而宣化也；故师帅不贤，则主德不宣，恩泽不流"[①]。再者，董仲舒认为统治阶层不应当与民争利，只有这样才能获得百姓的拥戴："因乘富贵之资力，以与民争利于下，民安能如之哉！"[②]董仲舒的政治主张得到了汉武帝的认可，从此西汉开始了"崇儒更化"。

董仲舒吸纳了阴阳五行思想和法家思想，对儒家学说进行了改造，使其一方面能够通过"君权神授"来维护皇权的合法性和正当性，另一方面又能够通过"天人感应"来限制皇权，维护百姓的利益。董仲舒对儒家学说的适时调整与改造，为儒家王道政治的推行开辟了一条

---

① ［东汉］班固：《汉书》卷五十六《董仲舒传》，中华书局1962年版标点本，第2512页。
② ［东汉］班固：《汉书》卷五十六《董仲舒传》，第2520页。

路径，也为儒家思想的广泛传播创造了条件。董仲舒认为重视教化是推行王道政治的重要手段之一，并建议汉武帝从中央到地方设立各级学校作为选拔人才和教化百姓的载体，把儒家思想作为教化的内容，其中儒家的孝悌思想又成为首要被重视的部分。不过，此时的儒家孝观念已被董仲舒进行了神学化改造，他通过对天人关系、阴阳五行、人性论与孝观念之间关系的阐发，赋予了儒家之孝以神圣性的特质。

（一）天人关系与孝观念

汉儒董仲舒对天的认识与先秦时期的儒家有所不同。先秦时期儒家所指的"天"乃天道之天，属于儒家最高的哲学范畴，君子通过下学而上达的工夫，通过人道去参悟天道。儒家君子对天道的孜孜追寻，以及"朝闻道，夕死可矣"的迫切愿望，并没有让儒家陷入空疏玄远的冥冥想象之中，儒家虽然明白"君子之道，发端乎夫妇，及其至也，察乎天地"，但更清楚"天道远，人道迩""行远者必自迩，登高者必自卑"的道理。因而，儒家讲究面对现实，从现实中的细微处入手，格物以致知，致知以修身，修身以齐家，齐家以治国，治国以平天下，不语怪力乱神，敬鬼神而远之，通过至诚之心，修身尽性，成己、成人、成物，成乎内外，达于天道，继而能赞天地之化育，参天地成三才，融合人道和天道。西汉武帝时期，为了维护"大一统"的政治格局，思想领域急需相应的理论支撑，汉儒董仲舒"崇儒更化"的主张恰适应了统治集团的胃口。他杂糅阴阳观念、法家思想于儒家思想之中，又抬出一个极其类似宗教中人格神的"天"作为最高的抽象存在物，并将人间道德的建构都奠基于此。

经董仲舒人格化的天，有喜、怒、哀、乐，有对现实世界进行褒奖与惩处的功能，他非常重视天人关系，认为天和人之间通过"气"的感通而彼此发生关系，这让儒家的道德被笼罩在"天人感应"神学之下。"臣谨案《春秋》之中，视前世已行之事，以观天人相与之际，甚可畏也。国家将有失道之败，而天乃先出灾害以谴告之，不知自省，又出怪异以警惧之，尚不知变，而伤败乃至。"[1]如果君主推行的人道

---

[1] ［东汉］班固：《汉书》卷五十六《董仲舒传》，第2498页。

符合天道，阴气和阳气适调，正气生成，那么天就会降祥瑞；反之，如果君主推行的人道违背了天道，阴气和阳气不调，邪气生成，那么天就会降灾异。灾害和怪异都是天对君主的警戒，如果君主能及时改归正道，仍旧能获得天的扶持，否则天必将灭之。"道之大原出于天，天不变，道亦不变"①，这在某种程度上也加强了对君主的约束力。董仲舒对"天人感应"发生机制的论述，反映出他本人"屈民而伸君，屈君而伸天，春秋之大义也"②的思想理念，"君"成为"天"与"人"之间的一个非常重要的中间环节：君必须要能代表天的意志在人间奉行天道，才可以为天子，同时民必须要听从君的统治、接受君的教化，才可以为百姓。董仲舒虽然从理论上肯定了君主的地位优越于民，但终极目标却在于树立天的至高无上位阶，"受命之君，天意之所予也。故号为天子者，宜视天如父，事天以孝道也"③。董仲舒用君与天的关系比拟子与父的关系，提出君要屈从于天如子要屈从于父，事天如事父，君对天的孝体现为在人间推行的人道当合于天道（天的意志）。

那么，君主行怎样的人道才算符合天道，从而得到天的扶持呢？"夫为国，其化莫大于崇本，崇本则君化若神，不崇本则君无以兼人。无以兼人，虽峻刑重诛，而民不从，是所谓驱国而弃之者也，患孰甚焉？"④董仲舒认为君主能否"崇本"则是其行为能否符合天道的关键所在，何谓"本"？以天、地、人为本，"天生之以孝悌，地养之以衣食，人成之以礼乐，三者相为手足，合以成体，不可一无也。"⑤君主应当在天下提倡和推行"天"赋予人们的孝悌观念；带头和鼓励人们从事农业生产，让"地"能为百姓提供衣食所需；设立各级学校教化百姓，让"人"知晓礼节。总之，"崇本"要求君主根据天、地、人本身具备的自然要求和需求来治理王朝，这样的人道便是符合天道的王道政治，天必佑之。在这里，董仲舒赋予了孝悌形而上的特征，认为

---

① ［东汉］班固：《汉书》卷五十六《董仲舒传》，第2518—2519页。
② ［清］苏舆：《春秋繁露义证》，中华书局1992年版，第32页。
③ ［清］苏舆：《春秋繁露义证》，第286页。
④ ［清］苏舆：《春秋繁露义证》，第168页。
⑤ ［清］苏舆：《春秋繁露义证》，第168页。

: 汉代人的观念世界 :

人的孝悌之心源于天，同时人君应当尊崇天命，对百姓实施以孝悌为核心的礼乐教化，助化百姓成为有别于禽兽的真正意义上的人。董仲舒把道德基于神学，这是典型的宇宙论中心主义者，他让儒家伦理道德充满了宗教色彩，人类孝悌思想的应然存在也是基于这个人格之天。"人受命于天，固超然异于群生，入有父子兄弟之亲，出有君臣上下之谊，汇聚相遇，则有耆老长幼之施；粲然有文以相接，欢然有恩以相爱，此人之所以贵也。"[①] 董仲舒为人类当遵循的伦理原则找到了形上的根据——天命，其中孝悌又最为重要，这也为儒家的孝观念寻找到正当性和权威性。

《春秋繁露·顺命》篇曰："天子受命于天，诸侯受命于天子，子受命于父，臣妾受命于君，妻受命于夫，诸所受命者，其尊皆天也，虽谓受命于天亦可。"[②] 此处董仲舒用"命定论"来阐述君臣、父子、夫妇三种伦理关系，类似于"三纲"思想。关于父与子的关系，认为"子受命于父"，父被赋予了神圣性，不可亵渎，子女处于从属地位，树立了父对子的权威性。一方面讲，子受命于父，那么对于子而言，父就是权威思想的来源，子必然要服从来自父的各种要求，父的地位被神圣化，子的地位被削弱。这势必造成人们在孝观念上的一种误区：满足父母的各种要求，似乎成为子女行孝应当遵循的行为规范和准则，子女只能顺从而不能违背。另一方面讲，所有人都受命于天，处于最高阶位的范畴是"天"，它统摄一切，即使天子、诸侯、君父也要服从。天道、天理成为人们共同遵守的基本原则，这样一来判断子女行为是否符合"孝"的要求，权威的依据并不是源于父母的话语，而是子女的行为是否符合天之道、天之理。

儒家重视礼乐教化（"礼节之""乐和之"），但由于先秦儒家敬鬼神而远之，先秦儒家所设计的一套礼乐缺少形而上的有力支撑，权威性的不足容易让礼乐流于形式，实践上缺少外在性的约束。到了西汉时期，董仲舒选择"神道设教"，在他的哲学中建构了一个有意志的

---

① ［东汉］班固：《汉书》卷五十六《董仲舒传》，第2516页。
② ［清］苏舆：《春秋繁露义证》，第412页。

"天",这个"天"能够感应人事,人事的善恶都会得到来自"天"相应的祥瑞或灾异显现。这时,个体(无论君王还是百姓)有了对"天"的敬畏之心,内心有了权威思想,这有助于促成王道政治的推行和礼乐教化的实施。

(二)阴阳五行与孝观念

阴阳五行观念起源很早,它反映了先民对宇宙的一种具有哲学性的抽象认知,也被运用到人类生活中的诸多场域,比如中医、音乐等等。董仲舒则把阴阳五行观念运用到对人伦的阐述之中,并以此来建构人间秩序。

关于父子的伦理关系,《春秋繁露·基义》篇曰:"君臣、父子、夫妇之义,皆取诸阴阳之道。君为阳,臣为阴;父为阳,子为阴;夫为阳,妻为阴。阴道无所独行。其始也不得专起,其终也不得分功,有所兼之义。是故臣兼功于君,子兼功于父,妻兼功于夫,阴兼功于阳,地兼功于天。"[1]董仲舒运用"阳尊阴卑"的观念,确立了君、父、夫为"阳"的主导性地位,以及臣、子、妻为"阴"的从属性地位。具体言之,父与子处于不同的伦理地位,子为"阴",父为"阳",譬如当子女有所成就时,应当将功劳归于自己的父母,因为父母是子女获得成就的奠基人,子女仅靠自身是无法获得成就的("阴道无所独行也""子兼功于父");在生活中要求子女无论如何飞黄腾达,在父母的面前都应当保持谦卑之心。

《春秋繁露·阳尊阴卑》篇曰:"不敢与父分功美,孝之至也。是故孝子之行,忠臣之义,皆法于地也。地事天也,犹下之事上也。"[2]子女不敢同父亲争功劳和美德,而应当把功劳和美德都归于父的行为,这是一种至孝的表现,董仲舒把"子"比拟为"地","父"比拟为"天","子事父"对应"地事天",在如何处理好父与子的伦理关系这一问题时,就应当模仿天与地之间的关系——地顺于天,即子应当顺于父,这才符合天道。关于对此段文字的理解,不能就此认为在

---

[1] [清]苏舆:《春秋繁露义证》,第350—351页。
[2] [清]苏舆:《春秋繁露义证》,第326页。

: 汉代人的观念世界 :

汉代的家庭中，只有当子完全屈从于父母大人时，才能算得上是孝子。虽然董仲舒用"阳尊阴卑"的观念为男权社会辩护，以此来维护"父尊子卑"的合理性，继而要求子女应当顺从父母才算得上"孝"。但同时，他也认为"阳"不能离开"阴"，肯定"阴"的辅佐作用，提出子女在家庭中应当有一定的发言权，才能更好地辅助父母之"阳"，不过要在顺从父母的前提和背景之下。

董仲舒用阴阳比拟天地、君臣、父子和夫妇，认为阳尊阴卑，认为阳善阴恶，此处的"尊卑"和"善恶"不是实指性的道德价值判断，而是一种对伦理秩序进行认定的方式，通过天道与人道相通的比拟方式，寻找人间秩序何以可能的先验性依据。在君臣、父子、夫妇所扮演的伦理角色中，君、父、夫处于主导地位，臣、子、妇处于"助"和"佐"的位置，彼此之间虽有秩序之分、主次之分，但彼此是互相依存的关系。类似天地之合，才能万物生焉一样，只有君臣、父子和夫妇和谐地相处，才能让社会秩序之礼得以确立，如同阴阳一般需要彼此依赖而不能独立存在。

从根本上讲，董仲舒借用先秦的阴阳思想来建构汉代的伦理秩序，用阳尊阴卑的理念为君臣、父子、夫妇伦理关系进行了理论性的奠基工作，同时用"天人感应"的方式来维护这种关系。他认为，人伦尊卑关系的错位会导致阴阳之气的错位，继而让天出现灾异，比如君臣、父子、夫妇的尊卑和主次关系出现了颠倒，天上就会出现月食、日食、星孛（悖）、雨血，地上就会出现卧石自立、僵柳复起等异象，甚至出现频繁地震、久旱不雨、宫殿自燃等灾异现象，这就是天对人的警示。此时，天子需要通过思过斋戒、下罪己诏、大赦天下等方式来弭除灾祸，同时察天下之民情，整饬君臣、父子、夫妇等人伦关系。

与此同时，董仲舒还借用五行观念中的"相生"来论说孝观念中的"当孝"。《春秋繁露·五行相生》篇曰："天地之气，合而为一，分为阴阳，判为四时，列为五行。行者行也，其行不同，故谓之五行。"[①] 董仲舒把"木、火、土、金、水"五行相生之"天道"，比拟为

---

① [清]苏舆:《春秋繁露义证》，第362页。

父子相生之"人道",他认为人的生命终极来源是天,那么人间的伦理之道也要效法天道,子因父而获得生命,正如五行中后者源于前者一样,既然父赋予了子生命,那就有了役使子的权利,"常因其父以使其子,天之道也"[①]。董仲舒在回答河间献王何谓"孝,天之经,地之义"时,认为天有五行,五行相生类似父子相授,父授子,子承之。通俗地讲,就像五行中木对于火、火对于土、土对于金、金对于水、水对于木一样,前者授予了后者,后者才得以存在,父母生育和哺育了子女,父母对于子女而言是有恩情的,子女就应当有相应的回报。就像五行中后者继承前者那样,(木)春生、(火)夏长、(金)秋收、(水)冬藏,继承和实现父母的愿望,这种回报符合天道,可谓之曰"孝"(天之经)。地,哺育万物而不邀功,而且还把功劳归于"天",可见"地"之大义,子女应当效仿"地"的谦卑,把一切功劳归于父母。五行中的"土"(相当于"地")没有"四时"的对应名分,其他四行——木对应春、火对应夏、金对应秋、水对应冬。然而,土在五行中又最为重要,就像五音中的宫调、五味中的甘味、五色中的黄色的地位一样,但土(相当于"地")不去和火争功名,子女就应当像"土"一般不与父母争功名,这就是一种——大义,这种大义可谓之"孝"(地之义)。

  河间献王问温城董君曰:"孝经曰:'夫孝,天之经,地之义。'何谓也?"对曰:"天有五行:'木、火、土、金、水是也。木生火,火生土,土生金,金生水。水为冬,金为秋,土为季夏,火为夏,木为春。春主生,夏主长,季夏主养,秋主收,冬主藏,藏,冬之所成也。是故父之所生,其子长之;父之所长,其子养之;父之所养,其子成之。诸父所为,其子皆奉承而续行之,不敢不致如父之意,尽为人之道也。故五行者,五行也。由此观之,父授之,子受之,乃天之道也。故曰:夫孝者,天之经也。此之谓也。"

  王曰:"善哉!天经既得闻之矣,愿闻地之义。"对曰:"地出云为雨,起气为风,风雨者,地之所为,地不敢有其功名,必上之于

---

① [清]苏舆:《春秋繁露义证》,第321页。

天，命若从天气者，故曰天风天雨也，莫曰地风地雨也；勤劳在地，名一归于天，非至有义，其孰能行此；故下事上，如地事天也，可谓大忠矣。土者，火之子也，五行莫贵于土，土之于四时，无所命者，不与火分功名；木名春，火名夏，金名秋，水名冬，忠臣之义，孝子之行取之土；土者，五行最贵者也，其义不可以加矣。五声莫贵于宫，五味莫美于甘，五色莫盛于黄，此谓孝者地之义也。"王曰："善哉！"[①]

董仲舒用五行相生的观念比拟人伦的孝观念，并借此为孝的内容、方式进行规定，同时论证了儒家孝道的合理性、正当性。总体而言，这样的论证符合儒家"天人合一"的思想特征，但有时不免显得有些牵强，又让人感觉有些玄奥。

总之，董仲舒运用阴阳五行理论，树立了"父"的权威，成为"父为子纲"形而上的依据。"父为子纲"理论下的孝观念，从积极方面看，给予了父子关系明确的定位，遵循了"君君、臣臣、父父、子子"的儒家秩序观念的要求，为树立子女视尽孝为义务的观念奠定了理论基础；从消极方面看，由于父和子的关系是不对等的，父的权力容易被无限夸大，子的正当权益又容易被忽视，父子间的伦理关系容易被固定化、模式化，成为毋庸置疑的金规。在两汉"大一统"的中央集权的社会背景下，思想界呈现出凝固和沉闷的情状，导致人们缺少对"孝"进行再思考的空间，从而变成无可奈何的奉命者，先秦儒家的"生事之以礼，死葬之以礼，祭之以礼"的孝观念被僵化，缺少弹性，在这样的背景下，子女难免陷入愚孝的误区。

（三）人性论与孝观念

历史上关于人性的善恶之争，主要有以下几种观点：人性善、人性恶、人性善恶混杂、人性无善无恶。在先秦时期，孔子认为"性相近，习相远"；孟子认为人有"四端之心"，即恻隐之心、羞恶之心、恭敬之心、是非之心；荀子认为人性为恶，但人们可以通过后天的学习向善转化。孟子所认为的人性善是把人性和兽性加以比较后得出的

[①] [清] 苏舆：《春秋繁露义证》，第 314—317 页。

结论，也是人和禽兽之间的根本性差别，但人性中的善端需要扩充才能向人性善转化，实现个体之善；荀子所认为的人性恶是把普通人和圣人加以比较后得出的结论，需要压而抑之方能实现个体之善。

董仲舒在吸收先秦儒家哲人有关人性论观点的基础上，认为人性本身没有善恶，他把"性"比喻成禾苗，把"善"比喻为米粒，禾苗具备了产生米粒的基础，但却不一定能够结出米粒；他还把"性"比喻成茧和卵，茧要经过缫的工序才能成为丝，蛋要经过孵的过程才能成为幼雏，"故曰性有善质，而未能为善也"①，不能把人性中的善质等同于人性善，善质要经过王的教化才有可能成就性善。董仲舒还用阴阳理论来解释气质之性中的善恶来源，他认为天有阴阳之分，人之质中有贪仁之分，阳对应着仁，阴对应着贪，但天是向阳的，人也就是向仁的，如何实现阳胜阴、仁胜贪，需要教化，教化的顺序为天教化王，王教化君、大夫和士，民（通"瞑"）需要教化才能觉醒，才能弃贪从仁。人之质中同时兼有善、恶两种可能，只有积极引导民脱离"瞑"，才能让民的善质成长起来。在贤良对策中，董仲舒曰："天令之谓命，命非圣人不行；质朴之谓性，性非教化不成；人欲之谓情，情非度制不节。"②他认为人性质朴，如果没有正确的教化内容或者教化机构缺失，人性中的善质无法被点燃照亮，因而他特别向汉武帝提议彻底改变秦朝"挟书令"和"以吏为师"的弊病，以儒家典籍作为教化的主要文本，并建立一系列的教育机构，中央设立太学，地方郡县设立庠序，最基层的也要有"三老"掌教化。董仲舒不给出人性本善本恶的结论，而是认为圣贤对普通民众的教化和引导才是人性结出善果的根本路径，这也是董仲舒从工夫论的角度来论证人性中善的呈现。

董仲舒非常重视后天教化对人心向善的作用，父子关系伦理中子对父的责任和义务——孝观念的形成也不例外。他认为，孝观念的形成，后天的因素至关重要，它既来自家庭的言传身教，也来自学校的

---

① ［清］苏舆：《春秋繁露义证》，第311页。
② ［东汉］班固：《汉书》卷五十六《董仲舒传》，第2515页。

师长引导，还来自整个社会的风气和舆论环境。武帝时期五经博士官的设立，成为汉代正式认可儒家为正统学说的标志。《孝经》虽然在当时没有设立经学博士官，但却被统治者高度重视，成为蒙童时期教育的重要内容，培养孩子的孝心和孝行，让孝的观念扎根于孩提时期，也为他们将来通过举孝廉在汉王朝入仕为官打下基础。为此，董仲舒还建议在选拔官吏时，增加地方向中央推荐人才的察举制，并以孝行作为考察重点，以此作为制度保障。"家无良子弟，君亦安得有良民臣哉？故政教之本，必在家庭；庠序之义，首申孝悌。"①良民臣来源于良子弟，政教的根本在家庭教育，孝悌的教育又成为首要事宜，君主不需要坚固的城郭，百姓也不会逃亡。董仲舒将伦理和政治如此紧密结合的主张，让孝观念和忠观念成为孪生姐妹，为"大一统"意识形态主导之下的汉代甚至整个封建历史时期"移孝作忠"的政治模式提供了可行性土壤，影响深远。

如何才能让人性向善？董仲舒有关人性论的思想实质最终指向教化对于人的重要意义，而被教化的百姓则要求他们遵守当时由天子所设立的规则和名分。君主受命于天，其所设立的规则和名分是符合和代表天的意志的，民要服从君的意志，君要服从天的意志，各自按照自己的名分行自己的分内之事，这样一来，百姓便不会犯上作乱，君主也不会倒行逆施。具体到每个人，即要遵循的基本人伦原则就是"三纲五常"；对于父子关系，即要遵循"父为子纲"的原则。只有这样才符合天的意志（天道），否则天就会降灾异于人间。人伦教化的权威来自天和君，树立了天和君在百姓心中的地位，教化的内容最基本的就是孝。可见，孝伦理成为董仲舒按照天的意志来建构人间政治秩序的基石。

《春秋繁露·玉杯》篇曰："人受命于天，有善善恶恶之性，可养而不可改，可豫而不可去，若形体之可肥癯，而不可得革也。是故虽有至贤，能为君亲含容其恶，不能为君亲令无恶……事亲亦然，皆忠

---

① [清] 苏舆：《春秋繁露义证》，第168页。

孝之极也。"[①]董仲舒认为人性源于先天，均有善质和恶质，这并非后天可以改变的，但可以通过正确的培养和适当的干预，让善质成长、恶质遮蔽。同样，父母也有善行（正当的行为）和恶行（不当的行为），因此，子女不能苛求父母至善无恶，应当正视父母的恶行（不当的行为）并且给予容忍，如果能做到这一点，这就是大孝的一种表现。董仲舒从人性论的角度，阐明了子女应当"为亲含容其恶"的缘由，也与儒家"亲亲相隐""父子不相责善"的观念一致。

汉儒董仲舒以天人关系为背景，以阴阳五行思想为媒介，以人性论为基石，以更为有效地服务西汉中央集权政治模式为归宿，阐述了他对儒家孝观念的认识。他认为孝悌是人的天然之性，是人区别于其他万物的特性，孝悌之心是人之为人的一个重要本质，人皆有孝悌之心，这一点不可否认。同时，他认为人的成长由身、心两个方面共同构成，"身"依靠衣食的供给，"心"依靠礼乐的教化。接着谈到国君只有重视孝悌之心的教化，让人学会约束自身的欲望，才能让父子之道和君臣之道大行天下，继而为江山社稷的稳固提供保障。董仲舒继承和发展了先秦儒学思想，建构了儒家"大一统"的政治哲学理论，他的思想更加注重对父权、君权、天权的维护，更加注重维护男性在家庭中的权威地位，这让董仲舒的孝观念多少有了些"父权家长制"的色彩，先秦时期儒家孝观念中"父慈子孝"的对等关系被冲淡了不少。

四、东汉儒家孝观念神秘化转向的文本：《孝经纬》

东汉时期，在统治者大力提倡"图谶"思想的社会背景下，儒学神学化的改造运动较之西汉时期更进一步，儒家的孝观念也受到谶纬思潮的影响，《孝经纬》的出现及其文本内容的神秘性便是明证。从西汉时期的《孝经》到东汉时期的《孝经纬》，前者向后者的过渡，也体现了儒家孝观念逐渐由西汉时期被赋予的神圣性向东汉时期的神秘性过渡。

谶，一种能昭示着未来吉凶的神秘预言，它的出现在中国历史上由

[①] ［清］苏舆：《春秋繁露义证》，第34页。

来已久，因往往配有图，所以也可称为"图谶"。学界对于"谶"的起源存有争议，但其起源很早当毋庸置疑。在先秦时期已有关于谶的记录遗存，它源于人类对于自身和外界关系的一种奇特理解，带有强烈的原始思维之特征，也折射出人类试图把控自身命运的期盼和愿景。纬，它和经相对应，通常指用神秘的语言解说儒家典籍的方式，故此类"经书"也被称为"纬书"。关于谶和纬之间的关系有各种不同的说法，笔者比较认同"纬乃经之谶"的观点，即"纬书"的实质是"经书"的谶化，即被神秘化。图谶与纬书具有一个共同的特点——神秘性，所以两者经常连在一起被合称为"谶纬"。

西汉武帝时期，"谶纬"这一思潮开始兴起，在统治者的大力倡导和推崇下，到新莽政权和东汉时期达到巅峰（刘秀"宣布图谶于天下"[1]）。上有所好，下必甚焉。两汉之际，儒家的今文经学开始谶化，与经书相对应的纬书纷纷应运而生，《孝经》相应也出现了与之对应的被神秘化的、充满吉凶预言的"纬书"，即谶化的《孝经》——《孝经纬》，成为当时的"七纬"[2]之一。《孝经纬》是汉代儒生对《孝经》的一种神秘化解说，现遗存的内容只有《援神契》和《钩命决》两篇，但多少也能折射出儒家孝观念在东汉时期的一些特点。因此，即使对《孝经》的成书时间和内容来源还有争议，但对《孝经纬》产生于西汉末年至东汉初年一段时间内，在内容上更能反映汉代社会（尤其是东汉社会）状况，则是毫无疑问的。魏晋时期，由于受到统治者的排斥和其自身因素，谶纬思想逐渐淡出了历史舞台，相应的纬书也就逐渐散失，《孝经纬》也不例外。后经明清人士辑佚，今存《孝经纬》主要由《孝经援神契》《孝经钩命决》《孝经中契》《孝经左契》《孝经右契》《孝经威嬉拒》《孝经内事图》等几部分内容构成。

（一）"德"为核心：《孝经纬》中的"五等之孝"

"天子"，顾名思义，即"天的儿子"，天和天子的关系类似于父与子的关系，子对父行孝有种种要求，相应而言，天子对天行孝也有种种要

---

[1] ［南朝宋］范晔：《后汉书》卷一《光武帝纪》，第84页。
[2] "七纬"指的是《易纬》《尚书纬》《诗纬》《礼纬》《乐纬》《春秋纬》《孝经纬》。

求，概括之为天子要遵循天道，天道的核心是"德"。天子怎样才能算是孝（有"德"）呢？《孝经纬·援神契》有这样的记载："天子不事祠名山，不敬鬼神，则斗弟（第）一星不明。数起土功，坏决山陵，逆地理，不从谏，则弟（第）二星不明。天子不爱百姓，则弟（第）三星不明。发号施令，不从四时，则弟（第）四星不明。用乐声淫泆，则弟（第）五星不明。用文法深刻，则弟（第）六星不明。不省江河淮济之祠，则弟（第）七星不明。"[1] 天子之孝行当须祭祀名山，敬畏鬼神，要虚心纳谏，要关爱百姓，要使民以时，要用乐端庄，要用法轻缓，要参拜四渎之祠。通过北斗七星的变化表达天的意志，天子的孝与不孝能够与天感应，天虽无言但却可以通过征兆警示天子，这样的占星术可以敦促天子行孝，实质上这是要通过树立一个外在的权威对天子的行为进行约束，即天子当对百姓布德施惠、推行仁政，这也正反映了儒家所积极倡导的政治理念。从中可见《孝经纬》对天子行孝的要求，也就是对天子行为的种种具体要求，相关的记载还有很多，兹不一一列举。

《孝经纬·援神契》中还谈到了"五等之孝"：天子之孝曰"就"，其含义为"言德被天下，泽及万物，始终成就，荣其祖考也"；诸侯之孝曰"度"，其含义为"言奉天子之法度，得不危溢，是荣其先祖也"；卿大夫之孝曰"誉"，其含义为"盖以声誉为义，谓言行布满天下，能无怨恶，遐迩称誉，是荣亲也"；士之孝曰"究"，其含义为"以明审为义，当须能明审资亲事君之道，是能荣亲也"；庶人之孝曰"畜"，其含义为"以蓄养为义，言能躬耕力农，以畜其德而养其亲也"。与《孝经》中的"五等之孝"相比较，对于天子、诸侯、卿大夫、士而言，对孝的要求都没有停留在养亲的层面上，"养亲"是起点，"荣亲"是终点，"安亲"才是归宿。如以天子能否德化天下、诸侯能否奉行法度、卿大夫能否遐迩称誉、士能否明审辨道，作为孝与不孝的判定标准，贵族阶层只有尽职尽责，才能让"亲获安"，才算是尽到了孝道；普通百姓除了能"养亲"之外，还要"蓄德"，即修养自身的品德，才能有"孝子"之称。由此可知，无论是《孝经》还是《孝经纬》，其中包含的儒家孝观念都非常重视个体

---

[1]［清］赵在翰辑：《七纬》，中华书局2012年版，第709—710页。

德行，并且把孝或不孝与个体是否尽职紧密地联系在一起。上至天子下到庶人，皆将"孝"归结到对个体道德的要求上，当然这种标准的给定源于儒家在不同时空之下对"德"之形式的建构。

如果说《孝经》是从劝善的正面积极引导个体行孝，那么《孝经纬》就是从威慑的反面敦促个体行孝，两种路径，一正一反。两个文本通过抬高孝的地位，实现孝的引导和敦促作用的发挥，其中《孝经》赋予孝以神圣性，《孝经纬》赋予孝以神秘性。从认识论的角度来看，《孝经纬》对孝的言说既缺乏逻辑上的推理，又缺乏情感上的论证，这让儒家孝观念在这里具有了不可靠性，也具有了宗教的神秘性。不过《孝经》和《孝经纬》在汉代盛行并被神学化（即神圣性与神秘性），目的是为儒家的孝观念找到合法的依据，并且让这个依据具有权威性，从而达到思想上的"大一统"。这样既能制约统治阶级，又能教化被统治阶级，使孝观念本身蕴含的超越性情感，如对天地与祖先"生生之德"的感恩之情等，被弱化甚至被遮蔽，使得儒家孝观念沦为实用性与功效性的一种工具理性。

（二）通于神明：《孝经纬》中"孝"的重要特质

《孝经纬》认为孝能通神明，"孝弟之至，通于神明"[1]。人的至孝能感动神明，与之相应，人的不孝也能激怒神明，神明通过"天"来完成这样一个使命，此时"天"成为一个有意志的人格神之形象，通常用灾异、祥瑞、星相等方式，对人的孝与不孝进行谴责、嘉奖和警告。如"天子行孝，天龙负图，地龟出书，妖孽消灭，景云出游。天子行孝，四夷和平……庶人孝则泽林茂，浮珍舒，怪草秀，水出神鱼"[2]。天子行孝，"天"就会降祥瑞，神兽相助，妖孽不复存在，天空出现祥云，边境安宁；庶人行孝，"天"就会眷顾他（她）们，像"二十四孝"中的天赐黄金给郭巨，天赐织女帮助董永，天赐竹笋给孟宗，天赐鲤鱼给王祥，等等。相反，"行有点缺，气逆于天，情感变出，以戒人也"[3]，行为上如果有过失（主要是指不孝的行为），阴阳之气便不顺畅，有人格意

---

[1] ［清］赵在翰辑：《七纬》，第678页。
[2] ［清］赵在翰辑：《七纬》，第678页。
[3] ［清］赵在翰辑：《七纬》，第701页。

志的"天"就会通过它的情感变化（如天气变化无常导致的自然灾害），给不孝者予以警示。

孝何以能通神明呢？孝和神明两者如何实现相互的交感呢？其实这种观念直接来源于董仲舒的"天人感应"，若往汉代之前追溯，可知先秦时代就有了相似的理论——同类相感。《庄子·渔父》曰："同类相从，同声相应，固天之理也。"《周易·乾卦》曰："同声相应，同气相求……本乎天者亲上，本乎地者亲下，则各从其类也。"《吕氏春秋》曰："类固相召，气同则合，声比则应。"①《春秋繁露》曰："故气同则会，声比则应，其验皦然也……美事召美类，恶事召恶类，类之相应而起也。如马鸣则马应之，牛鸣则牛应之。"② 那么，天与人是同类吗？董仲舒有相关的论述，他把天和人进行直观对应，比如天圆地方，人的头圆脚方；天有四时，人有四肢；天有阴阳，人有男女；天有五行，人有五脏，等等。天和人都离不开"气"，人若孝，阴阳之气维持平衡，天相应地就会出现祥瑞之兆；人若不孝，阴阳之气的平衡就会被破坏，导致天出现异常的情况。这就是"同类相感"，也是《孝经纬》中谈到的"孝能通神明"的理论来源，"气"在这里成为天人交感之所以能够发生的媒介。

当然，这种"同类相感"的理论在今天看来非常经验、直观，且因未做任何理性分析而显得非常粗糙，但在当时谶纬思潮的背景之下却也能多少发挥些作用，而且在大多数情况下还都发挥着积极的作用。因为《孝经纬》中所谈论的孝多是针对天子之孝，通过"同类相感"的方式对道德主体进行约束，不仅可以威慑皇帝，防止皇权的极端膨胀，还可以制约皇帝，保证皇权的运行方向，这对于促进汉朝统治者推行"孝治天下"的仁政有着不可忽视的意义和价值。

不可否认，汉代统治者提倡谶纬学说是利用其维护自己的统治，一些儒生为了迎合时宜而入流，也开始学习并通晓谶纬之学，用阴阳五行学说附会迷信思想来解释一些社会现象，这让整个东汉时期的思潮呈现出神学和迷信相混合的特征，因而也造成一段时间以来学者们对谶纬思

---

① 许维遹：《吕氏春秋集释》，第558页。
② [清]苏舆：《春秋繁露义证》，第358页。

潮的过度偏见，认为纬书都是充满了神秘迷信思想的"一股浊流"。①但如果我们转换视角看待纬书，则情况并非完全如此。如《孝经纬》在内容上比较庞杂，除涉及对孝观念的阐述之外，还囊括了有关天文、历法、地理、医药方面的知识；此外，其内容也并非都是为皇权专制作辩护的，也有一些体现"屈君而伸天"的政治哲学，只不过是以一种带有神秘性的方式展开。

（三）东汉儒家孝观念神秘化转向之原因

1. 儒学在汉代被宗教化的消极性影响后果

先秦时期，儒家还只是"百家争鸣"中的学派之一。汉代以来，随着儒学地位的不断提升，为树立儒学权威性，汉代的儒学之士继承殷周以来的神学思想，赋予儒家学派以宗教气质，这就不可避免地导致儒学被异化，儒家孝观念的神秘化、极端化便是其中的重要表现之一。儒家讲究秩序，但宗教化之后的儒家，其秩序被神圣化，演变成绝对的权威，君权、父权、夫权的绝对权威成为对臣、子、妻进行压迫的思想滥觞。其中，孝的感恩之意被异化成绝对服从，以致父母甚至可以掌握对子女的生杀予夺之权利，这使子女成为父母的附属品，缺乏独立的人格。

儒家不应当成为宗教，也一定不能朝着宗教方向发展，只能朝向百姓日用的方向，因为它缺少成为宗教的思想基础——平等观念。如基督教的教内弟兄姊妹的平等观念是西方社会建构的理论基础，与之不同的是，儒家思想中的"爱有等差"和推己及人的实践理性，是华人社会建构的理论基础。在这样的思想背景之下，虽不乏对大同社会的渴望，但儒家只认为这是一种美好的愿景、一种乌托邦式的桃花源。所以，一旦儒家具有了宗教气质，必然成为主张等级和专制的帮凶。譬如，汉代大儒董仲舒的儒家宗教化举措，把"三纲五常"提升为神圣的诫命，此时先秦儒家的秩序观就会被僵化成束缚人的封建礼治，儒家的礼义教化就会蜕变成为吃人的礼教，其对人和社会的负面影响很大。由此可见，儒家孝观念在东汉时期的多种异化性转向，不能说与儒学在汉代的宗教化

---

① 陈其泰：《两汉之际阴阳五行说和谶纬说的演变》，载《孔子研究》1993年第4期，第55页。

没有关系。

2. 东汉道教兴起对儒学的消极性影响后果

两汉的儒家孝观念从先秦时期的"人伦日用"之孝，转向西汉的"神圣"之孝，继而再到东汉的"神秘"之孝，究其思想界的缘由，大概与道家思想在汉代的发展演变也有些许关联。汉武帝之后，黄老道家思想开始从上层向民间传播，加之先秦老庄道家本身对"认知我"的否定态度，即具有反智的特征倾向，容易和神仙方术结合在一起，其中的一支把先秦老庄道家原本"重生轻形"的境界论带入追求"长生不老"的歧途上。"道"与"术"的结合，一方面促成了东汉末年道教的形成，一方面也让汉代思想界弥漫着神秘性，这对当时儒家思想神学化来说定有所影响，孝观念也在其中。儒家孝观念的神学化转向容易使少智的个体盲目地顶礼膜拜"孝"并在现实生活中走上极端化。

儒家之孝与道教长寿成仙思想的结合。儒家重视现世，追求长寿成为人们必然的价值取向，到两汉时期，道家的养生术和成仙术逐渐走向融合，士大夫阶层对于形体不朽和化羽成仙虽持以批判和怀疑态度，但对于养生术可以延年益寿的观点是给予肯定的，如桓谭和王充。① 在民间，人们把行孝作为一个通往神仙之路的善行而倍加重视，行孝和成仙有因果关联，如《太平经》中有这样的记载："白日升天之人，自有其真。性自善，心自有明……天信孝有善诚，行无玷缺。"② 在行孝有助于成仙的观念的驱使之下，普通大众的孝观念一定程度上被功利化，这让很多人的孝行并非发自内心，给虚伪的孝行以滋生的土壤。

---

① "（充）乃作《养性》之书，凡十六篇。养气自守，适食则（节）酒，闭明塞聪，爱精自保，适辅服药引导，庶冀性命可延，斯须不老。"（参见［东汉］王充著，张宗祥校注《论衡校注》，上海古籍出版社 2013 年版，第 585 页）"（充）年渐七十，志力衰耗，乃造《养性书》十六篇，裁节嗜欲，颐神自守。"（参见［南朝宋］范晔《后汉书》卷四十九《王充王符仲长统列传》，第 1630 页）

② 杨寄林译注：《太平经》，中华书局 2019 年版，第 262 页。

五、汉代知识精英对儒家孝观念的新论、体证与批判

两汉时期的一些知识精英对儒家思想进行了重新建构与批判反思，儒家的孝观念也在其中。西汉时期的韩婴对孝与入仕的关系、孝与忠的关系有了新论；两汉史学大家司马迁和班固有对"无改于父之道"的儒家孝观念之体证。东汉时期，随着宦官和外戚的交替掌权，政治变得愈加黑暗，儒家的孝观念开始走向僵化，社会上出现一些极端化和虚伪化的孝行，这完全背离了儒家孝观念的初衷，一些知识精英如王符、王充、孔融等又开始对儒家孝观念进行批判和反思。

徐复观在谈两汉时期的知识分子时讲："东汉知识分子与西汉知识分子在这一点上，如说有所不同，则西汉知识分子的压力感，多来自专制政治自身，是全面性的感受。而东汉知识分子，则多来自专制政治中最黑暗的某些现象，有如外戚、宦官之类。"[1]两汉以来，随着士人知识分子受到的压迫增强，统治者"移孝作忠"的控制手段渐渐失灵，"忠孝一体"的观念开始动摇，甚至被士子（如东方朔、孔融）抛弃，这种现象在东汉末年已有端倪，魏晋更甚之。

总而言之，两汉时期的知识精英与儒家孝观念的关系，大致可以分为两个阶段。第一阶段是西汉时期，知识精英开始对先秦诸子的思想进行整合，并将之融入儒家的思想体系中，儒家孝观念也获得了一些新的建构。同先秦儒家具有自然性特征的孝观念相较，此时的儒家孝观念被赋予了神圣性和权威性，一些知识精英也在忠实地践行。第二阶段是东汉时期，知识精英内部发生了分化，一部分顺应了统治者大力提倡谶纬迷信思想的潮流，制造了不少与经书名称相对应的纬书，如与儒家孝观念关系最密切的《孝经纬》，这让儒家孝观念具有了神秘性。在第二阶段，随着君权思想的强化，统治者开始对孝观念和忠观念进行捆绑，使之成为对知识精英思想进行钳制的重要手段，目的是要制造出符合统治者自身需要的顺民顺臣，实现"移忠作孝"，理论上还出现了模仿《孝经》

---

[1] 徐复观：《两汉思想史》第1卷，九州出版社2013年版，第252页。

的著作——《忠经》。这一阶段在实践中出现了不少虚伪的孝行，导致举孝廉的选官制度在一些士人眼中逐渐丧失了权威性，一些品藻人物、抨击时政的名士受到士人的信赖和追捧，一些有气节的、正直的知识精英，开始通过对儒家孝观念的批判来表达对政治黑暗的不满与反抗，他们往往受到不同程度的迫害。

（一）韩婴对儒家孝观念的新论

有关韩婴本人的生平，《汉书·儒林传》中有记载，但内容不多。他生活的时代大致在汉文帝至汉武帝时期，其代表作品为《韩诗内传》（已散佚）和《韩诗外传》。从表面上看，《韩诗外传》似乎是通过发生在先秦时代的事件对《诗经》进行解读，达到"以传证诗"的效果。其实，他是用《诗经》的某些文字片段，来印证自己所要表达的思想，达到"以诗证传"的真正目的，其中也包含有对儒家孝观念的一些片段性阐述。

1. 孝与入仕的关系论

"学而优则仕"是儒家的一贯主张，它反映了儒家积极入世的人生态度。但在论及孝与入仕的关系时，先秦儒家认为：一个人能尽孝道，也是一种为政的方式，并非一定要亲身在官府里当差。《论语·为政》记载，有人问孔子为何不从政，孔子回答曰："书云：'孝乎惟孝，友于兄弟，施于有政。'是亦为政，奚其为为政？"孔子认为，能将孝顺父母、友爱兄弟的风气影响到政治上去，这是一种间接参与政治的方式，并非一定要入仕为官才可。此外，《论语·泰伯》中，关于读书人要不要参政，应当考虑"时"与"势"，孔子认为士子应根据天下之时势来选择入仕与否，"天下有道则见，无道则隐"，倘若置时、势于罔闻，则可能会助纣为虐。在《论语·卫灵公》中，孔子道出了对蘧伯玉选择仕与不仕的认可与赞赏之辞，"君子哉蘧伯玉！邦有道，则仕；邦无道，则可卷而怀之"。可见，先秦儒家对于士子要不要入仕为官的选择，非常注重天下之时势：有道与无道。换言之，士子参政不能仅仅为了俸禄，还要持有符合"义"的立场和原则。一国之君若能诚恳地推行仁政，实行王道，礼贤下士，求贤若渴，士子积极入仕理所当然，反之，倒不如先把自己的才能掩藏起来，暂时归隐，成为处士。

关于孝与入仕的关系，西汉初期儒生韩婴的观点不同于孔子。结合自身对儒家孝观念的理解，他认为，若一个读书人家境贫寒，因自己的困窘连累了父母，在这种情况之下，他还不积极入仕供职并依靠知识换取赡养老人的俸禄，则属于不孝的行为。这与东汉末期儒生赵岐对《孟子》"不孝有三"之一"家贫亲老，不为禄仕"的观点一致。在奉养父母困难的情形之下，如果读书人要尽孝道，就不应当再考虑天下有道或无道的问题，但可以根据时势采取积极和消极两种不同的供职态度：当天下有道时，士子们可用"以天下为己任"的积极态度，全身心地投入工作，主动地为上级官员出谋划策，把入仕为官作为一项事业对待；当天下无道时，为了解决生活的困顿，更好地孝养父母，士子们可用"以糊口为目标"的消极态度，不必全心投入工作，只需要按部就班地完成差事即可。

由此可知，韩婴的孝观念对汉代士人是否选择入仕，可能会有一种功利化的诱导，不像先秦时期儒家知识精英那般重视"义"与入仕的关系。韩婴对士子在天下无道但又迫于孝养入仕的行为持肯定态度，并给出了相应的对策，其理论的出发点应当是：这样的入仕虽有功利性的动机，但其目的仅仅是尽到赡养父母的孝行，并非没有道德底线地成为无道者的帮凶。这也表明汉代儒家知识精英，在孝行与入仕之间，采取了一种较为"务实"的态度。

2. 孝与忠的关系论

在《韩诗外传》卷一第二十一章中，记载了一个"弃母死君"的故事[1]。楚国的白公有难，一个叫庄之善的臣下将要告别母亲为之赴死。母亲质问儿子："你要抛弃老母而为君主献身，这样妥当吗？"儿子庄之善回答："我之所以能够孝养母亲，完全源于君主给予臣下的俸禄。如今，君主有难，若因恋生而选择自保则属无义之举，为君赴死才是臣应有的归宿。"庄之善对孝忠关系的认知，实际上隐讳地表达了作者韩婴的观点：臣下对君主的"忠"在人伦秩序上优先于子女对父母的"孝"。于是当需要在孝养与忠君之间做出选择的时候，韩婴的观点更倾向于后者，

---

[1] 参见［西汉］韩婴撰，许维遹校释《韩诗外传集释》，中华书局1980年版，第22—23页。

理由是没有君禄便没有孝养，忠君乃孝亲实现的基本前提。那么，选择为君主而死自然优先于在家孝养父母，这显然不同于先秦时期儒家的孝观念。

在《韩诗外传》卷二第十四章中，还记载了一个"孝忠并举"的故事[①]。楚国有一位名叫石奢的士人，他为人公正且耿直，被楚昭王任命为司法官。一日，他追捕一个杀人犯，没想到杀人犯竟是自己的父亲。如果儿子把父亲缉拿归案，显然是不孝的行为，如果放了自己的父亲，是不秉公执法，属于不忠的行为。"不私其父，非孝也。不行君法，非忠也。"[②]面对这样的两难境地，石奢选择了自告官府替父受刑，楚王知情后本想赦免他，没想到石奢却坚定地选择以死来实现"忠孝两全"。韩婴笔下的石奢把"孝"与"忠"放置于一个对等的位阶，这与先秦时期的儒家孝观念有所不同。《孟子·尽心》中记载了桃应和孟子的对话："桃应问曰：'舜为天子，皋陶为士，瞽瞍杀人，则如之何？'孟子曰：'执之而已矣。''然则舜不禁与？'曰：'夫舜恶得而禁之？夫有所受之也。''然则舜如之何？'曰：'舜视弃天下犹弃敝蹝也。窃负而逃，遵海滨而处，终身欣然，乐而忘天下。'"在孟子眼中，如果舜的父亲瞽瞍杀了人，舜会选择放弃天子之位，偷偷地背着父亲逃到远离仇人的海滨居住下来，这样既可避仇又可免罚，更为重要的是不伤害父子之间的感情，自己也免于背负不孝的名声。如果按照先秦儒家孟子的观点，当石奢追上杀人犯并知晓是自己的家父时，应当选择解印绶，放弃官职，与之同归草莽。

同样是面临父亲杀人的境况，孟子笔下的舜和韩婴笔下的石奢，在处理方式上有所不同。孟子借用舜的抉择表达了士人宁可舍天下也要保父母的孝观念，韩婴借用石奢的抉择表达了士人应当忠孝并举的孝观念。比较可知，两种孝观念都以儒家"亲亲相隐"的原则为前提，在重视血缘关系方面是一致的，但对待天下和君主的态度却不同：一个可以舍弃天下，一个不能背弃君主。孟子更加重视"孝"，即使舍弃天子的权位，也不能破坏父子亲情；韩婴则认为忠孝不二，当两者的冲突不可

---

① ［西汉］韩婴撰，许维遹校释：《韩诗外传集释》，第48—49页。
② ［西汉］韩婴撰，许维遹校释：《韩诗外传集释》，第48页。

避免时，公义的选择应当是牺牲自我、成全忠孝，"忠孝并举"的名节高于个体生命。

先秦时期的儒家孝观念重视血缘关系背景下的自然亲情，认为在自然性上个体对父母的爱优先于对君主的爱。《韩诗外传》中庄之善"弃母死君"的故事却讲述了当忠孝两者发生冲突时，一个士人为了兑现对君主的忠诚，可以放弃奉养与自己有血缘关系的母亲，石奢"忠孝并举"的故事甚至认为宁可放弃自己的个体生命，也不能不孝不忠。《韩诗外传》中所选择的孝忠故事，表明韩婴对于儒家孝观念的认知不同于先秦儒家，他更加重视"君臣有义"，而轻视"父子有亲"，在某些情况下，"大义"可以"灭亲"。这种关于孝的观念实际上悖离了人的自然情感，不仅违背了人性，还伤害了人性，因此不可能长久而广泛地被人们认同，它只能在特定的历史时期，为了维护统治阶级的某种需要而存在。

（二）司马迁、班固对"无改于父之道"孝观念的体证

《论语·学而》中载，子曰："父在，观其志；父没，观其行；三年无改于父之道，可谓孝矣。"先秦时期，孔子把子女不改"父之道"作为子女孝的一个评判维度，汉代继承了这种观念。《春秋繁露·楚庄王》篇曰："事父者承意，事君者仪志，事天亦然。"[①] 其中的"事父者承意"可以理解为：善于侍奉父母的子女，应该注重秉承父母的心意，这与"无改于父之道"非常类似。

重道，是儒家一以贯之的思想，道不离身，身不离道。"三年无改于父之道"的"父之道"，该作如何理解呢？儒家认为道源于天，父之道的终极源头同样为天，这里的父之道应当是符合天之道的，不然便不可能被称为"道"，此处已经先前预设了"父之道"的正当性。在血缘家族时期，这个"父"可能是一个家族的权威象征，"道"也可能是一个家族世代延续的精神气质。"父之道"中的"父"除了具体指代父亲，还应当包含家族中的男性祖先，[②] 因此家族和家庭对子女的影响都不可忽

---

① ［清］苏舆：《春秋繁露义证》，第18页。
② 在父权的封建时代，父亲责任重大，"子不教，父之过"，对于子女，母亲更多的是给予生活上的照料，而父亲更多的是给予思想上的指引。

视，都可称为"父之道"。先秦两汉"无改于父之道"的孝观念，可能泛指子女应当继承家族良好的风尚和传世的祖业。其实这种孝观念的延续很持久，譬如我们至今都在骂"败家子"是不孝之子，这个"败家子"一定是没有传承好祖辈遗存的家风或功业，甚至还做了伤风败俗之事，搞得家道中衰。封建时代的儒家之道，通过子女对"父之道"的继承，在一个家族、一个家庭的生活实践中代代相传，最终熔铸成了中华民族的文化基因之一。

"三年无改于父之道"还包括对父母生前喜好的尊重和愿望的继承，这体现了儒家孝观念三个层级中的第一层级——大孝尊亲。《大戴礼记》中记载，曾子曰"孝有三：大孝尊亲，其次不辱，其下能养"。子女如果在父母离世不久，便立即做出与父母生前喜好愿望迥然相悖的事情，就是对已逝父母的不敬，也可表明子女在父母生前所表现出来的孝行可能存在虚伪的成分。大孝终身慕父母，《礼记·内则》载曰："终身也者，非终父母之身，终其身也。是故父母之所爱亦爱之，父母之所敬亦敬之。"可见儒家对子女尽孝的时限要求，不是以父母离世为终结，而是终其本人一生。唐司马贞《史记索隐》注解"既渡，有火自上复于下，至于王屋，流为乌，其色赤，其声魄云"[1]一条引用郑玄的注解："乌是孝鸟，言武王能终父业。"故事的背景是在殷商末年，纣王暴虐荒淫，西方的周却逐渐得到其他诸侯的拥戴，武王在孟津会盟各路诸侯，侦探殷商的状况。在渡过黄河后，突然有这种奇异的事情发生，武王不解其意。东汉郑玄的注解认为这是吉祥的兆头，表明武王能够继承父业，完成文王灭掉殷商的心愿。郑玄的注解透露出：能够继承父亲的遗志，完成父亲的夙愿，也是孝的表现形式之一。正如《礼记·中庸》所载："武王、周公，其达孝矣乎！夫孝者，善继人之志，善述人之事者也。"

司马谈临终前向儿子司马迁诉说了自己的遗愿：家族的先人从三代以来都有过功名，在周王朝时还担任太史令，希望司马迁能继承祖业且"勿忘吾所欲论著矣"，要继续自己未曾完成的心愿"以显父母"，并告诉司马迁这是一种大孝的行为。

---

[1] [西汉]司马迁：《史记》卷四《周本纪》，第157页。

太史公执迁手而泣曰:"予先,周室之太史也。自上世尝显功名虞、夏,典天官事。后世中衰,绝于予乎。汝复为太史,则续吾祖矣。今天子接千岁之统,封泰山,而予不得从行,是命也夫。命也夫。予死,尔必为太史。为太史,毋忘吾所欲论著矣。且夫孝,始于事亲,中于事君,终于立身。扬名于后世,以显父母,此孝之大也。"[1]

司马迁因替李陵(在与匈奴作战时败北的将领)辩解触怒了汉武帝而下狱并遭受了宫刑的奇耻大辱。在士大夫的骨子里,名节是最被看重的:不能使祖先受辱,不能使身体受辱,不能因自己的脸色不合礼仪而受辱,不能因为自己的言语不当而受辱,不能因肢体扭曲、穿上囚服、戴上木枷、遭受杖刑、剃光头发、颈戴枷锁、毁坏肌肤、断肢截体而受辱。贪生恶死、眷恋妻子,这是人之常情,但"行莫丑于辱先,而诟莫大于宫刑"[2]。受宫刑在当时乃是君子认为受到的最大耻辱,一般情况下士大夫都会自裁来维护自己的名节。在司马迁狱中写给好友任安的一封信中(《报任安书》),他充分表达了自己忍辱负重、苟且存活的原因:"所以隐忍苟活,函粪土之中而不辞者,恨私心有所不尽,鄙没世而文采不表于后也。"[3]这个"私心"就是要"尽孝":完成父亲的遗愿,不改父之道。也就是说只有完成了《太史公书》(《史记》的原名),才算不辱没先人,尽到对父亲的孝道。此时,司马迁处在"士可杀不可辱"的保节观念和"继承父母遗志"的孝观念张力之间,司马迁最终选择了坚守"孝子善述父之志"的孝观念,并以此作为从事史书撰写的精神动力,这种"无改于父之道"的孝观念给了司马迁巨大的勇气和坚韧的意志,让他终于完成了被誉为"史家之绝唱,无韵之《离骚》"的鸿篇巨著。

司马迁在父亲告别人世之后,继续完成父亲生前未了的事业,可谓是在"无改于父之道"孝观念之下的孝行之一,没有让祖业中断于自己,没有让父母蒙羞,也没有让先人受辱,"子承父业"也成为中国古代士大

---

[1] [东汉]班固:《汉书》卷六十二《司马迁列传》,第2715—2716页。
[2] [东汉]班固:《汉书》卷六十二《司马迁列传》,第2727页。
[3] [东汉]班固:《汉书》卷六十二《司马迁传》,第2733页。

夫阶层共同认可的孝观念。东汉初期的班固，在父亲班彪去世之后，返回家乡继续父业，"父彪卒，归乡里。固以彪所续前史未详，乃潜精研思，欲就其业"①，不料却被人举报私修"国史"，胞弟班超及时赶到并向汉明帝刘庄陈述了兄长私修前史的用意——继承父亲的遗志。班固的孝行让他免遭下狱，加之已写完的内容文采奕奕，反倒被任命为兰台令史，得以继续完成修史工作。此后，他潜心积思二十余年完成了《汉书》，之后其胞妹班昭，又补充了班固未及完成的"八表"和"天文志"，最终完成了父亲班彪的遗愿。

（三）王符、王充、孔融对儒家孝观念的批判

1. 孝观念与葬礼的张力

东汉中期的知识精英王符在《潜夫论·浮侈篇》一文中曰："今京师贵戚，郡县豪家，生不极养，死乃崇丧。"②这是针对当时重死轻生所引发的厚葬之风所带来的危害发出的感叹，实际上揭穿了贵戚豪家重死轻生这所谓孝行的虚伪性。王充运用"气"的观念论证了人存在的偶然性，天地交合、男女交合，气聚成人成物源于自然，人死气散回归自然，从而论证了人死无知，不能变鬼。因此，他反对厚葬而主张薄葬，重生轻死才是孝子所为。王充还从鬼神观的角度出发，批判了墨子明鬼思想和节葬理论的相悖性，"墨家之议，自违其术，其薄葬而又右鬼"③。他批评儒家明知人死无知，但为了教化百姓仍采取"事死如事生"态度，带来了不良后果，"论死不悉，则奢礼不绝。不绝则丧物索用，用索物丧，民贫耗之至，危亡之道也"④。王充认为墨家"明鬼神"的思想和儒家"敬鬼神"的态度，以及谶纬迷信造成了当时厚葬风气的盛行。

王充并不否认儒家重视葬礼对于社会教化的重要意义，特别是有助于孝道的践行，但他认为儒家应当更加提倡子女在父母生前尽孝，而不是生死一同，前者也能起到教化百姓的作用。因此没有必要回避鬼神存

---

① ［南朝宋］范晔：《后汉书》卷四十《班彪列传》，第1333页。
② ［南朝宋］范晔：《后汉书》卷四十九《王充王符仲长列传》，第1637页。
③ ［东汉］王充著，张宗祥校注：《论衡校注》，第463页。
④ ［东汉］王充著，张宗祥校注：《论衡校注》，第463页。

在与否这个问题，儒家应当明确人死无知和与之相应的薄葬要求，以免造成社会上奢侈攀比的不良风气，甚至以死害生的悲惨状况的发生，"死人之议，狐疑未定，孝子之计，从其重者"①。不过，王充也认为关于人死之后究竟能否有知是一个无法通过校验证明的问题，但他却提出了"人死无知"，同时反对儒家对待"鬼神问题"的不语态度。今日观之，王充是东汉时期一位富有批判精神的唯物论者，他论证了厚葬的虚伪性和不必要性，同时也认可儒家孝道思想的重要价值，但他把厚葬问题同儒家孝观念联系在一起有所不妥。儒家的孝观念并非主张厚葬，但也不主张薄葬，而是认为子女应当根据自己的身份地位来确定葬礼的规格。另外，在儒家鬼神不语态度的背景下，儒家孝观念强化了世人践行孝道的外在约束力，这也是基于对人性的一种体认，还蕴含一定的价值理性思维在其中，这不同于王充在对待葬礼问题时所持有的纯粹工具理性的思维特点。

2. 孝观念与政治的张力

随着东汉中后期皇权的旁落，汉代举孝廉这一选官制度的流弊逐渐呈现。有些士子为了做官，竟然通过制造虚假的孝行获取入仕的"门票"，丧失了基本的道德节操。对此，东汉知识精英王符感叹道："其贡士者，不复依其质干，准其才行，但虚造声誉，妄生羽毛。"②与此同时，还有些政客以提倡儒家的忠孝自居，为的是换取天下民心，有时还以不忠不孝之罪排除异己，打击其政治上的反对者。当儒家的孝道思想在政治上被利用而发生异化时，必然会招来一些正直的知识精英借以批判儒家的孝道来抨击时政，孔融便是其中的代表人物之一。

孔融，字文举，孔子的二十世孙，他生活在动荡的东汉末年，属于天下名士。"融四岁，能让梨"的故事，史书有相关的记载："兄弟七人，融第六，幼有自然之性。年四岁时，每与诸兄共食梨，融辄引小者。大人问其故，答曰：'我小儿，法当取小者。'由是宗族奇之。"③孔融四岁便

---

① ［东汉］王充著，张宗祥校注：《论衡校注》，第462页。
② ［南朝宋］范晔：《后汉书》卷四十九《王充王符仲长统列传》，第1638页。
③ ［南朝宋］范晔：《后汉书》卷七十《郑孔荀列传》注引"融家传"，第2261页。

懂得尊敬兄长，除了上文所述"自然之性"的因素，恐怕也离不开孔门孝悌家风的熏染；十三岁时，孔融的父亲去世，孔融哀伤到甚至不能站立，被乡里称为孝子，"年十三，丧父，哀悴过毁，扶而后起，州里归其孝"①。孔融入仕为官时，正值汉末军阀割据，他在政治上既不趋炎附势于外戚何进大将军和关西军阀董卓，也不与关东最有军事实力的曹操和袁绍相结交，始终忠于东汉王室，对于有篡权之心的人多有斥责，他名重天下，众人仰视若北辰，然而曹操却因孔融对儒家孝道的质疑而杀了他。

状告的文书说孔融曾经与白丁祢衡有这样大逆不道的言论："父之于子，当有何亲？论其本意，实为情欲发耳。子之于母，亦复奚焉？譬如寄物瓶中，出则离矣。"②孔融曾经是一位儒家孝道思想的坚定拥护者和实践者，在言语上却突然转向对父母子女之间自然亲情关系的戏谑，在根基上去动摇儒家孝道的合法性。孔融这一反常的言论，可能与当时社会中出现大量为了政治前途而伪造的虚假孝行有关，也可能与当时"挟天子以令诸侯"的曹操有关，他控制了汉献帝，却利用儒家的忠孝观念去掩盖自己的篡汉之心，这种假仁假义让孔融不能容忍。两汉以来，尤其是东汉中后期以来，儒家的孝道竟成了被人利用的政治工具，丧失了其本来教化百姓、淳朴民风的功能。对此，以孔融为代表的汉末儒家名士深感悲痛，于是才发出对儒家孝道的不同声音，表面上看似批判，实为无奈，更为痛惜。对于孔融这一反常的行为措辞，还有一种可能性，即这根本就不是孔融的言论，而是当曹操的篡汉野心被以孔融为代表的名士所识破时，曹操以"不孝"之罪作为借口杀掉孔融，既不会引起士人的公愤，又能起到杀一儆百的效果。儒家的孝观念再一次被政客利用。所以，知识精英孔融并非死于所谓的"不孝"言论，反倒是对儒家忠孝观念的捍卫给他带来了杀身之祸。

---

① ［南朝宋］范晔：《后汉书》卷七十《郑孔荀列传》，第2262页。
② ［南朝宋］范晔：《后汉书》卷七十《郑孔荀列传》，第2278页。

第三章　忠

在中国古代传统文化思想之中，"忠"是最为重要的组成部分之一。"忠"是中国古代政治规范中的关键要求，历朝历代都强调"忠"——在国家政治体系中只有做到"忠"才能维持政治关系的稳定；同时，在社会道德体系中"忠"又是社会关系的核心，朋友之间、亲人之间，都要做到"忠"。"忠"能促进社会关系的良善。在中国注重和合、友善、亲爱的思想理念中，"忠"的关键性、基础性作用不容忽视。尤其当中国古代专制主义政治体系在汉代进一步深化之后，"忠"的重要性被提升到一个前所未有的高度，厘清汉代"忠"观念，对于理解汉代思想文化的特点至关重要。

一、"忠"观念的产生与发展——以孔、孟、荀为例

（一）"忠"观念溯源

成型的"忠"字最早可见于东周铭文，"迄今可见的最早的与时下标准'忠'字字形结构一致的古'忠'字见于中山王𰯼（中山国君，名'𰯼'）方壶与中山王𰯼圆鼎的铭文上"[1]。《中山王礜方壶铭文》记载"余智（知）其忠訫（信）㢾，而溥（专）赁（任）之邦"[2]，铭文中的"忠"，

---

[1] 王成：《汉字中国：忠》，华夏出版社2020年版，第2页。
[2] 中国社会科学院考古研究所编：《殷周金文集成（修补增订本）》，中华书局2007年版，第5139—5141页。

作"🀫"①。可见，此时已有专门的"忠"字。铭文后一句记载："䦆（贮）渴（竭）志尽忠，以猶（佐）右（佑）厥闢（辟），不貮（腻、贰）其心。"②可见，从铭文内容来看，"忠"作为一种主观的意愿，是主体之"志"的发动。并且，由于"忠"为主体的道德意愿，故而后半句"不贰其心"，将"忠"与"心"相联系，这足以说明"忠"为一种内在的德性。"贰"便是所谓不"壹"，不"壹"为用心不专一之义，即怀有贰心、动有贰志。有"贰"心便是不"忠"。从"🀫"的字形结构来看，"忠"的组成为上"中"（🀫）③下"心"（🀫）④，"中"为其音，"心"为其义。心能保持中正，便是忠。从"忠"的字面义就能理解（其）为"中心"。"中"可作两义解：读为"zhōng"，即前文所说，心能持中，有所专，有所正；读为"zhòng"，即合于心，从心而出，不违背人心之正。从"忠"的字源构造来看，古人赋予了"忠"丰富的精神内涵，且与人心密切相关。"忠"德是从心性至于行动的。"忠，敬也。"⑤许慎将"忠"解释为"敬"。"敬"与"忠"互训，"敬"为做事的专一。"所谓敬者无他，只是此心常存在这里，不走作，不散漫，常恁地惺惺，便是敬。"⑥这就是说，"敬"的基本表现是对一件事的集中用心，保持严肃、认真，"忠"亦有同义。"忠"之态度与"敬"之用心是相互关联的。"忠"德在演变的过程中，产生了丰富的含义。

在传世经典文献中，关于"忠"字的单独记载最早可见于《左传》。《左传·隐公三年》："君子曰：'信不由中，质无益也。明恕而行，要之以礼，虽无有质，谁能间之，苟有明信……《风》有《采蘩》、《采蘋》，《雅》有《行苇》、《泂酌》，昭忠信也'。"⑦"中"当指"内心"，忠与信通常以复合词"忠信"出现，两者实有联系。"忠"犹"中"，只有发于

---

① 中国社会科学院考古研究所编：《殷周金文集成（修补增订本）》，第5139页。
② 中国社会科学院考古研究所编：《殷周金文集成（修补增订本）》，第5141页。笔者认同"贰"当从"贰"。
③ 方述鑫、林小安、常正光、彭裕商编著：《甲骨金文字典》，巴蜀书社1993年版，第29页。
④ 方述鑫、林小安、常正光、彭裕商编著：《甲骨金文字典》，第781页。
⑤ [东汉]许慎：《说文解字》，中华书局2013年版，第216页。
⑥ [南宋]陈淳：《北溪字义》，中华书局1983年版，第35页。
⑦ 杨伯峻编著：《春秋左传注》（一），中华书局2016年版，第29—30页。

内心、出于内心的"忠"才有"信"。又《左传·桓公六年》:"所谓道,忠于民而信于神也,上思利民,忠也。"①此两处"忠"字,皆指向国君忠于民,"忠"的解释为"思利",也就是说,国君认真为民众的利益用心思量、谋划便是"忠"。以小御大、以弱胜强之道便在于君王忠于国民、有信于神祇。国君不忘乎根本,做到发自内心地思虑民众之福,对国民尽心,便是"忠"。予民以利是一国之君的重要政治责任。另外,《左传·庄公十年》:"公曰:'小大之狱,虽不能察,必以情。'对曰:'忠之属也,可以一战。'"②鲁庄公虽然不能诸事亲察、详审,但能做到要依据实情对案件作出处理、审判,因此,曹刿对其行为称赞为"忠"。当然,正是因为鲁庄公对国民狱案不敷衍,安定民情,纠正民风,进而使民有所归心,所以才可依托国民的支持与齐国一战。从这两则记载中可以基本明确,春秋时期强调的"利民之忠"是古代民本思想的重要体现。但是,"忠"应当是一种交互性的道德要求。故而,古人在强调上位者对下位者的利好、关心的同时,也必然对下位者提出了相应的对上位者"忠"的要求。如《左传·僖公九年》:"'臣竭其股肱之力,加之以忠贞。其济,君之灵也;不济,则以死继之。'公曰:'何谓忠、贞?'对曰:'公家之利,知无不为,忠也。'"③奚齐认为做到"忠"便是不辱君命,对国家有利的事情只要知晓了便要努力做到,以"股肱之力"最大限度地维护国君的利益。"忠"是其力所能及之精神,"忠"之精神能够驱使他无所保留,尽心为公(室)、国君,从而无私心之考量。无独有偶,《左传·文公六年》:"臾骈曰:'不可。吾闻前志有之曰'敌惠敌怨,不在后嗣',忠之道也。'夫子礼于贾季,我以其宠报私怨,无乃不可乎?介人之宠,非勇也。损怨益仇,非知也。以私害公,非忠也。'"④臾骈之意,不因为有仇恨便去杀了仇人的后代便是忠,因私人恩怨妨碍公家之利便是不忠。臾骈所论之"忠"有两个层面的含义,且两者互相联系。前者是

---

① 杨伯峻编著:《春秋左传注》(一),第119页。
② 杨伯峻编著:《春秋左传注》(一),第199页。
③ 杨伯峻编著:《春秋左传注》(一),第359页。
④ 杨伯峻编著:《春秋左传注》(二),第664页。

对他人之"明",即不以私仇危害仇人后代,是不杀无辜的人以免结下更大的怨;后者是忠于"公室",即不以私仇影响侍奉公家的利益。以大局为重,除小怨求大利,坚持以公家的利益为重,从而忠于"公室"。《左传·成公九年》:"无私,忠也。"① 此处直截了当,"忠"指向了无私。因"忠"区分具体的行为对象,有对民、对君、对国,进而有公、私之分。"忠之道德(似起于春秋时)最原始之义似为尽力公家之事。"② 按童书业所说,"忠"的原始义的确具有"为公"的明显倾向,但同时我们也必须厘清"私"之本义。"答以楚君为太子时之事,明楚君自幼而贤,以此表示其称赞楚君非出于阿谀之私。"③ 杨伯峻解释说,楚人钟仪向晋景公真实地介绍楚君之贤非出于阿谀之私。"私"该作如何理解?本书认为,钟仪被俘后,性命危在旦夕,但他在晋景公再三逼问之下,才据实说楚国君王在当太子之时已经非常贤能。这便是真心夸赞、欣赏自己的国君,故而说,钟仪没有私心,不为自己谋利。因此,此处说的"无私"更应是说无邪心,当为出于内心真实的认可,而不是为"私利"。可见,"忠"具有强烈的真诚之义。故而,"忠"的一般道德意义就是尽心竭力,忠诚不二,且适用范围广,被后世思想家所重视。

(二)孔子的"忠"观念——奠定仁爱的精神

"关于中国哲学首先要注意的是在基督教降生五百年前的孔子的教训……是一种道德哲学。"④ 虽然黑格尔对于孔子的评价不甚全面,但他的确抓住了孔子哲学注重道德的重要特征。我们研究孔子哲学必然要重视其道德哲学,因此对于"忠"的研究,自然也要从孔子说起。

"(鲁襄公二十二年)十有一月庚子,孔子生"⑤,孔子出生时,社会政治动荡,"礼乐征伐自诸侯出"(《论语·季氏》)、"陪臣执国命"(《论

---

① 杨伯峻编著:《春秋左传注》(二),第923页。
② 童书业:《春秋左传研究》,上海人民出版社1980年版,第243页。
③ 杨伯峻编著:《春秋左传注》(二),第923页。
④ (德)黑格尔著,贺麟、王太庆译:《哲学史讲演录》第1卷,商务印书馆1959年版,第119页。
⑤ [东汉]何休解诂,[唐]徐彦疏:《春秋公羊传注疏》(下),上海古籍出版社2014年版,第855页。

语·季氏》)等国君政权旁落现象时有发生。"政治上,世卿家臣只效忠于直接上级领主"①,封地之臣不再恪守对天子的职责,不再严格遵守周礼,等级内的联系性与控制力进一步减弱,臣子们只知其主而不知其君,纲常崩坏,故而对于一生致力于推行"周礼"拯救乱世的孔子来说,必须重振人们心中的道德价值,唤醒道德良知,重塑道德秩序,维护等级关系和制度规范。

1. 德主忠信

孔子讲"天生德于予"(《论语·述而》),上天赋予人道德使命,任何外力都不能剥夺,道德是每个人都应该拥有的人之为人的本质。孔子论"德"具有多重含义,但当弟子子张向他询问如何提高道德时,他答道:"主忠信,徙义,崇德也。"(《论语·颜渊》)推崇、提高道德当以"忠信"为本,"忠信"是道德的核心内容。《孔子家语·致思》记载:孔子从卫国返回鲁国的途中遇见高达三十仞的瀑布,孔子第一时间认为渡过瀑布十分困难,但有一男子却游了过去。孔子问他为何能克服困难游过去?男子只是说在其出入瀑布时都充满了忠信之心,他相信自己能够渡过去。②孔子对其评价:"水且犹可以忠信成身亲之,而况于人乎?"③该男子面对湍急之水,无私虑杂念,只是纯粹地想着自己一定可以跨越困难,真诚地相信自己,不以私心顾虑他事,孔子的劝说无法撼动他跨越困难的信念,可谓己忠之至。故而,孔子告诫弟子,湍急险要的水势都无法动摇人的忠信之心,何况人际交往呢?在与人交往中,更不能放弃忠信之德。"忠"在人际交往中起着温暖人心、传递真诚的催化作用。足见,孔子推崇忠德,且对"忠"有着系统的论述。

孔子强调"主忠信",忠、信虽然连用、并重,但需要注意的是,忠与信当有区分。"程子曰:'尽己之谓忠,以实之谓信。'方说得确定。"④正如程子所分,"忠"之于内,说道德主体当尽心、竭力,"信"之于外

---

① 匡亚明:《孔子评传》,南京大学出版社1990年版,第144页。
② "始吾之入也,先以忠信;及吾之出也,又从以忠信。"参见王国轩、王秀梅译注《孔子家语》,中华书局2011年版,第89页。
③ 王国轩、王秀梅译注:《孔子家语》,第89页。
④ [南宋]陈淳:《北溪字义》,第27页。

: 汉代人的观念世界 :

说待人的实在、真诚不可以假为真，以无为有，欺蒙他人。忠、信有内外之分，但也有内外之联系。若无法"尽己"，便自然无法对他人尽责。"忠"为从心所发的用心态度；"信"为用心之后形成的人际价值，也就是能否达成认同与契合。"忠，仁之实也。信，义之期也。"（《郭店楚简·忠信之道》）简牍文本将"忠"与"信"从仁与义的角度进行了区分，认为"忠"是仁的本质，而"信"是义的追求。《忠信之道》如此说，不无道理，"尽"谓穷尽，对待他人应该无所保留，所以当真诚、无私，当人达到至诚无私的状态，全心全意、毫无保留地对待他人时，便可说对他人尽"忠"。在此过程中，产生爱之情感，爱表现为关怀。《论语·颜渊》中孔子讲"爱人"，爱人是仁的重要表现之一。《论语·宪问》中，孔子说："爱之，能勿劳乎？忠焉，能勿诲乎？"能做到与人相劝告，是为忠的表现之一——劝告便是操心、关心他人，实则亦为关爱。"忠"深根于仁爱之心。尽己之忠要求能将己思、己情毫无保留地分享、奉献出去，是仁的重要内涵之一。"忠信二字近诚字"[1]，也就是说忠、信都有诚的含义，只不过"忠"强调的是不自欺，而"信"强调的是不欺骗他人。"忠"是出于己的态度，"信"则是与他人共同达成的契合，是忠的结果或者影响。无忠便无信。忠、信并重，强化了忠的道德意义。

《论语》中所论"忠信"共有六处，例如"言忠信，行笃敬，虽蛮貊之邦，行矣；言不忠信，行不笃敬，虽州里，行乎哉？"（《论语·卫灵公》）这句话充分表现了忠信之用，以忠信为人，就会得到普遍的认可。虽然孔子在此处做了言、行之分，其实重在强调为人之诚，说话与行为都要诚心诚意，坚持原则。并且，孔子之言，还有更加深远的影响。"忠信"之论成为后世消解华夏与夷狄之分的重要原则。华、夷之间虽有严格区分，但只要人们能够随时随地恪守忠信，即使身处夷狄，能凭借自身高尚的德行畅行无阻；反之，若不守忠信，尽管身处诸夏各州也会因德行的鄙陋而受人轻视。华夷之别并不仅仅是以所处地域进行区分，更是以人的道德高低来进行区分。无论身处何种环境，忠信之道都应该被恪守。这就意味着"忠信"当为普遍的为人之本。蛮夷之人也能习得忠

---

[1] [南宋]陈淳：《北溪字义》，第27页。

信，若习得忠信等道德，夷也能变夏；反之，若诸夏之人放弃道德，则与夷狄无差。故而，孔子说："居处恭，执事敬，与人忠。虽之夷狄，不可弃也。"(《论语·子路》)忠信之德的原则不因所处环境而改变，这既是在告诉诸夏之人要保持忠信，不可自甘堕落，也是在告诫夷狄可以一心向夏，寻求进步。孔子将忠信视为维护文化与政治尊严的重要道德要求，同时也将其视为促进天下融合的重要道德准则。

2."忠"为忠恕

"忠"为道德之本，在不同的道德场景中有着不同的表现。"忠恕"为《论语》中提到的"忠"的核心表现之一。曾子说夫子之道为"忠恕"之道。①《论语·卫灵公》载，孔子所发"恕"之本意："其恕乎！己所不欲，勿施于人。""恕"就是自己不喜欢的某事或某物，也不要强加给他人。"尽己之谓忠，推己之谓恕"②，忠与恕存在优先的次级，唯有先做到忠才能实现恕。先尽己，明确自身善、恶之在，才不会将自身厌恶之事强加于他人，也不会对他人之过错不给予理解与同情——即当以"忠"道挈己之后，便会知道他人所犯过错自身也难免会犯。以己推人，才会将心比心，这便是由"忠"而"恕"。换言之，"恕"为"忠"的延续。

杨伯峻也认为："'忠'则是'恕'的积极一面，用孔子的话说，便应该是：'己欲立而立人，己欲达而达人。'"③杨伯峻将孔子训"仁"的言语④拿来训"忠"，不无道理。首先，基于孔子对"恕"的定义，我们可以得出，"恕"道是让他人"免于……伤害"，而依据杨伯峻先生的解释，"忠"道便是"帮助他人成就……"。"恕"无疑是一种做"负向"工夫的关怀，即避免他人有所失，当是一种体谅；而"忠"是一种做"正向"工夫的关怀，帮助他人有所得，是一种鼓舞。但二者的本质仍然同为爱人。我们界定"忠"与"恕"的区别在于"尽己"与"推己"，"推"不仅是以己度人，也有"扩充"之义。体谅他人，是由"爱己"向"爱他"的重

---

① 曾子曰："夫子之道，忠恕而已矣。"(见《论语·里仁》)
② 程树德：《论语集释》(一)，第344页。
③ 杨伯峻译注：《论语译注》，中华书局1980年版，第39页。
④《论语·雍也》："子曰'夫仁者，己欲立而立人，己欲达而达人。'"

要提升。这样不仅使爱的对象发生了延伸,不再仅限于己,还使其范围也相应地扩大了,不再为私爱。所以,"忠"与"恕"在"爱人"的统摄下,皆是仁的重要表现。吕振羽也认为:"所谓'忠恕',仍不过是他之所谓'仁'的第二义。"① 如是说,"忠恕"是仁之爱人所赋予的具体德目,如果只是说爱人,便不知其方;说"忠"与"恕",便是将爱人之方法具体化。我们可以明确,"忠"的突出表现为内心恭敬、给予信任、克己无私、崇礼达德,"忠"和"仁"其中的根本联系在于"爱"。凭借"我"自身的情感体验,思考他人之忧伤、喜悦,将他人看作"我",对待他人如对待自己一般。故而,"忠"所强调的"尽己为人"毋宁说是一种爱的体现,"忠之爱"是"仁爱"的先行与基础,人只有尽己,才能爱己;人只有爱己,才能明确地、勇敢地面对自身的善与恶、私欲与公心,才能爱人,才能"己所不欲,勿施于人"。"己所不欲"实则是个体主体所不想发生的恶,当以己心之好、恶,同理推至他人之好恶之时,"勿施"便是一种爱护他人的重要表现。《孔子家语·致思》记载:"孔子将行,雨而无盖。门人曰:'商也有之。'孔子曰:'商之为人也,甚吝于财。吾闻与人交,推其长者,违其短者,故能久也。'"② 孔子遇大雨无伞,却不向有伞的卜商借,只是因为孔子知道卜商为人吝啬,故而避开显露其缺点的行为,不使其难堪。孔子在与弟子相处中扬长避短,懂得宽容他人短处,为他人着想,免于使他人陷入不义之地,便是忠恕之道的表现。

当主体尽己之时,便会将对自身思量且追求的善推扩出去——自身想成为什么、获得什么,便会同时希望他人同样也有所获得、成就。这种考虑、关怀便是主动地、无私地爱人,是对他人更高的"忠恕之爱",这种高层次的"忠爱"便接近于"仁爱"。待人宽厚、与人共惠,便是将仁的精神寓于"忠"之中。"仁的根本意义是承认别人与自己是同类"③,由忠到恕,将他人视为同等之己,是仁的重要内核。

---

① 吕振羽:《中国政治思想史》(上册),人民出版社1955年版,第71页。
② 王国轩、王秀梅译注:《孔子家语》,第90—91页。
③ 张岱年:《中国伦理思想研究》,江苏教育出版社2005年版,第125页。

3. "忠"的政治要求

孔子身处春秋乱世，极具政治关怀。《论语·学而》记载，他的弟子子禽曾与弟子子贡说："夫子至于是邦也，必闻其政。"可见，无论是在何处，孔子对政治的关切都是积极的。

《论语·颜渊》中记载："齐景公问政于孔子。"对于齐景公之问，孔子回答："君君，臣臣，父父，子子。"说君、臣、父、子皆要按照各自的规范行事，不能发生角色与职责的混乱。钱穆认为："孔子之言，乃告景公当尽己道也。"① 正如钱穆所言，孔子告诉齐景公一定要做一名好国君，要尽力做好自己所扮演的角色，这也便是"忠"。"君如何始得为君？以其履行对臣的道德责任，故谓之君，反是则君不君。臣如何始得为臣，以其履行对君的道德责任故谓之臣，反是则臣不臣。"② 梁启超认为，君臣之间要各自履行好自己的责任，要各自尽己。孔子将"忠"视为重要的政德之一，"君使臣以礼，臣事君以忠"③。将"忠"归为"臣德"，即是说臣在为君主效力时，当用心、竭力、诚心、无私，不应该有贰心。孔子所说臣子对君主效忠是有前提条件的，即为"君当使臣以礼"。这样一来，君礼与臣忠之间就有了次序性，这种次序性当从两方面来理解。第一，为君者，不论是"位"还是"德"都优于臣，君当是臣的表率。孔子非常重视"草上之风"的君德表率，君首先要以礼待臣，对君之德行作出了高层次的、优先性的要求。第二，从礼与忠的本质来看，"礼待"是从外在行为上作出明确规范，而"效忠"则是对臣子情感作出一种规定。它对处于下位的臣作出更为严格的规定——它不再仅仅是行为上的要求，更是要在情感上对君专一、尊敬、无私。孔子面对"弑君"多发的乱世，对臣子进行了道德情感上的规劝。出于现实因素的考虑，孔子便将臣"忠"作了相对性道德的规定。

但孔子一生都在祈求恢复周礼，周礼的核心是"尊王"——能对周天子有所"尊"，便是孔子所论的最高级的"忠"，对天子的"忠"是建

---

① 钱穆：《孔子传》，九州出版社2011年版，第16页。
② 梁启超：《先秦政治思想史》，东方出版社1996年版，第91页。
③ 程树德：《论语集释》（一），第254页。

立在"君礼"之上的。周天子式微，诸侯不再以周天子为尊，不再遵奉天子号令，小国唯大国马首是瞻。除了生产力发展、诸侯国实力发展等客观历史因素，其直接原因还是诸侯丧失了对周礼的认同，故而不再真诚、无私地维护周王室，也不想再对周王室负责。因而，孔子要唤醒臣子内心的"忠"，同时强调国君对"礼"的遵守。如果周礼尚存，诸侯国君都当以周礼行政，自然尊于王室，臣民对周礼的敬畏也会被唤醒。孔子论臣德之忠，是在分封制社会中针对等级疏松现象提出的，他希望在每一层级中，能够尊崇周代礼制，从而下不会僭上、背上。

臣实现"忠"便要克己之私而恪守礼，克己复礼于"忠"的尽心，臣子要涤除自私、私欲。"是时三家擅权，政不在公室。君使臣以礼，则对臣当加制裁，使可使臣知有敬畏。臣事君以忠，则当对君有奉献，自削其私权益。"①君使臣以礼，不仅是要求君王能够按礼规范自身的行为，维护自身的权威，更是要以礼规范臣的行为，对不臣进行约束；臣对君忠，是要臣一切为君王着想、奉献，放弃过度的权力欲望，不夺政于君王。

臣子的重要作用是辅助君王治理国家，当臣子能各司其职，便可巩固每一个政治环节，维护政局的安稳、君王的统治，忠于职守也就是忠于君王。忠于君王，便要匡正君王的行为，而不是任由君王败德而不言，君王若失德，则不能服众，会成为国家的敌人，故而要"忠告而善道"（《论语·颜渊》），出于拳拳忠心对君王进行好的道德引导。故而，君礼、臣忠，当从双向看待效果。

《论语·先进》载，孔子对臣子之忠从根本原则上进行了规定："所谓大臣者：以道事君，不可则止。"臣子事君当依据"道"。孔子一直强调"有道"，"道"的含义是复杂的，我们可以从孔子对君子之道的反思中，明白"道"具体为何？《论语·公冶长》载："有君子之道四焉：其行己也恭，其事上也敬，其养民也惠，其使民也义。"孔子认为"行为恭敬""敬重君王""恩惠人民""能够服众"便符合"道"。这四种"道"，于君臣活动之中，便是臣对待君王要谦逊，要尊重君王权威，要教化民众以使得民众感受国家的恩惠，要以正规的律令役使民众。这四条要求

---

① 钱穆：《孔子传》，第34页。

的核心便是以义事君，以仁爱民，"道"便是"仁义之道"。当臣子恪守己道坚持的仁义之道不被君王认可时，该君王必定不重礼、不爱民，是不仁不义之君，臣子可以选择不为此君王效忠。同时，君王先要正身，才能得到臣子的认同。我们注意到，孔子之臣忠并非"愚忠"，即孔子并不赞成臣违背君王意志，甚至做出伤害君王的行为。在春秋乱世，孔子一方面告诫臣子应当不谋于不义之君，不助纣为虐，另一方面仍然维护君臣之间上下等级的秩序。

在孔子这里，"忠"首先是人际关系之忠，对他人所需、所求，尽心地给予帮助，在帮助他人的过程中获得自身价值的肯定；再是臣子当对君尽到责任与义务。后者是伴随礼制崩坏，忠之义狭隘化的集中表现。孔子最大的贡献是将爱人的精神，灌输于"忠"，以"仁"的精神统摄"忠"，可以说，兹孔子始，"忠"之精神已经不仅仅是尽心，更是植爱，是仁爱的基础与根本，无"忠爱"便无"仁爱"之根基。由忠而恕，便是由私到公的转变，成己与成物得以双重实现。

（三）孟子之忠：成善与为善

孟子称自己的愿望是学习孔子。"乃所愿，则学孔子也。"（《孟子·公孙丑上》）孟子不仅向孔子学习，还在孔子学说的基础上进一步发展了儒家学说。纵观今本《孟子》，全文提到"忠"的次数只有八次，但并不代表孟子不重视"忠"。

1. 性善与忠

孟子哲学开展的基点便是其"性善论"。孟子指出："人无有不善。"（《孟子·告子上》）他相信人都是善良的，他所笃信的根本是人都具有善良的本心。他说："恻隐之心，人皆有之；羞恶之心，人皆有之；恭敬之心，人皆有之；是非之心，人皆有之。恻隐之心，仁也；羞恶之心，义也；恭敬之心，礼也；是非之心，智也。"（《孟子·告子上》）孟子相信人皆有"四端"之心，即人之本心。"四端"之心是"仁义礼智"的基础与发端，也是忠德之发端。正因为人具有道德的"本心"，孟子坚信："仁义礼智，非由外铄我也，我固有之也，弗思耳矣。"（《孟子·告子上》）人所具有的道德都是内在的，是"我"固有的良知、良能，是不学而能、不虑而知的。故而，孟子所谓的"性善论"便也构成具备"忠"德的基础，"忠"依托于人的道德良知，当是内在的、每个人都能具有的。孟子曰："有天爵者，有人爵者。仁义忠信，乐善不倦，此天爵也。"（《孟子·告子上》）"仁义忠信"是上天赋予的称号，"天爵"指自然而有的尊贵德性，孟子将"忠"看作自然德性，并且要乐此不疲地践行。孟子认为："古之人修其天爵，而人爵从之。"（《孟子·告子上》）天爵主、人爵从，才是正确的修养路径，"公侯伯子男"等人爵，当是修好自身德性之后伴随而来的，修养动机并非为了名利性的"人爵"。但孟子之时，士人无不以"人爵"为期，崇尚、践行仁义不再是优先的行为动机。孟子讲："由仁义行，非行仁义也。"（《孟子·离娄下》）他相信仁义的自发性，遵从仁义自然而然地引导，而非出于外在的动机去推行仁义。仁义不是手段，而是基于自我良心的流露。孟子强调人心的动机、趋向要以仁义为期，故而讲"先立乎其大"（《孟子·告子上》）。"仁义忠信"等道德本性为大，必先存有、立住人之本性，外在欲望的驱使才不能将其夺取。故而"忠"之所立当为人之所急，当"先立"，先"修己"，存、养人之本心。

孟子曰："君子以仁存心，以礼存心。仁者爱人，有礼者敬人。爱人者，人恒爱之，敬人者，人恒敬之。有人于此，其待我以横逆，则君子必自反也：我必不仁也，必无礼也，此物奚宜至哉？其自反而仁矣，自反而有礼矣，其横逆由是也，君子必自反也：我必不忠。"（《孟子·离娄下》）当别人对自己不善时，作为君子当反求诸己，内省自察。省察自己是否做到以仁待人、以礼待人，若此两点做到了，便自省是否有做到"忠"。孟子此论，说明三点：第一，"忠"与"仁""礼"一般重要，是人际相处中的道德标准之一；第二，"忠"是"仁"与"礼"的基准；第三，"忠"与"仁""礼"一般，都是自存于心、自在于性的。但孟子此论，只说明仁是爱人，礼是敬人，作为同样自反、内省的"忠"，并没有相同的断语说："忠是××人。"这是因为"忠"的内涵就是仁、礼之内涵，清代姚永概说："尽己之谓忠。我必不忠，谓己之仁礼恐有未尽处也。"① 按姚永概之说,"忠"是尽己之意,反思"忠"实则是要反思仁、礼是否真正地做到,行仁与遵礼是"忠"的重要表现形式,忠只是己之内思,是行仁与遵礼的衡量。"尽己"不仅仅是说做得如何,更是说是否真正出于真心。可以明确,孟子所说"忠"包含爱、敬,是主体之心的最真挚、朴素的态度。孟子讲"尽其心者,知其性也"(《孟子·尽心上》),要求"我"对"我"的道德责任的判断要反求于心,只有"我"的所作所为符合发自于本心的道德律令,才算是成就了仁义的本性,就做到了"忠",同时成己与成人。

依据"四心",孟子肯定了人人先天具有的善的可能性,道德性是每个人都可以具备的。人有善的本质规定,但孟子并没有肯定说人人必然为善,人所处的后天环境会影响善的发生。"富岁,子弟多赖;凶岁,子弟多暴,非天之降才尔殊也,其所以陷溺其心者然也。"(《孟子·告子上》)丰收的年份,子弟大多懒惰,愿休息而不愿意勤劳播种,遇见灾荒,子弟又多暴躁,因收成不佳而焦虑——不是随着时间、环境发生变化,子弟的人性本质也发生了变化,而是外在环境的变化,使得子弟在不同的境遇之中,"本心"受到了蒙蔽。孟子看到应然与实然之间的鸿沟,因此,他重视后天的努力,始终致力于实现"善端"就要发而为善的追求。"壮者以暇日修其孝悌忠信"(《孟子·梁惠王上》),年轻的劳动力在休息的时候便要修养其"忠"。"暇日"指空闲之日,此句意在强调壮者在完成生存性的体力劳动后,便要抓紧培养精神世界。可见,孟子主张生理性的生存为先,同时也主张修养道德当有一个好的环境。故而对于普通民众来说,"忠"仍需要依靠后天培养,但修养的前提是要有足够的物质基础。当人民生活稳定、丰衣足食之后,自然能顾及道德的培养。"忠"若不经过修养,便无法明确也无法真正转化为实在的道德,永远只会是人性中的萌芽。

2. 教人以善谓之忠

孟子讲"民为贵,社稷次之,君为轻"(《孟子·尽心下》),孟子十分重视人民在政治中的地位。"民"大体有两重含义,即民生与民心。

---

① 姚永概:《孟子讲义·离娄下》,黄山书社1999年版,第149页。

"民生"便是要让人民有恒产,有固定的能够生存的资本。《孟子·滕文公上》曰:"民之为道也,有恒产者有恒心,无恒产者无恒心。苟无恒心,放辟邪侈,无不为己。"治理民众,一定要让他们有固定的产业,若不能丰衣足食,便会因为生计问题产生恶的念头,生存欲望无法得到正常满足时,自然顾不得其他,容易丢失本有的善端。为了使人民一心向善,必定要保民、富民。但孟子指出:"善政不如善教之得民也。善政民畏之,善教民爱之;善政得民财,善教得民心。"(《孟子·尽心上》)治理民众,根本上要依靠好的教育而非好的政治措施。任何管理政策的实施都是外在的指引,具有一定的强制性,更多的是能够获得人民的税收等经济的回馈;而良好的教化,能帮助民众提高道德认知与增强规则意识,是顺从与相信民之性的更佳选择。良好的教化,能提高人们的道德水平,使民安顺;另外,教化非苛政与暴政,而是一种仁政。作为柔和的治理方式,仁政是一种对人民的爱护,能够大大地增强人民对管理者的好感,使其愿意自然归附,故而孟子主张以道德教民以获民心。

孟子重视教化,他指出:"分人以财谓之惠,教人以善谓之忠,为天下得人者谓之仁。"(《孟子·滕文公上》)仅仅分给人们财物只能算作惠,教化人民为善叫作忠,为天下谋得英才叫作仁。前文说到性善与善教,人民不仅有善的可能性,也需要进行好的引导与规劝,故需要引善。孟子指出:"人无有不善,水无有不下。今夫水,搏而跃之,可使过颡;激而行之,可使在山。是岂水之性哉?其势则然也。人之可使为不善,其性亦犹是也。"(《孟子·告子上》)人性向善就如水流向低处,但水的流动因环境地势的变化,呈现出不同的状态,人性善亦如此。人之情欲就好比山之沟壑,会影响善性的发展。"教人以善"便是引导他人知善、行善、避恶,避免欲善而不能善。《汉书·刑法志》记载了叔向指责子产的一段话:"惧民之有争心也,犹不可禁御,是故闲之以谊,纠之以政,行之以礼,守之以信,奉之以仁;制为禄位以劝其从,严断刑罚以威其淫。惧其未也,故诲之以忠。"[1]面对春秋时期社会的崩坏,当首先以道义来防范人民犯罪,用仁爱感化人民,若仍达不到移风易俗的目标,便教导他

---

[1] [东汉]班固:《汉书》卷二十三《刑法志》,第1093页。

们忠诚。可见,"教人以忠"是春秋以来便具有的使人达善的重要方法。

为什么教人行善、避恶,就是"忠"呢?孟子说此番话的对象为滕文公,可以看出他直接将教人以善寄希望于国君——希望一国之君能够引导每个子民向善,践行好教化的责任。"民,众萌也。"[①]民众智慧未发,引导他们知善、行善并不简单,需要君王付出心血,更需要君王全身心投入。同时,面对智慧未发的民众,君王亦不当嫌弃,而应以身作则,对民众尽心尽力。若国君能履行对民众智慧与德性的促发、引导责任,便是对子民的"忠"。综合来看,孟子这里所强调的"忠"是相互的。也就是说,若要子民对国君"忠",国君也需要对人民"忠"。国君尽一国之君应该尽到的责任——爱民、为民,便是忠于民。相应地,当子民受到国君恩惠时,自然能够对君主感恩戴德,舍不得离开自己的国家、背叛自己的国君,且会有更多的人主动前来效忠,胜过用坚甲利兵攻城略地。这就是孟子所说的教人以善的"忠"到为天下得人的"仁"的发展路径,"忠"在爱民、利民之中得以展现。

3. 忠于义高于忠于君

孟子直接将君臣关系定位为"五伦"之一,他提出:"父子有亲,君臣有义,夫妇有别,长幼有序,朋友有信。"(《孟子·滕文公上》)君臣之间最根本的伦理原则便是"义",但君与臣之间的相处应该是互有规范,而不是只对一方存在单方面的规定。孟子明确提出:"欲为君尽君道,欲为臣尽臣道,二者皆法尧舜而已矣。"(《孟子·离娄上》)"君道"指君之"义","臣道"指臣之"义",君尽其义,臣尽其义,君臣互相有义。孟子说:"君之视臣如手足,则臣视君如腹心;君之视臣如犬马,则臣视君如国人;君之视臣如土芥,则臣视君如寇仇。"(《孟子·离娄下》)君和臣之间的身份认同与道德认知都是动态的——君对臣怎么样,相应地臣就对君如何。但孟子这里的潜台词是"君臣关系"的决定者还是在于君,君在臣前,臣只是作为一个在后的反馈者。故而,在论君臣之忠的时候,君对臣遵守君义,便是先行的判断标准。这便出现了一个道德权衡的问题,如果君对臣不义,那么臣应该忠于君吗?孟子的答案是否定

[①] [东汉] 许慎:《说文解字》,第266页。

的，他曾在两处明确说到臣可以视君的态度选择是否忠于其位，一处是《孟子·万章下》："君有过则谏，反复之而不听则去。"按照臣道的要求，臣子当对君行谏以匡扶其过失，然而，当臣子尽己之忠，君主却多次不遵从其诚心的意见，就是不珍惜臣子的真心实意，也没有履行君王应该虚心纳谏的道义，则君王对臣子不能称为"忠"，于是，孟子主张此时臣子当离开此君王，不再对其效忠。另一处便是《孟子·告子下》："君不乡道，不志于仁，而求为之强战，是辅桀也。"当君王不追求仁道、不施仁政之时，臣子若还强行坚持为其战斗、付出，便是在辅助夏桀一般的君王，助长其不义。孟子对于此种辅佐霸道之君的臣子明显持批评态度。故而，当君王不是明主、仁义之君时，臣子则不应顺从其意、辅佐他做不义之事。臣子不应该"愚忠"，应该具有相对的道德自由与道德选择，而非被权力意志所束缚。孟子主张的不是要忠于那位身在朝堂、有位的君王，而是要忠于能够行使道义、有德的君王。只有遵从、践行仁义的君王，才是孟子所主张的臣子应效忠的对象。换言之，孟子所论臣忠不是忠于某一人，而是忠于"义"，君王只是"义"的执行者，当君王之权威与仁义脱离时，臣子便可另选他人效忠。忠于"义"就是君臣之"忠"的本质追求。孟子论臣之"忠"的核心要义在成就自身本有的善，实现仁义与忠的切实联系与沟通，臣对君不能盲目地"忠"，要以道义为最高依据。

事实上，孟子讲"忠"深深植根于其政治理想。孟子反对兼并战争，他说："《春秋》无义战。"《春秋》中所记载的多为以强凌弱之战，是不合于义的。(《孟子·尽心下》)及至战国，大国吞并小国的不义之举愈演愈烈，让孟子痛心疾首，故而他笃信人之性善，鼓励人们不以利害仁、不因逐利而丧失基本的规范。基于性善论讲"忠"，是要在全社会范围内，建立起能够相互信任、帮助的基础，反对互相残害、相互侵伐，是以善心讲善德，以善德实现善治。讲"教人以善"，是要告诉君王行德政、仁政，施政之忠是对君王要以民为重的根本要求，君王要对人民之事尽心尽力，若不将"德教溢乎四海"(《孟子·离娄上》)，怎能以百里行仁者王？讲忠于义，是坚持"忠君"的经，以重"道义"为权，作为士人当辅佐明君，不要为了一个职位，便丧失基本的人格操守与道义坚持，"忠"是对仁义的坚守而非对权势的屈从。在孟子这里，"忠"是成善的必需德性要素，同时也是为善的重要准则。

（四）荀子之忠：礼义之忠

荀子为先秦儒学的集大成者，"荀卿嫉浊世之政，亡国乱君相属，不遂大道而营于巫祝，信机祥，鄙儒小拘，如庄周等又猾稽乱俗，于是推儒、墨、道德之行事兴坏，序列著数万言而卒"[①]。他对混乱时代与昏乱君主尤为痛心，他以儒家学说为宗，吸收、兼纳墨、道等诸家学说，阐发对时事的关切。较孔、孟二人，他更加强调"忠"，对"忠"的论述也更为丰富。

1. 礼义之忠信

荀子论"忠"，同样基于其人性论。荀子将"性"定义为："性者，天之就也；情者，性之质也；欲者，情之应也。"（《荀子·正名》）荀子论"性"基于人的天性，也就是人与生俱来的自然性，荀子对于"自然性"的解释为："饥而欲食，寒而欲暖，劳而欲息，好利而恶害，是人之所生而有也。"（《荀子·荣辱》）人饿了要吃饭，冷了要穿衣，劳累了要休息，喜欢有利的而厌恶有害的，便是人性之自然，是不可消除的人之必需。故而，荀子说："今人之性，生而有好利焉，顺是，故争夺生而辞让亡焉；生而有疾恶焉，顺是，故残贼生而忠信亡焉。"（《荀子·性恶》）人有基本的物质需求、生理欲望，但如果任由其需求发展下去，不知节制，就会产生争夺；因逐利、比较，就会生嫉妒他人之心。人与人之间就会相互残害而丧失忠信。荀子肯定人的生存需求，但他反对放任人性，即反对不加限制与不知满足，认为产生过度的欲望便会带来"恶"，会产生争夺，在争夺利益之时，必定会不顾社会等级和伦理秩序，如此便不会有道德可言，"忠"德更无从谈起。

故而荀子要寻求"美化"人性的办法。"故必将有师法之化，礼义之道，然后出于辞让，合于文理，而归于治。"（《荀子·性恶》）荀子认为只有实行教化，以礼义引导，才能够让人知道"辞让"之道，从而不过度

[①] ［西汉］司马迁：《史记》卷七十四《孟子荀卿列传》，第2852—2853页。

争夺他人的财富；行为符合礼义要求，才能够使社会安定。"但荀子的特色在于其全部思想都是为礼义规范或礼法等级制度的必要性与合理性作论证。"①荀子认为不能顺从自然"人性"，根本上就是为了说明"其善者伪也"（《荀子·性恶》），人的善性都是后天人为培养的，最后的落脚点仍是"礼义"。荀子将"礼义"视为人为塑造道德的核心方法，"故先王明礼义以壹之"（《荀子·富国》），只有明确礼义才能够明确统一治理百姓的规范。进而以礼义确立统一的行为规范，以礼义树立明确而普遍的道德要求，以礼义美化人的自然性中质朴的一面。圣王树立具有普遍性的礼义来教化人民，因此，质朴的人性也会呈现出"文"的一面。若无礼义之教，人民只知道顺从其自然性，人性难免会过于"野"。当施之于文教，人们才能有道德的认知，知道圣王的良苦用心。所以，"致忠信，著仁义，足以竭人矣"（《荀子·王霸》），圣王以忠信爱民，再施于仁义，自然会得到天下人的拥护、爱戴。一切的起点皆在于教以礼义。

"忠行只能在礼仪制度规定下行动，不能忽视礼的客观存在的规定。否则就很难达到忠行的预期效果。礼为忠的实践做了具体规定。"②我们知道，忠是诉诸主体的主观性道德，因人性自然质朴，若无礼义的规范，人们就会不知道如何行忠。行使忠德的方法也要依据礼义。《荀子·强国》载："人之所好者何也？曰：礼义、辞让、忠信是也。"礼义、辞让、忠信被人们追求，辞让、忠信是具体德目，礼义是全德之规范，可见，在荀子的思想体系中，辞让与忠信是人们习得礼义后所要改善的首要德目，三者密切相关。

出于基本的生存欲望，人们难免会想占有尽可能多的物质财富，社会纷争的起源便在于逐利、争夺，故而荀子如此强调"辞让"与"忠信"，将二者视作基本的礼义要求、普遍性的道德要求。《荀子·富国》载："仁人之用国，将修志意，正身行，伉隆高，致忠信，期文理。"故而，无论哪位仁君治理国家都会崇尚礼义、恪守忠信。这是社会稳定的重要前提，

---

① 陈来：《孔子·孟子·荀子：先秦儒学讲稿》，生活·读书·新知三联书店2017年版，第213页。
② 欧阳辉纯：《传统儒家忠德思想研究》，人民出版社2017年版，第216页。

若无礼义，便不知"忠"。

对于起于礼义的"忠"德，荀子赋予了其"忠信"内涵。《荀子·臣道》："忠信以为质。"忠信是人性能够为善的基本内核。出于内心真诚地爱护、相信他人，就是"仁"。荀子讲"忠信"，奠定了仁的"爱人"基础。荀子界定"忠"出于内心，"体恭敬而心忠信，术礼义而情爱人，横行天下，虽困四夷，人莫不贵"（《荀子·修身》）。"体恭敬"指的是外在行为符合礼义规范，"心忠信"指的是对待他人应该心存忠信。外在行为的恭敬只是较低一层的要求，内心忠信则是较高层次的要求。如果做到这几点，哪怕身处夷狄之地，也是值得尊敬的。荀子之义，当有两层：一是人的尊贵不以身处何地为标准，而是以是否遵从礼义为标准；二是夷狄之人也能习得礼义，同样能受人尊重。荀子论"忠"离不开其礼义体系。忠、信不仅仅是发自内心的对待他人的态度，更是划分文明尊贵卑劣、人格高低贵贱的判断标准，是夏、夷之辨的重要内容。诸夏之人若没有忠信，则与夷狄无异，诸夏变夷狄；夷狄之人有了忠信则与诸夏之人同样尊贵，夷狄也可以变诸夏。

"忠"也是区分"君子"与"小人"的依据。荀子说："故君子者，信矣，而亦欲人之信己也；忠矣，而亦欲人之亲己也。"（《荀子·荣辱》）"忠"是君子的德性，君子对他人忠，同时希望别人也能亲近自己。相比于小人要求别人对自己尽忠，自己却不与他人亲近，[①]君子先是对他人做到忠，先尽己再要求他人的友善、爱护。在荀子看来，"忠"应该是相互的，人在相与对待之中，首先得做好自身才能要求他人，只有小人才会一味地索取而不讲平等地付出。"忠"能促进人与人之间的亲爱，讲究忠德的人，一定会敦厚、笃定地奉行礼义规范。

2. 君臣之忠

需要注意的是，荀子很少单独论"忠"，而是倾向于将"忠"与其他道德品质连用，如"忠信""忠顺"。可见在荀子的视域中，"忠"的评判需要与其他道德品质相联系、"忠"的价值会延伸出其他道德结果或受到其他道德价值的影响。在荀子的论述中，"忠"的道德主体多为君、臣。

---

① 《荀子·荣辱》："小人也者，疾为诞而欲人之信己也，疾为诈而欲人之亲己也。"

荀子讲："逆命而利君谓之忠，逆命而不利君谓之篡。"（《荀子·臣道》）一般来说，臣对君尽忠，要唯君命是从，但荀子却说可以违背君王的命令，只要有利于君，便也是忠。臣对君忠，为君着想、为君分忧、为君谋福，但如果不经过思考、辨别而盲目顺从君王的命令，便只是"顺"，而谈不上"忠"。同时，荀子强调，如果违抗命令却对君无利便是"篡"。何为不利？就是不利于君王的统治，给统治带来祸患，故而荀子用"篡"形容臣子违背命令和对君王权力、权威所产生的危害。如何"逆而利"？儒家讲经与权，权是在经中之权，即不违背"经"的根本目标原则而进行权衡与调变。君尊、臣卑便是君臣之经，所以当在尊重君王权威的基础上，不改变君臣之势，作出权变，故能"逆而利"。可违背君王的命令但不能冒犯君王的威严，臣子之逆不在于颠覆政权，而在避免盲从君王之令。荀子讲"从道不从君"（《荀子·子道》），依"道"而逆，便是荀子所说"逆命"的可以然之域。道高于君，当君王所为不符合"道"，便可以不"从"。但需要强调的是，君王不合其君道，臣子仍然当进谏其君。"忠信而不谀，谏争而不谄"（《荀子·臣道》），当侍奉平庸的君主，臣子应该秉持忠信、直言进谏，直明其对、错，告诉君王如何避过，才是忠臣应该选择的明智之举。"逆命利君"是在告诉臣不要愚忠，而明智地效忠才是真正的忠。

荀子又说："敬而不顺者，不忠者也；忠而不顺者，无功者也。"（《荀子·臣道》）荀子一方面说要逆，一方面又说要顺，其实两者之间并不存在矛盾。荀子讲"敬"，便是要尊敬、敬重君王的权威，也是臣对君尽忠，但没有功绩，仍旧不会让君王感到满意。荀子此处说敬、忠，是要告诉臣子事君当体察君意——如果不能让君王开心，便只是敬畏，谈不上"忠"之用心。这就是说，臣子之"忠"不仅要让君王在情感上有所乐，也要对君王的功业产生帮助，必须从对君王的私人之忠，拓展到对国家之公忠。

荀子认为："争然后善，戾然后功，生死无私，致忠而公，夫是之谓通忠之顺。"（《荀子·臣道》）臣子之忠如何才能畅行无阻，荀子提出三点，一是臣子要向君王进谏，确保君王能够发出正确的命令，再去执行；

二是要敢于违背君王不适当的命令，政策效果要利于人民、国家，才叫真正的功劳；三是要出于公心向君王尽忠，不要夹带私心，必要时应该牺牲自己的生命，一切出于公正。也就是说，荀子讲"忠顺"，"顺"之效果必须出于"忠"，要发于忠敬之心。"顺"的境地便是君臣相宜，相得益彰。只有于道达顺，才能实现真正的忠。忠顺之顺，非顺于国君，而是顺于君王得宜的国家治理之道。

荀子又对臣子之忠划分了三个等级："有大忠者，有次忠者，有下忠者，有国贼者。以德覆君而化之，大忠也；以德调君而辅之，次忠也；以是谏非而怒之，下忠也。"（《荀子·臣道》）忠臣分三类，最高层次的忠臣与第二层次的忠臣，荀子认为都应该以自身的道德影响君王。"大忠"是"覆君而化之"，"次忠"是"调君而辅之"，大忠之臣应该以自身德性浸润君王，使其成为有德之人；次忠之臣只是在君王有过失之时，对君王有所教诲、提醒，辅助改正，目的是让君王改过。这两者的差距十分明显，前者是以德教化君王，让君王不仅仅是针对一事、一时，而要将德性作为自身的操守，彻底成为有德之君；后者只是根据不同的需要，告诉君王某一件事情上该如何履行道德，不是告诉君王要无时无刻不守德，而是告诉君王该如何不违背道德。前者是要教会道德，后者只是塑造规范。至于最后一层次的"忠"，荀子只是用"谏"来形容，此等忠臣明白道德应该如何，但只是从言语、道理上提醒君王，只是尽到了最基本的"劝谏"的臣德，其效果自然不如前二者。可以看出，荀子划分三个臣子之"忠"的等级，有两个标准：一是臣子是否自身具有德性；二是是否不遗余力地帮助君王，使其成为有德之君。第一等级的"忠"是无时无刻不进行引导，让君王尽量成为全德之人，教的是"德"之本身；第二等级的"忠"是适时引导，教的是"德的行为"；第三等级的"忠"，只是进行言语相告，至于君王能否成为有德之君，他们并不看重，只需要告诉君王如何改正过错，无过则可。虽然三者都尽到了臣子匡正君王的职责，但三者用心不同，尽心程度也不同，故而层次有别。

《荀子·君道》中，荀子对于人臣有明确的定义："请问为人臣？曰：以礼侍君，忠顺而不懈。""遵礼"始终是荀子最根本的要求，礼的核心在于忠诚与顺从。礼不在于外在形式，而在于内心的情感，内心情感的发动才是本体，不诚无物，若无内心的忠信，那么礼仪的表现也是空有形式，礼仪必须发于忠信之诚心。故而，荀子对于臣子如何处理君王之丧极为看重，认为妥善处理君王之丧当是忠臣的重要责任。他说："故死之为道也，一而不可得再复也，臣之所以致重其君，子之所以致重其亲，于是尽矣。"（《荀子·礼论》）按礼，当君王去世时，臣子必须表达出对君王的敬重，慎重地处理其死亡，这是忠臣必须做到的义务。《荀子·礼论》："故事生不忠厚，不敬文，谓之野；送死不忠厚，不敬文，谓之瘠……使生死终始若一；一足以为人愿，是先王之道，忠臣孝子之极也。"平等地对待出生与死亡，不可厚此薄彼，恭敬、细致地处理国君的丧事是忠臣最应该办到的事情。《荀子·礼论》："祭者，志意思慕之情也，忠信爱敬之至矣，礼节文貌之盛矣，苟非圣人，莫之能知也。"祭祀之效，在于缅怀故君，表达思念。作为忠臣不仅要组织、参加祭礼，更要在祭祀之时，表现出对已故君王的悲伤之情。忠臣应当对君王充满敬爱与关怀。忠信之心，应该借助礼仪有所表达，只有拥有敬爱之心的臣子才会恪守对君王的礼节。"忠"不是纯粹的诚心之念，而是要通过各种礼仪规范表现出来，只有灌注"忠"之精神的礼仪，才能发自内心的遵守。

"荀子生当全中国即将统一、封建中央集权即将出现前夕，他的关于礼制思想具有强化封建宗法伦理规范的内容"[1]。荀子处于战国晚期，当时，大一统已成必然趋势，所以，他以礼治树立普遍的行为规范，希望建立普遍而有序的"一"，试图为天下一统提供前奏式的思想支撑。荀子强调臣对君忠，是通过"礼制"逐步将君臣关系固定化，也为君主专制社会的到来作好准备。

先秦时期的"忠"呈现多样化的特点，首先忠的对象是多样性的，有民、有君、有友等；在绝大多数时候，"忠"还只是作为一般性的社会道德，要求人们能够真心、无私，"忠"旨在树立一种信任、和谐、友善的社会关系而非某种政治关系，但后来逐渐向强化稳固君臣关系的方向而发展，突出其政治含义。

---

[1] 孔繁：《荀子评传》，南京大学出版社1997年版，第25—26页。

二、汉代的"忠"观念

经过春秋战国的混乱,秦、汉迎来了新的历史时期,统一了天下,从分裂的诸侯国转变为统一的帝国,建立了中央集权的君主专制制度。"无论政治法律艺术以至哲学宗教这些上层形态,都是受社会的存在所决定。换言之,任何一种意识形态——即使它发展到最高度——总是一定的历史时代的一定的社会经济基础上乃至上层建筑之一的政治形态上所反映出来的。"[①]随着社会情况的变化、政治制度的根本改变,为了适应新的社会发展、政治需求,意识形态领域也产生了新的变化,"忠"的观念出现了全新的转变。如何维护与巩固统一的政权,是秦汉"忠"观念所涉及的核心问题。

汉初,国家面临的首要问题就是如何重建天下秩序。汉高祖刘邦虽然平定了天下,但对如何治理天下,仍较为茫然。陆贾首先为刘邦开出良方:"'居马上得之,宁可以马上治之乎?且汤武逆取而以顺守之,文武并用,长久之术也。昔者吴王夫差、智伯极武而亡。秦任刑法不变,卒灭赵氏。乡使秦已并天下,行仁义,法先圣,陛下安得而有之?'"[②]陆贾总结秦之灭亡在于不行仁政而惟行酷法之兼政,既然汉已经取得天下,便要用仁义治理天下,以儒家仁政为汉家长治久安奠定基础。"守国者以仁坚固,佐君者以义不倾,君以仁治,臣以义平"(《新语·道基》),"守国"为治国之举,得国之后的治理便要靠施行仁义,故而国君要以仁维系统治,但作为臣子当以义辅佐君王。臣子应该尽好自己的本分,做到"以义不倾",不要倾覆朝廷秩序。他又指出:"故杀身以避难则非计也,怀道而避世则不忠也。"(《新语·慎微》)真正的忠臣不能归隐,既然心怀道义便要施行于天下,不能消极避世。也就是说,"忠"当服务于政治,为君王尽心尽力当为绝对性的要求,如果不能为国家的发展效力也

[①]《翦伯赞全集》第6卷《历史哲学教程 中国社会史论战集》,河北教育出版社2008年版,第125页。
[②][西汉]司马迁:《史记》卷九十七《郦生陆贾列传》,第3270页。

就谈不上"忠"。陆贾提倡仁义为本的治国方针,突出"忠"的政治价值,"忠"德成为维护君主统治的必要德性。陆贾的"仁义"良方奠定了儒学在西汉得到重视的先潮,为其他思想家作了良好表率,"忠"德同时也愈发被重视。

(一)贾谊的"忠"思想:尊君与爱民

贾谊所处的时代是汉王朝发展与矛盾并行的时代,"天下初定,制度疏阔。诸侯王僭拟,地过古制,淮南、济北王皆为逆诛"[1]。当时,西汉王朝建立不久,仍然处于创制、调整阶段,诸侯王与中央政府的矛盾也日益激化。他们不仅不服从汉中央政府的管理,还杀死中央王朝委派的使者,纵兵烧杀抢掠,给人民带来深重的苦难,其行为威胁了汉中央政府的统治,破坏了汉朝地方形势的稳定,造成天下大乱。

"廷尉乃言贾生年少,颇通诸子百家之书。文帝召以为博士。"[2]贾谊年少博学,被委以重任,儒家思想是其思想的重要组成部分,他尤为重视道德。"德有六美,何谓六美?有道、有仁、有义、有忠、有信、有密,此六者德之美也……忠者,德之厚也。"(《新书·道德说》)忠是道德的六种美好表现之一,忠是德之厚,按照贾谊对于其他五美的评价,可知"德之厚"当为德的加深、加重。道为德之本体,仁为德的首出,义在仁后为德的规范,忠在仁、义之后,为德之深入的要求,无"忠"便无德的发展。"忠"是德的厚重,"忠德"强调"忠"而"厚",即从诚恳待人到宽容他人,做到忠厚,也就加深了德的内涵,故而才称"德之厚"。尤见"忠"之于德的重要性。贾谊论证忠德主要在其政论之中,从以下三个方面展开。

1. 过秦

贾谊重视对秦朝政治之过的反思,论"忠"也不例外。"秦王怀贪鄙之心,行自奋之智,不信功臣,不亲士民,废王道而立私爱,焚文书而酷刑法,先诈力而后仁义,以暴虐为天下始。"(《新书·过秦下》)秦始皇在统一天下后并不信任功臣,也不依靠士人与人民,不行仁义之治,

---

[1] [东汉]班固:《汉书》卷四十八《贾谊传》,第2230页。
[2] [西汉]司马迁:《史记》卷八十四《屈原贾生列传》,第3020—3021页。

而实行严刑峻法,以武力与欺诈统治国家,统一天下之始便施行残暴统治。按理,大一统王朝初建,必先改弦更张,励精图治,任用贤臣、能臣,治理好百废待兴的国家。同时,国家必须重视安抚民众,保护民众的利益,以稳固自己的统治。但秦始皇以一己权威大行私欲,毫无仁心。君王不信臣民,不行仁政,只是把臣民当作自己权力意志的执行工具,便丧失了统治的基础,臣、民自然不会忠于君王。"故贤主者,不以草木禽兽妨害人民,进忠正而远邪伪,故民顺附而臣下为用。"(《新书·春秋》)贤明的君主不会因为自己的私爱而妨碍人民的利益,会选择忠正之臣任用,无私心而任忠,才会有人民归附、大臣听命。然而,秦始皇施行严刑峻法,不注重君臣关系的培养,对臣子实行暴力的统治,权力欲望过度。

"向使二世有庸主之行而任忠贤,臣主一心而忧海内之患,缟素而正先帝之过……"(《新书·过秦下》)贾谊认为尽管秦二世庸碌无能,但假使他能任用忠诚的贤人,君臣一心共同处理国家危患,改正秦始皇施政的过错,或许能够有效改变秦朝的困局。但赵高等奸臣并不能真正为秦二世分忧、为国家出力,故而君臣不能共同抵御国家危难,加速了亡国。"当此时也,世非无深谋远虑知化之士也,然所以不敢尽忠拂过者,秦俗多忌讳之禁也,忠言未卒于口,而身糜没矣。故使天下之士倾耳而听,重足而立,阖口而不言。是以三主失道,而忠臣不谏,智士不谋也。"(《新书·过秦下》)秦朝三位君主当政时期,虽有能够洞晓局势的智慧之臣,却因为秦朝重刑罚,致使忠心之人不敢表露建议,言路被堵,无法为秦君出谋划策、直言相谏。从贾谊反思秦朝过错中,可以明确两点:第一,"忠"是保证国家上下同心协力的关键;第二,君王要重视"忠",不仅要珍惜忠臣,同时也要对臣子有合理的任用。君臣相互尽心,上对下的谏言要虚心接受,下对上要提出真实有效的建议。"或明惠施以道之忠"(《新书·傅职》),君王要对臣子施予恩惠,才能引导臣子尽忠。所谓"引导",便是让臣子感受到君王的关爱和赏识,不仅要听从他们的建议,还要在该表扬的时候有所赏赐。恩惠只是形式,君王对臣子的认

: 汉代人的观念世界 :

同才是实质。"秦王朝的失败是由嬴姓皇帝个人品行上的错误造成的"①，贾谊反思了秦始皇与秦二世的治国用人之过，认为忠臣之用当是治国理政的重要手段；同时，秦朝在获得天下后，当以仁义爱人，赢得更多人的忠心归附。贾谊指出当政天下后当行仁政而治天下，秦朝信奉法家思想而行暴政，在一统天下后并没有改变统治思想与政策，仍然实行旧的政策，与实际所需不符，让民众苦不堪言，自然迅速灭亡，此谓"仁义不施，而攻守之势异也"（《新书·过秦下》）。"攻守之势"相"异"也讲君王用人之策该有所变化。"夫并兼者高诈力，安危者贵顺权。"（《新书·过秦中》）春秋乱世，君王为了迅速取得功绩，以能力为先，而忽视臣子的道德规范，得天下后，君王当注重规范君臣之序，树立臣子的道德要求。尤其在统一的帝国建立之后，更要规范好君臣关系，避免君臣离心而背叛君王。"主主臣臣，礼之正也；威德在君，礼之分也；尊卑大小，强弱有位，礼之数也。"（《新书·礼》）君王与臣子各守其分，是礼的根本要求；君主掌握威严与德惠，是礼的本质要求；尊卑、大小、强弱各有差等，这是礼的定数。故而，君王当树立君王典范，合理管辖臣子，臣子当尊君不贰，尊君是维护君主专制的根本要求。言君尊臣卑，奠定基本的政治秩序，防止僭越。分封的地方诸侯必须遵从汉朝天子的命令，国家的法令只能统一由天子发出与制定，若不尊天子，不以天子为上，妄图与中央分庭抗礼，则必定不忠。吴国、楚国大兴练兵，不尊天子，与天子抗衡，没有恪守诸侯之责。

2. 忠与礼治

当时，西汉政权面临中央政权与地方诸侯王之间的尖锐矛盾。贾谊将诸侯国的过错视为天下大患，认为要对其行为加以限制规范以匡扶君王。"诸侯王虽名为人臣，实皆有布衣昆弟之心，虑无不宰制而天子自为者。"（《新书·亲疏危乱》）各同姓诸侯王虽然受汉天子分封，但他们更注意自身与天子的血缘关系，而非君臣之间的政治关系，故而同样认为自己也能当天子。血缘伦理与政治伦理长期以来处于交融之中，同姓诸侯王却只明血缘之亲，而不懂君臣之分。故而，贾谊主张："夫立君臣等

---

① 杨松华：《大一统制度与中国兴衰》，北京出版社2004年版，第30页。

上下，使父子有礼，六亲有纪，此非天所设也。夫人之所设，弗为持此则僵，不循则坏。"(《新书·俗激》)礼义等级制度只能靠后天的人为设定，即在上天所规定的血缘亲爱之外，要有亲疏之别、等级之差。在亲属关系之中当树立纲纪，且要遵守，以免社会秩序的混乱。讲求礼制，便是让诸侯王明确在政治领域之中，政治关系的尊卑高于血缘伦理。门外之治中，诸侯王应该时刻牢记臣子的政治身份，而不是以兄弟自居，乱了政治纲纪。

贾谊认为："礼，天子爱天下，诸侯爱境内，大夫爱官属，士庶各爱其家，失爱不仁，过爱不义。故礼者所以守尊卑之经、疆弱之称者也。"（《新书·礼》）

按照"礼"的要求，天子至庶民都要爱其所管辖。礼规定了施爱的范围，划定了爱的对象。爱是仁的表现，但若不遵从礼，便是失其义。诸侯不该有"爱天下"之心，过爱便是不仁。仁是在礼制范围内，不能超越尊卑、强弱的限制。"道德仁义"不按照礼义就不能树立好，教化当以礼义为内容，人伦秩序要通过礼义来规定。礼处于决定性地位，"忠"是仁义的重要表现，该由"礼"决定其具体的表现形式。不同的身份与地位要受不同的礼的约束，礼因等级、身份而制定。诸侯与天子应该明确其地位的差距，在生活方式的选择上应该符合礼制。"君臣相冒，上下无辨，此生于无制度也。今去淫侈之俗，行节俭之术，使车舆有度，衣服器械各有制数。制数已定，故君臣绝尤，而上下分明矣。"（《新书·瑰玮》）在车马、衣服的使用方面设定制度，一旦制度实施，便是在告诉人们君臣有别，君臣之间不应该互相冒犯，将"礼"的观念深入到生活中的方方面面，提醒臣子当尊于、忠于君王，不该有反叛之心。各诸侯王僭越礼制尊卑的根本原因在于自恃武力强大，有可以为不忠的能力，"欲诸王之皆忠附，则莫若令如长沙王"（《新书·藩强》）。长沙王是众诸侯王中实力较弱的一方，贾谊此论便是主张中央王朝进行"削藩"，削弱分封国家的地域面积与人口数量。即设定相应的礼制，辅之以经济、政治措施，规范诸侯王的各项条件的范围，依靠外力的裁制，消灭反叛之心、消除反叛的实力，只有这样诸侯王才能彻底忠心于中央王朝。对于中央

: 汉代人的观念世界 :

王朝的忠附应该是心悦诚服的。

贾谊认为:"爱利出中谓之忠。"(《新书·道术》)臣子对君王的敬爱与关心,当出于臣子内心,才能叫"臣忠"。爱君与利君,当是臣子内心最本然的反应,而不是为了博取君王的夸赞或者获得君王的赏赐。若对于君王的操劳仅仅出于外在名利的追求,那么便不能称为"忠"。有了发自内心诚挚的敬与爱,臣子便会誓死效忠君王。"君惠则不厉,臣忠则不贰……礼之质也。"(《新书·礼》)《论语·阳货》载"色厉而内荏",朱熹注曰:"厉,威严也。"[1] 可知,"厉"当为"严厉""威严",君王对臣子有所关爱,必然态度温和,君王以慈爱守护臣子,就会受到臣子的尊重与喜爱,臣子便不会背叛其主。"忠,臣之功也;臣之忠者,君之明也。臣忠君明,此之谓政之纲也。"(《新书·大政下》)忠诚,是臣子必须做到的,君王英明便会激发臣子忠诚。君王英明的核心便是要以礼待臣。良好的君、臣关系对"忠"德的实现尤为重要。《新书·阶级》中,贾谊列举了豫让侍奉中行氏一事:

> 让曰:"中行众人畜我,我故众人事之;智伯国士遇我,故为之国士用。"故此一豫让也,反君事仇,行若狗彘,已而折节致忠,行出乎烈士,人主使然也。故人主遇其大臣如遇犬马,彼将犬马自如也;如遇官徒,彼将官徒自为也。

豫让背叛中行氏而效忠其仇人智伯。按理,豫让既然先为中行氏之臣,便应该效忠中行氏,但豫让却宁愿效忠智伯。豫让实知作为臣子应该效忠中行氏,但因中行氏如众人般待他,而智伯任他为国士,故选择效忠智伯。可见,臣非不知忠,而是根据君主如何对待自己来决定此君主是否值得自己效忠。贾谊此论无疑是继承了孟子"君之视臣如手足,则臣视君如腹心;君之视臣如犬马,则臣视君如国人;君之视臣如土芥,则臣视君如寇仇"(《孟子·离娄下》)的思想,臣子有相对的自由选择是否对君王尽忠,臣子与君王讲求相互对待,礼义是要求君臣上下都相互遵守的。君要待臣以礼,臣也要以礼事君。忠是礼义的重要要求。

贾谊推行礼治,以"礼"进行严格的君臣之分,划定不同的政治责

---

[1] [南宋]朱熹:《四书章句集注》,第180页。

任与道德义务。他说"君惠臣忠","君惠臣忠"是礼的最高境界之一。在此语境中,贾谊实则对君、臣作了同等的规范,惠、忠分别是君与臣要遵守的礼义规范,"惠,仁也"[1]。"惠"实则是君王仁爱臣子的一种直接表现。贾谊明确写道:"心省恤人谓之惠。"(《新书·道术》)君王当从内心怜恤大臣,怜恤便是不忍,不忍人之心便是"仁心",君王要体谅为臣的不易,要对大臣仁慈。君主要仁爱臣子与百姓,仁爱是忠诚的催化剂。依靠礼治足以树立君王仁爱的形象,促使臣子甘愿为其效力,故能忠君。贾谊依据"礼"来拯救自秦以来道德衰败的弊端,整顿纲纪,以"礼"回归忠道,便是要在诸侯等臣子的心中树立秩序的观念,而非像秦朝一般不讲礼义。秦朝因过于依赖法律的硬性管理,而不讲礼义、伦理纲常的软性措施,使得君臣之间毫无道德约束,以致人臣不知忠。法律条令一旦失去效力,必将分崩离析,上下颠倒,毫无约束。

3. 爱民为忠

忠臣不仅仅要对君王负责,更要对民众负责。《新书·大政上》:"为人臣者助君理之。故夫为人臣者,以富乐民为功,以贫苦民为罪。故君以知贤为明,吏以爱民为忠。"身为人臣,帮助君王治理国家就要使民众能安居乐业,官吏要以民为本,臣子爱民就是"忠"。《新书·大政上》:"闻之于政也,民无不为本也。国以为本,君以为本,吏以为本。故国以民为安危,君以民为威侮,吏以民为贵贱。此之谓民无不为本也。"国家、君主、官吏都要以人民为根本,官吏的贵贱要以民众的支持与否为依据。此处说"贵贱"当有两层含义:第一,若有民众的支持与喜爱,官吏自然感觉受到尊敬;第二,官吏的功劳就是以治民为要,若官吏管理好人民,在民心、民声的支持下,更容易得到赏识而升迁。《新书·大政下》:"故夫民者,虽愚也,明上选吏焉,必使民与焉。故士民誉之,则明上察之,见归而举之。故士民苦之,则明上察之,见非而去之。故王者取吏不妄,必使民唱,然后和之。故夫民者,吏之程也。察吏于民,然后随之。夫民至卑也,使之取吏焉,必取而爱焉。"英明的君王选择官吏时,一定要让人民参与其中,通过人民的反馈来进行考察,才能选择

---

[1] [东汉]许慎:《说文解字》,第78页。

到人民所喜爱的君子之臣。君王选择官吏，不仅仅是选拔管理者，更是为人民选择守护者。官吏是君王与人民的联系人，他们既要履行君王的任务，也要能够诚心为人民的安乐奉献力量。故而，作为臣子的官吏要忠心爱民。官吏爱民、保民，便是对民有所尽己，即"夫民者，万世之本也，不可欺"（《新书·大政上》）。作为君王的代理人、人民的直接管理者，官吏不能对民有所隐瞒与欺瞒。官吏能够爱民，对民尽忠，履行好作为臣子的责任，维护好君王的声誉与国家稳定，也是在对君王、国家尽忠，若以不忠伤及人民，便会动摇国家统治的根基。

贾谊认为"爱民"的重要表现在于教民，讲求自上而下的引导。《新书·大政上》："故夫士民者，率之以道，然后士民道也；率之以义，然后士民义也；率之以忠，然后士民忠也；率之以信，然后士民信也。"官吏如果能遵道、讲义、贵忠、守信，那么人民也自然会效仿官吏遵守道德。人民道德水平的培养效果，直接取决于官吏如何教化、引导他们。若官吏尽职，先正己而后以道德对待、引导，他们自会以官吏为典范。"故见其民而知其吏"（《新书·大政下》），观察人民的道德水平如何便可知道其官吏治理、教导的功绩如何。"吏能为善，则民必能为善矣。故民之不善也，失之者吏也"（《新书·大政下》）。官吏是民的直接引导，若民众不能为善、道德水平低下，官吏就是失职，"失职"便是不忠。忠诚的君子包含有位、有德的官吏，"爱民"是忠诚的君子绝不能改变的德行。贾谊将忠君与爱民合而论之，指出臣子之忠不仅仅要对上负责，是要爱护下面的人民。徐复观指出："从陆贾起，认为稳固的政权，必立基于人与人能互信的合理的社会。而合理的社会，不是靠刑罚的威压，要靠仁义之政及礼义的教养。"[1] 正是因贾谊想建立人与人能够相互信任的稳定的社会秩序，故而推崇儒家的礼治与教化，提倡以"忠"德沟通联系君民之和，其中忠臣能吏的工作至关重要。

贾谊"第一次把'忠''爱民''忠君'联系到一起"[2]，贾谊的"忠"思想的确强调爱民，但其所旨仍归是"忠君"。我们可以说，以"爱民为

---

[1] 徐复观：《两汉思想史》第2卷，第118页。
[2] 王成：《汉字中国：忠》，第75页。

用，以忠君为体"。爱民只是忠君的手段与要求。贾谊强调爱民、重民具有极大进步，贾谊讲"忠以爱民"是在树立忠君之功。《新书·大政下》："国丰且富，然后君乐也。"忠臣使得百姓安居乐业、国家安定富强，重在让君王有所安乐，显而易见，忠爱人民，根本目的还是在于忠君。

贾谊通过反思秦朝之过，将爱民与尊君作为"忠"的重要内涵，展现了为汉王朝治理好天下的拳拳之心。礼义是贾谊治理天下的根本思想武器，他以此来维护和巩固秩序，进而通过强调"忠"德，为当时汉王朝的地方忧患开出道德之方，以至天下一心。

（二）董仲舒之忠：推进"大一统"秩序

董仲舒生活在雄才大略的汉武帝执政时期，此时，西汉王朝已经度过了"休养生息"的阶段，国家在经济、政治、军事各方面积蓄了雄厚的力量。英明的君主遇上极佳的历史机遇，注定了西汉王朝当有一番大作为。"孝武初立，卓然罢黜百家，表章六经。遂畴咨海内，举其俊茂，与之立功。兴太学，修郊祀，改正朔，定历数，协音律，作诗乐，建封禅，礼百神，绍周后，号令文章，焕焉可述。后嗣得遵洪业，而有三代之风。"[1]汉武帝励精图治，在思想、政治、经济方面都实现了新的发展，其中影响最为深远的决策便是"独尊儒术"。依托儒术的独尊，"忠"德进一步强化为政治之德。

1.《天人三策》提倡"忠道"

《天人三策》可以看作董仲舒思想的重要纲领，在与汉武帝君臣对策之间，我们能深刻体悟到董仲舒所面临的时代问题、君王要求以及他的个人关怀。汉武帝召集群臣广纳建议，励精图治之心昭昭然。"伊欲风流而令行，刑轻而奸改，百姓和乐，政事宣昭，何修何饬而膏露降，百谷登，德润四海，泽臻草木，三光全，寒暑平，受天之祜，享鬼神之灵，德泽洋溢，施虖方外，延及群生？"[2]汉武帝不知该如何使人民安乐、政治开明，才能德泽天下、万物，以受到天的护佑，而延长王命，故而向大臣们寻求治国大道与高明理论。"故汉得天下以来，常欲善治而至今不可善治

---

[1] ［东汉］班固：《汉书》卷六《武帝纪》，第212页。
[2] ［东汉］班固：《汉书》卷五十六《董仲舒传》，第2496—2497页。

者，失之于当更化而不更化也。"①董仲舒指出自汉朝取得天下，谋求好的治理却不能得的根本原因在于没有更化。"今汉继秦之后，如朽木粪墙矣，虽欲善治之，亡可奈何。"②汉朝继秦之后百废待兴，虽然人主欲励精图治，却不得法。"今临政而愿治七十余岁矣，不如退而更化；更化则可善治，善治则灾害日去，福禄日来。"③董仲舒给汉武帝开出的良方便是改革。董仲舒认为改革当彻底，从根本上进行更正。

"今汉继大乱之后，若宜少损周之文致，用夏之忠者。"④"忠"乃三代法统之一，是王朝更替与制度改革的根本指导原则。"然夏上忠，殷上敬，周上文者，所继之救，当用此也。"⑤夏、商、周三代所崇尚的法统原则分别为忠、敬、文，且后者是前者之补救，是根据前朝之失做出的制度调整，三者呈循环状，忠而敬、敬而文、文而忠，往复循环，以后正调前乱。孔子认为："殷因于夏礼，所损益，可知也；周因于殷礼，所损益，可知也。其或继周者，虽百世，可知也。"（《论语·为政》）这并非是说孔子有未卜先知的能力，知道后世无数朝代的具体制度，而是说他知道后续王朝所要遵循的制度法则。"三代"所规定的制度原则，是无限循环的，每三个王朝都会在"忠敬文"的体系中，进行制度调整与治道改革，"三代"所规定的治理原则有其内在机制，当前一个王朝奉行自身所崇尚的原则，管理天下几百年后，必然会出现弊端，必定因为长期依据某一项制度原则而出现了疲敝。当新的王朝想适应新的时代需求、解决前朝遗留问题时，必然要进行相应的制度原则调整，如此，在"一失一救"之中，便实现了治世原则的往复。董仲舒也认为："此言百王之用，以此三者矣。"⑥此三种制度原则在循环之中，不仅仅适用于夏、商、周三代君王，也适用于后代君王，包括汉代。"一忠、一敬、一文不只适用于夏、商、周三代，更可以上升为一种普遍的历史规律，不受时间条件限

---

① ［东汉］班固：《汉书》卷五十六《董仲舒传》，第2505页。
② ［东汉］班固：《汉书》卷五十六《董仲舒传》，第2504页。
③ ［东汉］班固：《汉书》卷五十六《董仲舒传》，第2505页。
④ ［东汉］班固：《汉书》卷五十六《董仲舒传》，第2519页。
⑤ ［东汉］班固：《汉书》卷五十六《董仲舒传》，第2518页。
⑥ ［东汉］班固：《汉书》卷五十六《董仲舒传》，第2518页。

制,任何朝代之更替都可以从中找到学理根据。"①忠、敬、文不仅是朝代制定制度的原则,更是成为一种循环中的历史规律——普遍的历史规律便是:新的王朝继承天意之后,当应天改制,以除前弊。当然,董仲舒也指出,"由是观之,继治世者其道同,继乱世者其道变"②。继承太平之世的王朝可以沿袭前朝的治道,但若继承乱世,则必须要改变治国之道。汉承秦弊,则汉代必须要顺从新的天意,大刀阔斧地进行改制立法。董仲舒为何要选择用夏之"忠"作为改制立法的总原则呢?我们可以从司马迁的记录中找到根据:

> 夏之政忠。忠之敝,小人以野,故殷人承之以敬。敬之敝,小人以鬼,故周人承之以文。文之敝,小人以僿,故救僿莫若以忠。三王之道若循环,终而复始。周秦之间,可谓文敝矣。秦政不改,反酷刑法,岂不缪乎?故汉兴,承敝易变,使人不倦,得天统矣。③

司马迁指出忠、敬、文三统之法的弊端与相互补救的机制,但他也指出秦朝在继承周代统治之后,并没有改变周之文敝,故而汉朝当革除的仍然是周之文敝。汉依据"忠敬文"的循环规律,以夏之"忠"补救周之文敝,一有现实的文敝因素,二有光大汉朝正统的因素。无独有偶,《汉书·杜周传》也指出:"殷因于夏尚质,周因于殷尚文,今汉家承周秦之敝,宜抑文尚质,废奢长俭,表实去伪。"④所谓表实去伪,便是以质去文。"忠"犹"中",出于中便是质朴、真实。那么,既然汉朝要以忠教进行制度改革,"忠"指的是什么呢?根据《白虎通·三教》:"夏人之王教以忠,其失野,救野之失莫如敬。殷人之王教以敬,其失鬼,救鬼之失莫如文。周人之王教以文,其失薄,救薄之失莫如忠。"⑤可以根据"忠"的优缺点,进行双向的理解。忠的优点是"救薄",缺点是"野"。周之文与质相对,"质胜则野,文胜质则史"(《论语·雍也》),"文"为

---

① 余治平:《孔子改制与董仲舒的〈春秋〉法统论(下)》,载《衡水学院学报》2013年第3期,第4页。
② [东汉]班固:《汉书》卷五十六《董仲舒传》,第2519页。
③ [西汉]司马迁:《史记》卷八《高祖本纪》,第493—494页。
④ [东汉]班固:《汉书》卷六十《杜周传》,第2674页。
⑤ [清]陈立:《白虎通疏证》,第369页。

"文饰"，也就是说周之礼法注重外在形式而非礼法的实质，外在形式的烦琐、复杂一旦过剩，便失去了礼该有的朴素、真实，失去了核心的"质"。无"质"便只剩下空有其表的外在仪式，则显得不厚重、情感不真挚，故而要以"忠"进行补救。"忠"也就是与"文"相对应的"质"，注重的是礼法的简要、真实，而非形式主义。但"忠"之质的表现如果过于朴素、粗犷，便会野蛮、粗鲁。"忠形于悃忱故失野"①，"忠"的表现为"悃忱"，《广韵·混韵》："悃，至诚。"② 也就是说，"悃"与"诚"乃同义词，但"悃"为极度诚恳，是诚的质朴表现，为诚之狂热，故"忠"是人情的纯粹表现，是人道之极，"教所以三何？法天、地、人，内忠，外敬，文饰之，故三而备也"③。忠是人的内在情感，人是情感的动物，故而"忠"是本质的内核，各种礼仪之"文"，是对情感的表现与修饰，即至诚之情需要借助一定的外在形式来展现。

董仲舒提出汉承夏"忠"，便是要救文以质，除去秦朝复杂的苛政刑罚，要在国家制度层面，以最简要的法令，展现出对人民的关怀，讲求形式之质朴、情感之真挚。鼓励汉武帝教人以忠，实行仁政而非严苛而复杂的刑罚制度。以力服人而非以德服人，只会造成"外有事君之礼，内有背上之心，造伪饰诈"④，内不忠而外文，只有表面的、根据礼仪而表现出的尊敬，无出于内心情感认同的尊敬。故而，董仲舒讲"德主刑辅"，刑罚只是治国的辅助手段，要摒除秦朝重法的严苛；要以德化民，行德政，教人民以道德，以仁爱民，破除烦琐的法令条例，爱护民众而非高压管理民众。董仲舒告诫："王者承天意以从事，故任德教而不任刑。"⑤ 从"忠"政而行德教是天之所命，改政则为"忠"的重要性。

董仲舒讲以"忠"道改制，是以三代历史循环论回应汉武帝"三代异教"的问题，是要在礼制与法统层面提倡"忠"，忠成为根本的政治法则与治理法则。汉武帝基于仁爱的各种管理政策，乃出于最本质的爱民

---

① [清]陈立：《白虎通疏证》，第372页。
② 余廼永：《新校互注宋本广韵》，上海辞书出版社2000年版，第283页。
③ [清]陈立：《白虎通疏证》，第371页。
④ [东汉]班固：《汉书》卷五十六《董仲舒传》，第2510页。
⑤ [东汉]班固：《汉书》卷五十六《董仲舒传》，第2502页。

之心。以德化民，自然不需要过于烦琐的形式、条例，重在君王的爱民之志。故而尚"忠"便是尚仁爱之情，行"忠政"与行仁政高度统一。

2. 忠的天道论证

凡董仲舒之学，无一不诉诸"天"，"天"在董仲舒的学问中处于至高的本体地位，董仲舒借助"天"论"忠"的合理性。

董仲舒首先以"天""地"关系论证忠的必要性。"故下事上，如地事天也，可谓大忠矣"（《春秋繁露·五行对》），董仲舒界定"忠"的基本关系为"下事上"。在自然关系中，地处于下方、天处于上方，这是一种自然而机械的比附，"忠"之义被上升为"地之义"。"地势坤，君子以厚德载物。"①大地胸怀宽广，承载万物而无怨无悔。大地在天、地的关系中，属于服务的一方，故而法"地"之"忠"，被定义为一种"卑厚"之德。"地卑其位而上其气，暴其形而著其情，受其死而献其生，成其事而归其功。卑其位所以事天也"（《春秋繁露·天地之行》），地放低其地位，奉献生命，完成职责，却不居功，为天效劳。天地之关系是不可以更改的，故而，地事天是最基本的"忠"，"大忠"为极为重要的忠道，进而，董仲舒将君臣关系比附于天地，"臣之义比于地，故为人臣者，视地之事天也"（《春秋繁露·阳尊阴卑》）。臣事君当如地事天，也就是，臣要忠于君。天是令之所出者，地是承受天之所命者，正如君王是命令的发出者，臣子是君王命令的具体执行人。在发令与行令之中，臣子要对君王的命令尽力执行、任劳任怨。臣子忠于君也是"大忠"，将忠的政治性进一步深化与突出。

董仲舒进一步借助"五行"论证"忠"。《春秋繁露·五行对》："五行莫贵于土。土之于四时无所命者，不与火分功名……忠臣之义，孝子之行，取之土。"董仲舒以土德比附臣子的忠德。《春秋繁露·五行之义》："木，五行之始也；水，五行之终也；土，五行之中也。此其天次之序也。"天规定"土"居于五行之中，既然土居于中，根据董仲舒所说的五行"生""受"关系，土居中央则具有承上启下的作用，就好比臣子居于君、民之间，上顺君令、下理民众。

---

① 黄寿祺、张善文译注：《周易译注》，上海古籍出版社2007年版，第18页。

: 汉代人的观念世界 :

《春秋繁露·五行之义》："土居中央，为之天润。土者，天之股肱也。其德茂美，不可名以一时之事，故五行而四时者。土兼之也。金木水火虽各职，不因土，方不立，若酸咸辛苦之不因甘肥不能成味也。""土"受到天的润泽，是天所依赖的重要帮手，正如臣子为君王所选，受朝廷恩惠，为君王管理各项事务，是君王所依仗的人才。土的德性完美无缺，它是全德而非某一单一的德性，故而它能监管其他四德所掌管的四季，且其他四行如果不依靠土、借助土的力量，各自的方位也就不能确立。土有完善它德之能力，能够起到调和的作用。

《春秋繁露·五行之义》："土者，五行之主也。五行之主土气也，犹五味之有甘肥也，不得不成。是故圣人之行，莫贵于忠，土德之谓也。人官之大者，不名所职，相其是矣；天官之大者，不名所生，土是矣。"五行以土气为主导，若无土气，其他四行之气也无法有所成就。就像最大的官职不设具体的职位，而是统揽各项事务。我们可以看出，当董仲舒以土德论忠德，除了赋予它重要的地位与讲明其作用之外，也赋予"忠"新的内涵——忠德不仅仅是君臣之间上下有序、上下相互的秩序之德，更是一种"中德"，是一种和谐、相安的德性，能协调四方，使得各方都能井然有序。

"循三纲五纪，通八端之理；忠信而博爱，敦厚而好礼，乃可谓善"（《春秋繁露·深察名号》），董仲舒提出"三纲"的范畴，尤为注重君臣、父子、夫妇，将忠信之德作为"三纲"体系内的重要道德要求之一。[1] 董仲舒认为忠信之德遵从"三纲"的规范，故而董仲舒讲"忠"多是在君臣方面讲，但并不意味着不涉及夫妇、父子两纲。董仲舒以"纲"对关系性质进行定义，"纲，维纮绳也"[2]。"纲"的本义为提网的总绳，君臣、夫妇、父子之间有主次、轻重之分，董仲舒依据"阳尊阴卑"将"三纲"进一步"神学化"。《春秋繁露·基义》："君为阳，臣为阴；父为阳，子为阴；夫为阳，妻为阴。"通过贵阳而贱阴，将君尊臣卑、父尊子卑、夫

---

[1] 需要强调的是，董仲舒并未直接对"三纲"所指做出解释，"三纲"的具体内涵可见《白虎通·三纲六纪》："三纲者，何谓也？谓君臣、父子、夫妇也。"
[2] ［东汉］许慎：《说文解字》，第276页。

尊妇卑的关系固定化。《礼纬·含文嘉》讲"君为臣纲,父为子纲,夫为妻纲"①,明显受到了董仲舒的影响。"忠"的本义是人与人之间的一种诚敬,本应该讲夫妇之间相互忠诚、父子之间互相敬爱,但通过"三纲"的固定,便成了下对上的单向道德要求。"忠"在"三纲"的关系之中成为绝对性的道德。"三纲"确立尊卑、上下,上对下拥有绝对的统领,便是将"忠"之尊敬、尊重转化为遵从,增添了"忠"的道德义务——只要下对上有所忠,便要承担相应的义务。尤其在君臣一纲中,将义务绝对化,"忠君"成为专制主义王权社会下的唯一选择。

3. 从《春秋》之论看君臣之忠

谈及董仲舒的思想渊源,绝不能忽视《春秋》。"故汉兴至于五世之间,唯董仲舒名为明于《春秋》,其传公羊氏也。"②董仲舒为汉朝初年的《春秋》大家,所传为"公羊学"。董仲舒诸多思想理论都来自《春秋公羊传》,其所论"忠",亦借助《春秋》阐明,诉诸以公羊家解经之义。

董仲舒对《春秋》所载"逢丑父救齐顷公"一事作出了道德判断,"由法论之,则丑父欺而不中权,忠而不中义,以为不然?复察《春秋》"(《春秋繁露·竹林》)。董仲舒对于逢丑父的评价为"忠而不中义",也就是说,董仲舒肯定逢丑父的忠诚,而否定逢丑父的具体做法。我们先依据《春秋左传》所载看逢丑父之具体事实。《左传·成公二年》载:

> 逢丑父③与公易位……丑父使公下,如华泉取饮。郑周父御佐车,宛茷为右,载齐侯以免。韩厥献丑父,郤献子将戮之。呼曰:"自今无有代其君任患者,有一于此,将为戮乎!"郤子曰:"人不难以死免其君。我戮之不祥,赦之以劝事君者。"乃免之。

齐顷公在"鞌之战"中大败,在齐顷公被俘之际,逢丑父先主动与君王交换战车上的位置,以迷惑敌人,若敌军射杀齐顷公,则自己可代替君王战死;同时,他为齐顷公机智出策,让其下车取水,以便暗中逃走。最后,君王逃脱,自己被晋军俘虏。连对方将领郤克也感叹逢丑父奉献

---

① [清]赵在翰辑:《七纬》,第269页。
② [西汉]司马迁:《史记》卷一百二十一《儒林列传》,第3799页。
③ 《左传》《公羊传》作"逢丑父",《春秋繁露》作"逢丑父",本书采"逢丑父"。

己身免君之祸的壮举，希望以其忠烈来鼓舞其他同样忠诚之人。《左传》对于逢丑父以身为齐顷公避难持赞赏态度。但《公羊传·成公二年》记："郤克曰：'欺三军者，其法奈何？'曰：'法斫。'于是斫逢丑父。"郤克并没有对逢丑父进行赞扬，反而是认为其有大过，将其斩首。《左传》与《公羊传》对于逢丑父两种结局的记载截然不同，但对逢丑父的道德评价却不冲突。《左传》基于逢丑父"为君受难"，判断其对君忠，并无错误；《公羊传》认为逢丑父"以臣换君"，让自己站在战争中的本该由君王所站的位置，且对战事加以指挥，是不敬、僭越之举动，因为臣不能处于君位，更不能代行君之责。前者看重君王的生存，后者看重的是君臣之礼，两者评价的偏向不同，董仲舒对逢丑父的评价"忠而不中义"，正好实现了二者的兼和。我们需要注意的是"忠而不中义"的前提是"以法论之"，"法"就是普遍的道理。逢丑父于危难之际，将活命的机会让于君王，的确值得赞许，但其做法所产生的结果不仅让当死难的国君没有恪守君王本有的职责，还让君王在逃难之际短暂成为臣子。君臣尊卑不可易而逢丑父使国君易之，且逢丑父让国君临阵脱逃、苟且偷生，只会使国君更加被人不齿。故而，董仲舒认为逢丑父应该宜言于顷公曰："'君慢侮而怒诸侯，是失礼大矣；今被大辱而弗能死，是无耻也；而复重罪，请俱死，无辱宗庙，无羞社稷。'如此，虽陷其身，尚有廉名。"（《春秋繁露·竹林》）也就是说，逢丑父既然为忠臣，不仅要以死效君，也要告诉君王什么是正确的君王大义，应该把君王的名声与形象看得重于君王的生死，若让君王丧失君王之大义，就相当于让君王自绝其位，名存实亡。故而，董仲舒后面又说："今善善恶恶，好荣憎辱，非人能自生，此天施之在人者也，君子以天施之在人者听之，则丑父弗忠也。"（《春秋繁露·竹林》）

逢丑父让齐顷公临阵脱逃，不顺于天、不荣于民，让君蒙耻，是臣子对君王的误导，若非他的小智，齐顷公就算被俘虏也能获得一个美名，配得上君王之尊。所以，董仲舒认为逢丑父并不能算作"忠"。前后两处对于逢丑父的评价，实则并不冲突，前者是以"人法"基于结果进行判断；后者基于大义进行判断，看重的是方法、过程而非结果。逢丑父有保护君王的动机，其志可嘉，但却误导君王重生死而轻大义，不能算作真正的忠。可见，董仲舒讲"臣忠"是高标准的，既要有忠君之志，又要成君之美。

董仲舒对"忠"与"不忠"，有着明确的判断，"观乎鲁隐、祭仲、叔武、孔父、荀息、仇牧、吴季子、公子目夷，知忠臣之效……观乎漏言，知忠道之绝"（《春秋繁露·王道》）。董仲舒认为从鲁隐公、祭仲等人的行为可以看出什么是忠臣；而从君王泄漏臣子的话便明白为什么臣子不忠。

在《春秋繁露·王道》中，董仲舒列举了忠臣之事迹："鲁隐之代桓立，祭仲之出忽立突，仇牧、孔父、荀息之死节，公子目夷不与楚国，此皆执权存国，行正世之义，守惓惓之心，《春秋》嘉气义焉，故皆见之，复正之谓也。"

（1）鲁隐代桓

《春秋公羊传·隐公元年》载：

> 公何以不言"即位"？成公意也。何成乎公之意？公将平国而反之桓。曷为反之桓？桓幼而贵，隐长而卑。其为尊卑也微，国人莫知。隐长又贤，诸大夫扳隐而立之。隐于是焉而辞立，则未知桓之将必得立也；且如桓立，则恐诸大夫之不能相幼君也。故凡隐之立，为桓立也。①

根据《公羊传》，鲁隐公即位不书即位，是因为他想等桓公成年之后将君王之位重新相让。桓公是年幼的嫡子，隐公是年长的庶子，本应由桓公继位，但由于鲁惠公去世时，桓公因年幼尚不能执政，便立年长的隐公为君。按照继位礼法，鲁隐公因母而贱于鲁桓公，本不该成为国君，但由于国家政事为大，国不可一日无君，故而鲁国行权以立隐公。虽然当上国君，但隐公并未忘记礼法传统，从即位伊始便有让出君位之心，于是《公羊传》赞许其让国之志，但鲁隐公并无让国之行，何休直接讥讽鲁隐公"为弟守国，不尚推让"②，隐公使命只是暂时守国，却始终占据

---

① ［东汉］何休解诂，［唐］徐彦疏：《春秋公羊传注疏》（上），第13—17页。
② ［东汉］何休解诂，［唐］徐彦疏：《春秋公羊传注疏》（上），第109页。

君位，以致最后被公子翚弑杀。董仲舒为何要评价鲁隐公有忠之效呢？一是隐公实有让国之心，虽无让国之行，但董仲舒仍然肯定其臣子之心，始终没有忘记自己应该为臣，同时，据《公羊传·隐公十一年》"隐何以无正月？隐将让乎桓，故不有其正月也"①的记载，隐公始终有让国之心、始终将自己视为桓公的臣子。二是鲁隐公受命于国家紧急时刻，尽管为一时的权宜之计，但在保国、稳政的国家大义面前，鲁隐公接受君王之位，是以国家利益为重。倘若权衡之后他不接受继位而直接由年幼的桓公即位，便有可能因年幼的国君对国家政局的控制力不足而直接导致鲁国混乱、公室侵权；又或者由其他公室成员即位，导致君权直接旁落。所以鲁隐公代替桓公即位，维护了国家利益，同时为后来的桓公即位奠定了稳定的基础，既忠于国家又忠于桓公。由此可知，鲁隐公代替桓公即位，产生了保国、护君的效果，同时他本人并未忘却君臣秩序，故而董仲舒称其"忠臣"。

（2）祭仲出忽立突

《左传·桓公十一年》记载：

> 宋雍氏女于郑庄公，曰雍姞，生厉公。雍氏宗，有宠于宋庄公，故诱祭仲而执之，曰："不立突，将死。"亦执厉公而求赂焉。祭仲与宋人盟，以厉公归而立之。秋九月丁亥，昭公奔卫。己亥，厉公立。②

郑庄公去世，祭仲身为郑国宰相，因受宋国威胁，废除本应被立的公子忽（郑昭公）而立公子突（郑厉公），故郑昭公只能逃亡卫国，对于祭仲所面临的局面，《公羊传》记载："祭仲不从其言，则君必死，国必亡。从其言，则君可以生易死，国可以存易亡。少辽缓之。"③祭仲面对宋国的威胁，选择了保国而逐郑昭公的缓兵之计，《公羊传》认为其知权变，称其为贤臣。④儒家一向强调"经""权"，二者皆为儒家所论处理现

---

① ［东汉］何休解诂，［唐］徐彦疏：《春秋公羊传注疏》（上），第110页。
② 杨伯峻编著：《春秋左传注》（一），第143页。
③ ［东汉］何休解诂，［唐］徐彦疏：《春秋公羊传注疏》（上），第171页。
④ "何以不名？贤也。何贤乎祭仲，以为知权也。"参见［东汉］何休解诂，［唐］徐彦疏：《春秋公羊传注疏》（上），第170页。

实问题的两种方法。"权"强调衡量、变通,是处理价值冲突或伦理两难问题时的重要智慧。"权"的反面为"经","经"为一贯遵循的原则,或为典范,或为礼法,为恒久规定的常义、常理,而非一时的选择或判断。《公羊传》认为:"权者反于经,然后有善者也。"①《公羊传》认为"权"打破了"经"的常规,但后一小句"有善"的价值判断,说明权归向经的道德价值,从价值层面实现了"经""权"统一。祭仲此举,在面临亡国、亡君的极端情况下,没有死板地恪守君臣之义,而是以国家安全为重,被迫驱逐了嫡世子忽。董仲舒同样认为祭仲执行权变而保国,当予赞赏。何休《解诂》曰:"喻祭仲知国重君轻,君子以存国除逐君之罪,虽不能防其难,罪不足而功有余,故得为贤也。"②何休同样认为祭仲知重避轻,虽有除君之过,但其功劳更大。若国不存,哪里谈得上君?故而顺从宋国立他君,保留了国种,行权重于执经,故当为贤臣。且据《史记·郑世家》"祭仲迎昭公忽,六月乙亥,复入郑,即位"③,祭仲当初为国家存亡出忽,在国家外患解除之后,便再迎回正君,依然为其臣子,行权之后返于经。祭仲先出忽不为其臣,后迎忽又为其臣,一出一迎,虽以己专权,造成郑忽与突争夺王位,郑国国势混乱,但郑国之存全因祭仲在危难时刻的深谋远虑、果敢断决。董仲舒肯定祭仲,以功抵其专权之不臣之过,实则是允许在危难时刻能违背常法,只要最后实现仁义,过程中便存在可变动的范围。

对比鲁隐公与祭仲,我们可以看到,两者都为行权变之义,皆有臣子之心,却有不臣之举动——鲁隐欲让国,却实不让国;祭仲欲尊君,却实有专权废置二君,但二者动机皆为大善。可见,忠臣之效的最高义便是忠于国家,国高于君。

(3)晋公漏言

除此之外,董仲舒明确提到"漏言"一事彰显尽忠之困难。关于"漏言"的记载,见于《公羊传·文公六年》:

---

① [东汉]何休解诂,[唐]徐彦疏:《春秋公羊传注疏》(上),第172页。
② [东汉]何休解诂,[唐]徐彦疏:《春秋公羊传注疏》(上),第170页。
③ [西汉]司马迁:《史记》卷四十二《郑世家》,第2127页。

: 汉代人的观念世界 :

> 晋杀其大夫阳处父，则狐射姑曷为出奔？射姑杀也。射姑杀则其称国以杀何？君漏言也。其漏言奈何？君将使射姑将。阳处父谏曰："射姑民众不说，不可使将。"于是废将。阳处父出，射姑入。君谓射姑曰："阳处父言曰：'射姑，民众不说，不可使将。'"射姑怒，出刺阳处父于朝而走。①

因为晋襄公向狐射姑泄露了阳处父向他建议不要选狐射姑当中军大夫的谏言，导致狐射姑发怒而杀阳处父后出逃狄国。根据民心所向，阳处父向晋襄公建议不要立狐射姑为元帅，本意是为国家着想——若选一民众不认可的军队主帅势必会造成军心不稳，但晋襄公转头就将阳处父的谏言告诉了狐射姑，导致了二臣之间的矛盾。何休《解诂》："明君漏言杀之，当坐杀也。"②狐射姑杀害阳处父，纯粹是因为晋襄公泄露了大臣的机密，故而可看作是晋襄公亲自害死了阳处父，责任溯源在君王。《谷梁传·文公六年》："君漏言也。上泄则下阏，下阏则上聋，且阏且聋，无以相通。"③如果君王向臣子泄露了秘密，臣子就会因为害怕再次泄露真言而不敢向君王说真话。臣子不进谏，君王就听不到任何忠言，臣子与君王之间的沟通就会就此中断。董仲舒讲"忠道之绝"，固然是在建议君王面对臣子的进谏当保守秘密，以免挑拨臣子之间的关系，但董仲舒当还有其他深意。"圣主贤君尚乐受忠臣之谏"（《春秋繁露·必仁且智》），君主若贤能，则乐于接受忠臣的进谏，而晋襄公将阳处父的谏言直接泄露出去，明显是没有想过认真采纳阳处父的建议。若慎重对待臣子谏言，必当慎重思考，而不是转而泄露。晋襄公不顾君臣之礼，对待臣子毫无道义，轻视臣子谏言与生命，正所谓"君不君则臣不臣耳"（《春秋繁露·玉杯》），晋襄公不君，故臣子自然不臣，则无忠言，更无忠臣。同时，董仲舒希望："微谏纳善，防灭其恶，绝源塞隙，执绳而制四方，至忠厚信，以事其君。"（《春秋繁露·五行相生》）臣子应该委婉地提出建议帮助君王改正过错，但阳处父直截了当地批评狐射姑，虽有直言相进

---

① ［东汉］何休解诂，［唐］徐彦疏：《春秋公羊传注疏》（上），第533—534页。
② ［东汉］何休解诂，［唐］徐彦疏：《春秋公羊传注疏》（上），第534页。
③ 承载撰：《春秋谷梁传译注》，上海古籍出版社2004年版，第333页。

之功，但此番显谏遇上不君之君，便为自己带来了杀身之祸。由此，我们可以看出，董仲舒以"漏言"讲"忠道之绝"，主要在说明若君不明则臣无法忠。

君王当恪守君礼，善待臣子，同时，忠臣应该注意效忠的方法。君不明则臣不敢进忠，臣谏君恶而君不采，则忠路堵绝。董仲舒借助《春秋》中记载的具体事件，从忠的具体执行层面讲如何做到忠。

董仲舒谈忠之人道，响应了社会政治的发展需求。《春秋繁露·天道无二》："是故古之人物而书文，心止于一中者，谓之忠；持二中者，谓之患。"董仲舒讲"忠"的字形是根据其本义创造的，用心专一便是忠；怀有二心者便是患，即不忠，不忠就会带来灾难、忧虑。《春秋繁露·天道无二》："患，人之中不一者也。不一者，故患之所由生也。是故君子贱二而贵一。""患"由不专一而产生，君子当以专一为尊贵，以三心二意为卑贱。君子应该注重一而非二。如此，董仲舒强调"忠"实则是在强调"一"。从"专一"论个人层面的"忠"，推及政治社会层面，便是"忠"于中央、皇帝，忠于"汉家"政权。换句话说，臣子专一地侍从汉天子，天下专一于汉王朝的统治，而不允许贰于他主与他国。推行"大一统"是当时西汉王朝治天下的根本抉择。

"臣闻《春秋》正即位，大一统而慎始也。陛下初登至尊，与天合符，宜改前世之失，正始受（命）之统，涤烦文，除民疾，存亡继绝，以应天意。"[①]汉朝建立伊始，汉朝臣子就看到了"大一统"的重要性，主张推行"大一统"。董仲舒接续其论讲臣"忠"于君，起到了尊君抑臣的效果。"儒学在西汉时期得到发挥的'大一统'理论，适应了加强君权和防止分裂的政治需要"[②]，"大一统"是自汉天子的一统，弘扬对汉天子的"忠"便是尊汉天子，尊天子就是从于天子，天子的权力被抬高至至高无上的地位。弘扬"忠"德，在当时的诸侯国与中央政府之间形成道德的约束，防止诸侯国与中央政府割裂、地方势力不听命于天子。忠德的弘扬与推行"大一统"相适应，同时促进了"大一统"的进展。

---

① ［东汉］班固：《汉书》卷五十一《贾邹枚路传》，第2369页。
② 王子今：《中国政治通史·走向大一统的秦汉政治》，泰山出版社2003年版，第138页。

: 汉代人的观念世界 :

（三）王符之忠：爱民与振君

《潜夫论》为一本政论之书，"志意蕴愤，乃隐居著书三十余篇，以讥当时失得，不欲章显其名，故号曰《潜夫论》"①。王符所作《潜夫论》的重要价值便是讥刺东汉的不善之治。"学术界推重为政论之要籍"②，《潜夫论》强调臣忠，是依据政治形势的必然。"自桓、灵之间，君道秕僻，朝纲日陵，国隙屡启，自中智以下，靡不审其崩离；而权强之臣，息其窥盗之谋，豪俊之夫，屈于鄙生之议者，人诵先王言也，下畏逆顺势也。"③东汉后期，朝纲败坏已久，君道衰微，政权把握在宦官与外戚手中，君王权力下移，臣不臣，君不君，大道沦丧，民不聊生。故王符为时事而感慨，欲对统治者进行苦心规劝，呼吁以"忠"道救国。

1. 忠而爱民

王符强调"天以民为心"（《潜夫论·遏利》），认为"天心即民心"，天之所命便是民之所期，君王对上听从天的意愿，对下听取人民的心声与期许，只要满足人民的利益所求，便完成了天的使命，达成天的意愿。"天之所甚爱者，民也"（《潜夫论·忠贵》），天尤为所爱的是人民，君王执政就要爱护人民。历代统治者都强调受天命而王，天之所命对于君王权力的合法性来说固然重要，但人民才是君王能获得统治权的核心。王符强调"民心"与"天命"相互联系，认为只有民心才能巩固天命，失去民心便会失去天命。民心不仅仅是天命的检验与巩固，更是重于天命的，他说"夫以小民受天永命"（《潜夫论·边议》），君王依靠人民接受天所赐予的权力合法性，民心是天命的实存性转化。若没有人民支持，君王也不敢接受天命，更不可能保有天命。

王符认为国家治理的根本在于"务本"，"夫为国者当以富民为本，以正学为基。民富乃可教，学正乃得义，民贫则背善，学淫则诈伪，入学则不乱，得义则忠孝"（《潜夫论·务本》）。富民是为政的基础，老百

---

① [南朝宋]范晔撰，[唐]李贤等注：《后汉书》卷四十九《王充王符仲长统列传》，第1630页。
② 黄盛雄：《王符思想研究》，（台北）文史哲出版社1982年版，第36页。
③ [南朝宋]范晔撰，[唐]李贤等注：《后汉书》卷七十九下《儒林列传》》，第2589页。

姓吃饱穿暖了，才会有心思接受教育，教育的重要内容是德教，人民通过后天的教化懂得道义所在，便会恪守忠孝之义。人民丰衣足食又道德高尚，自然不会作乱，如此，君王才能安定天下。"国以民为基"(《潜夫论·救边》)，民众的生存与道德建设是国家安定的基础。王符说："人道曰为。"(《潜夫论·本训》)人道之"为"所重视的便是"为民"，"为民"便要"养民""教民"。"功业效于民，美誉传于世，然后君乃得称明，臣乃得称忠"(《潜夫论·明忠》)，致力于人民的教与养才能取得功绩，能做到安民、爱民，才能称为"明君""忠臣"。"是故人臣不奉遵礼法，竭精思职，推诚辅君，效功百姓，下自附于民氓，上承顺于天心"(《潜夫论·忠贵》)，王符指出臣子只有依附于人民才能实现功业，因此臣子要将为人民造福作为臣道的根本，不仅要上听君王命令，更要向下落实使命，只有紧紧依靠人民，为人民的生活、教育殚精竭虑、尽职尽责，才能实现功业。功业的评判要以人民的福祉为依据，脱离了人民的政绩绝不能算功绩。要坚持民生为本，才叫尽忠，才能不辱王令与天令。做到爱民是衡量忠道的重要标准。无独有偶，《论衡·答佞》："损上益下，忠臣之说也；损下益上，佞人之义也。"[1]舍弃君主的利益造福民众，是忠臣的主张，忠臣的建议一定是为民、为君王之社稷，而非仅仅是为了取悦君王，只有敢于为民争取利益，才能保住君王之社稷，才是真正地忠于君王，爱民是为君王保其社稷。

2. 贤臣必忠

臣子是管理民众的直接执行人，王符对臣子的定位为"治之材也"(《潜夫论·本政》)，臣子是治国的人才。"顺天心者，必先安其人；安其人者，必先审择其人"(《潜夫论·忠贵》)，顺从天意，便要先安定天所爱的子民，安定、管理民众，就必须要先对管理者有所挑选，也就是"择贤"。可见即使政治混乱，王符也特别渴望贤臣的出现。"身之病待医而愈，国之乱待贤而治"(《潜夫论·思贤》)，国家弊病丛生，必须要有贤臣出现匡世济民。

---

[1] ［东汉］王充原著，袁华忠、方家常译注：《论衡全译》，贵州人民出版社1993年版，第736页。

但贤臣并非没有出现,只是没有得到任用。"乱国之官,非无贤人也,其君弗之能任,故遂于亡也"(《潜夫论·思贤》),君王没有识人之明,乱臣日盛,贤臣益没,彼盛此消,便逐渐消失在政治舞台。故而,王符认为:"凡南面之大务,莫急于知贤。"(《潜夫论·考绩》)君王重要的政治义务便是辨识贤臣。"凡有国之君,未尝不欲治也,而治不世见者,所任不贤故也。"(《潜夫论·潜叹》)君王都有一颗励精图治之心,但若治理的社会没有兴盛,是因为他们没有选择贤人为重臣,无法得到有效的帮助,故而事与愿违。《潜夫论·本政》:"以选为本,选举实则忠贤进,选虚伪则邪党贡。"故而,君王要将选拔人才的制度实际落实下去,严格遵守选才标准,选拔过程中不能无视规则与弄虚作假,才能选到国家所需要的贤臣,而非奸邪之人。选拔出来的人才,王符称为"忠贤",可见,"忠"是国家贤臣所必备的道德品质。"且凡士之所以为贤者,且以其言与行也。忠正之言,非徒誉人而已也,必有触焉"(《潜夫论·贤难》),评判是否贤能要根据其言与行,即言行是否忠诚正直。贤臣当秉忠直言,帮助君王修正德行,进言不是为了赚取声誉,而是要能触动君心,真正让君王有所思、有所明,使得君王从内心认识到自身的失德、过行。哪怕会触怒君王,忠正之人也不会停止进言。若贤臣任职,受到重用,君王与人民都会因其辅佐、治理得当,受到福荫。"人臣者,以忠正为本,以媚爱为末"(《潜夫论·务本》),忠诚与正直是为臣的根本,谗言求媚当为人臣所不为。臣子尽忠不谄媚,是否会遭到无端牵连,要看君王是否有明辨、宽容之心。"人君之称,莫大于明;人臣之誉,莫美于忠"(《潜夫论·明忠》),君主之明,不仅在于能正确听取臣子建议,还在于对于臣子进谏有所宽容,故而虚心纳谏是明主的必备品质。只有君王能真正地认识到臣子的忠诚献策是在帮助自己改过,才不会错堵进言之路。臣子感受到君王的求谏之心,才不会对进谏有所忌惮。对于君臣来说,王符强调忠心而诚实的相谏,与其高谈阔论、说假话,不如说真诚、实在的建议,"夫高论而相欺,不若忠论而诚实"(《潜夫论·实贡》)。若只有谄媚、恭迎之说,君臣便会相欺。如《后汉书·窦何列传》中便记载:"臣闻明主不讳讥刺之言,以探幽暗之实;忠臣不恤谏争之患，以畅万端之事。是以君臣并熙，名奋百世。"① 贤明的君主不会忌讳臣子的讥刺，臣子因而也不会顾及进谏之患而吝啬忠言，这样的君臣关系才会为万世所赞扬。"忠正以事君，信法以理下，所以居官也"（《潜夫论·务本》），作为官员，不仅要忠正事君，也要依据法义治理民众。忠君与推法是紧密相关的，以法律之威严推行治理之道，维护国法之尊，有助于维护国君权威与国体稳定。

"君以恤民为本，臣忠良则君政善，臣奸枉则君政恶"（《潜夫论·本政》），君主奉行爱民为根本的国策，只有忠臣才能遵奉君王的指令，体会君王的心意，将君王的政策一以贯之，而非如奸邪之人那样阳奉阴违、欺上瞒下，故而根据法义治理民众，也是官员尽忠的重要考核。"是故进忠扶危者，贤不肖之所共愿也。"（《潜夫论·明忠》）王符主张选拔忠正的贤臣拯救乱世，只有忠正的贤臣，才既有为民之心又有为民之力。贤臣作为有能力的人，若其不忠，则会进一步威胁君权。若能力与道德发生冲突，忠正之德才最为重要，能力须让位于德性。王充《论衡》也指出："称良吏曰忠，忠之所以为效，非簿书也。夫事可学而知，礼可习而善，忠节公行不可立也。文吏、儒生皆有所志，然而儒生务忠良，文吏趋理事。苟有忠良之业，疏拙于事，无损于高。"② 若官吏能做到忠心，便是好的官吏，办事的能力可以学习了解，礼节可以习得完善，而忠的节操不是容易树立的。文吏、儒生偕有志向，但只有儒生能以忠良的节操为根本要务，普通的官吏往往只注重具体事务的处理。但忠是更为基础与重要的，它是选拔与培养臣子的重中之重，也是为臣的基础，官吏即使能力出众也不能没有忠的精神，至于乱世，臣子之忠则显得尤为重要。

3. 以忠振君

王符讲臣忠，目的便是以忠君重振朝纲，以臣之"忠"匡扶君王。按钱穆说："因东汉诸帝多童年即位、夭折，及绝嗣，遂多母后临朝，而外戚、宦官借之用事。"③ 东汉皇帝多年幼即位，外戚权力空前膨胀，后又

---

① ［南朝宋］范晔撰，［唐］李贤等注：《后汉书》卷六十九《张曹郑列传》，第2239页。
② ［东汉］王充原著，袁华忠、方家常译注：《论衡全译》，第751页。
③ 钱穆：《国史大纲》（上），商务印书馆2010年版，第157—158页。

因皇帝要借助宦官力量对抗外戚，导致宦官、外戚轮流把持皇权，皇权长期旁落。王符认为："民以君为统。"（《潜夫论·本政》）君王才是人民的统领，国家政权应该把持在君王手中。但当时的情形，王符描述："且夫以君畏臣，以上需下，则必示弱而取陵，殆非致福之招也。"（《潜夫论·巫列》）君王害怕臣子，还得向臣子示弱保护自己，君弱臣强。"君立法而下不行者，乱国也；臣作政而君不制也，亡国也"（《潜夫论·衰制》），王符面对东汉王朝的皇权衰败、权臣当政等现象，直接指出这是亡国之征。故而，王符极力呼唤君权的归位。"君以忠安，以忌危"（《潜夫论·实贡》），臣子之忠能让君王感到安心，王符强调"臣忠"是告诫臣子当辅助君王，而不是侵害君权。如果君臣之间出现猜忌，产生权力的争夺，君王便陷入危险了。臣子不该与君王抢夺权力。"夫明君之诏也若声，忠臣之和也当如响应"（《潜夫论·实贡》），君王的命令都应该得到回应，尊重君王是维护君权的直接手段，倘若君王的命令都得不到臣子响应，其必定不尊君王。"君有美称，臣有令名"（《潜夫论·叙录》），君臣之间，臣是执行君王命令的人，而君王是收获赞誉的人。臣应该为君效劳，同时不抢占君王的功名。若与君争功，则是不尊君。"是故世之善否，俗之薄厚，皆在于君"（《潜夫论·德化》），社会治理的好坏、风俗是否良好，都在于君王。君是国家的大脑，忠臣辅助君王则会天下太平，若奸佞之人辅佐则会招致危亡。"人君出令而贵臣骄吏弗顺也，则君几于弑，而民几于乱矣"（《潜夫论·衰制》），若君王的命令不被臣所听从，则大概率会发生臣子弑君、人民动乱等威胁君王统治的事件。"君出令而不从，是与无君等。主令不从则臣令行，国危矣"（《潜夫论·衰制》），若诸臣不听君王之令，而听从个别权臣命令，亡国就不远了。王符指出了君王权力下移的危害，呼吁君王掌握权力。忠臣是不会与君争权、威胁君王统治的。《后汉书·张曹郑列传》："夫人臣依义显君，竭忠彰主，行之美也。"[1] 只要臣子依据道义、对君主尽忠，君王就不用担心臣子之能盖过君王，君王的美名也能借忠臣彰显。

王符论"忠"，目的便是拯救世风日下的臣风，树立臣子规范，归政

---

[1] ［南朝宋］范晔撰，［唐］李贤等注：《后汉书》卷三十五《张曹郑列传》，第1203页。

于君。哪怕君王年龄幼小，臣子也当尽力辅助，而不是乘机夺权，僭越君权。君臣应当齐心爱护民众，巩固统治基础，并合力挽救日益衰败的东汉政治。

（四）马融之忠：忠德至上

东汉马融著有《忠经》，系统全面地论述了"忠"德。

1."忠"的内涵

《忠经》是专门论"忠"的著作。"忠不可以废于国，孝不可以弛于家。"[1]"忠"被定义为国家层面的大义。"天之所覆，地之所载，人之所履，莫大乎忠"（《忠经·天地神明章》），人所遵守、践行的原则没有比"忠"更重要的。天、地、人三才并论，是将人之忠德上升至天道的高度，"忠"不仅是人所遵守、践行的最高原则，更是天之经、地之义，是不可动摇的人伦规定，"忠"获得了天的支持，强化了"忠"的必然性。"忠也者，一其心之谓矣"（《忠经·天地神明章》），"忠"就是要做到一心一意，对国家君主忠诚、对国事尽心。"一于其身，忠之始也。一于其家，忠之中也。一于其国，忠之终也"（《忠经·天地神明章》），"一心"有三个层次，由己到家到国，都讲究忠。忠当由身始，忠于己，就是对己诚明，明确自身的善恶、好恶，进行自我修养，进而出仕为官；由己至家，对家尽忠，就是对家有所关怀，在家之忠不外离"孝"，忠、孝应实现统一，要对自己的家人尤其是父母尽心；由家人延伸至国家，便是对君王忠诚，不贰于其主。忠的最高规范一定是忠于君王。"为臣事君，忠之本也"（《忠经·冢臣章》），臣以忠事君，是忠的根本要求。"忠能固君臣、安社稷、感天地、动神明，而况于人乎？"（《忠经·天地神明章》）忠道能够巩固、稳定君臣秩序，促进国家的稳定与发展，具有重要的社会意义与政治意义。忠臣对于君王的大义，能感动天地，自然也能促进人际关系的真诚与专一，实现政治化向人伦化的反哺与加固。忠君是臣应尽的道德。

当然，"忠君"并不是盲目的，而是有着许多规范。"守位谨常，非忠之道"（《忠经·百工章》），臣子若只在自己的职位上保守不作为、想

---

[1] 张景、张松辉译注：《孝经·忠经》，中华书局2022年版，第141页。

着不犯错,而不去创造功绩,并非尽忠,臣子当为君王的事业操劳,而非守成。"君子尽其忠能,以行其政令,而不理者,未之闻也"(《忠经·守宰章》),臣子须对君王的命令表示听从、恭敬并执行,才能治理好民众,才算是忠于君王。执行君令与管理民众共同构成"忠"的标准,若只是执行君令而无法惠及于民,也不能算是忠,保民也是为君分忧,自然也就是忠。百姓若能遵从君王制定的法度,在家对亲有所孝悌,能注重农耕作业、保证国家税收,便是万民之忠。"是故祇承君之法度,行孝悌于其家,服勤稼穑,以供王赋,此兆人之忠也"(《忠经·兆人章》)。所谓万民之忠,具有深刻的"普及性",其不仅仅指"范围"上的广远,更指普遍性的认同。也就是说,民众要深层次地认同国家政权与君王统治的合法性,受君王统治,为君王服务,为国家作贡献。故而,政治上的"忠"不再仅仅局限于臣子,而是要遍及全体国民,既然"率土之滨,莫非王臣",那么无论是否有官职在身,都要对君王忠诚。庶民之忠,便在于安分守则、维护国家安定。《忠经·报国章》:"不思报国,岂忠也哉?"君子若能报国便是忠,君王是自己政治关系中的父母,要对其倾尽全力。在君主专制体制下,国家与君王具有高度的一致性,报效国家与忠君是一而二、二而一的。但马融此说,无疑还是将"忠"推向了"忠于国家",具有一定的进步意义。"夫忠而能仁,则国德彰。忠而能知,则国政举。忠而能勇,则国难清"(《忠经·辨忠章》),"忠"绝不是抽象的道德、单一的道德,而是与其他道德相辅相成。如果能够忠诚且仁爱,就能爱民;如果忠诚且智慧,就能完美地、合理地执行国家的条令;若忠诚且勇敢,则能不惧艰险,甘于奉献,为国家排忧解难。"仁而不忠,则私其恩。知而不忠,则文其诈。勇而不忠,则易其乱"(《忠经·辨忠章》),若只是仁爱而不忠诚,就会私心泛滥,不能秉持公正;若只是智慧而不忠诚,就会文过饰非,用智慧为自己掩盖欺诈之心;若只是勇敢而不忠诚,就会轻易犯上作乱,逞匹夫之勇而祸害他人,为自己谋私利。"邪则不忠,忠则必正"(《忠经·广为章》),邪恶的人一定不会忠诚,忠诚的人一定会正直。忠诚能让其他诸德不偏不倚。若无忠诚,其他德性便无法中正,将有所偏废。"君德圣明,忠臣以荣。君德不足,忠臣以辱"(《忠经·扬圣章》),忠臣之忠并不是盲从,如果是圣明之君,便值得效忠;反之,若君主德行有亏,便不值得效忠,若效忠不善的君主,只会让忠臣蒙羞。马融此论,亦告诫君王当做明君,不要辜负臣子的效忠之心。君明臣忠,应该作为相互的要求,若君不明,则臣之忠便显得愚笨。但马融之意,并不是要臣子背离昏君、庸君,而是告诫臣子哪怕自身蒙辱,仍然坚持效忠君王,这是忠君绝对化的重要体现之一。《后汉书·伏侯宋蔡冯赵牟韦列传》记载汉宣帝对冯勤劝勉:"忠臣孝子,览照前世,以为镜诫。能尽忠于国,事君无二,则爵赏光乎当世,功名列于不朽,可不勉哉!"[①]宣帝告诫冯勤要做忠臣与孝子,但重要的还是忠于国家、事君无贰心,才能享受万世荣光,可见忠君已经超越孝亲。

2. "忠""孝"关系的变化

儒家传统观念中,忠、孝具有强烈的相关性。但忠、孝之间的关系却是不断演变的。"'孝'与'忠',到底谁才更为根本的价值?"[②]也就是说,到底是孝为忠之本,还是忠为孝之本?马融在《忠经》的序中写道:"《忠经》者,盖出于《孝经》也。"[③]《忠经》是为了回应《孝经》而作,《孝经》与《忠经》必然有着深刻的联系,马融论"忠"不可能脱离"孝"。但在忠、孝关系的问题上,《忠经》与《孝经》截然不同。

马融强调:"夫惟孝者,必贵于忠。"(《忠经·保孝行章》)他认为孝顺的人一定看重忠诚,重视"忠"是重视"孝"的充分条件。言下之意,"忠"的地位高于"孝"。《忠经·保孝行章》:"忠苟不行,所率犹非其道。是以忠不及之,而失其守。匪惟危身,辱及亲也。故君子行其孝,必先以忠。竭其忠,则福禄至矣。"如果君子不能先对君王、国家尽忠,不能对国家有所贡献,是不能成就孝的。对君王或国家不忠,意味着自己将受到国法的惩罚,父母等亲人都要受到牵累,当臣子成就功名时,父母自然会开心,让父母情感愉悦,便是"孝"的表现。换言之,若违背国

[①] [南朝宋]范晔撰,[唐]李贤等注:《后汉书》卷二十六《伏侯宋蔡冯赵牟韦列传》,第910页。
[②] 任玥:《"孝"与"忠"的双重变奏——从忠孝关系的演变看儒学传统的历史实践》,载《政治思想史》2016年第4期,第30页。
[③] 张景、张松辉译注:《孝经·忠经》,第141页。

: 汉代人的观念世界 :

家法度,给国家抹黑,自然会让父母不开心,既然不能从情感上让父母愉悦,自然也就不是孝了。忠孝一体,忠包含孝,但忠贵于孝。是否尽"忠"是孝或不孝的衡量标准,没有忠就无法做到真正的孝。

《孝经·士》明确讲:"以孝事君则忠。"以孝顺之心为君王效力便是对君王的忠。孝顺之心本是私情,是家庭领域内的伦理要求,若如《孝经》所说,便是将私人领域内的情感迁移、扩大到公共领域,从家庭关系延伸到政治关系,"孝"成了"忠",也就是"移孝作忠"。"君子之事亲孝,故忠可移于君"(《孝经·广扬名》,因为孝与忠的情感机制类似,本质上"他们"都是对尊者有爱戴、尊敬、顺从等情感,故而基于自然情感的"孝"可以泛化到政治情感上。情感领域的变化意味着三点。一是"忠"的政治情感获得了"孝"的血缘关系的加固。正是在"孝"的迁移之中,君王自然而然成为臣子政治关系中的"父亲"。毫无血缘的君臣关系,获得了"血缘关系"的加持,臣子便会越发忠诚。"忠"是"孝父"的延伸、拓展,孝亲为"私孝",孝君为"公孝"。二是孝、忠因具有近乎相同的情感发生机制,伴随"孝"领域的扩展,忠、孝自然构成了"你中有我、我中有你"的同构关系。三是《孝经》既然主张"移孝作忠",那就意味着"孝"是"忠"的基础。亲亲才能尊尊,出自本然的爱亲、敬亲之心,将爱护扩展至没有血缘关系的君王,以成"忠"。说明孝是忠的前提,忠为孝的目的。

我们可以明确看到《忠经》与《孝经》对于"忠孝关系"的不同见解——《孝经》是"移孝作忠",而《忠经》便是"以忠成孝"。"忠""孝"虽然能够同构,但总是难以两全。《孝经》以"迁移"的机制说明,不忠也可以孝,为忠便是成就"大孝"。但《忠经》却以"不忠"直接否定"孝",以政治情感的丧失否定自然情感,将"忠君"看作"爱亲"的评判,显然是将"忠君"极端化。在大一统的专制时代,格外强调"君父",若对君父不敬,便是不孝。"在中国伦理思想史上,'孝'和'忠'的观念,有一个发展演变的过程,这个过程显示出中国伦理思想所独有的特点,对中国社会的发展有着一定的影响。"[①] 忠、孝关系的发展演变伴

[①] 罗国杰主编:《中国伦理思想史》(上卷),中国人民大学出版社2008年版,第112页。

随着政治制度的发展演变。正是因为古代君主专制制度的建立，忠、孝关系产生了变化。"伴随君主专制集权政治的不断发展与日趋强化，'忠'的政治价值得到不断肯认与提升，'忠''孝'分离趋势更为明显。"①"忠"德逐渐独立，并成为专一的政治道德，"忠"不再单单是孝之扩充，而是优先于"孝"。门外之义高于门内之恩，提倡"忠"德重于"孝"德，"忠"也不用再建立于"孝"之上。政治价值反而成了血缘关系的黏合剂，成为人之孝亲的外在动力。忠君成为人道的基本价值追求。"到了后代，为了适应封建地主阶级的统治需要，'忠'和'孝'，都变成了臣对君、子对父的绝对的片面的义务。"②忠和孝的绝对化，更加意味着二者的相对分离，哪怕臣子不用在家行孝，在国也要尽忠。《孝经》所论"移孝作忠"，借助血缘伦理助推政治伦理，在"忠"的绝对化、永恒化之后，忠便超越孝，成为中国古代社会最为绝对的道德法则。与此同时，忠亦反过来成就了孝。《吕氏春秋·当务》记载了楚国一直躬者向官府举报了父亲偷羊的行为，但又代其父亲接受刑罚，前者"父窃羊而谒之，不亦信乎"③，揭发直系亲属的犯罪行为，时人称赞其"信"，即为诚实，但更深层次的是忠于国家，维护国家律法的权威，不以私情乱公法，故可称其"忠信"。此楚人之"直"在于先以国家为重，但其后替父受刑，"父诛而代之，不亦孝乎"④，即在忠于国家后，仍没有放弃孝，先忠后孝，二者皆兼，成其佳话。"私情"可以有主观意志上的弹性，"公法"是国家之定律，故而不能以私废公，而是应当以公成私。

"忠君"观念在东汉被无限放大，主要是为了挽救江河日下的君权，士人反对宦官和外戚把握朝政，"忠君"观念是他们唯一的倚仗或思想武器。他们似乎认为只要倡导"忠"的至上性，就能以道德良知消除政治的黑暗。所以，面临破败的王朝，他们依然选择"忠"于它，而不是推翻它，实在可贵。如《论衡·定贤》："忠于君者，亦与此同。龙逢、比干忠著夏、殷，

---

① 赵炎才：《中国传统忠德基本特征历史透视》，载《山东大学学报》（哲学社会科学版）2013年第4期，第112页。
② 罗国杰主编：《中国伦理思想史》（上卷），第116页。
③ 陆玖译注：《吕氏春秋》，中华书局2011年版，第326页。
④ 陆玖译注：《吕氏春秋》，第326页。

桀、纣恶也；稷、契、皋陶忠暗唐、虞，尧、舜贤也。故萤火之明，掩于日月之光；忠臣之声，蔽于贤君之名。死君之难，出命捐身，与此同。臣遭其时，死其难，故立其义而获其名。"①臣之忠名显著与君王昏庸有直接关系，臣子之"忠"似乎成为挽救君王昏暗的希望，是乱世之中的振声。臣子之"忠"固然重要，但绝非仅仅是为了昏庸之主以死国难。贤臣庇护、匡正君主之过固然重要，但臣子忠于圣明之君，才是最理想的状况。士人更希望有一治世，"君明臣忠"是他们的理想追求。

"忠"在汉代的发展，呈现出政治化、狭隘化的趋势。自进入秦汉大一统时期以来，为了强调天下当"定于一"，政权本身便要维护封建君主专制。君王在给予臣子管辖权力的同时，还要防止被权力攫取，故而格外强调臣子效忠。由此，经过董仲舒等人的神圣化论证，"忠"得以绝对化，实现了充分的政治化。在政治化的过程中，"忠"又被进一步狭隘化，忠君似乎成了"忠"的唯一内涵。"忠"的评判标准也全然在于能够尊君，若不尊君，则"忠"不存。狭隘化的"忠"德在古代的确维护了政治结构的稳定、社会的安定，但也禁锢了人性，导致在漫长的封建社会中，"愚忠"逐渐增多、昏君层出不穷。没有了先秦时期"君礼臣忠"的相对性，君主得以有恃无恐而不知如何自修，臣子也没有了良知之勇，选择盲从于君。

三、"忠"的现代意义

几千年来，"忠"一直是中华民族的重要传统美德之一。在现代社会，"忠"仍然具有极大的价值，且历久弥新。伴随着社会制度的变化与时代需求的发展，我们需要在扬弃中深入挖掘与发挥"忠"的当代价值。

"忠"的价值要与时俱进。"我们做一件事，总要始终不渝，做到成

---

① [东汉] 王充原著，袁华忠、方家常译注：《论衡全译》，贵州人民出版社1993年版，第1678页。

功，如果做不成功，就是把性命去牺牲亦所不惜，这便是忠。"[1]孙中山先生基于当时已经发生变化的政治制度与环境，提出"忠"的本质意义，无论社会环境如何变化，"忠"的尽心尽力之义都是始终不变的。"说忠于民是可不可呢？说忠于事又是可不可呢？"[2]我们需要扬弃"忠"的封建伦理内涵，发扬其超越时代的共同价值，不能局限于以往的封建时代中。当代社会，强调"忠"则要贴近社会主义核心价值观，社会主义核心价值观强调"爱国、敬业、诚信、友善"，都与"忠"息息相关。

爱国的基本要求便是忠于祖国：

> 一是要爱国，忠于祖国，忠于人民。爱国，是人世间最深层、最持久的情感，是一个人立德之源、立功之本。……爱国，不能停留在口号上，而是要把自己的理想同祖国的前途、把自己的人生同民族的命运紧密联系在一起，扎根人民，奉献国家。[3]

爱国根植于我们的情感，其重要表现便是忠于祖国。维护国家的统一与团结，是出于人性自然的底线要求，但忠于祖国的更高要求是奉献自己的力量建设祖国，同时将自身的发展融入祖国的发展之中。忠于祖国便要对祖国尽心尽力。出于对祖国深沉的热爱，我们须将祖国的发展放在首位，做到大公无私。"先天下之忧而忧，后天下之乐而乐"（《岳阳楼记》），我们要以国家的命运为重，以国家的安危为先。当下，世界经济复苏乏力，局部冲突和动荡频发，全球性问题加剧，世界进入新的动荡变革期，我国发展亦进入战略机遇和风险挑战并存、不确定难预料因素增多的时期。为此，我们须增强忧患意识，坚定理想信念，不断认识自己、完善自己、塑造自己，发挥自己的长处，为社会的发展贡献自己的力量，为中华民族的伟大复兴而不懈奋斗。

"敬业"便是"忠"于职业。职业之忠，首先要求对自身所从事的职业性质有所认识与认同，要清楚自己所从事的职业能够带来什么社会价

---

[1] 广东省社会科学院历史研究所编：《孙中山全集》第9卷，中华书局1986年版，第244页。
[2] 广东省社会科学院历史研究所编：《孙中山全集》第9卷，第244页。
[3]《习近平在北京大学师生座谈会上的讲话》，载《人民日报》2018年05月03日，第2版。

值。任何职业都是有价值的，每一个职业都是社会发展所必需的。当认清职业性质后，要热爱自己的职业。热爱职业，要对自身的职业产生归属、认同的情感及兴趣，它往往是支撑自身不背离职业初心的基础，只有热爱职业，才能恪尽职守。恪尽职守便要有充分的责任感，有清晰的职业操守，不越职权、不违背职业道德，遵守义务是履行责任的重要前提。当需要作出牺牲之时，应敢于献身，以职业使命为重，以集体利益为根本考量。做好分内事，同时怀着虔诚、热情与认同，在工作岗位上发光发热。面对困难时，应该努力克服、不退缩。忠于自身职业的人，一定会在自己的岗位上应对一切挑战。"忠于职守"强调敬业，热爱自身的职业还要求敬畏我们的付出，珍惜我们贡献的每一分劳动，不要以高低贵贱而论，而要保持专一、热爱之心，相信任何职业只要辛勤劳动，便能产生社会价值，发挥个性，赢得尊重。

"诚信"与"忠"息息相关。诚是"不欺"，要求我们不要欺骗自己，也不要欺骗他人。在社会交往中，我们要真诚地面对自己的善与恶，当我们欲行善时，便主动去行；当我们有恶的念头产生时，便要坦然面对，努力克服。同时，更不要去欺骗他人以谋求不义之利。"信"从来都是相互的。我们要相信他人，他人便会给予信任的回报。我们要忠于他人，对他人真诚无私，多给予他人肯定，更要在全社会范围内建立彼此互信的氛围，而不是充满猜忌与欺诈。

"友善"是"忠"的重要转化。友善因而强调和睦友好、团结互助，是人际关系的和谐，其形成的重要因素是人与人之间彼此关爱。爱是善的重要基础，是形成良善、友好之风的重要润滑剂。友善之爱，其本质是"忠爱"。友善强调互相尊重、互相理解、互相帮助，《说文解字》讲"友，同志为友"[1]，拥有相同心志的人才能成为朋友，"友善"便可理解为：出于同等思虑所形成的和谐。同等思虑，要求人们能做到将心比心，推己及人，便是出于忠恕之道的爱。只有当人人都能尽心为人、推己及人，能够爱他人之时，才会产生更多的价值共鸣，才能有越来越多的人成为"友"。因友故和，和则生善。"忠爱"便是一种同心之爱，人人为

---

[1] [东汉] 许慎：《说文解字》，第59页。

我、我为人人，能够无私地平等相待。平等相待产生的价值基础便是忠爱。只有先互相忠诚，才能明确是否有共同的价值追求，进而，基于共同的价值目标，便能互帮互助，友善他人。

依上，"忠"绝不是一种落后于现代社会的道德价值。在封建时代，"忠君"的发展使许多人对其本身的道德内涵产生了偏见与误解。我们需要正确认识"忠"，强调"忠"或者"忠君"是出于当时封建专制社会的现实需要，在一定的历史时期发挥了显著的作用。但当今社会，我们需要对"忠"正本清源，从普遍性的道德意义中挖掘时代价值，忠于我们的国家和事业，忠于我们的亲人和朋友。论"忠"不是束缚人性，而是弘扬人性中最本质、善良的一面，对于任何我们支持、热爱的事情，付出我们最诚挚的爱，一心一意地奉献自己，亦成就他人。我们要从历史故典中发掘适用现代的思想资源，促进国家发展、社会和谐、民族复兴。

第四章 礼

礼是我们日常生活的重要组成部分，是思想观念与行为法则的统一，是在社会生活中逐渐形成的，具有社会制约的作用。中国古代的"礼"，实际上是远古时代人们在日常生产、生活过程中逐渐形成的，为群体所认可和遵守的，具有一定约束力的习俗。这些来源于日常生产、生活、宗教信仰领域的习俗、习惯、仪节，经过圣贤的提炼升华，最终形成"郁郁乎文哉"的周代礼乐文化形态。[①]

周公"制礼作乐"，重新确立了一套完善的礼乐制度来维护周朝的统治。周公认识到"皇天无亲，惟德是辅。民心无常，惟惠之怀"，提出了"以德配天"和"敬德保民"的德治思想。

一、孔、孟、荀等人的礼学思想

在先秦诸子中，最重视礼的是孔子和荀子，孟子对礼学思想也有论说。孔子的"克己复礼"显示了对传统礼制的维护和依恋；荀子的礼论不仅在政治、法律层面，在哲学、文化以及日常生活层面也都作出了创造性阐释。

（一）孔子：学礼以立

周公制礼作乐，影响了周代文明，西周灭亡后，有"周礼尽在鲁"之说。孔子的祖上是宋国贵族，到孔子时，家族地位已下降为士。孔子自

[①] 参见丁鼎等《和谐共存之道：儒家礼乐文化》，山东教育出版社2020年版，第21—22页。

幼重视对礼的学习，形成了自己的礼学思想。孔子积极收集、整理、传授周礼的典章制度，对周礼进行了系统整理。

孔子处于春秋末年"礼崩乐坏"的时代，礼不再由上层贵族所垄断，传播到了民间。周天子的势力衰微，各国诸侯图强，天下处于无序状态，孔子认为这是"天下无道"。《论语·季氏》载，孔子说："天下有道，则礼乐征伐自天子出；天下无道，则礼乐征伐自诸侯出。自诸侯出，盖十世希不失矣；自大夫出，五世希不失矣；陪臣执国命，三世希不失矣。天下有道，则政不在大夫。天下有道，则庶人不议。"[①]孔子提出，理想的社会，是和平统一的社会；理想的秩序，是以周公为代表的能体现人文精神的"礼乐"，是文化意义上的"周礼"，是以秩序体现的人文精神。

孔子认为君主在治理国家时应用礼让的态度，持有仁的思想宗旨，宽政爱民，以礼来感化人民。"上好礼，则民莫敢不敬"（《论语·子路》），"上好礼，则民易使用权也"（《论语·宪问》），礼的实行使君主易于治理人民。礼的外在表现包含着一系列仪式、服饰、器用的安排及诸多规定，体现着宗法等级思想。"道之以德，齐之以礼，有耻且格"（《论语·为政》），通过礼的约束，任何人都具有遵守宗法等级的自觉行为，不会产生僭越，从而国泰民安。

孔子重视作为制度规则层面的礼。《论语·八佾》说："子贡欲去告朔之饩羊。子曰：'赐也！尔爱其羊，我爱其礼。'"[②]子贡是孔子非常喜爱的弟子，姓端木，名赐，子贡是他的字。"子贡欲去告朔之饩羊"，"去"是去除，不保留。"告朔"，周天子每年冬季颁发政令，叫政令书，天子在每年年尾的时候颁发来年的计划书，规定来年每个月要做什么样的政事，把这政令书颁告天下诸侯，就是告朔。诸侯接受政令书之后，就把政令书藏在诸侯国的太庙里面，到了新年一月份，从正月初一开始，每个朔日，也就是每月的初一，都会供一只饩羊（饩羊是活生生的羊），来作祭品然后祭告于太庙，把当月的政令书取下来，上朝奉行，这个礼叫告朔礼。天子于每月初一（朔日）这天也会举行告朔礼，地点

---

① 杨伯峻译注：《论语译注》，第174页。
② 杨伯峻译注：《论语译注》，第29页。

是在明堂里，明堂是祭祀文王的地方，诸侯是在太庙里举行，天子的祭品是牛，诸侯用羊。

"子贡欲去告朔之饩羊"，子贡想把在举行告朔礼时供的饩羊去掉。因为周朝在幽王、厉王之时，天子、诸侯已经不行告朔礼了。在鲁国，鲁文公于文公六年（前621）闰月没有举行告朔礼，到鲁文公十六年，又因为疾病，有四次没去参加告朔礼。鲁文公去世后，鲁君不再去行告朔礼，只是到每月初一，在形式上派人送一只饩羊去供奉祖庙。

告朔礼最初的本意是使诸侯国君尊重周天子的政令，这种礼是一种恭敬的表现。诸侯废弃这种礼，可见恭敬之心已经没有了。孔子极力想要恢复周礼，也就是希望用周礼的这些形式把人的恭敬之心唤回来，这是圣人的一片苦心，要是礼没有了，恭敬之心也就没有了载体。

子贡认为，国君只是用一只羊来供奉祖庙，没有真正实行告朔之礼，所以要把供奉一只羊的形式也废弃了。还有一层原因，因为行这个礼必须要杀羊，如果为了礼把羊杀掉还算值得，但现在礼都不实行了还杀羊，子贡爱惜羊，他认为应该把羊也去掉。"子曰：赐也，尔爱其羊，我爱其礼。"孔子说，赐啊，你爱惜的是羊，可我爱惜的是这个礼。

朱熹《论语集注》解释说："子贡盖惜其无实而妄费。然礼虽废，羊存，犹得以识之而可复焉。若并去其羊，则此礼遂亡矣，孔子所以惜之。"[1] 子贡爱惜这只羊，认为这个礼已经名存实亡了，没必要浪费这只羊。可是子贡没想到，如果把这个礼完全废了，才是真正值得痛惜的。现在虽然礼已经废了，可还有一个形式在——"羊存"，羊还在祭品就在，每个月用一只羊做祭，只要这个形式还存在，即使没有内容，也可以留给后人，使后人知道这种传统的形式被保留了下来，将来可以恢复，不至于让礼断绝，如果把羊也去了，形式没有了，礼就真的荡然无存了。可见传统的礼仪有其存在的道理，不能随随便便抛弃掉。[2] 所以，尽管当时每月初一鲁国君主不亲临祖庙，也不听政，也仍须杀一只活羊。子贡觉得不如连羊也不杀，不必留此形式。孔子认为，尽管这只是礼的残存

---

[1] [南宋]朱熹集注，郭万金编校：《论语集注》，商务印书馆2022年版，第119页。
[2] 参见钟茂森《细讲论语》（二），长江文艺出版社2011年版，第76—78页。

形式，但也比什么都不留要好些，因为"我爱其礼"的礼，正残留在这种告朔的形式中。

礼的终极目的是落实仁的精神。孔子说："人而不仁，如礼何？"（《论语·八佾》）这表明礼的实行必须有仁的精神作为支撑。孔子讲："非礼勿视，非礼勿听，非礼勿言，非礼勿动。"（《论语·颜渊》）礼是建构原则，是外在规约，是制度化、行为化的象征。作为礼之质的仁，还包括等差原则，是对普世之爱的限定。仁作为礼的本质、人的生命的本质，在道德实践中得以合一，同时又借助礼之文使人的尊严得以显现，故"志士仁人，无求生以害仁，有杀身以成仁"（《论语·卫灵公》），仁并不是脱离礼的抽象之爱，而是体现在具体交往中。

孔子认为礼是个人修身立命的首要条件。礼包含着仪式、礼器、服饰等的安排以及左右周旋、进退俯仰等一套琐细而又严格的规定，孔子把礼列为"六艺"之首，是强调礼在培养个人品德、陶冶情操过程中的重要作用。礼本身体现出强烈的理性色彩和人道主义精神。孔子多强调礼的功用，认为"立于礼"（《论语·泰伯》），"不学礼，无以立"（《论语·季氏》），"不知礼，无以立"（《论语·尧曰》）。个人在博学各种典章文化的基础上，用礼来统率约束其思想，孔子说："恭而无礼，则劳；慎而无礼，则葸；勇而无礼，则乱；直而无礼，则绞。"（《论语·泰伯》）孔子认为恭、慎、勇、直虽是个人美德，但如果没有礼的制约，则会出现劳、葸、乱、绞四种弊端。另外，孔子认为好德如好仁、好知、好信、好直、好勇、好刚等，只要不好学都会各有所弊，唯有好礼，没有被他列入有弊之内，可以看出孔子重视礼在个人品德修养中的重要作用。

孔子认为礼具有调节人际关系的功能。周代整个社会的主要关系，是以血缘为基础的等级关系。礼在此条件下调节人际关系，使之融洽和顺，即达到《礼记·礼运》中所谓的十义"父慈、子孝、兄良、弟弟、夫义、妇听、长惠、幼顺、君仁、臣忠"，这在孔子的礼学思想里可以归纳为"君君，臣臣，父父，子子"（《论语·颜渊》）。其中父子关系为基本关系，君臣关系为扩展关系，两者结合，形成社会关系的核心内容。①

孔子的礼，主要指周代的礼仪制度。孔子认为，只有在周礼的规范下，春秋时期礼崩乐坏的局面才能被遏制，"礼乐征伐自诸侯出"的僭越行为才能杜绝，"君君，臣臣，父父，子子"的社会秩序才能建立。孔子谈礼，涉及社会生活的诸多方面："非礼勿视，非礼勿听，非礼勿言，非礼勿动。"（《论语·颜渊》）孔子主张看见的、听到的、说的话、举止行动都要符合礼。孔子维护周礼的等级制度，"象征的是一种秩序，保证这一秩序得以安定的，是人对于礼仪的敬畏和尊重，而对礼仪的敬畏和尊重，又依托着人的道德和伦理的自觉，没有这套礼仪，个人的道德无从寄寓和表现，社会的秩序也无从得到确认和遵守"②。孔子认为，礼对于政事非常重要，君主应该遵循礼来治理国家："居上不宽，为礼不敬，临丧不哀，吾何以观之哉？"（《论语·八佾》）孔子还强调君臣之礼，主张"君使臣以礼，臣事君以忠"（《论语·八佾》），即国君任命、使用大臣应该符合礼制，大臣侍奉君主则应当尽心。

（二）孟子：有礼者敬人

孟子以孔子的继承者自居，"乃所愿，则学孔子也"（《孟子·公孙丑上》），以弘扬儒家精神为己任。

孟子将"礼"内化为情感心理，认为内存仁心，才能真正有礼；礼是一种仪节，必以敬人为根本。《孟子·离娄下》载，孟子说："君子所以异于人者，以其存心也。君子以仁存心，以礼存心。仁者爱人，有礼者敬人。爱人者，人恒爱之；敬人者，人恒敬之。"③孟子说，仁和礼就存在君子的心里，有仁义之心的人，必然爱人敬人。接着，孟子讲作为主动者的爱人者、敬人者，应得的回报是，仁爱的人爱别人，礼让的人尊敬别人。爱别人的人，别人也经常爱他；尊敬别人的人，别人也经常尊敬他。可是，现实中不都是这样简单的互敬互爱。面对非礼之人及行为，

---

① 参见王龙、李思华《从〈论语〉探论孔子的礼学观》，载《西南民族学院学报》（哲学社会科学版）2002年第S3期，第72页。
② 葛兆光：《古代中国文化讲义》，复旦大学出版社2006年版，第50页。
③ 杨伯峻译注：《孟子译注》，中华书局2005年版，第197页。

怎么办？孟子说，不要计较别人对你的态度，不管别人对你怎样，你的仁义之心不改。行仁义，不是为了交换和回报，不是为了希望他人投桃报李，更不是为了自己的私利。君子除了不跟"妄人"计较，不"以眼还眼以牙还牙"外，还应该怎么做呢？孟子以尧舜作例子来说明："是故君子有终身之忧，无一朝之患也。乃若所忧则有之：舜，人也；我，亦人也。舜为法于天下，可传于后世，我由未免为乡人也，是则可忧也。忧之如何？如舜而已矣。若夫君子所患则亡矣。"孟子的意思是，君子如果终身修炼，像舜一样做一个仁义之人，就没有一时一事的担忧。"终身之忧"，就是担心自己的人格修养没有达到"仁义礼智"的境界。①

　　孟子在其礼学思想中强调礼的内容大于礼的形式，反对因为礼的形式而抛弃礼的实质。孟子重视礼之权变，能够针对具体事情进行具体分析。

　　《孟子·离娄上》记载了这样一件事："淳于髡曰：'男女授受不亲，礼与？'孟子曰：'礼也。'曰：'嫂溺，则援之以手乎？'曰：'嫂溺不援，是豺狼也。男女授受不亲，礼也；嫂溺，援之以手者，权也。'"②稷下学士淳于髡问孟子：男女授受不亲，是礼吗？孟子回答说：当然是礼。淳于髡反问道：如果嫂子落水，能不能伸手去拉一把呢？孟子明确回答说，"男女授受不亲"作为礼是规范古代男女交往的基本原则，按照此原则，小叔子不能与嫂子发生直接的身体接触，否则就是离经叛道。可是当嫂子落水时，就不能死守此规矩了。因为此一时，彼一时，在通常情形下，男女交往守礼是原则，在嫂子落水时，生命至上这一更高层次的原则要优先于男女授受不亲的原则。选择救人而放弃"男女授受不亲"的原则，这就叫权。孟子还举例说，男女婚姻大事，应当告知父母，但是舜的父亲为人暴虐，总是想害舜，如果舜告诉他，他肯定不会同意，因此，孟子就认为舜可以不告诉父亲。这里同样涉及两个原则：一是婚姻当遵循父母之命、媒妁之言的礼；二是不孝有三、无后为大的孝。当孝与礼发生冲突时，父母之命的原则应当让位于孝道原则。经是道德行为的原则，没有经，则不可能有道德，可是仅仅停留在经的层面上还不够，

---

① 参见何伟俊《孟子的理想国》，广西师范大学出版社2017年版，第157页。
② 杨伯峻译注：《孟子译注》，第177—178页。

因为经毕竟只是规定、理念，与现实之间存在着不同。要想将经贯通到实际的道德实践中，必须经过一个关键的阶段与过程，即选择与应用，在什么样的情形下，选择什么样的原则，是选择的关键。对不同原则的取舍决定着行为的不同道德意义。这种原则取舍，孟子称为权。权，即衡量、取舍、选择。[①] 礼作为一种社会秩序的规定，能够维护社会安定，保障民众的平安生活。当礼与生命发生抵牾的时候，承认生命权是人最重要的权力，因为没有人，就没有了传承礼的载体。孟子实现了礼的内化，因为孟子主张"礼根于心""礼非外铄我也"，这样外在的规范就变成了人内在的需求。

（三）荀子：礼是一种制度

在先秦儒者中，荀子以礼学见长，其礼学思想从社会、政治、人生、道德多角度探讨礼仪制度，形成多层次、多角度的礼学理论体系。荀子认为："人之性恶，其善者伪也。"（《荀子·性恶》）人的本性是"恶"的，"善"是人为的结果。因为人性是恶的，故需要礼的约束。礼的作用在于对人的欲望做出限制。荀子指出人性、人情之恶，进而论述礼发生的必然性。

荀子认为，礼是政治之礼，是一种政治制度。礼详细规定人们的政治地位，政治地位又决定人相应的经济地位。人们等级、长幼、亲疏的关系永恒不变、不可逾越，这是一种政治制度。

荀子把礼纳入政治轨道，与政治结合在一起。借助君权推行礼治的努力，使礼成为有力量的政治伦理规范，全面地渗入社会生活，也加强了礼作为政治制度的整个系统。荀子认为，"礼者，人道之极也"（《荀子·礼论》）"礼者，法之大分，类之纲纪也"（《荀子·劝学》）。礼是国家管理的总纲，是法，是强国之本。在荀子看来，礼是国家管理的最高形式，是一种政治制度。礼与政治结合，形成荀子的礼治主义。[②]

礼是一种道德规范。礼对于人生而言，其价值主要体现在涵养心性和规范行为两个方面。这是从礼与人的关系出发，证明礼的价值。荀子

[①] 参见沈顺福《儒家道德哲学研究》，山东大学出版社2005年版，第335页。
[②] 参见李克海《试论荀子的礼治模式》，载《社会科学家》1991年第5期，第71页。

主张人们依照礼的各项规定立身行事。他把礼定义为人的行动准则："礼也者，人之所履也，失所履，必颠蹶陷溺。"(《荀子·大略》)荀子认为礼是人生的实践指南，常人走向人生歧途、跌入错误深渊的根源是丢弃礼或违背礼，因此他主张在不同等级制度中处理人际交往、人际关系有不同的标准："礼也者，贵者敬焉，老者孝焉，长者弟焉，幼者慈焉，贱者惠焉。"(《荀子·大略》)礼要求对于地位高贵的人要尊敬；对年老者要孝敬；对兄长要悌；对年幼者要慈爱；对地位低下的人，要给他们实惠、好处。荀子以礼为准则，明确个人的责任和义务，目的是处理好贵贱长幼的关系。礼是人生之道，具有规范行为的价值。荀子说"人无礼不生"(《荀子·大略》)，视礼为人的立身处世之根本，是人的生命存在的保障。[1]

在强调"礼"的同时，荀子也重视法，主张礼法并用，而礼是治国之本。荀子希望治国者能够以"礼义"修饰自己，遵循先王之法，选拔贤能，论功行赏，制定有益于民生的财政经济政策。与孟子重视仁义道德的内在自觉性不同，荀子更重视礼义法度等社会外在的因素，主张建立以社会控制为主导的"礼法"社会秩序，由圣人制礼定法；又以道德教化为实现礼法社会的具体途径，由圣人明君教化庶人百姓。荀子主张社会教化，认为人之所以学，不在于有性善，而在于有性恶，只有通过社会教化才能实现儒家的伦理秩序。荀子认为，礼根植于人的本心，以适宜的方式表达着人的情感体验；礼源于人类群体的生活进程，以其特有的方式将人的过去、现在和未来紧密地联结起来；礼有其独有的礼乐仪式，发挥和乐的作用，将拙朴的物欲化为美妙的享乐，将赤裸的等级化为融洽的典礼。礼顾及了人的口腹之欲，也顾及了人的视觉美感；满足了人们物质和身体的需要，也满足了人精神和心理的需要。

二、汉代的礼学观念

在中国历史上，真正意义上的礼治开始于西周，礼治经历东周、秦

---

[1] 参见陆建华《荀子礼学之价值论》，载《学术月刊》2007年第7期，第64页。

朝礼崩乐坏之后，在汉代得到里程碑式的复兴。西汉吸取总结秦亡的教训，在皇权以及儒臣的持续努力下，发展了儒家礼治思想，并用于治国实践，开启了礼治复兴的时代。汉代礼治是以礼治国的成功实践，汉朝治国中的礼治理论和实践，对于后世治国理政乃至当代维护社会稳定和谐和建设文化强国，都具有重要的借鉴价值。①

（一）陆贾：以礼治国

陆贾，西汉初年思想家、政论家，在高祖、文帝时期对汉朝贡献很大。汉朝建立后，陆贾认为严刑峻法，罗网细密，必然使民众"无所措手足"，应当改变秦朝的严刑峻法，主张儒、法兼融，礼、法并重。

陆贾看重礼在治国中的作用，认为礼是治理国家的重要手段，是自然与社会的重要法则。荀子在论述自然天道观时，将礼作为"天之道""天之大经"，认为天、地、人道是一致的，都是一种有秩序的规律，是共通的，"礼者，法之大分，类之纲纪也"（《荀子·劝学》）。陆贾承继了荀学思想，把"礼"看作与"天道"并立的"大道"，天人之际的中介，他认为礼贯通天地，无论过去、现在、未来，每时每处都存在着，成为一种绝对的与天地同体的最高宇宙精神。②

陆贾懂得礼乐制度，他用礼制说服南越王赵佗臣服于汉高祖刘邦。楚汉战争期间，赵佗趁中原刘邦、项羽争夺天下，起兵兼并了桂林郡和象郡，自称"南越武王"。汉高祖刘邦不想用军事手段平定南越，派陆贾去游说赵佗。听说汉朝使者前来，赵佗梳着越地传统的发式，一种像锥子一样的发髻，伸开两腿傲慢地坐着接见陆贾。陆贾早就摸清了赵佗的家族和底细，陆贾对赵佗说："足下是中原人，亲属、弟兄和祖先的坟墓都在真定，如今你抛弃中原人的习俗，不戴帽子，想以小小的越地与中原相抗衡，就要大祸临头了。"他又说："天子体谅百姓饱受战乱的劳苦，没有发兵讨伐你，派我封你为南越王，从此与朝廷友好相处，你却凭借刚建立起来的尚未安定的越国，如此无礼。朝廷如果知道，就会

---

① 参见刘桂鑫《汉代礼治的核心内涵探析》，载《中国艺术报》2022年11月25日，第7版。
② 参见李禹阶《论陆贾的"礼""法"思想》，载《重庆师院学报》（哲学社会科学版）2003年第3期，第62页。

: 汉代人的观念世界 :

挖掉你的祖坟，焚烧你祖先的遗体，夷灭你的宗族。然后，只要选派一名副将率十万人马，兵临越国，越人就会把你杀掉投降汉朝，这易如反掌。"陆贾抓住南越王赵佗的心理，通过父母、宗族、兄弟的血缘关系来说服赵佗服从汉朝的管理。赵佗虽然自称南越武王，但早年所受的礼乐文明教化保存于其内心深处，所以陆贾以父母宗族利益说服赵佗的时候，赵佗猛然醒悟，向陆贾谢罪，表示越国会对汉朝廷称臣，遵守西汉政府的约束。①

陆贾强调礼的社会功能。他认为礼能够保持政治秩序，是治理天下国家、教化百姓的根本；认为礼的教化能够维护社会秩序，具有稳定社会秩序的重要作用。他把理想社会与礼的复兴联系起来，强调治世用"今法"，法与时变易，应当以礼为内涵，将礼的规定与法的规则融于一体。法必须与礼相结合，先礼而后刑。他主张以法维礼，以礼制法，将法与礼有机结合起来。陆贾的礼法思想是在西汉建立后，对秦朝之后的国家所面临的问题进行的回答。

（二）贾谊：重视"行其礼"

贾谊是西汉著名思想家，对西汉一代礼乐制度的建设与改革提出了一系列主张。贾谊的礼学观对汉代的礼乐建设关系重大，在中国礼学史上占有重要地位。贾谊对礼进行定义和阐释，包括礼的内容、范围及其含义，从而较为清晰地展示了他的礼学观。

1. 礼有正分

贾谊看重礼的作用，他说："礼者，所以固国家，定社稷，使君无失其民者也。主主臣臣，礼之正也；威德在君，礼之分也；尊卑大小，强弱有位，礼之数也。礼，天子爱天下，诸侯爱境内，大夫爱官属，士庶各爱其家，失爱不仁，过爱不义。故礼者，所以守尊卑之经、强弱之称者也。"（《新书·礼》）贾谊认为礼的核心是等级制度，就是说，君要像君，臣要像臣，君尊臣卑，君强臣弱，是天经地义。他说："人主之尊，辟无异堂。阶陛九级者，堂高大几六尺矣。若堂无陛级者，堂高治不过尺矣。""故古者圣王制为列等，内有公卿、大夫、士，外有公、侯、伯、

---

① 参见朱绍侯主编《中外历史名人传略》，河南人民出版社1984年版，第157页。

子、男，然后有官师、小吏，施及庶人，等级分明，而天子加焉，故其尊不可及也。"(《新书·阶级》)士、大夫、卿、公等级爵位一级比一级高，最高的是皇帝，最低的是庶民，这个等级差别不能违反。

贾谊主张人要遵从礼。《新书·礼》开篇，以太公望傅周太子姬发为例进行说明："昔周文王使太公望傅太子发。太子嗜鲍鱼，而太公弗与，太公曰：'礼，鲍鱼不登于俎，岂有非礼而可以养太子哉？'寻常之室，无奥剽之位，则父子不别；六尺之舆，无左右之义，则君臣不明。"周文王派姜太公做太子姬发的师傅。太子喜欢吃腌鱼，姜太公不让他吃。太公说："按照礼，腌咸鱼上不了祭台，入不了正席。哪有不遵循礼而培养太子的道理？"宽八尺长十六尺的一间屋子，若是没有尊长坐的西南角，以区别于非尊长坐的东南角，父子就没有区别；长宽六尺的车厢中若是没有尊长所处的左边，与非尊长所处的右边的区别，君臣的区别就不明显。房间、马车内的安排不按照礼仪，会导致上下级关系颠倒，父子关系混乱。所以道德仁义需要遵照礼完成；教育和良好的风俗需要按照礼节来完善；判断纠纷官司需要遵照礼节才能做出正确决断；君臣、上下级、父母子女、兄弟，依照礼节才能安定；朝廷官制、军队治理、法治实施，按照礼节才能产生威严。礼的作用是巩固国家，安定政权。按照礼的规定，君主像君主，臣子像臣子。天子爱护天下，诸侯爱护其封国境内百姓，大夫爱护他的下属，士人平民各自爱护自己的家。国君仁爱，臣子忠诚，父亲仁慈，子女孝顺，兄长关爱，幼弟恭敬，丈夫和气，妻子温柔，婆婆仁慈，媳妇听话，这是礼的最高境界。

贾谊认为，礼包括各种礼节仪式、典章制度、道德规范，内容广泛，从朝廷的君臣上下尊卑贵贱，到家庭生活中父子兄弟的伦理观念、学校的学习到军事行动、祭祀仪式，都以礼为根据，都包括在礼之中，成为典章制度。

2. 礼的仪容

为了以礼治国、治人、治天下，真正实行礼，贾谊更注意行礼的心志和仪容。贾谊《新书·礼容语》篇认为人的仪表、举动是显示其是否真心行礼的重要方面。他说，君子目以正体，足以从之，"是以观容而知其心"。眼的举动关系到义,足的举动关系到德,口的举动关系到信,耳的举动关系到名,而"义""德""信""名"都是礼的体现,所以行礼"不可不慎也"。只有从心志、眼神、言语、仪容、姿势、动作等各方面真心实意地履行礼,才能达到"上下和协"。贾谊强调礼,讲究行礼的心态仪容,真正目的在于加强君主的尊严和地位,还要使"父子有礼,六亲有纪"。六亲必须"有次",不可逾越。

贾谊主张人的言行举止都要有礼节作规范。他在《新书·容经》中,详细地将礼节分为"容经""视经""言经""立容""坐容""行容""趋容""跸旋之容""立车之容""兵车之容"等多种,每一种礼节内又有分别,以满足礼节活动的需要。

贾谊对礼的论述,比之汉初其他人更为详细具体。耳、目、口、足活动有规则,喜、怒、哀、乐当适宜,坐、立、跪、拜遵守仪容,这是真正实行礼仪、实施礼治的体现。贾谊肯定了礼对于治国的重要性。三代重礼,社会比较稳定,统治时期也比较长,秦因废礼义重刑罚而灭亡,汉初秦的遗风余俗亦尚未改变。因此,在当时早日制定礼乐制度,是为了稳定社会秩序、巩固封建统治。贾谊以为汉兴二十余年,天下和洽,宜改正朔,易服色制度,定官名,"乃草具其仪法,色上黄,数用五,为官名悉更,奏之"。实际上,正朔服色是最重要的礼仪制度。[①]

3. 礼的作用

贾谊肯定了礼的作用。他认为,礼是关系到国家稳定、百姓归附的关键因素。有了礼,诸侯、大夫、士庶等各阶层便能各居其位、各安其事,百姓也能安居乐业,并由此引出对"重民"思想的推崇。他说:"闻之于政也,民无不为本也。国以为本,君以为本,吏以为本。故国以民为安危,君以民为威侮,吏以民为贵贱。此之谓民无不为本也。"(《新书·大政上》)民关系到国家的安危、君主的荣辱、官吏的贵贱,是国之本、君之本、吏之本、万世之本。在贾谊看来,礼与法都是治理国家的方式。

强调礼与爱的关系。贾谊认为,礼就是爱,礼表现为爱,礼是天子

---

① 参见华友根《试论贾谊的礼学观》,载《江海学刊》1996年第3期,第112页。

对天下、诸侯对境内、士庶对其家人的爱,有爱才有仁。贾谊在对礼的阐释中,借用了孔子的礼、仁、爱范畴。孔子以仁为中介,沟通礼与爱的关系:"仁者爱人。""人而不仁,如礼何?"他强调,是否守礼的实质不在于外在的各种形式、仪式,而要看它是否是基于"爱",是否为发自内心的真情实感。仁是爱,如果没有爱,礼将会沦为空洞虚妄的形式。贾谊虽借用孔子的仁、爱论礼,但他的意旨与孔子所强调的已大不相同。贾谊所说的爱更多的是上对下,是就社会生活中等级秩序的层面而言,其"礼"更注重外在仪制。[①]

贾谊认为,礼"禁于将然之前",即礼的作用主要在事件发生之前;而法"禁于已然之后",即事件、灾难等发生之后,就要用法来处理。"禁于将然之前"的礼,贵在能杜绝恶于萌芽状态,从细小开始,进行教化,使百姓不知不觉中,见善而迁,畏罪则离,自觉从善避罪。法是必要的,但行法必须合乎礼,要依礼行法。

贾谊论述礼的范围、内容,不仅论说人与人之间的关系,还包括人对天地、动物、植物的关系;认为礼是社会活动的规范,也是认识自然、开发利用自然的准则。贾谊看来,礼不仅是外表的行为,还是内在的心理。贾谊对于礼的主张,广泛全面,深刻细致,达到行为上的礼与心志上的礼的平衡,发展了孔子、孟子、荀子以及汉初叔孙通等人之礼,还将他们的主张与思想提高了一步。[②]

贾谊强调等级制度,是由时代的特点决定的。刘邦建立汉朝以后,大臣上朝的时候没有礼仪,叔孙通帮刘邦制定了朝仪,初步规范了君臣礼节。但到汉文帝时期,同姓诸侯逐渐对中央集权形成威胁,必须以制度规范中央政权与诸侯国的权力,必须从实际的政治地位出发,在制度上、名号上严格规定皇帝与诸侯的权力:"是以高下异,则名号异,则权力异,则事势异,则旗章异,则符瑞异。"(《新书·服疑》)皇帝和诸侯王的区别在实质上区别开来,形式上也要区别开,形成礼的等级制度,维护汉朝国家统治的稳定。

[①] 参见方红姣《贾谊论礼与法的关系》,载《人文杂志》2015年第8期,第126页。
[②] 参见华友根《试论贾谊的礼学观》,载《江海学刊》1996年第3期,第113页。

（三）董仲舒：礼是社会道德的综合

董仲舒的礼治思想，是以孔、孟的儒学为核心，以仁德为本，以礼为主，吸收融合了道家、法家等诸子的礼治思想，兼容阴阳五行说，倡导以三纲五常为核心的礼治思想。

1. 礼的地位尊贵

董仲舒说："《春秋》尊礼而重信，信重于地，礼尊于身。"（《春秋繁露·楚庄王》）礼的地位尊贵，甚至比自己的身体更尊贵。根据宗周礼乐文明制度，可以"贬天子，退诸侯，讨大夫"。若是不明白礼义之旨，就会造成君不君、臣不臣、父不父、子不子的局面，所以《春秋》是礼义之大宗。

在《春秋繁露·服制》篇中，董仲舒阐述通过制度区分身份的思想："各度爵而制服，量禄而用财。饮食有量，衣服有制，宫室有度，畜产人徒有数，舟车甲器有禁。"（《春秋繁露·服制》）董仲舒认为，饮食、衣服、宫室、家畜、仆役、车船等都有一定的制度。人的穿着要根据他的身份爵位来划定，即使有才干和俊美的容貌，没有爵位就不能穿相应爵位的衣服；即使家庭富裕，没有俸禄就不能使用相应的钱财。天子穿的是有图案纹章的衣服用来上朝；将军与大夫平时也不得穿礼服，但参加庙祭和朝会官吏的时候可以；士只能束带而装饰其边缘；平民不能穿有色彩的衣服，各种工匠、商人不能穿狐皮、貉皮做成的衣服；受过刑罚和正在服刑的人不能穿用丝做成的衣服，不能乘马。以上显示了礼通过不同的衣服区分不同的人群，达到整顿治理社会之目的。[①]

董仲舒的服制思想重点在于统治者通过身份展现其不可置疑的权力上面，身份外饰成为权力展示的一种工具："天地之生万物也以养人，故其可适者以养身体，其可威者以为容服，礼之所为兴也。"（《春秋繁露·服制像》）董仲舒认为，服饰是威严的体现，服饰所体现之威严胜于勇武。"其可威者以为容服，礼之所为兴也"（《春秋繁露·服制像》），把体现威严视为容止服饰的一大重要功能，甚至认为礼就是这样兴起来的。

人君在其服饰中，可以表现出一种庄严肃敬的气概，能令勇武之人

[①] 参见聂春华《董仲舒美学思想研究》，武汉大学哲学系博士学位论文，2008年，第147页。

见之而消其悍志。因此，人君要想达到这种不战而胜的境界，离不开身份服饰："是以君子所服为上矣，故望之俨然者，亦已至矣，岂可不察乎。"（《春秋繁露·服制像》）君子的服饰是非常重要的，能够体现出威严，必须省察。

2. 礼之所重者在其志

董仲舒的礼学思想对先秦诸儒的礼学多有继承。先秦儒者认为礼能够区分人的地位，董仲舒也有这种看法，他说："圣人之道，众堤防之类也。谓之度制，谓之礼节。故贵贱有等，衣服有制，朝廷有位，乡党有序，则民有所让而不敢争，所以一之也。"（《春秋繁露·度制》）圣人主张贵贱有一定的等级，衣服的穿着有一定的制服规定，在朝廷上有地位区分，地方上有一定的秩序，使民众有所礼让而不敢争乱，这就是度制礼节。先秦儒家礼学思想的一个重要命题就是以仁释礼，而仁归根结底是一种道德情感，所以礼是建立在道德情感的基础上的。董仲舒进一步发展了这种观点，他说："礼之所重者在其志。志敬而节具，则君子予之知礼。志和而音雅，则君子予之知乐。志哀而居约，则君子予之知丧。故曰：非虚加之，重志之谓也。"（《春秋繁露·玉杯》）董仲舒认为礼最重要的就在于志，志即动机。志存敬意而又有周到的礼节，那么君子就可以说知道礼了；志和而声音高雅，那么君子便可以说知道音乐了；志存哀痛而又生活简单，那么君子便可以说知道丧了。

董仲舒以《春秋·文公二年》的记载"公子如齐纳币"为例进行说明。《春秋》本是事实的陈述，说鲁文公即位后与齐国行订婚，纳聘礼，但在此前三年，鲁文公有丧父的记载，所以《公羊传》认为这是"讥丧娶也"。虽然纳币只是定亲，与迎娶有别，但是董仲舒认为礼所重视的是内在的心志、动机。心存敬意，礼节周备，君子就会赞许其知礼；心志平和，乐声雅正，君子就会赞许其知乐；内心哀伤，生活简约，君子就会赞许其知丧。心志是本质，外物是形式。形式是依附于本质的，本质若不容纳形式，形式则无法附在本质上。只有心志和外物都具备，礼节才算完成。

古代规定守丧三年（实际是 25 个月），在此期间不能进行娱乐活动，更不能娶亲。根据《春秋》的记载，鲁僖公于僖公三十三年（前 627）

十二月薨，他的儿子鲁文公于文公四年（前623）五月份才去齐国迎亲，距离僖公逝世已经41个月了。按照丧礼须守丧三年，其间是不许娶亲的，鲁文公已经超过了这个期限，但是《公羊传》仍然说《春秋》批评鲁文公在丧期内娶亲，这是什么缘故呢？因为"春秋之论事，莫重于志"（《春秋繁露·玉杯》），鲁文公虽然是在41个月之后才娶亲的，但是鲁文公在守丧期间就给女方送去了聘金，这说明鲁文公在守丧期间就有了迎娶之动机，所以《公羊传》认为《春秋》这里是批评鲁文公在丧期内娶亲。董仲舒根据《春秋》这个记载说明礼最为重要的是在动机而不在其行为。鲁文公纳币是在丧期之内，说明他在丧期就有娶亲的动机，所以就算没有正式娶亲，只是存心动念，也会受到讥贬。

董仲舒还把这种重视心志、动机的思想运用到实际判案中。他以《春秋》决狱，原心定罪，留下这样的案例：父亲与人争斗，对方用佩刀击刺，儿子情急之下用木棍击打与父亲争斗之人，结果误伤到父亲。按照汉朝的法律，殴打父亲是重罪，可处以"枭首"极刑。董仲舒认为，这个儿子的行为是"过失伤父"，而不是"故意殴父"，所以不应判罪。董仲舒重"志"，是重视道德规范后面的人性。他认为心志是"质"，外物是"文"，虽然"质文两备"是最完美的，但是如果二者不可兼得，则应该"先质而后文，右志而左物"，先本质而后文饰，重志向而轻外物。[①]

董仲舒也从"情"这一角度论述了礼，他说："夫礼，体情而防乱者也。民之情，不能制其欲，使之度礼。目视正色，耳听正声，口食正味，身行正道，非夺之情也，所以安其情也。"（《春秋繁露·天道施》）董仲舒提出礼是"体情而防乱"的，所谓"体情"即有以情为本、缘情而动的意思，因此礼并不是对情加以禁断束缚，不是要夺取人本就有的情感，而是"安其情也"。可见董仲舒并未视人的情感为邪恶之物，只是认为人的情感需要节制而使之合礼，这也是继承了儒家传统的礼学思想。董仲舒认为人的心志、动机是本质，而事物是形式。最理想的状态是质文两备后形成礼制。如果只能要其中一方面的话，则宁愿要质而不要文。这种观点也是对先秦儒家思想的继承，董仲舒则更加强调了最好的礼是质

[①] 曹迎春、代春敏：《德音润泽：董仲舒名言品鉴》，燕山大学出版社2022年版，第32页。

文两备。

董仲舒提出以志论礼的命题，他说："缘此以论礼，礼之所重者在其志。志敬而节俱，则君子予之知礼。"（《春秋繁露·玉杯》）这就是说，礼最重要的方面就是动机，如果心存敬意而又有周到的礼节，那么君子就可以说知礼了。董仲舒赞成根据动机，而不是按照身份来判断一个人是否遵循礼仪。但是，除了具体情况具体分析，还要有一种笼统、普遍的说法来概括大致的情况，他认为这种笼统、普遍的说法体现在《春秋》之中就是"常辞"，他说："《春秋》之常辞也，不予夷狄而予中国为礼。至邲之战，偏然反之，何也？曰：《春秋》无通辞，从变而移。"（《春秋繁露·竹林》）常辞，即通常的说法。邲之战是发生在鲁宣公十二年（前597）的一场晋楚之战。在这场战争中，楚庄王表现了可贵的仁德，而晋人却表现无礼。本来按照《春秋》通常的说法，是不予夷狄为礼而予中原之国为礼的，但是"常辞"并不是固定的说法，遇到具体情况还要具体分析，所以在邲之战这件事上，《春秋》称楚国有礼而晋国无礼。由此可见，董仲舒的礼学思想是既重礼背后的动机，又把常与变结合起来，这样就较好地解决了礼的适用问题。作为公羊学家，董仲舒特别重视夷夏之分，在他看来，一方面，礼一般适用于知识阶层，但另一方面，礼的适用又要根据具体情况进行分析，本来没有资格讲礼的人只要有尚礼之心，也可称他知礼；而本来就有资格讲礼的人如果不重视礼仪，那就不认为他知礼了。

3. 礼继天地，体阴阳

董仲舒谈礼，涉及天人感应的学说，根据天地阴阳之象为人世间的尊卑等级寻找依据，他说："礼者，继天地，体阴阳，而慎主客，序尊卑、贵贱、大小之位，而差外内、远近、新故之级者也，以德多为象。"（《春秋繁露·奉本》）董仲舒认为礼是继承天地、取法阴阳的，而在他看来，天是任德不任刑的，"天道之大者在阴阳。阳为德，阴为刑；刑主杀而德主生。是故阳常居大夏，而以生育养长为事；阴常居大冬，而积于空虚不用之处，以此见天之任德不任刑也"（《汉书·董仲舒传》）。因为上天任德不任刑，人间的礼制也应当效法于此，尊卑、贵贱、大小、外内、远近、新故的等级区分也应当"以德多为象",即按照德行的多少高低进行分配。董仲舒对礼与天人感应的关系进行了反复的论述。

首先,礼当效法天道。《春秋繁露·度制》云:"故明圣者象天所为,为制度,使诸有大俸禄亦皆不得兼小利,与民争利业,乃天理也。"董仲舒主张,君子做了官就不要再从事稼穑,打猎的就不要去捕鱼,要按照季节饮食而不求珍稀,大夫不坐羊皮、士不坐狗皮,主张礼制就是要使那些享受高官厚禄的人不再和百姓争利,多留一些好处给别人。他把这个原则归结为对上天的效仿,认为圣明之人效法上天所为而制定礼仪制度,这样人世间的这些礼仪制度就符合天理了。

董仲舒认为,礼仪中最为重要的君臣、父子、夫妇之道也要效法于天。他说:"天地者,万物之本,先祖之所出也。广大无极,其德昭明,历年众多,永永无疆。天出至明,众知类也,其伏无不照也。地出至晦,星日为明,不敢暗。君臣、父子、夫妇之道取之此。"(《春秋繁露·观德》)君道、父道、夫道效法天,臣道、子道、妇道效法地。在董仲舒心目中,天和地的关系是不平等的,"天高其位而下其施,藏其形而见其光。高其位,所以为尊也;下其施,所以为仁也;藏其形,所以为神;见其光,所以为明。故位尊而施仁,藏神而见光者,天之行也。故为人主者,法天之行,是故内深藏,所以为神;外博观,所以为明也;任群贤,所以为受成;乃不自劳于事,所以为尊也;泛爱群生,不以喜怒赏罚,所以为仁也","为人臣者法地之道,暴其形,出其情以示人,高下、险易、坚软、刚柔、肥瘠、美恶,累可就财也。故其形宜不宜,可得而财也。为人臣者比地贵信而悉见其情于主,主亦得而财之,故王道威而不失。为人臣常竭情悉力而见其短长,使主上得而器使之,而犹地之竭竟其情也,故其形宜可得而财也"(《春秋繁露·离合根》)。这样,天高而地卑,就相应地有了人间礼制的尊卑关系。由于董仲舒把礼的发生推至天地之道,所以在各种祭礼之中最重祭天的郊礼,他说:"《春秋》之义,国有大丧者,止宗庙之祭,而不止郊祭,不敢以父母之丧,废事天地之礼也。父母之丧,至哀痛悲苦也,尚不敢废郊也,孰足以废郊者?故其在礼,亦曰:'丧者不祭,惟祭天为越丧而行事。'夫古之畏敬天而重天郊，如此甚也。"(《春秋繁露·郊祭》)《春秋》的大义是这样的，当国家遇到重大的丧事，就要停止宗庙的祭祀，但是不停止郊祭，不敢以父母的丧事而废除侍奉天的礼节。父母的去世是最哀痛悲苦的，如此尚不敢废除郊祭，那么还有什么能够废除郊祭呢？这种郊祭重于宗庙的看法，无疑来自天尊于人的观念。

其次，从感应关系论礼。董仲舒说："王者与臣无礼，貌不肃敬，则木不曲直，而夏多暴风。"(《春秋繁露·五行五事》)如果王者对臣子无礼、态度不肃敬，树木就不能用来制作器具，夏天就会多暴风。董仲舒是根据五行和五事的配对得出这种观点的，木、火、土、金、水五行和貌、视、思、言、听五事相配，貌不肃敬，就会对木产生影响，木又和五气中的风配对，所以夏天就会多暴风。相反，"王者能敬则肃，肃则春气得，故肃者主春"(《春秋繁露·五行五事》)。

董仲舒还把五行相生的理论和官职政务联系起来。把五种官职，即司农、司马、司空、司徒和司寇与五行配合起来。北方属水，和司寇相配，司寇崇尚的是礼。在五行相生理论中，水生木，因此在司寇监督下，各种工匠制作器械，制成后交给司农。东方属木，和司农相配。这样，根据五行相生的序列，董仲舒创造了一个司农、司马、司空、司徒和司寇五种官职相生的序列，崇尚礼仪的司寇属于这个相生的大系统。

董仲舒受荀子隆礼重法的思想影响很大，他说："大富则骄，大贫则忧。忧则为盗，骄则为暴，此众人之情也。圣者则于众人之情，见乱之所从生。故其制人道而差上下也，使富者足以示贵而不至于骄，贫者足以养生而不至于忧。以此为度而调均之，是以财不匮而上下相安，故易治也。"(《春秋繁露·度制》)董仲舒论述了社会治乱的原因和礼仪制度的作用。他认为太富有的人会骄横，太贫穷的人又会忧愁，这是一般的人情状况。圣人根据这种情况，制定社会法则以区分上下等级，使富有者可以显示自己的富贵而不至于骄横，贫穷的人足以生存而不至于忧愁。董仲舒这种观点显然来自荀子的思想，把礼仪制度视为养情的手段，一方面承认人有追逐利益的欲望，这种欲望任其发展就会使社会产生动乱；另一方面又强调了礼仪制度的主要功能是满足人们的欲望，使人们的欲望不至于过度膨胀而无所限制，这样就能使"财不匮而上下相安"，使整个社会进入有序的状态。①

（四）汉代儒家礼学特点

叔孙通在汉初建立时，已向刘邦说明礼的重要性："夫儒者难与进取，可与守成。"（《史记·刘敬叔孙通列传》）陆贾也说："居马上得之，宁可以马上治乎？且汤武逆取而以顺守之，文武并用，长久之术也。"（《汉书·陆贾列传》）贾谊则系统地论说礼制的重要作用，主张改变秦制，全面实施适合汉朝管理的礼法制度。《史记》记载："贾生以为汉兴至孝文二十余年，天下和洽，而固当改正朔，易服色，法制度，定官名，兴礼乐，乃悉草具其事仪法，色尚黄，数用五，为官名，悉更秦之法。"（《史记·屈原贾生列传》）

1.汉代以礼乐教化

礼治之"礼"，具体涵盖礼仪、礼乐、礼俗、礼制和礼教等方面。寻常之礼，只是道德观念的外在体现，作为行为规范主要由舆论维持，但治国之礼则具有政治性和强制性，具有明确的目的性和完整的体系。汉代礼治的核心内涵主要体现在礼教和礼制两方面：一方面用礼仪道德教化百姓，稳定社会秩序，构建良好的社会风气；另一方面以礼仪、礼乐进行吏治、法治、文治、德治，将"礼"用国家法律制度的形式进行推广，以稳固统治。②

汉代礼乐教化重视仁义礼智信，看重喜怒哀乐爱恶，以之作为礼治的人性论基础。汉儒主张"三纲"，君为臣纲、父为子纲、夫为妻纲；有"六纪"，即敬诸父兄、诸舅有义、族人有序、昆弟有亲、师长有尊、朋友有旧。大者为纲，小者为纪。"三纲六纪"以父子、父兄、族人、宗族血缘为核心纽带，进而推广至君臣、师生、朋友等社会关系，按照亲疏、长幼、尊卑、上下原则把社会各阶层组成井然有序的整体。

汉朝重视通过办学实施教化。汉武帝建立上自中央太学，下至地方郡学

---

① 参见聂春华《董仲舒美学思想研究》，武汉大学哲学系博士学位论文,2008年，第147页。
② 参见刘桂鑫《汉代礼治的核心内涵探析》，载《中国艺术报》2022年11月25日，第7版。

县学的教育体系，历代帝王高度重视教化，将礼乐教化与教育制度、官员选拔制度紧密结合，使礼乐文明教化获得广泛传播。在思想观念上，汉儒发展出"天人感应"说，把"礼缘人情而作"的观念与道家"无为而治"的思想相结合，协调情、礼方面的冲突，为礼治提供了理论基础和指导原则。

2. 汉代的礼法之治

汉代礼治，一方面吸取了孔子的礼学思想，孔子在承袭周礼内核思想的基础上，构建了以"仁"为核心、以"经国"为目的、以"复礼"为目标的"礼治"思想体系；另一方面汲取了荀子儒、法结合的理念，承认刑罚和礼制各自不可替代的功能，实现了礼治和法治的相互融合、相辅相成，使礼法得以结合。

德主刑辅、礼法合一是汉代礼治的突出特点，兼具依法治国和以德治国的双重内涵。礼治本身就是礼教道德和法律制度的结合，是礼的法律化和强制化，它以法令规章制度的形式规范臣民的生活实践，实现国家社会的稳定有序。自从叔孙通"颇采古礼与秦仪杂就"（《史记·叔孙通传》）制定朝仪，"杂王霸之道"就成为汉朝统治之家法。汉宣帝是中兴之主，他"信赏必罚，综核名实，政事、文学、法理之士咸精其能"，使"吏称其职，民安其业"（《汉书·宣帝纪》）。东汉光武帝、明帝承继这种"杂王霸之道"的管理方法，史家标榜为治政典范，称赞他们"善刑理，法令分明。日晏坐朝，幽枉必达"，"故后之言事者，莫不先建武、永平之政"（《后汉书·明帝纪》）。

汉代礼法并治，礼的根本原则成为法的原则，礼主张的等级分化和行为准则固定化、法制化，礼所推崇的家族伦理制度化。各种礼具体化到宗庙祭祀、宫廷礼仪、官吏治理、司法刑罚、治国律法乃至家族内部长幼尊卑等各个方面，比如确立先教后刑的原则，根据伦理纲常和亲属关系定罪量刑，允许母子兄弟相代死、亲亲可以互相包庇藏匿。汉代开始，礼治成为强制的规则制度，对后世影响很大。

汉代礼治，从兼采包容到独尊儒术，从秦朝以法治国发展到以礼治国、礼法并治，丰富古礼，创造新的礼制，经历了汉高祖到文景时期的萌芽、武帝时的独尊儒术、宣帝时期的确立和东汉的成熟阶段，在"礼乐教化"

和"礼法并治"这两个核心思想举措的基础上,一边弘扬伦理道德,提升民众思想文化素养,一边将"礼"制度化、法律化,以巩固加强汉王朝的大一统局势。①

3. 汉代的礼制与经学有关

汉代开始了中国礼制发展的新时期。汉代礼制复兴,首先表现为王朝典礼的复兴,其次是对社会生活中礼仪规范的重建。王朝典礼体现在统一王朝的典章制度上,如汉初叔孙通所定的"朝仪"和"宗庙法",汉武帝时的封禅之礼、郊祀之礼,汉成帝和王莽时的辟雍、明堂之礼。这表明汉代礼制在实际生活中逐渐走向系统化、规范化、严密细致化。

汉代礼的崛起,表现在汉代经学的兴起。"经"原是儒家学派保存的一些古代典籍,后因立于学官而被奉为圣典。进入西汉,儒家讲经习礼得到官方支持,汉高祖时"诸儒始得修其经学,讲习大射乡饮之礼",文景之世,设经学博士;汉武帝"罢黜百家,独尊儒术",设太学,置五经博士。五经是《诗经》《尚书》《易经》《礼》《春秋》,这些经书具有丰富的古礼精神和制度,特别是礼经,包括"三礼",即《周礼》《仪礼》《礼记》。汉儒对《周礼》《仪礼》《礼记》进行了整理、解释,东汉经学大师郑玄的"三礼注",是集大成的工作,对后世影响极大。②

汉代礼治的形成过程,就思想发展和文化价值体系建构而言,本身就是儒学独尊的实现过程。汉代礼治要解决的根本问题,是长治久安的问题。政治家在选择儒家思想作为官方意识形态方面取得了一致,其标志性事件便是罢黜百家、独尊儒术方略的制定。礼治的发展和儒学的独尊,经历了漫长的历程,从西汉武帝到东汉章帝,共二百余年。章帝举行白虎观会,《白虎通义》一书的出现,标志着汉代礼治的成熟,也标志着罢黜百家、独尊儒术的真正实现。汉代礼治的形成和儒学的独尊对后世影响极大。汉朝之后的整个中国社会,基本上是以礼治国为核心,其

---

① 参见刘桂鑫《汉代礼治的核心内涵探析》,载《中国艺术报》2022年11月25日,第7版。
② 参见尚琤《简论汉代的礼和法》,载《史学月刊》1997年第4期,第22页。

社会政治的指导思想始终是儒学。[1]

三、汉代儒家礼学的现代价值

礼是以人类的普遍情感为基础的，人们所能实行的人伦日用；礼可见可行，在人类生活中无处不在，承担起维系社会秩序的功能，人们的举手投足直接影响到社会的秩序结构。在以礼为原则所构造的社会关系中，以尊卑长幼为核心的关系决定了人们的位置，以及进退揖让的规矩。[2]礼作为"天地之序"，无处不在，既体现在冠昏、丧祭、射御、朝聘这些大典之中，也体现在言辞交接、辞让、饮食等日常的生活之中，人们自觉地对"天地之序"的遵从，是个人自我完善的过程，具有很强的当代价值。

（一）身体力行的实践性

儒家礼乐文明制度具有很强的实践性，强调通过身体力行，在实践中教化社会成员，使人们在每一个仪式中感悟所承担角色的社会意义，通过礼的实施找到自己的角色定位。例如作为成人礼的冠礼，其意义主要在于进入本族的宗法序列，由此展开各种仪式。嫡长子的冠礼要在阼阶上举行，"故冠于阼，以著代也"（《礼记·冠义》），意为他取得了代父而为主的资格。男子成年都要取字，字前冠以伯、仲、叔、季等行辈的称谓，来区分大宗、小宗的行辈关系，表示成人后正式加入本族序列。昏礼是男女两性的结合，标志着宗族关系的延续，是其他社会关系的源泉，《礼记·昏义》说："男女有别，而后夫妇有义；夫妇有义，而后父子有亲；父子有亲，而后君臣有正，故曰：昏礼者，礼之本也。"（《礼记·昏义》）

礼义作为人的道德修养指南，在于礼的持久性实践："凡人之所以为人者，礼义也。礼义之始，在于正容体，齐颜色，顺辞令；容体正，颜

---

[1] 参见李宗桂《汉代礼治的形成及其思想特征》，载《哲学研究》2007年第10期，第52页。

[2] 参见梅珍生《论礼乐制度的实践本性》，载《湖南大学学报》（社会科学版）2007年第1期，第100页。

色齐，辞令顺，而后礼义备，以正君臣，亲父子，和长幼。"(《礼记·冠义》)正容体、齐颜色、顺辞令等日常经验，是践礼的主要方式，个人自我规约在日常点滴中表现出意义。礼乐的实践性格，使得生活中处处表现出礼的秩序，可以起到辨贵贱、长幼、远近、男女、外内的作用，使人们各安其位，莫敢相逾越。①

贾谊注意行礼的心志和仪容。朝廷、祭祀、军旅、丧纪之礼，不仅要有适宜的仪容，而且言语、目视、心志都有一定的标准。贾谊认为人的仪表、举动是观察其是否真心行礼的重要方面。他说，君子目以正体，足以从之，"是以观容而知其心"。为此，如能真正行礼而使国泰民安，其君步言视听，"必皆得适顺善"。眼的举动关系到义，足的举动关系到德，口的举动关系到信，耳的举动关系到名，而"义""德""信""名"都是礼的体现。所以行礼"不可不慎也"。从心志、眼神、言语、仪容、姿势、动作等各方面真心实意地履行礼，才能达到"上下和协"之目的。②

（二）注重人性情感的教化培育

我国古代教育内容基本上是与礼相符的道德规范，先秦儒家把行礼如仪作为教学的中心，"从教育的内容和方法，都贯穿着礼的精神。对学生的思想教育和行为规范的训练，都要通过礼来达到教育的目的。在儒家的教育言论中，处处谈到礼，一举一动和一言一行，都要合于礼"③。

礼的产生就是文明诞生的标志，礼的发展过程实际上反映了人从野蛮向文明的进化过程。带有政治性、社会性和教育性的礼是儒家对制度化的礼进行情感化和社会化的结果，偏向重视由等级差异而成的人伦秩序，重视人与人之间的关系，由关注自己转向关注他人。

礼一方面要通过控制和调节利己的欲望，另一方面要通过确立"贵贱有等，长幼有差，贫富轻重皆有称者"的社会等级制度，实现人由利己向利他的转变，使社会安定下来。礼的教育使人习礼、执礼，领会礼

---

① 参见梅珍生《论礼乐制度的实践本性》，载《湖南大学学报》(社会科学版)2007年第1期，第99页。
② 参见华友根《试论贾谊的礼学观》，载《江海学刊》1996年第3期，第110页。
③ 参见陈元晖《中国教育学史遗稿》，北京师范大学出版社2001年版，第77—78页。

是怎样的，以达到礼的标准，通过掌握"如何守礼"，以使行为符合礼。儒家始终以智德双修、内外兼通、知行合一为基本教育原则，一方面重视通过诵读和讲解典籍，使学生充分学习和体会礼的精神实质；另一方面通过严格的训练，使学生的举动和言行都形成符合礼的行为规范。

在训练学生如何习礼、执礼时，儒家不仅通过阐释典籍向学生表明怎样的行为才可谓"执礼"，而且重视通过教育，使他们在自身实践中体会礼的精神，自觉形成合乎礼的日常行为。以孝为例，儒家认为，判断孝的标准即是判断儿女是否已尽"为人子之礼"。《礼记》中记载，所谓孝子要做到"昏定而晨省"，使父母"冬温而夏清"（《礼记·曲礼上》）。孔子认为，所谓孝顺，除了要在父母健在时尊敬他们、令其愉悦，在他们生病时心怀忧虑、尽心侍奉，在他们过世时极尽哀痛、依礼殓葬，在祭祀他们时心存怀念、庄严祭奠，还要重视发自内心的真情实感。强调教育的教化功能通过教育过程中的人性塑造和情感观照得以实现。①

陆贾总结了秦亡的经验，重视礼的社会功能。他认为，礼能够保持政治秩序，是国治天下平、收拾人心的根本。陆贾在阐述礼的起源时说："民知畏法，而无礼义，于是中圣乃设辟雍、庠序之教，以正上下之仪，明父子之礼，君臣之义，使强不凌弱，众不暴寡，弃贪鄙之心，兴清洁之行。"（《新语·道基》）陆贾秉承了传统儒家整治天下必须先制礼作乐、收拾人心的思想，将礼乐教化看成社会管理的重要功能；将理想社会、理想人格与礼的复兴联系起来，强调治天下以德教为本。②陆贾强调礼制中的治世作用，认为礼是社会之大道，治世的必然途径。他强调礼的重要作用，说："礼义不行，纲纪不立，后世衰废。于是后圣乃定《五经》，明《六艺》，承天统地，穷事察微，原情立本，以绪人伦，宗诸天地，纂修篇章，垂诸来世，被诸鸟兽，以匡衰乱，天人合策，原道悉备。"（《新语·道基》）

贾谊作为一位杰出的政治思想家、荀子的再传弟子，在表达政治见

---

① 参见于伟《先秦儒家之"礼"与我国教育的教化功能》，载《教育研究》2013年第4期，第122页。
② 参见李禹阶《论陆贾的"礼""法"思想》，载《重庆师院学报》（哲学社会科学版）2003年第3期，第62页。

解时，十分重视人性问题。贾谊提出了"人性非甚相远"和"习"以成善恶的人性理论。贾谊认为，"习"对人的善恶有着重要影响："殷为天子三十余世而周受之；周为天子三十余世而秦受之；秦为天子二世而亡。人性非甚相远也，何殷、周之君有道而长也，而秦无道之暴也？其故可知也。"在他看来，人性都是相近的，之所以有善恶之分，完全是由后天环境所致，而不是什么人性生而有善恶。贾谊说："习与正人居之，不能无正也，犹生长于齐之不能不齐言也；习与不正人居之，不能无不正也，犹生长于楚之不能不楚言也。故择其所嗜，必先受业，乃得尝之；择其所乐，必先有习，乃得为之。孔子曰：'少成若天性，习惯如自然。'是殷、周之所以长有道也。"（《新书·保傅》）这种由"习"而得的善恶，显然不是先天所生，而是后天形成的，与后天的环境、教育密不可分。贾谊特别以秦国胡亥之恶为例，论证说："其俗固非贵辞让也，所上者告评也；固非贵礼义也，所上者刑罚也。使赵高傅胡亥而教之狱，所习者非斩劓人，则夷人之三族也。故今日即位，明日射人，忠谏者谓之诽谤，深为之计者谓之妖言，其视杀人如艾草菅然。岂胡亥之性恶哉？其所以集道之者非理故也。"（《新书·保傅》）贾谊认为，胡亥的凶残并不是由于他的本性之恶，而是秦国的习俗和教育造成的。胡亥自幼受到秦国杀人、割鼻、诛灭三族刑罚的恶劣影响而习得，说明人性虽相近，但后天成就的道德不同，根本原因在于后天环境教化的不同。[①]

在贾谊看来，教化的最终目的是让人懂礼知法，能权衡善恶，抑恶扬善，维护社会秩序，这对于一个人后天的成长至关重要。使人具有美德，对国家治理尤为重要，关系到国家的稳定和大治。贾谊说："夫民者，诸侯之本也；教者，政之本也；道者，教之本也。有道，然后教也；有教，然后政治也；政治，然后民劝之；民劝之，然后国丰富也。故国丰且富，然后君乐也。"（《新书·大政下》）施教是国家为政的根本，只有实施教化，国家才能得到治理，百姓才会勤勉，国家才能富裕，贾谊此论把教化功能提升到了治国安邦的高度。

[①] 参见刘永艳《论贾谊崇仁尚礼的治国方略》，载《贵州社会科学》2007年第9期，第70页。

董仲舒认为人性既不是性善也不是性恶，但人的天性中有自发地向善的特质。这种自发的向善并不足以保证成善，必须进行教化。董仲舒把礼乐教化视为来自"天意"的政治使命，为礼乐教化的实施提供了人性论依据，提高了礼乐教化的地位，使他的礼乐教化论带上了明显的政治强制色彩。[①]

礼由于取得这种心理学的内在依据而人性化。心理情感原则不仅是儒学的独特之处，也是中国教育传统的独特之处，值得挖掘和继承。"情本体"的教育正是以中国传统教育理论的精神与价值为基础，强调在教育过程中"继承心理主义的中国传统"，帮助人回归"世间的人际情感"和"日常生活"。以情作为本体的教育兼具理知观念的传授与信仰—情感功能，强调目的性和自觉性的结合，认为教育的过程是一个动态的人性塑造过程，关涉人的情感与精神建构，强调情理交融、理渗透情，使人在获得智慧、能力、认知的同时，也能寄托自身的情感、信仰和心绪。[②]

（三）强化伦理道德的品德塑造

礼作为维系传统社会的纽带，表现在社会生活中的各个方面，特别是在道德伦理建构上起着主导作用。《礼记》说："道德仁义，非礼不成，教训正俗，非礼不备；分争辨讼，非礼不决；君臣、上下，父子兄弟，非礼不定；宦学事师，非礼不亲；班朝治军，莅官行法，非礼威严不行；祷祠祭祀，供给鬼神，非礼不诚不庄。是以君子恭敬、撙节、退让以明礼。"（《礼记·曲礼上》）这种成德成义、教训正俗、止争定分乃至事君事父、治军行法，都需要依靠礼的指引，礼是人们依之治事的自然法则，人的一切行为都是为了显现礼的崇高与神圣。正是在这个意义上，朱熹明确地将人间规范的礼看作天理之节文，礼的规矩是百姓以之而生的依据。由于礼为大，所以礼家在不同的场合反复强调，没有礼，人间生活是不可想象的。

[①] 参见祁海文《试论董仲舒的"礼乐教化"美育思想》，载《人文杂志》2018年第11期，第82页。

[②] 参见于伟、栾天《历史本体论与走向情本体的教育》，载《教育学报》2011年第4期，第125页。

礼的终极目的是育德成人，主要围绕修身律己、以诚相待、尊重他人、同情关怀、承担社会责任等，形成一整套伦理道德体系。社会成员通过生活中的各个环节，参与各种仪式，感受个人在家庭、家族、社会中的位置，学会应对、进退之节，懂得事父、事兄、交友之道，了解仪式的规则、衣服之制、饮食之节，从而维护整个社会秩序，可见礼具有道德功能和道德教育的意义。正因为如此，我国把"明礼"纳入公民基本道德规范中，强调开展必要的礼仪、礼节、礼貌活动，将其作为道德教育的一个部分。

礼能够强化伦理道德的品德塑造。《礼记》认为，在与外界的接触中，人心往往随外在诱惑而活动，若不能反省人的本性，又无外在规范限定人恶劣的欲望，就会处在无秩序、一任自己好恶的状态中，必然导致诈伪之心浮动，淫佚作乱之事四起，从而丧失人作为人所具有的文化本性。《礼记》将人情与土地相比拟，认为对待人情恰如农人对待耕地一样，需要不断精心地耕耘，这种耕耘就是以教育的手段达到人性的完善。治人情如治田，不使邪僻害正性，如不使恶草害嘉谷，将恶摒弃于人的行为之外："故圣王修义之柄、礼之序，以治人情。故人情者，圣王之田也。修礼以耕之，陈义以种之，讲学以耨之，本仁以聚之，播乐以安之。"（《礼记·礼运》）在礼的规约下，人的情欲就可以保证在善的引导下，发而"中节"，人的意志不再盲目，就可以在理性的范围内。礼要经过系列学习的过程，充满人情味和乐趣，符合人的情感需要，能够用仁爱之心收敛人情，通过音乐使人内心平安。

人的内在感情通过生活中的细节表现出来，而礼是人的一切价值尺度，这使得礼成了人的本质属性之一。在这一过程中，个体的人自觉地成了礼仪制度的承担者，并使外在礼仪内化为个体的内在本质，从而使人道德化，在这种成就德性的社会性过程中，以情欲为内核的人的原始生命形式受到扬弃。

贾谊认为，礼是为了维护尊卑、贵贱、大小、强弱的地位，使君臣、父子、夫妇秩然有序。因此他说，主主臣臣，是"礼之正"；威德在君，是"礼之分"；尊卑大小强弱有位，是"礼之数"；君仁臣忠，父慈子孝，兄爱弟敬，夫和妻柔，姑慈妇听,是"礼之至"。君仁则不厉,臣忠则不贰,父慈则教,子孝则协,兄爱则友,弟敬则顺,夫和则义,妻柔则正,姑慈则从,妇听则婉,是"礼之质"。在这里,礼的"正""分""数",是首先强调尊、贵、大、强的尊严与地位;而礼的"质""至",是要维护尊、贵、大、强的尊严与地位,并且双方还要相互配合,即君臣、父子、夫妇、兄弟、姑妇之间,尊者须仁爱,卑者当忠敬,礼才能真正维护与确立。体恤臣民,是礼的重要内容之一。

贾谊关于礼的范围、内容,不仅是人与人之间的关系,还包括了人对天地、动物、植物等的态度。也就是说,礼不但是社会活动的规范,而且是认识自然、开发利用自然的准则。在他看来,礼不仅是外表的行为,也是内在的心理。也就是说,贾谊关于礼的研究与主张,不仅范围广泛全面,而且更为深刻细致,这是要达到行为上的礼与心志上的礼的平衡与统一。也就是想的、说的礼,与实际上做的礼,要相适应而协调,从而使礼进入更加真、善、完美的境界,这是汉初和以前的礼学家所不及的。贾谊不仅发展了孔子、孟子、荀子以及汉初叔孙通、伏生等人之礼,更将他们的主张与思想提高了一步。这应该说是礼学上的重大发展与杰出成就。[①]

到董仲舒时,他所说的用以教化的"礼乐",首先是作为等级制度的礼乐制度。董仲舒说:"礼者,继天地,体阴阳,而慎主客,序尊卑、贵贱、大小之位,而差外内、远近、新故之级者也。"(《春秋繁露·奉本》)作为等级规范的礼乐,规定了各等级人物所享有和应遵守的礼节。礼乐的施行,有一整套规范化、仪式化的礼仪、礼节。董仲舒认为,礼的意义和价值并不在于仪式、色彩、音声等,而在于教化。礼乐以仪式化、规范化的审美特征形式体现道德要求,发挥了政治、道德教化作用。礼之功能,能以规范化、仪式化的形式赋予人的情感、欲望以恰当的表现形式。礼的目的不是禁欲,它是人的情感、欲望的表现形式,同时也是对情感、欲望等的规范和塑造,能够使"目视""耳听""口食""身行"均得其"正道",这就是"度礼"。当"度礼"达到"习忘乃为,常然若性",就能自然而然地"节欲顺行"。礼给人的情感、欲望以恰当的表现

---

① 参见华友根《试论贾谊的礼学观》,载《江海学刊》1996年第3期,第113页。

形式，使人能够自然地"节欲顺行"，就是"身行正道"。礼是人的德行之规范化、仪式化的表现。礼使人文雅，使人的情感、欲望、德行获得审美化的表现形式。①

礼的要求与人的行动的内在一致性，成了世间种种交往规则的依据。《礼记》说："先王之立礼也，有本有文。忠信，礼之本也；义理，礼之文也。无本不立，无文不行。"（《礼记·礼器》）忠信的品格归属于人，是人行礼必备的品格，反过来，礼又可以造就这种品格，因为礼的日常细节体现了与人的德性发展相一致的礼义。没有忠信品格的人，就不能体现出礼的庄严，人的自主性也得不到体现。这里的"无本不立"与《论语》强调"兴于《诗》，立于礼，成于乐"的"立"具有相同的旨意，它们均是在礼仪的制约下，人仍能不失保持自己的主体性特征。从礼的规则角度讲，义理是礼的精髓，要有"合于天时，设于地财，顺于鬼神，合于人心，理万物者也"（《礼记·礼器》）的义理，否则礼在世间就难以推行，就会不适合人们的需要，从而丧失其存在的合法性。在制度化的德性修养之路上，人们普遍相信在揖让进退之间、雍容俯仰之中，自有修炼人性的深意涵蕴其中，因而人们由践履礼的动作仪容便可窥见人性情的逊顺或桀骜，人在活动中显现自己，成就自己，使人与礼仪具有合二为一的特征。②

儒家的礼，本身就是社会的道德规范和伦理准则。行仪是为了体现礼，礼仪中具有德的内容。"齐之以礼"的社会管理，"养之以德"的伦理秩序，是礼之为礼的关键。礼体现了一种日熏月染的教化之功，通过长久的熏陶、潜移默化，在不知不觉中蔚然成习。所谓"渐也、顺也、靡也、久也、服也、习也，谓之化"（《管子·七法》）。礼不仅是行动的限制，也是在道德上自我表述的有效方式。可以说，礼是培养德性的最好手段，也是展现美德的最好方式。

---

① 参见祁海文《试论董仲舒的"礼乐教化"美育思想》，载《人文杂志》2018 年第 11 期，第 81 页。
② 参见梅珍生《论礼乐制度的实践本性》，载《湖南大学学报》（社会科学版）2007 年第 1 期，第 101 页。

第五章 乐

一、孔、孟、荀的音乐思想

（一）概述

春秋时期，国家面临"礼崩乐坏"的混乱局面，社会无序，道德丧失，人心迷惘。如何使国家安定、人心安宁，是思想家经常思索的问题。先秦儒家重视礼乐在社会政治中的作用，他们从个体出发，一方面顺应人自身的发展规律，一方面注重外界事物对人内心与行为产生的影响，提出恢复周代的礼乐制度。

中国哲学在美学上的反映，可以说是对"乐"的哲学研究。"乐"一方面是表达自我情感的一种方式，另一方面"乐"具有极强的感染力，可以作用于人的情感。先秦儒家十分关注情感对个人与社会的影响，因此十分注重音乐的情感教化作用，形成了独特的音乐审美观。

儒家前承先秦诸子的乐论，十分注重音乐的形式和内容，追求善与美的和谐统一。他们主张通过调和"乐"情来感化"人"情，使"中和"成为儒家音乐教化思想的主要审美标准，也成为儒家的终极理想人格目标。

（二）孔子——寓教于乐的创始人

孔子是儒家学派的创始人，生活在"礼崩乐坏"的春秋时期。《论语》和《礼记》中多次记载了孔子对上古帝王的追慕赞美。孔子所崇尚的道德典范是尧舜时期以道德禅让天下的政治文明理念，所追慕的是尧舜的道德文明品格。在"礼崩乐坏"之后，孔子深感天下人的道德丧失殆尽，在充分认识西周礼乐道德文化本质的基础上，适时地提出仁德的概念，希望通过践履礼乐成仁，唤醒人们内心的道德文明真情，回归淳朴无伪的上古道德文明之风，成为儒家理想中"文质彬彬"的君子，共同实现社会大同、人民安居乐业的美好理想。

仁德是礼乐的本质。仁人，是孔子追求的理想道德文明人格；礼乐教化，是实现仁人的手段。在孔子看来，仁德既是礼乐的根本，又是礼乐的最终旨归。"人而不仁，如礼何？人而不仁，如乐何？"礼乐围绕"仁"而作，礼乐中如果没有仁德的核心，礼乐则不能称为道德的礼乐。孔子强调仁德，为礼乐注入仁德精神，发展出与社会、时代相符合的道德礼乐，其实质就是要回归礼乐所蕴含的道德文明精神。

孔子以"礼"为"乐"的审美标准，是孔子音乐思想中的重要内容。符合"礼"德，是孔子对音乐美的评判标准。孔子认为，音乐只有在符合礼德的前提下，才能称为"美"的音乐。"乐而不淫，哀而不伤"是孔子对《诗经》中《关雎》的评价。《关雎》既表达了内心的情感，又遵循了礼德的标准。诗歌表达喜悦而不过分，表达悲哀却不伤及内心，是"美"的音乐。

孔子为音乐美区分内容与形式，要求音乐的内容与形式和谐统一。这是孔子音乐美学的基本思想内涵。孔子听《韶》乐，三月不知肉味，评价其是"尽善尽美"。没有礼德，乐不成，没有乐，礼德不行。礼德是"乐"的现实基础、实现手段；"乐"是"礼"的表现形式、美的显现。礼乐相互作用、相辅相成。

"思无邪"是孔子音乐思想的理想境界。孔子曾说乐师挚演奏《关雎》，"洋洋乎盈耳"。《关雎》不仅给人以美好的审美愉悦，且听"乐"而不会产生邪念，正是孔子所推崇的雅乐。孔子放郑声，认为郑卫之声是过分的靡靡之音，不符合"礼"德的标准，因为郑卫之音不仅破坏礼德，还会让人产生奸邪的念头，不利于社会安定。

孔子树立了最早的"寓教于乐"的美育哲学观念。孔子将原本只限于对贵族的礼乐教化扩充至全体社会成员。以礼德为编纂准则，融入音乐文学艺术形式中，在艺术形式中陶冶情操，给人以"美"的心灵感受。孔子礼乐育人有三个阶段：兴于诗，立于礼，成于乐。"不学诗，无以言"，学诗以陶冶情志思想与语言；"不学礼，无以立"，用礼德规范行善立身；成于乐，最终达到"美"的情感境界。

（三）孟子——独乐乐不如众乐乐

孟子，名轲，字子舆，生活在战国中期，是继孔子后的重要教育家、思想家，儒家学派代表人物，被后世称为"亚圣"。孟子生活的时代是"天下熙熙，皆为利来；天下攘攘，皆为利往"的混乱时代，人们不再遵守既有的道德文明礼序，连年征战扩张土地，以"利"为目的，不择手段。在此种社会环境下，孟子继承和发展孔子的仁德思想，重视仁义道德，重义轻利，在政治上倡导仁德行政。

孟子提出人性论，认为人的本性为善，其善性有四端，尽其四端者，就是顺人道行事。孟子从面对孺子落井的自然反应中得出人人都具有四端的结论，即"恻隐之心，人皆有之；羞恶之心，人皆有之；恭敬之心，人皆有之；是非之心，人皆有之"，并且认为四端是仁义礼智四德的来源，是人之本有。仁义礼智四端是人本身就具有的，不需要通过后天学习，是人具有善性的表现。

"仁政"即是"乐政"。在《孟子·梁惠王下》篇中，孟子肯定了齐宣王喜欢俗乐时所感受到的喜悦情感，并从人情的角度类推说明"乐"这种情感是每个人都向往的。因此要求统治者在满足自己快乐的同时，也应顾及人民的需求，要"与民同乐"，因而提出"独乐乐不如众乐乐""为民上而不与民同乐者，非也。乐民之乐者，民亦乐其乐"的命题。孟子曾对齐宣王说："假设君王在这里奏乐，百姓听到君王敲钟击鼓、吹箫吹笛的声音，都皱起眉头互相议论，埋怨道：'我们的大王这样喜爱音乐，为何要让我们落到如此地步呢？'父子不能相见，妻子儿女四处离散！如今君王在这里打猎，百姓听到车马的声音，看到华丽的仪仗，都皱起眉头互相转告说：'我们的君王这样爱好打猎，为何使我们落到这样的地步呢？'父子不能相见，妻子儿女四处离散。这没有别的缘故，是您不肯和百姓同欢乐啊。假使君王在这里奏乐，百姓听到君王奏乐的声音，都面有喜色地互相转告说：'我们的君王大概没有疾病吧，不然怎么能奏乐呢？'假如现在君王在这里打猎，百姓听到君王车马的声音，看到华美的仪仗，都兴高采烈地互相转告说：'我们的君王大概没有疾病吧，不然怎么能打猎呢？'这没有别的缘故，只是因为您能和百姓同欢乐啊！如果现在君王能和百姓同欢乐，就能统一天下了。"以此劝谏齐宣王施行仁政，重视民心，愉悦民心，与民同乐。

孟子提出人具有审美共性。孟子认为人们通过感官对口味、声音、视觉、味道所产生的感受是具有相似性的。"口之于味也，目之于色也，耳之于声也，鼻之于臭也，四肢之于安佚也，性也"（《孟子·尽心下》），孟子以"人性本善"为基础，认为人具有共同的生理和精神追求。人对于声音，会有相似的感受，孟子认为，"耳之于声也，有同听焉"（《孟子·告子上》），就像人听到打雷声都会不自觉捂起耳朵。人在面对同一作品时所作出的相似反应、流露出的相似情感，就是审美共性。因此，对于音乐的喜好欣赏是具有审美共性的。

孟子认为，"乐"的情感是具有道德属性的，本于仁义之德："乐之实，乐斯（仁、义）二者，乐则生矣。生则恶可已也，恶可已，则不知足之蹈之、手之舞之。"（《孟子·离娄上》）听音乐让人产生快乐的情感，这种快乐情感来源于对仁义之德的赞颂和喜悦。孔子曾评价周武王的乐舞说"近美矣，未近善"，对周武王伐纣给予了一定的肯定。同是谈论武王伐纣，齐宣王问孟子是否有成汤放逐夏桀、武王讨伐商纣这回事，孟子答道古书上有这种记载。宣王问臣子弑杀君王可以吗，孟子说败坏仁德叫作贼，败坏道义叫作残，残贼之人称为独夫，他只听说武王诛杀独夫民贼纣，没有听说武王弑君。齐宣王认为"武王伐纣"是"臣弑其君"的行为，意是以下犯上，违背了礼义。孟子不同意齐宣王的见解，进一步发展孔子之说，认为应将残害仁义之人称为贼，"武王伐纣"是践行仁义道德，并非弑君。由此可知，孟子更加注重音乐的内容和功用是否本于表现仁义之德。仁音仁乐让人产生快乐，孟子又提出"仁声"比"仁言"更具有感染力的观点，认为"仁言不如仁声之入人深也"（《孟子·尽心上》）。富有"仁"德的音乐远比单纯的语言说教更能深入人心，肯定了音乐的教化功能。

（四）荀子——乐者，中和之纪

荀子，名况，字卿，战国末期儒家代表人物。当时社会上诸侯异政，百家异说，荀子适应时代需求，继承孔孟思想，将各家思想加以融合创新，具有统一整合的趋向。荀子的音乐思想主要集中在《荀子·乐论》中，是我国古代有关音乐理论的第一篇专述。相比孔孟，荀子的音乐理论更加系统化，他更加细致地讨论了音乐的本源、功能、制作，明确提出"中和"是音乐的审美标准，主张美善相乐，对后世的音乐思想影响深远。

荀子提出"性恶论"，认为人类社会的福祸吉凶皆源于人自身。荀子认为社会动荡、混乱失序的根本原因在于人有贪利享乐之性。如果没有礼法秩序的约束，顺着人贪利的性情任其发展，就会产生纷争混乱。荀子虽然提出了"性恶论"，但肯定了人的主观能动性，他认为人应该主动顺应自然规律，通过"乐"潜移默化的作用使内心向善。

荀子认为音乐一方面来自于人的内心，是人情感的表现；另一方面音乐可以作用于人情，向人传达情感体验。荀子提出"乐"是人情中必不可少的，"夫乐者，乐也，人情之所必不免也，故人不能无乐"（《荀子·乐论》），而且不同的音乐会对人的情感产生不同的影响。听到哭泣之声，会自然使人感到悲伤，产生悲情；听到郑卫之音，会自然使人心淫；听到雅乐，会自然让人心变得庄正。同听正声，内心和顺，行为恭敬；同听奸声，内心失衡，行为乖张。人的情感和行为举止会随着外界音乐的不同而发生变化。

荀子对音乐的审美标准是"中和"。《荀子·乐论》："故乐者审一以定和者也。""故乐者，天下之大齐也，中和之纪也，人情之所必不免也。"人听雅乐，可以使人耳目聪明，血气平和。音乐符合"中和"的标准，可使人民听了和睦相处，性情愉悦，从而到达内心"和乐"的境界。因此官方安排了专门人员制作音乐，并对音乐的内容和形式进行严格审定。一方面顺应人"乐"的性情；另一方面规范"乐"的内容和形式，从而达到感动变化性情的作用。

荀子用音乐将天道与人道相联系，静而听自然之声，动而跟随自然之节奏起舞。用乐器的声音象征自然万物的特征：用鼓声象征天的宏大，钟声象征地的浑厚，磬声象征水的清越明朗，竽笙、箫和、管钥象征天上的星辰日月，人们用舞蹈来相合钟鼓的节奏前进后退，"舞意天道兼"。在旋律上，荀子认为制作音乐应遵循先王的雅颂之声。

荀子肯定音乐的社会功能。音乐能够使人志向清明，无接邪气，可以感动善心，移风易俗。统治者用乐器独特音色、节奏的特点培养人的志向，用舞具舞蹈的俯仰周旋象征四时的有节有序。融礼乐于一体，使人欢乐而不失序，追求美善相乐。《荀子·乐论》"圣贵礼乐，而贱邪音"。因此先王正乐，天下百姓顺应不同的音乐出入揖让，引导人民百姓在不同场所、不同位置中与他人和乐相处，进而达到社会和谐，维护国家安定。

二、《吕氏春秋》的音乐思想

在先秦诸子之后，能够体现儒家音乐美学思想的，尚有《吕氏春秋》一书。《吕氏春秋》是在战国末期秦国丞相吕不韦主持下，集合门客共同编撰而成的一部杂家名著。此书共分为十二纪、八览、六论，关于音乐的论述主要集中在《仲夏纪》和《季夏纪》两纪。《吕氏春秋》大多继承了儒家的乐论，联系自然、社会、心灵，融合先秦众家乐论，博采众长，为汉代阴阳五行乐论奠定了基础。

《吕氏春秋》认为，音乐最初起源于对自然界声音的模仿。在《吕氏春秋·仲夏纪·古乐》一篇中，记载了音乐制作的传说。伶伦曾听凤凰的叫声制作音律；颛顼喜好天地和合之时风的声音，命令飞龙作八风之音；乐师质效仿山林溪谷之音创造歌曲，用麋鹿的皮革造鼓来敲击石片，模仿天帝玉石的声音……自然界发出的声音为乐师进行音乐创作提供了灵感来源。最初人类创作音乐的素材来源于自然界中的声音，在感知自然界声音的基础上，创制音律。十二律就是依据十二个月的不同风声而定。十二律之称最早见于《国语·周语》伶州鸠与周景王论乐，伶州鸠说："音律是用来确定音调和量度的标准。古代的神瞽核定中和的音声而加以量度作为标准，根据律度调和钟音，定出各种行事的法则。以三为纲，平分为六律，相间成十二音律，这是自然的规律。"后在《吕氏春秋·季夏纪·音律》中，他又提到十二律以"三分损益法"而定。十二律的出现，进一步完善了人们对于音乐之理的认识。

《吕氏春秋》认为，音乐的本源来自于道。太一，是音乐的根本来源；度量，是音乐的法则。音乐所本"太一"，即是道，是万物所出，万物之宗。《吕氏春秋·仲夏纪·大乐》中的"太一"指音乐产生的根本源头，是具体声音、形体、事物之所以存在的本体。《吕氏春秋》中的道，并非仅仅局限于某一总的概念，而是囊括了无形与有形的全部事物，实现了形上之道与形下之德的贯通融合。

在《吕氏春秋》看来，音乐的产生除了以"道"作为基础之外，还要参以"度量"。自然天地万物的变化都是有其规律的，如日月星辰、风云四时，这里的度量指的是人对于来自自然界的阴阳、风云四时现象变化而来的一般性规律的认识。从乐的角度来看，"度量"代表着作乐的一切法则。

从《吕氏春秋·仲夏纪·古乐》的记载中不难看出，音乐的内涵由天地的阴阳和合、人对天德的崇拜，逐渐化为对人德的赞慕。在《吕氏春秋·仲夏纪·古乐》中，朱襄氏作五弦琴调和阴阳之气；葛天氏之乐，歌颂自然万物生养之德；陶唐氏之时作舞宣导阴阳之气；黄帝令伶伦听凤鸣之音作为律，表现了音乐和合阴阳的作用；颛顼顺应天地之和作曲"以祭上帝"；帝喾作乐器"以康帝德"；帝舜令质修九招、六列、六英，"以明帝德"，表现了人对于上帝之德的崇拜。从大禹治水成功命皋陶作《夏龠》九成"以昭其功"、周公旦赞文王"以绳文王之德"，到成王命周公平定殷民叛乱，"乃为《三象》，以嘉其德"，表现了对人德的赞扬。

《吕氏春秋》中体现了天德与人德的贯通。《吕氏春秋·孟春纪·贵公》："天地大矣，生而弗子，成而弗有，万物皆被其泽、得其利而莫知其所由始，此三皇、五帝之德也。"自然天地无私之德融贯了三皇五帝之德。天德与人德之间开始有了明确的联系。《吕氏春秋》中所谓的天德实际上是以天地自然规律为基础的，如《吕氏春秋·孟春纪·去私》言："天无私覆也，地无私载也，日月无私烛也，四时无私行也，行其德而万物得遂长焉。"这里的德是自然天地德性。这种德性于全德之人是相符的。

在整个中国古代的儒家乐论中，无一例外都是以道德作为音乐的基本内容。这里的全德之人，实际是以天道为德。

《吕氏春秋》中提出了音乐"中和"的审美观。《吕氏春秋·仲夏纪·适音》认为，声音要有一定的度量，音调太高或太低，音律太清或太浊，都不符合"适"的标准。何为适？"衷也者适也"，音乐一定要符合中和的标准，如果声音不符合"中和"，就会失去作乐之情。夏桀商纣的音乐以巨为美，以众为观，不用度量，失掉了乐之情，音乐就失去了本有的功能。《吕氏春秋》继承了荀子的乐论思想，一方面承认音乐存在的必然性，音乐是表达人情的载体；另一方面作乐要加以规范，要符合"中和"的标准。

《吕氏春秋》由乐适提出了心适。乐有和适，能得乐之情，同理，心有和适，才能得人之情。《吕氏春秋》同样承认人有情欲的合理性，并提出以心适得人情。心适即内心平和。如何做到内心平和，《吕氏春秋·仲夏纪·适音》提出要"胜理治身"。这里的"理"即是天理又是人理，只有胜理（即"遵理""循理"）方能达到心适，内心平和则能生全寿长，这也与《吕氏春秋》中的养生理念相关联。鉴于此，《吕氏春秋》认为，乐之情来源于中和、和平的音调，人之情来源于平和的内心。因此，只有客观的"乐情"与主观的"人情"相结合方能实现所谓的"乐者，乐也"，进而实现乐的社会功能，和合人心，维护社会稳定。

三、汉代儒家音乐思想的基本内容及特点

（一）概况

汉朝是继秦朝之后的大一统王朝，它逐步实现了在政治、经济、文化和军事上的融合统一，为中华民族的持续发展奠定了坚实基础。汉朝统治者吸取前朝教训，十分重视音乐在治国安邦中的功用，通过乐与礼相配合，强调用礼乐教化治国，变化风俗，顺其正道，维护国家长治久安。

汉朝统治者利用礼乐治国的实质，是通过个体教化从而达到国家大

治。统治者认识到个人的道德修养对整个国家的重要性，重视礼乐教化在个人道德修养上的作用。因此将礼乐上升到为人之本的高度，认为礼乐是人自然性情的本来展现，强调礼乐是为人之根本。

对统治者而言，作乐要有实质内容。乐的形式与乐的内容统一，才能真正做到"乐者乐也"，即文质的统一。要求统治者谨慎作乐，要以统治者的实际功德为本质内容。而且统治者作乐应符合时代需求，积极引导人民向善，以真正对国家人民有益的内容为准则，推崇雅乐，摒弃令人产生迷惑混乱的郑声。

（二）《史记》中的自然音乐思想

汉代司马迁所著《史记》，为研究中国古代音乐提供了重要的思想依据。司马迁生活的时代正处于国家强盛、蓬勃发展的武帝时期，也是礼乐蓬勃发展的时期。司马迁作《史记》的宗旨，是究天人之化，通古今之变；探古今人事，识天人之变。司马迁在《太史公自序》中也提到"礼乐损益，律历改易，兵权山川鬼神，天人之际，承敝通变，作八书"。在他的音乐思想中也直接或间接地体现了这一思想。

1.《史记》音乐思想的基本内容

（1）音乐与自然

《史记·律书》涉及音乐与自然的关系。音乐的"度量"即十二律，是组成音乐的重要部分。司马迁在《史记·律书》中叙述了十二律与自然的关系。音乐与自然在"数"的意义上是相通的。其中根据阴阳二气的运动变化所产生的现象，记载了八风、十二律的性质和名称，并将八风、十二律、十二月、十二时、二十八星宿相对应统一，认为它们是彼此相通的。这就将自然界的阴阳变化与音律联系起来，并用律数和黄钟术的算数规律证明了它们相互联系、循环的关系。

音乐可以与天相通。"律历，天所以通五行八正之气，天所以成孰万物也"（《史记·律书》）。这里的"天"，主要指的是自然界的物质组成部分、自然界中不断运动变化的气。随着气的运动变化，人们发现气有五行八正之气，其作用就是可以使万物成熟。五行八风之气与万物生长、萧杀有着极其密切的联系。这一思想的雏形最早可以追溯到殷商时期的风祭，人们通过歌舞祭祀风神，从而祈求农业丰产。音乐之所以可以与风气相通，其依据是"形理如类有可类"，有形的物之间具有相类似的理，可知音乐的律吕之理展现了自然宇宙之理。自然宇宙正是存在这样一种规律，所以万物得以生存长养，律吕与自然相合，因此音乐中也存在这样的规律和作用。

律吕是万事的根本。这里将音乐提到了法度、标准的高度。《史记·律书》中开篇说："王者制事立法，物度轨则，壹禀于六律，六律为万事根本焉。"律吕可以反映自然宇宙中生、长、收、藏的运动变化规律，因此律吕在人们日常生活中占据着十分重要的地位。二十四节气就是自然界阴阳之气消长的体现，当律与历相互固定之后，"建律运历造日度，可据而度也。合符节，通道德，即从斯之谓也"。运用律历制定法度，符合节度，与人道相通。

（2）音乐与秩序

司马迁在《史记》中多次谈到琴，其主要内容记录在《田敬仲完世家》《孔子世家》《乐书》等篇章中。《史记》认为琴与国之兴亡相关联，舜时弹五弦琴，而天下大治；闻"桑间濮上之音"而国家将会面临危亡。

在《史记·乐书》中，司马迁讨论了琴弦与秩序的关系。将宫音比作君，位居中央，其余大小依次相类比，确定各自的位置。

> 琴长八尺一寸，正度也。弦大者为宫，而居中央，君也。商张右傍，其余大小相次，不失其次序，则君臣之位正矣。故闻宫音，使人温舒而广大；闻商音，使人方正而好义；闻角音，使人恻隐而爱人；闻徵音，使人乐善而好施；闻羽音，使人整齐而好礼。

在五音中，与五行相对应，宫是主音，以此确定其他音的位置。将琴弦五音与五伦相类比，认为听琴声能够使人自觉行五常，守礼有序，五音正则五伦正，并认为琴有防止淫佚的作用。

司马迁还将琴弦与治国相比附，认为琴弦与治国理政有着密不可分的关系。在《史记·田敬仲完世家》记载中，有个叫邹忌的齐国人，他特地前去拜见大王，请求为大王抚琴。齐威王一听很高兴，让他在右边的屋子等候。不久，齐威王开始弹琴，邹忌推门而入，连声称赞弹得好，齐威王勃然变色，放下琴按着剑质问邹忌："先生只是看到我弹琴的样子，又没有仔细听，凭什么说我弹得好呢？"邹忌说道："听那大弦弹出来的声音像春天一样温润，犹如一位君主；听那小弦弹出来的声音是那么清廉明朗，就像一位贤相；手指深深地将弦抓起，弹奏出来的却是和悦的声音，犹如政令。和谐动听，又相互协调，虽然是邪乐，却不相害，犹如四季，所以知道大王很会弹琴。"威王认为邹忌的五音讲得不错。邹忌却说道："不只是五音，治理国家、安定百姓的道理也都在琴里边。"威王又很不高兴，说道："若是论及五音的章法，相信没有人能像邹忌那样讲得好，至于治理国家，安定百姓，又与琴瑟有什么关系呢？"邹忌解释道："大弦宽和而温柔，犹如君王，小弦清廉而不乱，犹如臣子，手指将琴弦深深地抓起，而释放出的声音却是和悦的，这就犹如政令，五音和谐以至声音洪亮，大弦小弦相得益彰，虽是邪曲，却互不侵害，这就犹如四季时令。凡是声音反复而不混乱的，就与治道昌盛有关，声音连续而直的，就与国家的存亡有关。所以说，琴的声音调和了，天下就安宁。因此，治理国家和安定百姓，无不与五音有关。"威王认为他说得好，三个月后便授齐国的宰相印给他。

邹忌闻琴声而知善，认为琴声和谐有序而不乱，并将弹琴的道理与治国之道相类比，大弦比作君，小弦比作相，政令和谐，相得益彰，往复循环，和而不乱，国家以治，并由此提出鼓琴对治国有着重大影响。

（3）音乐与治国

音乐与政治相通。《史记·乐书》序批评春秋以来，国君流沔沉佚于淫乐，不知悔改，这种风气一直延续到战国，以致身败国亡，被秦国兼并。纣喜好北鄙的音乐，秦二世用淫乐治国，都最终导致身败国亡。由此可知，音乐与政治相通，音乐的雅正与否，关系着整个国家的命运兴衰。

音乐应顺应天理民心。君王兴起礼乐，是君王顺应天理的表现。司马迁在《史记·五帝本纪》中认为天下德明是从虞帝开始的，明德的君王治理国家，兴起礼乐，百官信谐，鸟兽翔舞，国民和乐。统治者是否顺应天道而行会通过福祸展现出来，天也会通过预兆来警示世人。《史记·乐书》中提到舜与纣治国，同样都是君王，但因喜好的音乐不同，导致了不同的治国结果。因为舜时的乐能顺应天地之意，为民而作，人民得以安居，不遭受暴政刑法，民乐国安。而纣时的乐不能顺应天地之意，只顾个人享乐，不顾人民苦乐，最终人心不附，身败国亡。

音乐教化人心。《史记·乐书》载："太史公曰：夫上古明王举乐者，非以娱心自乐，快意恣欲，将欲为治也。正教者皆始于音，音正而行正。"司马迁认为，最初先王作乐不是为了满足耳目之乐，而是要治理国家，教化人民。以正乐治国，则人民行正；淫乐治国，则导致人民一味沉湎在个人情感欲望中不能自拔，肆意妄为，淫邪乱政，导致国家秩序失衡，陷国家于危险之中。因此教化百姓，天子要亲临作乐，与人民共同受到乐的感化，涤荡心灵，修养情操，提倡用《雅》《颂》之音教化人民，反对郑卫之声。根据记载，汉武帝即位后，作《郊祀歌十九章》，命侍中李延年次第配曲，拜李延年为协律都尉官。当时通一经的儒士们不能单独解释歌辞含意，必会集五经各名家，共同讲习、研读，才能贯通、明了辞的内容，歌辞中许多是出自《尔雅》的文字。

音乐有防止淫邪的功能。《史记·乐书》："夫古者，天子诸侯听钟磬未尝离于庭，卿大夫听琴瑟之音未尝离于前，所以养行义而防淫佚也。"通过区分观乐的场所、乐器，乐与人的身份相匹配，从而起到培养义德、巩固秩序的作用。

2.《史记》音乐思想的主要特点

（1）音乐与军事

司马迁认识到天下的兴废与军事活动密不可分，认识到军事活动的重要性。他提出自己的用兵观点，认为用兵的关键不在于拥有强大的军事力量，也不在于严刑酷罚，关键在于"由其道则行，不由其道则废"（《史记·律书》），并强调"道"在用兵中的重要性。在《律书》这一章，司马迁将音乐与用兵并举，提出音乐与军事活动有着密不可分的关系。

司马迁在《律书》中对战争作了如下评价：

兵者，圣人所以讨强暴，平乱世，夷险阻，救危殆。自含（血）[齿]戴角之兽见犯则校，而况于人怀好恶喜怒之气？喜则爱心生，怒则毒螫加，情性之理也。

昔黄帝有涿鹿之战，以定火灾；颛顼有共工之陈，以平水害；成汤有南巢之伐，以殄夏乱。递兴递废，胜者用事，所受于天也。

用兵与人情。司马迁认为战争是人情怒气的表现，发起战争的原因是发泄愤怒的情绪。人有喜怒情绪是自然情性之理，因此肯定战争作为表达愤怒的手段，肯定战争存在的合理性，批判世儒一味反对动兵用武的态度。

用兵与天理。涿鹿之战是蚩尤作乱，黄帝平定战乱；颛顼打败共工，是平定水患；成汤伐夏桀，建立商朝，是符合人民意愿的。胜者受命于天，司马迁认为战争中的胜利者来自天的旨意。"胜"者是顺应天道，符合人民愿望的。这里的"天"实际指的是民心，只有顺应民心而战，战争才会取得胜利。

用兵应是为平乱世，救危殆。军事战争的目的是平定天下，实现和平。因此司马迁肯定战争在乱世中的作用，但司马迁不是肯定所有战争，而是对正义战争给予了充分肯定。

音乐在战争中的实际应用。在实际应用中，音乐体现为律吕在战争中的作用。《史记·律书》记载：通过观察情势，听风声就能判断胜负。司马贞在《索隐》曰："凡敌阵之上，皆有气色。气强则声强，声强则其众劲。律者，所以通气，故知吉凶也。"事实上，自古以来乐师就与军事活动有着密不可分的关系。相类似的是《左传·襄公十八年》，师旷通过歌南北风听晋楚之强弱来得知军事的得失；在周代就有听军声吹律来判断凶吉的记载。《史记·律书》记载了武王伐纣，太师吹律管，合于宫调，所以认为军心上下合同。《正义》引《兵书》："夫战，大师吹律，合商，则战胜，军事张强；角，则军扰多变，失士心；宫，则军和，主卒同心；徵，则将急数怒，军士劳；羽，则兵弱少威焉。"像是在古代军事活动中的"一鼓作气，再而衰，三而竭"，鸣金收兵等都是利用音乐之"气"作用于人之"气"。又有项羽垓下听到汉军用楚方言所唱的乡歌，顿时悲痛不已，士气大灭，也是音乐在战争中的应用事例。

《史记·律书》中说"同声相从，物之自然"，律通于自然之气，通过声音的变化观察敌方军情，知敌方士气军心，从而判断战况。这种方式来自古老的候风望气，吹律吕产生风气，通过观察这些风象的方位，与五行相结合，判断人事吉凶。这种吹律决胜负、吹律知凶吉的古代军事战术在当今看来具有某种神秘主义色彩，但不乏一定的道理。

（2）音乐与写志

司马迁在《史记》中采录了大量关于辞赋的文献资料，而且发表了自己的辞赋评论。赋是汉代一种文学体裁，班固在《汉书·艺文志》中说"赋者，古诗之流""不歌而诵谓之赋"，赋实际是从古诗中演变而来的。在古代，诗、乐、舞三者一体，《诗经》就是歌词，诗都是可歌的。对赋体文学的内涵挖掘，在一定程度上为我们了解汉代的音乐审美取向提供了宝贵资料。

音乐达志。司马迁在《史记·太史公自序》中说："夫诗书隐约者，欲遂其志之思也。""此人皆意有所郁结，不得通其道也，故述往事，思来者。"司马迁认为，先人作述，是内心的志向抱负理想无法在现实中得以实现，因此借诗书以达志，发愤以抒情。司马迁在《史记·屈原贾生列传》中深刻揭示了《离骚》的内涵。他指出：

> 屈平疾王听之不聪也，谗谄之蔽明也，邪曲之害公也，方正之不容也，故忧愁幽思而作《离骚》。
>
> ……
>
> 屈平正道直行，竭忠尽智以事其君，谗人间之，可谓穷矣。信而见疑，忠而被谤，能无怨乎？屈平之作《离骚》，盖自怨生也。

屈原为人刚正不阿，具有美好的道德品质。面对现实社会的丑恶不公，内心愤懑不平，却又无法有所作为，怨而作《离骚》。《离骚》产生于忧愁幽思，是内心怨苦的呼号，抒发的是诗人的郁结之气，表达的是对黑暗现实的强烈不满，所以作品具有激动人心的感染力。怨之深，责之切，一方面是对黑暗现实的极度不满与抨击，另一方面是屈原深厚爱国情怀的体现。"路漫漫其修远兮，吾将上下而求索。"即使面对谗人的诽谤与诋毁，屈原也对他所追求的美好理想决不放弃，体现了屈原的斗争精神。司马迁对其评价："屈平既嫉之，虽放流，眷顾楚国，系心怀王，不忘欲反，冀幸君之一悟，俗之一改也。其存君兴国而欲反覆之，一篇之中三致志焉。"（《史记·屈原贾生列传》）这表现了司马迁对屈原深厚爱国情感的理解。

司马迁在《史记·司马相如列传》中评论司马相如的辞赋时说道：

  《春秋》推见至隐，《易》本隐之以显，《大雅》言王公大人而德逮黎庶，《小雅》讥小己之得失，其流及上。所以言虽外殊，其合德一也。相如虽多虚辞滥说，然其要归引之节俭，此与诗之风谏何异。余采其语可论者著于篇。

司马迁将《春秋》《易经》《大雅》《小雅》与司马相如的赋相提并论，认为四者虽然所述事不同，但所论理相通，德是为一也，都是通过事实现象来引发人的思考，进而达到写作目的。《子虚赋》和《上林赋》是司马相如辞赋的代表作品，在这两篇辞赋中，前面用了大量篇幅描写天子游乐宴会的生活场景，到了篇尾点明了写作"主旨"，表现了一点讽刺的意味。司马迁虽然认为司马相如的辞藻有华丽虚浮的成分，因其归旨是引向人的美德，其论述目的无伤大雅，在事实上也就默许了这种方式。也正因为通过其中大量篇幅描写天子出游宴饮浩浩荡荡、壮丽恢宏的场景，引发人的思考，描写的场面越是浩大，表达的讽刺意味就越是深切。

音乐的艺术性。司马相如在《子虚赋》与《上林赋》中的描写体现了赋的"大"美。辞赋的语言表现特色是铺陈，渲染"大"的气势，在艺术结构上求大，通过时间、空间的铺陈表现出波澜壮阔的气势，气魄恢宏是大一统时代精神的反映。"大美"一方面表现在艺术形态中，另一方面是内在人文精神的反映，体现了胸襟广阔、眼界高远，以及包容万物、海纳百川的气概。

（3）音乐与道德

《史记·乐书》中记载了一段师旷与平公的对话，认为欣赏雅乐需要与个人的道德修养相符，否则就会招致灾祸。从前，晋平公命师旷演奏清徵调给他听。师旷认为听清徵不如听清角。平公继续问是否可以听清角，师旷回答说："国君的德薄，不足以听清角，如果要听，恐怕会带来衰败。"平公认为自己已经老了，最喜爱的就是清角，就请求让师旷弹奏。师旷不得已鼓奏了清角，刚开始演奏，就有云从西北方向的天空中升起；继续演奏下去，大风刮起，随着下起了大雨，大风刮坏了帐幔，刮得盛肉器具摔碎了一地，廊上的房瓦也都掀落在地。围坐听乐的人都惊恐地逃散，晋平公也十分恐惧，趴在廊室。自此以后，晋国大旱三年，晋平公一病不起。由此可知，《史记》认为音乐是与个人的道德修养相通的，当欣赏者的德行与德音不相符合，上天就会降下征兆警示。

音乐与心身。《史记·乐书》通过五音、五脏、五常的比附，认为音乐与人的心性息息相关，强调用正乐修养道德的作用。通过听五音，人会有不同的感受，从而产生不同的心情，通过内在影响转化成外在的道德行为。

  故音乐者，所以动荡血脉，通流精神而和正心也。故宫动脾而和正圣，商动肺而和正义，角动肝而和正仁，徵动心而和正礼，羽动肾而和正智。

  ……

  故闻宫音，使人温舒而广大；闻商音，使人方正而好义；闻角音，使人恻隐而爱人；闻徵音，使人乐善而好施；闻羽音，使人整齐而好礼。

《乐书》的审美原则是以损减为乐："凡作乐者，所以节乐。君子以谦退为礼，以损减为乐，乐其如此也。"这里的乐不是世俗意义上的满足人无止境情感欲望的欢乐，而是具有"止"的意义。强调乐的作用是节制过分人情，具有"节"的性质，即用具有节制的音乐来规范容易过分的人情，在欣赏音乐的过程中不自觉节制过分的情绪。由此种情感发出的行为，自然也是有节有礼的。因此《史记·乐书》中说："故乐音者，君子之所养义也。"通过欣赏音乐来使行为符合道义，这就是音乐潜移默化的作用。

音乐须与礼德配合来修养道德。《史记·乐书》认为："夫礼由外入，乐自内出。故君子不可须臾离礼，须臾离礼则暴慢之行穷外；不可须臾离乐，须臾离乐则奸邪之行穷内。"礼德虽从外在规范行为，但目的是节制内心情感；乐虽从内在规范变化心情，目的是使外在行为有止。不用礼德，外在的行为无所节制；不用乐，内在的情感无所止。

（三）《乐记》中的音乐道德教化思想

《乐记》成书于西汉汉成帝时，收录于西汉戴圣所编的《小戴礼记》。《乐记》的思想资料多来源于先秦时期儒家的音乐美学思想，也有汉代儒家的思想，并形成了自身较为完整的音乐美学思想体系。自今之学者多取《乐记》成于西汉说，笔者亦同此说。

儒家音乐发展到汉代，《乐记》将儒家的音乐美学思想——礼乐思想，发展到顶峰，它容纳了自然、政治、社会等范畴，将自然、政治、社会紧密联系，发挥其特有的社会功能，并将"音乐"的社会政治教化功能置于首位，以音乐教化作为整个社会的核心价值观。《乐记》论述了音乐的内容与形式，注重乐与礼的和谐统一。

1.《乐记》音乐思想的基本内容

（1）音乐教化与情感

音乐是表达喜悦情感的手段。"人情之所不能免也。"《乐记》中记录了一段师乙与子贡的对话，其中师乙谈到音乐与情感的关系，认为歌唱是语言表达的延续。心中喜悦，所以用语言表达，言语不足以表达，所以用歌唱表达，歌唱不足以表达，所以要加舞蹈来表达。因此，《乐记》认为音乐源于人们充分表达喜悦情感的需要。

音乐能影响人的情感。人有血气之性，感物而动，因此会产生各种情感。《礼记·乐记》载：

> 夫民有血气心知之性，而无哀乐喜怒之常，应感起物而动，然后心术形焉。是故志微噍杀之音作，而民思忧；啴谐慢易繁文简节之音作，而民康乐；粗厉猛起奋末广贲之音作，而民刚毅；廉直劲正庄诚之音作，而民肃敬；宽裕肉好顺成和动之音作，而民慈爱；流辟邪散狄成涤滥之音作，而民淫乱。

不同的音乐作品中包含各种不同的情感表达，因而也会给听者带来不同的情感感受。《乐记》中说明了不同音乐作品会带给人不同感受的原因，认为万物以类相动，听到廉直、劲正、庄诚的音乐，会让人感到肃然起敬；听到流辟邪散的音乐，会让人淫侠而作乱。这种以类相动是音乐作品中自身所带的"气"的不同造成的。因为"气"的不同,相应会产生不同的情感感受。

不同的情感感受又会以不同的声音反映出来。《礼记·乐记》载:

> 是故其哀心感者,其声噍以杀;其乐心感者,其声啴以缓;其喜心感者,其声发以散;其怒心感者,其声粗以厉,其敬心感者,其声直以廉;其爱心感者,其声和以柔。

奸声感人,逆气应之,正声感人,顺气应之。顺气和逆气各自反映到音乐上,从而会产生淫乐与和乐。听到淫乐,人会产生相应的情感,这种过分的情感会造成人与人之间的不和谐,从而产生混乱,引起社会的不安定。

圣贤先王认识到情感对于社会安定的重要性,以及人感于物的特性,因此要谨慎地制作礼乐、制礼节来表达其志向,同时作雅颂之音,感动人的情感,以教化人过分的情感,令人不得接邪气。

（2）音乐教化与道德

音乐的教化功能主要体现在将道德文明教化作为音乐的审美标准。《乐记》主张"德成而上,艺成而下"。在先秦时期,音乐是宗教、祭祀典礼中必不可少的元素,但仅仅只是作为具有依附性的角色出现。而《乐记》重视音乐的教化作用,认识到音乐对塑造道德人格的重要性,认为通过音乐教化可以提高人的道德品格,是乐教的主要任务。《乐记》中列举了郑国、宋国、卫国、齐国四国不同特点的音乐,说明了四种危害道德文明的音乐。《乐记》还记载了商国、齐国的音乐,认为这两种音乐可以培养人勇敢的品德和义气。"乐者,德之华也",音乐教化是提升人道德品格必不可少的重要方式。

儒家所指的音乐是德音,只有德音才可以称为乐。《乐记》载:"乐者乐也。君子乐得其道,小人乐得其欲。"君子能在音乐中体验到道情,实现了道与乐的统一；小人在音乐中体验到感官的享受,满足了个人的耳目享乐。据《乐记》记载,魏文侯问子夏:"自己身服兖冕,恭恭敬敬地听古乐,却唯恐睡着,听郑卫之音就不知道疲倦。古乐那样令人昏昏欲睡,原因何在?新乐这样令人乐不知疲,又是为何?"子夏回答道:

"如今的古乐，齐进齐退，整齐划一，乐声谐和、雅正，而且气势宽广，弦匏笙簧一应管弦乐器都听拊鼓节制，以播鼓开始，以鸣金结束，将终以相理其节奏，舞姿迅捷且又雅而不俗。君子由这些特征称说古乐，谈论制乐时所含深意，近与自己修身、理家、平治天下的事相联系。这是古乐所起的作用。如今的新乐，进退曲折，变幻炫丽，不求整齐，并有俳优侏儒，男女无别，不知有父子尊卑，乐终之后无余味可寻，又不与古事相连，这是新乐的特点。现在您所问的是乐，所喜好的却是音。乐与音虽然相近，其实不同。"君子因欣赏音乐的本质而乐，小人因欣赏音乐的形式而乐。《乐记》要求乐的内容与形式相统一。音乐的最终目的是让人产生"乐"的情感，但是音乐的内容要以"道"作为内容。"以道制欲，则乐而不乱；以欲忘道，则惑而不乐。"

《乐记》认为，音乐道德文明教育应该因人而异。修养自身道德情志，应适合自己的性格特点："宽而静，柔而正者，宜歌《颂》；广大而静，疏达而信者，宜歌《大雅》；恭俭而好礼者，宜歌《小雅》；正直而静，廉而谦者，宜歌《风》；肆直而慈爱者，宜歌《商》；温良而能断者，宜歌《齐》。"(《乐记》)《乐记》提出，六种不同性格的人对应不同修养的音乐。君子通过欣赏音乐来修养自身的道德情志，"反情和其志"。不令惰慢、邪辟之气侵于身体，通过欣赏音乐使身体耳目得以顺正。

（3）音乐与教化之道

《乐记》提出，音乐的教化作用主要体现在治国理政当中。《乐记》重视音乐教化的作用，主要内容就是音乐教化，认为教化对于治国来说不可或缺。《乐记》实际代表了汉代统治者的教化思想。教育的施行者是统治者，教育的接受者是民众，教育的作用在于教民回归道德文明人道。这种乐教的观念可以追溯到西周时期的"采风"制度，收集民间的民歌民谣于宫廷，统治者通过民间的音乐了解民情，并以此制定音乐来治国理政。

《乐记》提出了国家治理与音乐之间的关系。"审乐以知政"，《乐记》认为通过音乐可以得知政治的好坏："治世之音安以乐，其政和；乱世之音怨以怒，其政乖；亡国之音哀以思，其民困。声音之道，与政通矣。"

: 汉代人的观念世界 :

人民通过音乐传达思想情感，人民的思想情感又反映了社会政治状况，因此可以通过观乐来考察国家政治。因此，汉代统治者可以通过观察人民的音乐得知政治得失、民情风俗，从而根据实际状况进行调整，进行有利于国家的政治治理。根据《乐记》记载，舜弹奏五弦琴，歌唱《南风》天下大治。原来《南风》的诗篇是生长性质的音乐，舜喜欢弹奏它，这种音乐与天地的意旨相同，对它的喜爱可得天下人的欢心，所以能将天下能治理得很好。而在《史记·乐书》中，纣王喜欢朝歌北鄙（即北郊）地区的乐曲，落得个身死国亡。因为朝歌是不合时宜之歌，北鄙有败北、鄙陋的意思，纣王喜爱这样的音乐，与天下人的心意不同，导致诸侯不肯顺附于他，老百姓不与他亲近，天下人都背叛他，所以才身死国亡。由此可知，音乐与政治之间具有相通性。

《乐记》十分重视教化对民众的意义："天地之道，寒暑不时则疾，风雨不节则饥。教者，民之寒暑也；教不时则伤世。"《乐记》认为教化对于民众来说十分重要，其重要性正如天气的寒暑风雨对人的生产生活。因此，教化要顺应并符合民心民情，掌握方式方法，否则就有可能招致"灾害"，导致社会混乱。

教化者需要具备德性。《乐记》提出"明于天地，然后能兴礼乐也"，认为要明于天地之情、天地之理，才能施行礼乐。因此，要求统治者"功成作乐，治定制礼"，在有功德的实际内容之后，制礼作乐，实行教化。"上行之，则民从之"，故君王自身就要谨慎自己的喜好。

在汉代音乐教化中将自然、统治者、民众相统一，将自然的风调雨顺与国家的国泰民安相比附，将音乐的内涵扩充至自然天地。这体现了汉代将自然与人看作一体的音乐美学思想观念。

2.《乐记》音乐思想的主要特点

（1）乐通伦理

《乐记》认为，声、音、乐不是相同的概念。《礼记·乐记》载：

> 凡音之起，由人心生也。人心之动，物使之然也。感于物而动，故形于声。声相应，故生变，变成方，谓之音，及干戚羽旄，谓之乐。

音乐的产生。乐的构成有一定的顺序和过程。人内心接触外物，必然对外物有所"动"。内心对外物产生相应的感受，通过"声"表现出来。通过声与声之间的相应，从而产生音，再配上舞蹈和舞具之后，称为乐。可见，声、音、乐之间，既有联系，又有区别。

音乐与人性。《乐记》认为，人的天性是生而静的。内心受到外物有感而应，是人性情的一部分。但是如果一直受到外物的侵扰，使内心一直处于感动的状态，人心就会被外物所"化"。人被外物所化，就会有失人之理，就会产生社会混乱。"郑卫之音，乱世之音""桑田濮上之音，亡国之音"，说的就是外物的性质和外在环境对人性情产生的影响。

乐与礼近。《乐记》中提出"知乐近于知礼""情见而义立"，在音乐中使用的不同乐器，有传达不同思想情感的作用。"君子听钟声则思武臣""君子听磬声思封疆之臣"，通过声音，人们感受到不同的思想情感，从而发出不同的行动。故乐在宗庙之中，在族长乡里之中，在闺门之内，在不同的场所之中，感发人的和心，从而在不同场合中表现出应有的礼义。

依据音乐度数制定礼义。一首和谐的乐曲，应首先确定其宫音的位置，然后按照顺序依次确定商、角、徵、羽的位置。以五音为旋律的乐曲，各司其职，就不会产生不和谐的声音。"宫乱则荒，商乱则陂，徵乱则哀，角乱则忧，羽乱则危。"《乐记》将五音比作君、臣、民、事、物的关系，如果宫音的位置不能很好地确定，那么剩下四音的位置混乱，就会产生各自的危害。因此，君子听音乐非听其铿锵，必有所合，听雅颂之音，以养其志气；舞蹈的动作屈伸，使容貌端正；用音乐的节奏、干戚和舞蹈行列来表现井然有序。"故乐行而伦清，耳目聪明，血气和平，移风易俗，天下皆宁……"，鸣钟鼓瑟，舞之以干戚，乐之于祭祀宗庙，以培养人的尊卑长幼之序。

（2）乐与礼

乐与礼的功用本质。《乐记》提出，礼与乐有共同的指向，也有各自的本质和特点。乐的本质是人与人之间相处的秩序井然，"论伦无患"，外在表现是人的和乐之情。礼的本质是使人道德中正，外在表现是人与人之间相处恭敬庄重。乐与礼是施与报的关系，乐章礼德，通过观乐，显现人的礼德；礼报乐情，通过行礼，显现人与人之间的和乐。两者通过相辅相成的方式相互成就。

乐与礼的特点。乐者为同，礼者为异，是礼乐之文。同为同归，异为殊途，乐为同归，礼为殊途。心中同有和乐之情，对待外界人、事、物必然会有理有序；对待外界人、事、物有礼有序，必然会产生相亲和乐之情。乐同，礼必异；礼异，乐必同。

乐与礼不可偏废。《乐记》提出，礼乐不可去身，两者并举。乐以治心，礼以治躬。内心和乐，则卑鄙奸邪之心不入；外貌庄敬，则怠慢之心不入。乐治心，作用于外；礼治躬，作用于内。"礼之报，乐之反，其义一也。"礼得其报则心乐，乐得其反则身安。先王制定礼乐，丧纪节哀情；婚姻成年冠礼，别男女之情；大射礼和乡饮酒礼，正相敬之情。礼与乐相辅相成，不可或缺。

（3）大乐与大礼

乐与礼的功用。《乐记》提出，礼乐教化的最高境界，不在于学习极致华丽的礼乐文饰，而在于教化人回归其内在原始朴素的情感。"是故乐之隆，非极音也。食飨之礼，非致味也。"《乐记》认为作乐的本义不在于旋律多变，满足耳目的喜好；制礼的本义不在于美味的食物，满足味蕾的享受，而在于通过礼乐中和的方式循序渐进，让民众懂得如何是真正的道德之人。

音乐与明道。《乐记》提出，明于天地，才能懂得礼乐教化的深刻意义。故圣人能述作礼乐，明于礼乐，君子能知乐，大人举礼乐。天地相荡，阴阳相摩，天气地气相交，如此"乐者天地之和"；天上、地下，大小、动静不同，如此"礼者天地之别"。将人置于天地空间之中，在更广阔的自然宇宙空间视角中去看待人类。人类是自然天地中的一分子，因自然天地而生，随自然天地而化。用礼来教化，确定各自位置，各司其位，由此，人与人之间自然有了不同位置。用乐来教化内心、平和情感，用礼德和乐来协和人与我、心与身的关系，人自然有了内心情感。由此，明于天地对于道德文明教化有着重要作用。

（四）《春秋繁露》中的音乐治国思想

自秦汉以来，音乐研究的重点逐渐走向对音乐本原的探索，而忽视了对音乐美学意义的探讨。儒家遵循人的自然本性，肯定人的自然情感，在顺应人情感需要的基础上使用音乐情感教化民众。西汉时期，儒家的音乐美学思想基本成熟。董仲舒认识到礼乐于人情的重要性，"制礼作乐之异，人心之动也"（《春秋繁露·楚庄王》）。他一方面重视礼乐的政治功能，通过个体情感思想教化达到政治管理的作用；另一方面继承发展先秦儒家的音乐美学思想，肯定礼乐的道德教化作用，"无礼乐则亡其所以成也"（《春秋繁露·立元神》）。董仲舒认为人待教，教之觉之然后成人，其思想不仅对当时的社会发展有着积极意义，对其后音乐美学的发展也产生了深远影响。

1.《春秋繁露》音乐思想的基本内容

（1）礼乐与教化

董仲舒认为国家治乱兴废的关键在于统治者是否能够以仁义礼乐治国，其根据是"道者，所由适于治之路也，仁义礼乐皆其具也。故圣王已没，而子孙长久安宁数百岁，此皆礼乐教化之功也"（《天人三策》）。国家兴亡，在于是否顺应天道施行王道，在于是否实践仁义礼乐教化治国。礼乐的制作需要"宜于世"，即构建礼乐教化时要融合时代需求，只有这样礼乐才不会流于形式，礼乐的精神才会焕发生机。

董仲舒提出在位者善治德教，会起到美其俗的作用。在位者不能以恶服人，王之所以为王，是积善累德的原因："故其德足以安乐民者，天予之；其恶足以贼害民者，天夺之。"（《春秋繁露·尧舜不擅移、汤武不专杀》）仁、义、礼、智、信五常之道是在位者应当首先做到的。

董仲舒提出王者更化，复修教化，以德治国。以德治国，就是要求以仁义礼乐教化治国。他强调教化的作用，认为教化是治国之本，刑狱是治国之末。"是故教化立而奸邪皆止者，其堤防完也；教化废而奸邪并出，刑罚不能胜者，其堤防坏也。"（《天人三策》）人非教化陶冶，其德不成。秦朝以刑法治国，"非有文德"，非根本治道之方，导致弊端四起，令人生起奸诈之心，风俗随之恶劣。

董仲舒认为，民是需要被教化的，民对于道德是未觉的，天为民立王，王存在的意义是明天道以德化民。董仲舒以王者为天之子，"上呈天之所为，下以正其所为"(《天人三策》)，王者贯通天地与民之中，承天意任德教不任刑，应顺呈天道施行德教，为民行生生不息之德。

乐与礼德不可分，他们相互配合，通过礼乐教化，化人以德，建立社会礼序，变化风俗，维护社会稳定。董仲舒建议在位者立太学，重视培养明师，强调明师启发引导人天性的作用，教民以仁，节民以礼，用教化来美其俗。

（2）礼乐与情性

礼乐的本原虽可以追溯到天道自然，但在现实层面上，礼乐是人心情感的体现，也是规定人心情感的手段。自然天道是礼乐的理论基础，但儒家的礼乐思想从没有脱离现实，董仲舒的礼乐思想就是建立在"人"的基础之上，注重用礼乐内外调和人的内在情志，在根本上教化人向善，从而发挥其维护国家稳定的作用。

音乐可被作为理想教化手段的理论依据，来源于儒家对人性的看法。董仲舒提出"性三品"说，即圣人之性、中人之性、斗筲之性。圣人之性与斗筲之性有其先天不可变因素，"中人之性"是董仲舒所讨论的范畴。他肯定中人之性的可塑性，善与恶都是动态发展的过程，大多数人属于中人之性，需要确立正确的教化方向，将其教化成善。善与性既是花与茎的相对关系，又属于没有茎就没有花的关系。想要开出善之花，就需要经过后天适宜的培养。董仲舒接着提出心的概念，认为心在管理人性向善中发挥着重要作用。《春秋繁露·深察名号》："栣众恶于内，弗使得发于外者，心也。人之受气苟无恶者，心何哉？"心有禁止、制恶的作用，人与外物接触，必定产生邪恶之气，制约人奸邪之言行思，需要心来控制。

乐本身能够代表人情人心。董仲舒以历史上王者的乐舞为例，《韶》《夏》《頀》《武》虽然所乐事不同，但所乐之心是相通的，民众自然而发喜悦之情。另外，通过欣赏乐能够返人情之和，使和气生。

董仲舒重视礼德的作用，"礼尊于身"，强调礼德对于个人言行举止的重要性，强调礼德对于体现人身价值的重要意义。礼效仿天理而制，强调秩序的天然性。礼德本身代表秩序，礼规定所视、所听、所食，防止情过争乱。通过礼数正其身，目的是回归原本的道义。鲁文公"丧取"一事，虽然在外在形式上没有违反礼的规定，但在丧中纳币违反了礼德道义，没有尽哀情悼念逝去的父亲，董仲舒指责其没人心。

董仲舒提出礼乐本于人心，两者都源于人心之动。"二者离而复合，所为一也"（《春秋繁露·楚庄王》），两者看似相离，功用不同，但归旨是统一的。礼是乐的外在表现，乐是礼的现实依据。

（3）礼乐与仁义

董仲舒认为，心不得义德所以不能乐，提出用义德来养其心："义以养其心，心不得义不能乐。"（《春秋繁露·身之养重于义》）人天生有利义之分，在义与利两者之中，他肯定义德的重要性，像子思、曾子、闵子骞一类的人，虽然贫贱，却能自得其乐。若人无义德而富裕，虽然物质丰富，但会因恶行受到羞辱，出现精神忧虑，担忧祸患，不能以乐终其一生。

董仲舒认为，人往往不能用义德来养心，而是盲目热衷于对利的追求，这是因为人不能正确认识义德与利的关系。义德是用来养心的，利是用来养身的。在他看来，人身之中没有比心更宝贵的了，没有心的存在，人的价值就不能体现。身体上的利与厚财对于养心来说是小之于大，不明义德之人本末倒置、忘义殉利，导致奸邪之恶丛生，不仅残害自身，还会祸及他人和社会。对于普通人来说，对事物面貌的认识极其有限，很难认识到事物的原本和全貌，"小者易知也，其于大者难见也"（《春秋繁露·身之养重于义》）。所以趋利不趋义者，是对于生命的认识有限。因此，董仲舒认为圣人应显德行，在其中应发挥"明义"的作用，教化百姓明义德。

国家有道，是在位者显现义行，以德化民。先王尧舜明天地之道，能够化而行义，用德而不用刑，百姓内心喜悦，故不令而自行，自然而动。如果在位者不行德教，致使百姓不明于义，趋向物质利益争夺，利益为上，就会诱发秩序混乱，引起社会动荡。如果在位者使用严刑酷罚镇压百姓，不仅会残害百姓的天性，也会令在位者失去德行威望。国家有道无道的关键在于，在位者能否制定使民明德的治理方针。在位者以身显德，民效而义明，明义而道明，国家有道而大治。

实践义德的目的是匡正自己的行为，实践义德的具体方式是待人以仁爱，待己以义理。"是故内治反理以正身，据礼以劝福。"(《春秋繁露·仁义法》)独爱自己不爱他人，或是用义理的要求指责他人而不要求自己的行为，都是不义不礼的表现。实际上这两者指的是同一行为，错误的以仁爱己，错误的以义正人。"仁之法在爱人，不在爱我。义之法在正我，不在正人""故曰仁者爱人，不在爱我，此其法也。义云者，非谓正人，谓正我"(《春秋繁露·仁义法》)。董仲舒并举晋灵公、阖庐与潞子的例子，反复说明待人应以仁爱，待己以严礼。晋灵公从高台上用弹弓射人，观看他们躲避弹丸的样子来取乐。厨师因为没有把熊掌烤熟，晋灵公就把厨师杀了，放在草筐里，命宫女们用车载着经过朝堂。晋灵公为一己之私，娱乐他人，独爱自己。阖庐内不自正，而外正他人，他能匡正楚国、蔡国的危难，可是《春秋》却夺去了其义的名声，因为他自己不端正，只是追求利益而已。潞子用礼义正身，而外不正人，他在诸侯当中没有能匡正的对象，但《春秋》授予他有义的称号，因为他自身端正。

义德的要求就是用礼的规范严格要求自己，用仁德的爱去宽容他人。自己做不到的事却要求别人做到，自己拥有了就指责别人没有，是每个人都不能接受的。每个人如果都能用义德来匡正自己的行为，使自己的行为符合礼，就是自好自得；如果不能，就是自失。自失且伤民，就会引发人与人之间的不和谐。因此，礼德的内在含义是义德，义德有仁德的含义，行仁义德而心乐，行仁义德以养心，即是以礼德养心，行礼德以乐。

2.《春秋繁露》音乐思想的主要特点
（1）礼乐与文质

秦汉时期是社会形态剧烈转型的时代。面对秦汉之际的社会政治问题，董仲舒用礼乐文质关系来回应汉朝社会制度的重建。文质问题是在礼乐文化基础上所产生的，最早出现于儒家孔子所追求的君子人格形象中。在经历了社会巨变之后，董仲舒思考社会政治救弊之方，从文质的角度来看待礼乐政教历史的发展演变。

董仲舒在《三代改制质文》中提及：

> 王者以制，一商一夏，一质一文……主天法商而王，其道佚阳，亲亲而多仁朴。故立嗣予子……祭礼先臊……乐载鼓，用锡舞，舞溢员。先血毛而后用声。
>
> 主地法夏而王，其道进阴，尊尊而多义节，故立嗣与孙……祭礼先亨……乐设鼓，用纤施舞，舞溢方。先烹而后用声。
>
> 主天法质而王，其道佚阳，亲亲而多质爱。故立嗣予子……祭礼先嘉疏……乐程鼓，用羽籥舞，舞溢椭。先用玉声而后烹。
>
> 主地法文而王，其道进阴，尊尊而多礼文。故立嗣予孙……祭礼先秬鬯……乐县鼓，用《万舞》，舞溢衡。先烹而后用乐……故四法如四时然，终而复始，穷则反本。

董仲舒从历史演变中总结了四种政教制度，分别是"商""夏""质""文"。从这四种方式来看，实际分为主文和主质两种。"商"主"亲亲""仁朴"，"夏"主"尊尊""义节"，"质"主"亲亲""质爱"，"文"主"尊尊""礼文"。主"质"与主"文"的政教方式各有其优势和弊端，"质"重于人的质朴、原始、朴素，轻其仪式、形式的外在文饰；"文"重于制度、法令、秩序，轻其亲亲、忠诚、实在的内在品格，两者偏其一行，长时间发展都会引发社会流弊。按照董仲舒的说法，政教制度呈现文质交替的历史规律，商为质多，周为文多，秦代应当承周之弊，以质救文，但秦代走向了文的极致，采纳法家治国，文走向僵化，成为形式化、条令化的法令，并诱人以利，使人丧失人忠。董仲舒认识到"过秦"的严重教训，"明其贵志以反和，见其好诚以灭伪。其有继周之弊，故若此也"（《春秋繁露·玉杯》），认为汉朝应以质救文，文质相和。

董仲舒对于礼乐，提出"文著于质"的质文两备、"宁有质而无文"的要求。文质不偏行继承了孔子所谓"文质彬彬，然后君子"的文质观，虽然孔子也要求文质兼备，但就文与质而言，孔子重质，董仲舒也同样肯定先质后文，反对礼乐只是为玉帛钟鼓的文饰，反对为度制而度制、为文饰而文饰的空洞虚无。

董仲舒的音乐思想正是以他的文质观为基础，在制礼作乐的过程中，确保文中有质，不虚作礼乐。以乐来看，钟鼓干戚为文，礼德为质；以礼德来看，度制为文，乐为质；以礼乐来看，礼德为文，乐为质。乐中有礼，礼中有乐，礼乐互为体用。

（2）礼乐与中和

中和是董仲舒对礼乐的审美观。董仲舒对中和的概念做了完整的概述。他认为中和之美的源头，来自天地阴阳二气的运动变化。和者，阴阳两气平，生于春，成于秋。春与秋，是天之成，天之两和。"中者，天地之太极"（《春秋繁露·循天之道》），阴阳之气至于盛，皆止于中与阴阳合。始于冬，止于夏。冬与夏，是天之用，是天之两中。他认为这是天地不可改变的变化规律，阴阳二气的中和，是所有事物美的根本。天地化育，所有自然万物，无不因中而生，因和而成，人类的产生也不例外。"举天地之道而美于和，是故物生"（《春秋繁露·循天之道》）。因此，继承天地中和之道而衍化的礼乐政教，也同样是和合共存发展的。

董仲舒认为，礼与乐都符合中和之美的原则。《春秋繁露·循天之道》："三王之礼，味皆尚甘，声皆尚和。"声崇尚和，儒家的乐以中和之美为原则而作，儒家所作的乐是美的。按照董仲舒的说法，中与和之间存在着一种必然联系，没有中，和不能成，"中之所为，而必就于和"。声由心而发，因此心平、心中，声才和。董仲舒曾在《举贤良对策》中说："乐循礼，然后谓之君子。"乐之和，是遵循礼的原则，乐须循礼才美，礼是乐的审美原则。"君子衣服中而容貌恭"（《春秋繁露·为人者天》），"志和而音雅"（《春秋繁露·玉杯》）都是中和在礼乐中的体现。

乐的最高理想是和的境界，礼的最高理想是中的境界。乐中含着礼的原则，和中含着中的内容。董仲舒以中和为美，他的礼乐审美原则就是中和之美。礼乐的内涵是中和，那么实践礼乐的过程，就是践行中和的过程。

董仲舒将中和理论应用于治国，提出"调均"政策，强调用礼致中、防乱治乱的重要性。他明确指出，有积厚，必定会有损耗。过分富足会引起人虚无的争夺欲望，造成社会无序；过分贫穷会引人生奸盗之心，作奸犯乱，危害社会安定。国家实行"调均"，"是以财不匮而上下相安"，不超过限度，不至于使人出现妄欲之心，"世治而民和，志平而气正"（《春秋繁露·天地阴阳》）。他提出大者不兼小利，官员不应与民争利。各行各业，应专心为业，各遵本分，不应生贪欲为利之心。不应过度为己谋取社会财富，危害他人生存之道，否则会造成贫富差距，引发社会竞争危机。

（3）礼乐与道德

董仲舒将仁义礼乐视为道德教化的工具，提出以道德文明治国。一方面，礼乐教化可以治国、平天下，是维护社会稳定、人民安居乐业的手段。另一方面，最终达成礼乐治国的理想与每个人息息相关。礼乐中的道德文明精神是国家长治久安、人民安居乐业的根本原因，只有个体的道德文明觉醒才能达成国家以礼乐道德文明治国的理想。礼乐道德文明教化的过程，是儒家修身、治国、平天下的过程。

董仲舒认为，对于人来说，能够顺天道养其身，就是行道："循天之道，以养其身，谓之道也。"（《春秋繁露·循天之道》）又说："天人之际，合而为一。同而通理，动而相益，顺而相受，谓之德道。"（《春秋繁露·深察名号》）天有道，人能顺应天道而行，就是行德。

董仲舒认为，行中和，属于道德的范畴。《春秋繁露·循天之道》："夫德莫大于和，而道莫正于中。"道的最高理想是中，德的最高理想是和。中和，也是礼乐的审美原则。礼乐、中和、道德三者是相互联系的。

董仲舒认为，天道的运行原则是中和。《春秋繁露·循天之道》："天地之道，虽有不和者，必归于和，而所为有功；虽有不中者，必止于中，而所为不失。"天道的运行原则，实际是天气的运动规律。天地之气，合而为一，分为阴阳，归于和，止于中，周而复始。人处于天地之间，同样具有阴阳之气，阴阳之气不断变化运动，自渐于天地之道。

董仲舒认为，天的中和之气，是万物所出、万物所成的根本原因。人顺天行道的关键在于养中和之气。他强调养气于人的重要性，就算没有衣食，人还可以创造生存的可能，如果没有"气"，人就会直接死亡。董仲舒列举了十种危害人健康的气，都是因为气的不中和。人想要寿终正寝，就要养中和之气。仁人多寿的原因，是其心平气和而不失中正，外无贪而内清净。

养气的关键在于养心。他说："心，气之君也""是以天下之道者，皆言内，心其本也"（《春秋繁露·循天之道》）。道言内，于人言心。他提出做到心平和，就能养气。"平意以静神，静神以养气。"人行中止恶，减少心中意识的烦扰，平心静气以养气。行中和养心养身，实质是修养自身道德，到达礼乐教化的最高境界。礼乐是具体实践方式，中和是原则，道德是最高理想。

汉代的礼乐思想不是个体上的行为约束、言语说教，而是将人置于自然宇宙天地的背景之中，认为人与天地一体，自然应该顺应天道而行。不仅如此，汉代儒家音乐思想尊重人的自然情感、重视人的自然情志，在顺应人自然情感的基础上用礼乐调和人与天地之间的关系，使人道同于天地之道。

四、汉代音乐思想的现代社会价值

以上儒家礼乐教化思想在当今社会道德文明教育、国家治理方面具有积极的借鉴意义。从远古时期人类道德文明的觉醒开始，中华民族经历了漫长的历史时期，直至今天，中国从未停止过探索民族的发展生存之道，从未停下过探索发展现代化中国的脚步。因此，在新的时代要求和复杂的社会环境里，发掘和借鉴儒家礼乐教化思想的发展经验，对于培养人类的道德文明生命精神、实现人类的道德文明生命价值、发展现代道德文明审美文化具有重大意义。

近代以来，随着商品经济的发展和科学技术的进步，人们在享受时代发展的红利同时，所面临的诱惑日益增多，享乐主义、个人主义沉渣泛起，奢靡之风成为不容忽视的社会问题。与此同时，日益发达的网络在便利我们生活的同时也带来了良莠不齐的信息，多元的价值观念相互激荡，交流交融交锋更加频繁，当今社会的主流价值观念面临挑战。为此，我们亟须从传统文化中汲取营养，建立符合当今时代特色的礼乐文明。

第五章 乐

中华民族具有源远流长的礼乐教化传统，根植于中华民族祖先的正确宇宙观、人生观和价值观。在我国古代礼乐教化美学思想中，蕴涵着中国传统道德文明教化思想价值观。音乐，是人类自然道德文明情感的展现，蕴藏着人类深厚的自然道德生命情感。礼乐教化，是以一种人类共有且特殊的道德文明情感力量来实行教化的方式，它能对人之心灵产生深刻的作用力，更具有潜移默化、润物无声的特点。因此，儒家在提倡礼乐教化的同时，十分注重音乐中所表现的道德文明情感内容。礼乐教化中的音乐思想所展现出的"乐"情，不只体现着道德文明价值，也体现了儒家"尽善尽美"的审美观。历史上儒家之所以极力反对"郑卫之声"，就是因为人的情感如果出现节奏混乱、表现极端，不仅会严重伤害身心，也会对整个家庭、社会、国家产生不良影响。当下社会上出现的许多极端情绪、过激行为以及他们带来的令人心痛的后果，已说明问题的严重性了。这与几千年前儒家礼乐教化提出的"中和"道德文明是格格不入的。

礼乐之教是儒家道德文明人格教化理念中的最高理想。乐教在狭义上指的是文学、音乐、舞蹈构成的艺术美的教化，在广义上就是所有一切可以对人心感以道德的、美的、快乐的事物。乐感教化，实质就是美感教化。孔子的"兴于诗，立于礼，成于乐"，用道德文明"善"达成道德文明"美"的心灵感受；汉代礼乐教化各有所治，人之内外结合，以善统美，以美显真，明确确立了儒家"文质兼备"的礼乐教化传统。中华优秀传统文化，实际上也是一种以"礼乐"为中心展开的道德文明文化教化。因此，内外结合的真善美的道德文明教化对当今人类具有积极的借鉴意义。

当下社会受到西方音乐的冲击，人们更倾向于接受快节奏、起伏大、具有听觉刺激的音乐，国人对何为"美"的事物与中国优秀传统音乐美学观产生了认知上的差距，而在汉代的音乐艺术作品中，大多灌注了气势磅礴、生气勃发、雄心壮志的天地道德精神。这与汉代人明道、懂理以及认识和理解世界的方式息息相关。董仲舒认为，天地之中存在美的事物，不仅如此，他认为自然天地本身就是美的，地球上的万物生生不息，给予万物生命而无所求，这是自然天地的道德大美，源于宇宙中和之道。因而他认为合于中和之道的所有事物，都是属于美的。人与天地既为一体，那么能够发扬天地中和之道的人类，也应该是美的。这是对"人能弘道，非道弘人"的继承发扬。因此，在汉代礼乐教化中蕴含的价值观念之一就是利用音乐促进人与自然的和谐相处，认识发现体验生活中真正的道德美。

在现代所谓文艺教育如音乐、美术、文学的教学中，只注重"形"与知识理论的学习，而忽视了艺术的本质在于"神"与"美"的显现与传达。艺术是心灵的声音，只有在实践中体悟，才可以体会到真正美的事物。接受艺术教育，无一不是培养人欣赏美、发现美、创造美、传播美的能力，但现代人与自然已经产生割裂，精神肉体间产生错位，部分现代艺术创作者由于缺乏对天地人自然宇宙道德生命精神的体悟，已丧失作为一个艺术创作者应具有的基本艺术审美素养，很难创作出具有真正"美"的艺术作品。

中国礼乐教化思想对于中国古代的政治形态影响十分重要。由音乐艺术作品与情感相通的特性，通过感以民众具有道德文明审美的艺术作品，移风易俗。当今世界，国家与国家之间的交往更加频繁，人与人之间的联系更加紧密。实践告诉我们，每个国家的道德文明教化程度与每个人的道德文明素质密切相关，每个人的道德文明素质又与人类的道德文明程度紧密联系在一起。因此，利用音乐艺术教化可以完成对人道德文明身心的管理，从而实现人类的共同价值——建设大同世界。

自然宇宙道德生化天地万物，养育人类子孙，尽管人类各国生存形态、民族习俗和语言文字不同，但实践告诉我们，我们每个人都是与道德文明息息相关的生命个体，每个人都具有道德慧智文明，只是发现、掌握和运用程度不同而已。只要每个人都成为一个具有道德文明素养的人，并在道德文明的引领下，对中华优秀传统文化进行创造性转化和创新性发展，任何形态的人类社会、任何不同语言的人群、任何不同信仰的个体，都会拥有并享受自然、和谐与幸福的道德文明境界，我们这个星球也就必将会成为人间乐土。

第六章 心

一般认为，汉代学术的主流是经学，而经学的特点则是注重阐发与解释先贤经典的微言大义，这也是汉代思想家的著作通常以注或疏来命名的原因。也正因如此，汉代学术给人造成一种没有太大理论创见的印象。宋代思想家就将汉代视为儒家道统传承的"黑暗时期"，至于宋代思想家所说的"道统"，通常被他们称为"心学"[1]。这或许表明，如果从学问系统的角度来看"心"的话，在汉代应是比较困难的。不仅如此，汉代学者思考的重心在于外在的制度建构，很少在心性上着力。这也反映出两点：第一，心观念在汉代思想家的视野中处于边缘的位置；第二，从思维方式上来说，汉代思想家的思维方式多体现出整体性的特点。而从观念研究的角度来看，若想将某一观念梳理分明，有时应避免整体性的思维方式，而更多地采用具体性的思维方式。也就是说，从思维方式方面来说，汉代思想似乎在观念的讨论上不具备什么亮点。那么，我们应该如何进入汉代的观念世界呢？

事实上，任何观念都应在一种整体性的思维中被理解，且任何一个思想者在运用某一观念时，都倾注了自己的心意。就前者来说，观念既可以用整体性的思维方式去理解，也可以用具体性的思维方式去理解；就后者来说，汉代只要有人，就应有"心"，因为心主要就是指人心。而汉学以注经的方式通经，未尝不可被看作是以个体之心"印证"先圣之

---

[1] 周炽成指出，儒家意义上的"心学"概念实际上是源于对"十六字心传"的独特解释。可参考周炽成《"心学"源流考》，载《哲学研究》2012年第8期，第36—43页。

心,从而使个体之心变得更加厚重与完美。

一、陆贾"调心以向道"

陆贾在汉初学术走向的抉择上起到至关重要的作用,在司马迁的《史记》中记载了陆贾与刘邦的一段轶闻:陆贾经常在刘邦面前称道《诗》《书》,这引起了刘邦的反感,于是便大骂陆贾道,汉朝天下本是马上征战得来,跟你口中的《诗》《书》没有任何关系。对于刘邦的责骂,陆贾反问他,你可以通过马上征战打下天下,但是你可以通过马上征战的方式治理国家吗?

陆贾以史为鉴,用古代的圣君贤主举例:商汤和周武王通过武力取得天下,但他们却是以文教的方式治理国家的,这才使得国家能够长久安宁。因此,若想使天下长治久安,就必须注重文教。历史上不注重文教只注重武力的君主,像吴王夫差、智伯等,最终落得国家灭亡的下场。秦朝虽然因为注重刑法使得国力迅速强大,灭掉了赵国,但也正是因为它只注重刑法,很快就灭亡了。陆贾继续说,如果已经兼并了天下的秦朝不再注重刑法,而是改为"行仁义,法先圣"[1],那么,汉朝是否还能推翻秦朝呢?陆贾的这番话使刘邦心生惭愧,他虚心向陆贾求教,请陆贾著书阐述秦朝为什么丢了天下,汉朝为何能获得天下,以及在历史中可以借鉴的方面。陆贾也不负使命,考古研今,写出了他的代表作《新语》。此书赢得了刘邦以及一众大臣的高度称赞。

我们对刘邦与陆贾的对话进行深入分析,就可以看到至少两点当时的状况:第一,汉代与秦朝存在学术"断裂",或者说,汉初的学者是有意识地以排斥秦代学术的主流——法家为前提进行学术思考的;第二,汉初学者试图为汉王朝找到维持王朝存在的"长久之术"。可以说,这两点构成了陆贾作《新语》的动机。在陆贾看来,维持王朝"长久之术"的关键在于上面提到的"行仁义,法先圣"。但值得注意的是,这里面还有

---

[1] [西汉]司马迁:《史记》卷九十七《郦生陆贾列传》,第3270页。

一个前提,那就是"并天下"。或者说,必须先获得天下,然后才能去行仁义与法先圣,这才是一个国家能够长久的必要条件。以下根据这三点进行分析。

首先是"并天下"。陆贾认为,能"并天下"的人君必定是受命于天的,曾经在鸿门宴中扮演了重要角色的樊哙就曾问陆贾,自古以来的人君都说自己受命于天,并且以祥瑞为证,这些事情是否属实呢?陆贾回答说:属实。就像眼睛跳就会获得酒食,灯花溅出就会获得钱财,喜鹊叫表明有人要来,蜘蛛聚集说明诸事大喜一样,小事都能如此,更何况皇位这样重大的事情?所谓祥瑞,是天对受命之人持肯定态度的一个表现。这同时也说明没有天命的人是不能登上皇位的。[①] 由此来看,陆贾是肯定存在天人感应的。

值得注意的是,尽管陆贾多次提及"天命",但这里的"天"似乎不能直接理解成有意志的天神。因为这里的人君有瑞应,就像喜鹊叫表明有人要来、蜘蛛聚集说明诸事大喜那样,很可能只是源于对物事关系的一种经验性理解。冯达文将这种理解范式表述为"农业文明中建构起来的知识类型",并将之与"工业文明中建构起来的知识类型"[②]进行区别。因此,陆贾这里的感应思想,或许只是基于当时人心的一种认知范式,并非像通常理解的那样,需要有一种外在的力量来保证感应的成立。

关于"行仁义",汉代的另一位著名思想家王充在其著作《论衡·本性篇》里曾记载陆贾的话:天地生人的时候,赋予了人以"礼义之性"[③],人能省察自己所具备的天地赋予的礼义之性,并顺从它的话,就能实现人道。从陆贾的这句话来看,他似乎是性善论者。但这句话虽被王充注明是陆贾所说,却不见于今本《新语》中。在《新语》中我们所能看到的是陆贾所说:"物之所可,非道之所宜;道之所宜,非物之所可。"[④] 此处

---

① [晋]葛洪辑,成林、程章灿译注:《西京杂记全译》,贵州人民出版社1993年版,第116页。
② 冯达文:《寻找心灵的故乡——儒道佛三家学术旨趣论释》,中华书局2015年版,第58页。
③ 黄晖:《论衡校释》,中华书局1990年版,第138页。
④ 王利器:《新语校注》,中华书局2012年版,第156页。

之"物"也包括人在内，也就是说，人与道总是处于相背反的状态。陆贾还举例说，像驴子、骡子、琥珀、珊瑚这些东西本是自然形成的，它们本来或是在深山中自然生存，或是在水底潜藏，各自有在自然中的位置。但是驴子、骡子后来终究为人所用，琥珀、珊瑚也得到了人们的欣赏赞叹，这都是圣人发现并赋予意义的，圣人在这里起到了"统物通变，治情性，显仁义"①的作用。在此，陆贾从广泛的意义上理解仁义，并不仅仅局限于单纯的道德层面，他认为，仁是道德的纲纪，义是圣人的学问关键，②圣人正是怀着这样的仁义观"分明纤微，忖度天地"③，使天下大治。

　　陆贾给仁义赋予了时间与空间的维度，将仁义展现在"先圣后圣，其揆一也"的继往开来的人类文明创作过程中。在创作伊始，圣人仰观天文、俯察地理，世间万物皆能"宁其心而安其性"④。因此，使世间万物宁其心、安其性，是圣人创造人类文明的最终理想。由此可见，圣人是将仁义注入到他对人类文明的创作中的。圣人之心能统类万物，因此他也就能"通凡人之心，而达不能之行"⑤，什么是"不能之行"呢？陆贾认为，眼睛不能分辨黑白，耳朵不能分别清浊，口中不能分判善恶，这都是"不能之行"，圣人因为与普通人之心相通，对此有所了解，就自然能为普通人树立黑白、清浊、善恶的标准，这样的标准就是"道"。在陆贾看来，所有人都应由道而行，圣人给所有人树立并指明了大道的方向。

　　通过以上分析，我们可以看出关于心的以下几点内容：第一，心作为认知心，或者可以称为"统类心"，这种心能仰观天文、俯察地理，统类万物；第二，心作为共通心，即一人之心可以通千万人之心。正是以此心为基础，圣人才可能使他对文明的创作具有普遍意义。换言之，圣人之心是普遍而具体的大心。

　　在陆贾那里，虽然圣人之心和普通人之心可以相通，并为普通人指明大道，但普通人并不一定能按照圣人的指引而由之。这是因为普通人

---

① 王利器：《新语校注》，第 27 页。
② 王利器：《新语校注》，第 39 页。
③ 王利器：《新语校注》，第 29 页。
④ 王利器：《新语校注》，第 8 页。
⑤ 王利器：《新语校注》，第 106 页。

往往会受到情欲的干扰。因此,陆贾指出,普通人应该借助《诗》《书》来"调心",他说:"盖力学而诵《诗》《书》,凡人所能为也;若欲移江、河,动太山,故人力所不能也。如调心在己,背恶向善,不贪于财,不苟于利,分财取寡,服事取劳,此天下易知之道,易行之事也,岂有难哉?"[1]可见,陆贾认为,普通人应该通过"调心"而向道。这个"道"正是圣人由仁义所设之道,也即先圣后圣为世间万物能"宁心安性"的人文创作。普通人通过博学与调心,就能行乎仁义之域(统物通变,治情性,显仁义)。

"法先圣"主要关涉如何看待人文的"作者",以及人文的创作是否已经完成这两个问题。虽然陆贾在《道基》篇将文明的创作者终结于孔子那里,并认为到孔子时,人类文明的各种建制已经成熟且完善了,所谓"天人和策,原道悉备"[2]。但他同时还指出,人对道的应用要保持灵活,"取其致要而有成"[3]。他说:"故制事者因其则,服药者因其良。书不必起仲尼之门,药不必出扁鹊之方,合之者善,可以为法,因世而权行。"[4]可见,在完全取法先圣与因世权行这两个极有可能产生矛盾的"道术"抉择上,陆贾给人对道的自由运用留下了很大的空间。这同时意味着,相较于圣人制定的成文之法,圣人"仰观天文、俯察地理"的心更为重要。陆贾曾经举例道:尧、舜、孔子生活于不同的时代,其面临的社会状况也不同,但是前两者创造了治世,后者却又能因世而立法,这表明圣人在任何情况下都能因时而异,有所成就,[5]这虽然是圣贤本身的才能,但也说明当社会因时移世易出现各种不同的变化时,这些新的变化不是先圣的成宪所能应对的。也就是说,与其将陆贾所谓的"法先圣"理解为法圣人制定的成宪,毋宁将其理解为法先圣作为文明创作者的"心",这也可以看作是陆贾对心的无限运用的肯定。

陆贾的《新语》共十二篇,虽然没有专门的篇幅讨论"心",但是却

---

[1] 王利器:《新语校注》,第104页。
[2] 王利器:《新语校注》,第21页。
[3] 王利器:《新语校注》,第48页。
[4] 王利器:《新语校注》,第51页。
[5] 王利器:《新语校注》,第187页。

: 汉代人的观念世界 :

又无处不体现出对圣贤之心的推崇。从陆贾对心的讨论来看,他虽然注意到人能够通过为学与"调心"使自己通达乎大道,但无论是为学还是"调心"都需要遵循先圣所设立的规范。这固然显示出陆贾对心的能力的肯定,但这也同时意味着陆贾致思的兴趣是完善的政治体制,在他看来,只有在体制的规范下,仁义才得以行、性情才得以治。陆贾的这种致思方向也成为两汉乃至后世思想的主要基调。[1]

二、贾谊"求道以心"

汉初思想家大都沉浸于对秦亡教训的总结与反思,陆贾如是,贾谊亦如是。但相较于陆贾对"长久之术"的设想,贾谊却有不同的看法。在贾谊看来,当秦王并天下之后,如果能以史为鉴,"并殷周之迹以制御其政"[2],那么,即便后世有骄奢淫逸的君主,国家也不至于迅速走向灭亡。贾谊把"功业长久"的关键定位在了"三王之建"与"制御其政"上,换句话说,贾谊将王朝的"建制"视为国祚绵延长久的保证。

贾谊口中的"三王",说法并不固定,[3]但他总结出"三王"所具备的一些特点。首先,在智慧和见识上,三王有极过人之处,贾谊说:"先王者见终始之变,知存亡之由,是以牧之以道,务在安之而已矣。"[4]先王以其过人的知见,导民向道,使民以安。其次,三王还是见道者。这里的"道",贾谊曾做此解释:"道者所道接物也,其本者谓之虚,其末者谓之术。"[5]这也即是说,当道体现在应接事物中时,分为本与末、虚与术。什么是虚呢?"虚"类似于荀子"虚壹而静"的"虚",它指明主之心应像镜子一样,能够照出事物本来的样子,勘破世间的美恶。什么是术呢?

---

[1] 《中国儒学史·两汉卷》认为:陆贾"最为卓越的成就就是在汉初就建构了后世儒学的基本理论体系"。详参汤一介、李中华主编《中国儒学史·两汉卷》,北京大学出版社2011年版,第41页。
[2] [西汉]贾谊撰,阎振益、钟夏校注:《新书校注》,中华书局2000年版,第14页。
[3] 可参《新书校注》对"三王"的注释。
[4] [西汉]贾谊撰,阎振益、钟夏校注:《新书校注》,第15页。
[5] [西汉]贾谊撰,阎振益、钟夏校注:《新书校注》,第302页。

"术"指人主接物、任人时要采取恰当的方法。虚与术所对应的分别是心与政。在贾谊看来，明主不仅要有"欲治安之心"，同时还要有"治安之政"，两者共同构成"功业长久"的关键。贾谊通过本末的联系将虚与术、心与政关联了起来，还原了道整体的样子。既然道是功业长久的关键，那么明主就应该去求道，进而提出了"求道不以目而以心"的看法，他说："求道者不以目而以心，取道者不以手而以耳，致道者以言，入道者以忠，积道者以信，树道者以人。故人主有欲治安之心而无治安之政者，虽欲治安显荣也，弗得矣。"[1]贾谊此言与"牧之以道""务在安之"相应，无论是"求道不以目而以心"，还是"治安之心"，"心"无处不在，前者有意将心与目区别开，认为心才是求道的关键，对其认知能力给予高度评价；后者则将"治安之心"视为"治安显荣"的起点，从中不难发现心的目标与导向作用。

贾谊还对道之所以可能，进行了更深入的分析。在贾谊看来，世间万物皆由德之六理而生，万物生成的同时，六理也就被赋予在所生之物上。六理条理分明，因此又称为"六法"，六法形之于外为"六术"。贾谊所谓的德之"六理"是指"道、德、性、神、明、命"六种，在他看来，此"六理"各有特征，既生阴阳、天地、万物，又将所生之物组织进一个相互联系、相互感应的结构之内。我们熟悉的儒家"六艺"就是围绕德之六理创作的。六理既是生万物的根据，那么人自然也包括于其中，反过来，作为六理的生成者，六理自然也被赋予到人身上。但问题是，普通人虽然禀得了六理，但却很难发显，因此先王"举德之颂而为辞语，以明其理；陈之天下，令人观焉；垂之后世，辩议以审察之，以转相告"[2]，以期能使人发觉本身具备的"六理"。由此，我们再反观贾谊总结的"先王者见终始之变，知存亡之由，是以牧之以道，务在安之而已矣"，就可以看到此言背后所包含的深层含义："终始之变""存亡之由"是从德之六理化生万物的层面来说的，"牧之以道"与"务在安之"则是从先王知见德之六理化生之实，从而形之政治建制来说的。换言之，牧

---

[1] [西汉]贾谊撰，阎振益、钟夏校注：《新书校注》，第362页。
[2] [西汉]贾谊撰，阎振益、钟夏校注：《新书校注》，第328页。

之以道，务在安之，所牧的对象是万物，但所牧的形而上根据却不在于人，而在于德之六理。这也就意味着，政治体制的最终根源不是圣人的"创作"，而是先王对德之六理生化模式的"复归"，而"六艺"就是"复归"的途径。无疑，贾谊受到了黄老道家思想的影响，这也可以看作是他与陆贾思想的一个区别。

在贾谊看来，秦朝统治天下仅十余年就失败，还有一个原因，那就是在礼与法取舍上的不当。贾谊将礼与法的区别总结为"礼者禁于将然之前，而法者禁于已然之后"。贾谊认为，相较于法，礼更适合运用于政治中，因为礼能"绝恶于未萌，而起教于微眇，使民日迁善远罪而不自知也"[1]。礼比法更为柔和，不仅能起到禁止的作用，还能起到移风易俗的作用。因此，贾谊十分看重"礼"的作用，他说："道德仁义，非礼不成；教训正俗，非礼不备；分争辩讼，非礼不决；君臣、上下、父子、兄弟，非礼不定；宦学事师，非礼不亲；班朝治军、莅官行法，非礼威严不行；祷祠祭祀，供给鬼神，非礼不诚不庄。是以君子恭敬、撙节、退让以明礼。"[2]可见，礼涉及了生活中的方方面面，它不仅是调和人与人、人与物之间关系的规范，同时还是一套政教建制。

在贾谊看来，一方面，人的身份及身份差异需要通过"礼"来进行区分，他曾提议通过衣服的形式来区分君臣、臣仆之间的尊卑关系。贾谊认为，以服饰的不同区分尊卑，人们能各安其位、各遵其制、各定其心。在贾谊那里，服饰不仅起到区分等级的作用，还能实现"牧之"与"定心"的目的。另一方面，除了建制的作用，礼还"是人的行为规范，是政治结构中、社会结构中的精神纽带，及组织原理"[3]。贾谊特别推崇古代的"胎教之道"，认为世子在出生之前就应该通过一定的方式进行教化，他认为这就是古代君子所注重的"慎始"。不仅如此，在世子出生以后及在其长成的过程中，王朝还要设置专门的官职来负责世子的教育，这些官职主要有太师、太傅、太保、少师、少傅、少保，又称"三公三少"，他

---

[1] ［西汉］贾谊撰，阎振益、钟夏校注：《新书校注》，第413页。
[2] ［西汉］贾谊撰，阎振益、钟夏校注：《新书校注》，第214页。
[3] 徐复观：《两汉思想史》第2卷，第86页。

们的职责是"明孝仁礼义,以道习之,逐去邪人,不使见恶行"。在贾谊看来,殷周之所以国祚绵长,秦朝之所以迅速灭亡,其关键就在于未能对储君进行"慎始终"的教化。由此可见,贾谊的问题意识始终是围绕秦王朝为何短命进行思考的,与此同时,他也试图为汉王朝找到一个绵延长久的对策。在他看来,这个对策就是礼治。

值得注意的是,对于贾谊来说,礼并不是死板的繁文缛节,它是先王对生活世界理想状态的制度性"还原",礼的根基是"德之六理"。在贾谊这里,礼既是通向理想生活世界的手段,同时也是目的。具体来说,在这样一个生活世界中,身份的差异是"命"定的,但每个人都应得到教化,教化得以可能,是基于人本就具有的"道、德、性、神、明、命"①。此"德之六理"依托于人心而在,借助于人心而显现。这就是贾谊所理解的"心"。

虽然徐复观一再强调汉初思想的特性到董仲舒才开始清晰,但从对陆贾与贾谊思想的分析可知,以秦的迅速灭亡为问题意识的思考,未尝不可看作汉初思想独有的特点,这是先秦与而后的汉代思想家皆不曾有的问题视域,甚至我们能从二人著作的名称——《新语》《新书》中看出这一时期的时代特征。毫无疑问,围绕同样的问题,陆贾与贾谊思考的成果并不相同。如果说陆贾的思想有明显的儒家倾向的话,那么贾谊的思想反而更像是儒家与黄老道家的糅合,但无论如何,两人的思想皆可看作汉初思想的典型形态。回到心的问题上,在陆贾与贾谊这里,心作为观念既可以是二人思考的对象,同时又是陆贾、贾谊自己的心,他们的思考本身即是他们的心在时间与空间中的展开。或许后者,才应该是我们所关注的心的研究。

三、董仲舒对"心"的深察

董仲舒的《春秋繁露》中有一篇叫作《深察名号》,从篇名上我们不

---

① 徐复观将其中的"神"看作"心",也可资参考。详参徐复观《两汉思想史》第2卷,第103页。

难看出他对先秦儒家"正名"传统的继承。正是出于这种继承，我们罕见地在董仲舒的思想中看到对"心"的直接定义。董仲舒说："栣众恶于内，弗使得发于外者，心也，故心之为名栣也。"①

在董仲舒看来，深察名号具有重大的意义，它甚至关乎"治天下"，董仲舒说："治天下之端，在审辨大。辨大之端，在深察名号。"②董仲舒还对名号的由来及为何要深察名号进行解释，他说名号是古代圣人遵循天意，对万物进行命名而产生的，换言之，万物的名号是由天决定的，但天不言，只能借助圣人之口，将万物的名号创作出来。正是因此，后人不可不对名号进行深察。也正是在此意义上，当董仲舒揭示出"心"这一名号的意义时，我们万不可仅将它视为一个普通的定义，在这个定义背后，隐藏着董仲舒对天意的理解与对政教的关怀。

事实上，关于心的讨论，不仅仅出现在《深察名号》这一篇文献中，《春秋繁露》的其他篇章中心也不可谓少见。比如求雨时作为贡品的动物心脏，属于心的心脏义；再比如深察名号时的"精心达思"，属于心的认知义。虽然这些都是心的应有之义，但董仲舒在对心的名号进行深察时，却并未有所取，这是一个值得深思的现象。正如《深察名号》篇对名号的定义一样，一方面，名号由圣人"发天意"而作，因此，名号对应于事物本身的"真相"；另一方面，正是因为名号是事物的真相，它同时成为君主"治天下"的依据，君主可以以名号为标准，对天下事物进行审察。在此意义上，事物因圣人依乎天意的创作而进入人文世界，被赋予相应的意义，安置于固定的"位置"；相反，事物的"意义"与"位置"又成了君主进行人文化成的根据，这即是名号所代表的意义。这也解释了为何人们在心已具有了可被认识的意义之后，还要对之进行"深察"。换言之，董仲舒对心的定义，是将心置入圣人创作的人文世界中，剖析心在这个世界中所具有的意义。曾振宇、范学辉将自战国以来名实之辩的意义分为两种——政治学意义与形式逻辑学的意义，并认为董仲舒的深察

---

① ［西汉］董仲舒撰，曾振宇、傅永聚注：《春秋繁露新注》，商务印书馆2010年版，第212页。
② ［西汉］董仲舒撰，曾振宇、傅永聚注：《春秋繁露新注》，第206—207页。

名号属于政治学的意义,[①] 也可与此处之论相参。

按董仲舒对心名号的深察,心是"栣众恶于内"的,这也就意味着在董仲舒那里心本身是含有"恶"的,此判断暗含了两方面的问题:一是生成论;一是人性论。从生成论上来说,人心之所以有恶,是因为人在禀气受生之初就已经具备了恶的根源,在董仲舒看来,人身与天相应,天有阴阳二气,人身也相应有贪、仁之性,天有能对阴阳"禁"的举措,那么人身也有对情欲"栣"的能力。董仲舒这里提到的"身"就是心,因为天贵阳而贱阴,所以心要栣众恶而扬善。

从人性论上来说,董仲舒显然并非纯粹的性善论者,[②]他有时甚至会说:万民之性,只有经过教化才是善的。因此,他的结论是善是由于教化而来,并非由于天性。他将孟子与孔子论性进行比较,说:

> 性有善端,动之爱父母,善于禽兽,则谓之善,此孟子之善。循三纲五纪,通八端之理,忠信而博爱,敦厚而好礼,乃可谓善,此圣人之善也。是故孔子曰:"善人,吾不得而见之,得见有常者斯可矣。"[③]

从董仲舒的言论中,我们能得到如下几个信息:首先,董仲舒肯定人性有恶,同时也有善端,但这种善端不会"有常"。因此,相较于从人性上找善的根据,董仲舒认为外在的"三纲五纪""八端之理"对善的保证会更加持久有效。其次,正如董仲舒将名号的世界归结为圣人的创作一样,善也是一个名号。因此,只有与善的名号相符合的行为才可以

[①] 曾振宇、范学辉:《天人衡中——〈春秋繁露〉与中国文化》,河南大学出版社1998年版,第108—109页。

[②] 曾振宇从气学的视野指出:董仲舒"以气论善"。在董仲舒那里,因为气有阴阳,而"阳气为仁""阴气为恶",人禀阴阳之气而生,故而可以合乎逻辑地推导出"人性有善有恶"。详参曾振宇《"阳气仁":董仲舒思想中的"善"与"仁"》,收入魏彦红主编《董仲舒与儒学研究》第4辑,巴蜀书社2015年版,第422页。

[③] [西汉]董仲舒撰,曾振宇、傅永聚注:《春秋繁露新注》,第215页。

称为善。①换言之，只有进入以名号所构成的文明世界中，我们才能谈论善。所以董仲舒会说："圣人之所命，天下以为正。正朝夕者视北辰，正嫌疑者视圣人，圣人以为无王之世，不教之民，莫能当善。"②董仲舒的意思是，就像要确定朝夕需要以北辰为标准一样，圣人制定的规范也是天下的标准，日常若有疑惑不解之处，最终也要依据圣人制定的规范进行决疑。那些不符合圣人制定的规范的行为，是无法称为善的。这同时要求"三纲五纪""八端之理"这些外在的体制规范本身必须能够保证善行得以可能。

再次，既然善的保证基于外在的体制规范，那么，待教的个体在其中扮演着什么角色呢？换言之，心在名号上是"栣众恶于内"，并不取决于"外教"，那心的"栣"之作用还有何意义呢？董仲舒曾说，天贵阳而贱阴，那么心也就应该贵仁而贱贪，但是这里的"仁"若不符合圣人所制作的"仁"的名号，它同样不可被称为仁。董仲舒说："必知天性不乘于教，终不能栣。察实以为名，无教之时，性何遽若是？"③这也即是说，"栣"可能是在接受教化的基础上的，如果没有教化，性的问题也是无法讨论的。换句话说，人一定是先知道贪与仁的名号及其所代表的意义，然后"栣"才能成立，才能抑贪而扬仁。在此，董仲舒的逻辑似乎陷入一个闭环，即作为教化结果的仁义，同时又是教化的前提，但这也可能意味着："相对帝王而言，民众则是绝对被动的存在，只可能顺从来自社会上层的规范。"④

最后，就心与性的关系来说，董仲舒虽然没有直接言及心与性的关系，但是从董仲舒赋予心"栣"的能力来看，可以说性依托于心才能显现，乃至善或恶都不过是心"栣"以后的结果。在董仲舒那里，性是质朴

---

① 徐复观指出，董仲舒为了回护自己的"性未可全为善"的主张，认为孟子所说的善于禽兽之善，即是善端之善，不能算善，而必须以圣人之所谓善才算是善。以圣人之所谓善才算是善，当然可以说"性未可谓善"。详参徐复观《两汉思想史》第2卷，第250页。
② [西汉]董仲舒撰，曾振宇、傅永聚注：《春秋繁露新注》，第216页。
③ [西汉]董仲舒撰，曾振宇、傅永聚注：《春秋繁露新注》，第212页。
④ 汤一介、李中华主编：《中国儒学史·两汉卷》，第129页。

的，仅依据自身是无法成善的，必须有待于教化才可成为善。由于心对应于天的贵仁贱贪，心"栣"的最终结果也必定是"仁"，这也就意味着，性的呈现必须是善才能与天的运化相符合。董仲舒曾说："性者，天质之朴也；善者，王教之化也。无其质，则王教不能化；无其王教，则质朴不能善。质而不以善性，其名不正，故不受也。"①这句话的意思是，性在本来的层面上是质朴的，只有经过教化才能被称为善。但并不是说性的本来层面可以被忽略，没有性的本来层面，王教就丧失了根基，但若没有王教，性也不能成其善。从这个意义上来说，如果性不接受教化，那么性这个名号也是不正的。可见，在董仲舒那里，性在本来的层面上只是"善质"，只有经由后天的教化才能成善，这就是"善质与善"②的区别。换言之，在圣人创作的名号世界中，性的名号一定对应的是性善，但此性已非本来层面上的性。

董仲舒将天所为之性与圣人所名之性进行一定程度的区分，其背后的用意一方面可能正如他所言，是为了给教化得以可能提供根据，但另一方面又未尝没有将价值的"创作权"赋予"人自身"的意味。因此，尽管董仲舒一再强调天人的相应，但是在圣人创作的名号世界中，质朴的天的角色在不断地被剔除，或者说，天的名号也必须接受圣人的"深察"。正是在此意义上，董仲舒将《春秋》中"元年春，王正月"的"元"解释成"原"，在他看来，圣人统类万物，将万物系于一个新的开端，万物只有以这个开端为基础，才能各正其位、各成其效。《春秋》用"元"，就有效法天地终始的意味在，因此，圣人"制作"出的"元"是万物之本。人的生死同样也相应于此，尽管人奉天气而生，其"元"可能在天地之前，但是人之元却不得与圣人所系之"元"相违，因为圣人所系之"元"乃是与天相参而成。董仲舒对元的解释看起来似乎很难理解，但如果我们把这里的"元"换成新王朝的制度礼仪，就较容易理解了。董仲舒的意思是，一个新王朝的建立对于天下的万物来说就像一个新的纪元，

---

① ［西汉］董仲舒撰，曾振宇、傅永聚注：《春秋繁露新注》，第219页。
② 详参曾振宇《"仁者安仁"：儒家仁学从孔子到董仲舒的思想衍变》，收入魏彦红主编《董仲舒研究文库》第2辑，巴蜀书社2013年版，第269页。

: 汉代人的观念世界 :

无论在王朝建立之前万物是否在事实上存在，天下万物都将以新王朝的建立为起点，被重新赋予"元"的意义，以新的时间与空间重新被定义，接受新王朝制度礼仪的统类。当然，这并不意味着董仲舒这里的"元"跟新王朝之前的历史毫无关联，他也并未否定历史上圣人的制作之功，相反，"今"之圣人与"古"之圣人有着很深的传承关系。这也意味着，新王朝的制度创建者在创建制度时，不是凭空创造，而是既要参照古制，又要考虑新的社会情况，两者兼顾，才能制定出完善的新王朝制度。董仲舒指出，虽然新王朝易姓更王必须要通过"改制"来区别于前代，但"改制"并非将一切都改掉，诸如"大纲、人伦、道理、政治、教化、习俗、文义"这些都应该遵循传统，不须改换。他将这种新王朝制度的创建原则总结为："王者有改制之名，无易道之实。"① 可见，在董仲舒看来，在为新王朝创建制度时，既需要注意新王朝"改制"的需要，同时也应参照古代先圣留下的思想资源。正因如此，董仲舒将《春秋》大义总结为："《春秋》之道，奉天而法古。"② 可以说，董仲舒在此为历史乃至文化的保存留下余地，而他关于"改制"的观点，则"有着强烈的现实政治考虑，即推动汉王朝之'复古更化'"，在此方面，他与贾谊有一定的相似之处。③

董仲舒无疑意在为新王朝的建立提供一个合法性的根据，故而他将圣人所系之"元"作为新王朝的开端，万物包括人在内都应接受新王朝的"统类"。从董仲舒对"元"的解释中，我们能明显地看到他是如何将圣人所系之"元"与天地之元进行分离的。事实上，如果说天地之元是元气流行的开始，那么圣人之元就是一个人为制作的人文开端，这个开端虽然像元气的流行那样有始有终，但它本身却是一个独特的节点，是一段新的时间的展开，因此在这个意义上它又区别于天地之元。人，毫无疑问是跟这两个"元"皆有关涉的物类，人既因元气而生，应四时之变，完全遵循天地之元的运转，但同时又是某个人文时段内具体的人，因此，

---

① [西汉]董仲舒撰，曾振宇、傅永聚注：《春秋繁露新注》，第13页。
② [西汉]董仲舒撰，曾振宇、傅永聚注：《春秋繁露新注》，第11页。
③ 曾亦、黄铭：《董仲舒与汉代公羊学》，上海人民出版社2017年版，第148—149页。

也必须遵循圣人所系之元。从人文的角度来说，天地之元也必须被编织进圣人之元中。由此，我们可以看到，作为非人文的天在被统摄进圣人所系之元中后，变成了"天元本、天元命"这些"名号"。这就是天的名号也必须接受圣人"深察"的原因与结果，因为这是由"质朴"进入文明不得不经历的转变，这个转变正是由古今圣人"统万物于元""鸣号而达天意"完成的。而由此，我们也能进一步理解为什么董仲舒在论性时一定要将"天为之性"与"圣人所名之性"区分开，其中的关键就在于圣人所系之元与元气之元的区别。

之后，我们就可以重新"深察"董仲舒将人性进行区分的三等"性"——"圣人之性"、"斗筲之性"和"中民之性"。在董仲舒看来，圣人之性和斗筲之性不可以被称为性，只有中民之性才可以被称为性。[①]令人不解的是，董仲舒为何会有这样的说法？这是否意味着性不具有普遍性呢？事实上，依据前文的分析，圣人既是名号的创作者，同时又是施行教化的人，作为名号的"性"既受限于具体的时间段（新王朝的终始），同时也必须经历新王朝的王化（被教化），但古先圣王之性显然并非如此，因此，圣人之性不可以被称为"性"。至于"斗筲之性"不可以被称为性，一方面可能正如一般人所认为的一些人不可被教化，但这恰又为法治留下了空间；另一方面也极有可能是暗指那些不接受新王朝正统的人，他们或没有被"王化"，或反对"王化"，这显然是一个新王朝在确立正统性时必定会面临的状况。可见，对于董仲舒来说，他并不是没有意识到性的普遍性，而是在有意取消性的普遍性，从而赋予性以鲜明的时代色彩。

从董仲舒的构思中可见，一个名号应该关联三个方面：一是名号的"创作者"，二是名号的"使用者"，三是名号的"受用者"。从"创作者"的角度来说，名号是今之圣人参之以天意及古圣先王的思想遗产的结果，对于他们来说，在创作名号时，还要考虑当时社会的"民心"与"人心"，这也即是"天意"。在此，我们可以看到，心以一种独特的形式出现。在董仲舒所著的《春秋繁露》中有这样一段记载，可以帮助理解这里的"人

[①] ［西汉］董仲舒撰，曾振宇、傅永聚注：《春秋繁露新注》，第218页。

心"。当有人诘难《春秋》对鲁文公娶亲一事进行讥刺时，董仲舒回答道，《春秋》在论事的时候，最看重的是一个人的"志"。虽然鲁文公娶亲的时候已经超过二十五个月，但是"娶"需要有纳币这些先前的流程，从时间上来看，这些流程并未出丧法规定的二十五个月。不仅如此，本该在二十五个月外才能举行的祫祭之礼，鲁文公却是在丧期内举行的。由此可见，鲁文公虽然在表面上遵守了丧法的规定，却不能表里如一，根源在于他根本没有"悼远之志"，这就是《春秋》讥刺他"无人心"的原因。[①] 正如董仲舒所指出的，《春秋》论事，最贵于"志"，若无此志，即是无人心。可见，"志"是根源于人心的最真实的情感。这也即是说，《春秋》贵"志"，其实就是贵"心"。

再从名号"使用者"的角度来说，一方面，需要通过一系列的如《深察名号》篇所记载的流程那样，对名号进行深察。因为世间之事本是极为复杂的，以《春秋》为例，《春秋》中所记载的事，通常不义之中有义、义之中有不义，如果不能认真分辨揣摩，是很难分得清的。所以董仲舒说："非精心达思者，其孰能知之。"[②] 可见，使用者在深察名号时，离不开心的认知义。另一方面，"使用者"自身也需要经历教化，以便对名号世界形成认同。因此，在董仲舒看来，君主也要经过儒家六艺的教化，才能更好地为政。董仲舒介绍儒家"六艺"各自的作用道："君子知在位者之不能以恶服人也，是故简六艺以赡养之。《诗》《书》序其志，《礼》《乐》纯其美，《易》《春秋》明其知。六学皆大，而各有所长。《诗》道志，故长于质；《礼》制节，故长于文；《乐》咏德，故长于风；《书》著功，故长于事；《易》本天地，故长于数；《春秋》正是非，故长于治人。"[③] 对于名号的"使用者"来说，不仅需要"六艺以赡养之"，也需要"精心达思"来对名号进行深察。这反映出深察名号对心的认知义的更高要求。

最后，对于名号的"受用者"来说，不同于鸟兽只注重生、注重利

---

① [西汉]董仲舒撰，曾振宇、傅永聚注：《春秋繁露新注》，第17—18页。
② [西汉]董仲舒撰，曾振宇、傅永聚注：《春秋繁露新注》，第35页。
③ [西汉]董仲舒撰，曾振宇、傅永聚注：《春秋繁露新注》，第24—25页。

的本性，人身上所受命于天的性，是善善而恶恶的，为此，人应该去养善、"柾"恶，不应被恶、被利来打败名号的天所赋予人的善与义。在董仲舒看来，儒家经典《春秋》就是圣人根据"天之为人性命"的本义而创作的，因此，《春秋》在董仲舒这里还是一部"仁义法"，他特别强调："《春秋》之所治，人与我也。所以治人与我者，仁与义也。以仁安人、以义正我。故仁之为言人也，义之为言我也，言名以别也。"①这也就是说，《春秋》是圣人为了正己、正人而创作的，"正"的具体内容，就是以仁安人、以义正我。这就解释了董仲舒为什么特别看重义利的问题，因为义直接关涉个体身心正与不正的问题。那么，心在其中扮演了什么角色呢？董仲舒认为，天在生人之时，以义与利来保障人之生，"义"用来养人心，"利"用来养人的身体，心因得义养而乐，身体因得利养而安，但对人的身体来说，最贵重的是心，因此，"养莫重于义"②。由此可见心在义利轻重取舍时的位置，心"柾"的功能是决定义利取舍的主导者。值得注意的是，虽然董仲舒认为义利之间有贵贱的不同，但是他并未彻底否定利，反而给利提供了一定的合法性地位。

在《春秋繁露》中，董仲舒提到心的地方并不少，比如他会从心所处的位置上将心类比于君，"君者，民之心也；民者，君之体也"③，也会从与五行对应的角度，将心视为"五脏"之一，还会从气的角度将心视为气之君，"凡气从心，心，气之君也，何为而气不随也"④。当然，以这些意义来理解心未尝不可，但以上这些意义明显不是董仲舒所关注的心的重点。可以说，董仲舒最终的目的是论证王道教化的合理性。从这个意义上来说，在董仲舒的视域内，人虽然由元气所生，但元气只是赋予人以普遍的本质。人总是具体的人，是生活在具体时空下的有所限定的人，这也决定了人不得不遵守具体时空下的秩序，这也就是现世的王道教化。心也是如此，元气生成了心、生成了性，但在董仲舒看来，此性不可名性，此心自然也不

---

① ［西汉］董仲舒撰，曾振宇、傅永聚注：《春秋繁露新注》，第176页。
② ［西汉］董仲舒撰，曾振宇、傅永聚注：《春秋繁露新注》，第188页。
③ ［西汉］董仲舒撰，曾振宇、傅永聚注：《春秋繁露新注》，第225页。
④ ［西汉］董仲舒撰，曾振宇、傅永聚注：《春秋繁露新注》，第338页。

可名心，只有在圣人制作的人文世界中，心、性才可以名。这也就意味着，经过深察后的名号之心才是董仲舒所关注的重点，心的其他义只不过是心的名号义的意义单元。

四、扬雄"潜心于圣"

扬雄是一个极具争议性的人物，这种争议不仅体现在他的姓氏究竟是"扬"还是"杨"上，[1]还体现在他与王莽朝的关系以及他拟《易》作《太玄》、拟《论语》作《法言》的"拟经"行为上。或许这些争议在外人看来很难理解，但就扬雄自己来说，却有着他自己独特的认识。

以"拟经"为例，有人问：孔子都只是"述而不作"，你又为何要作《太玄》呢？扬雄的回答是："其事则述，其书则作。"[2]那么，该如何理解扬雄这里所谓的"作"呢？这就首先要理解扬雄所谓的"书"，在扬雄看来，书是记载、传承天下古今之事，并能将作者心声展开于时间与空间中的媒介，后者被扬雄称为"心画"[3]。在扬雄看来，作书主要是述事以言志，这可以看作是扬雄作书的理由。但还有一个问题：如此说来，似乎每个有心声的人都可以作书，而扬雄为何又独独选择"拟经"这种作书方式呢？因此，扬雄必须要进一步说明他"拟经"的动机。

当有人再问扬雄作《太玄》的用意的时候，扬雄回答道："为仁义。"此人再问："孰不为仁？孰不为义？"扬雄答道："勿杂也而已矣。"[4]可见，在扬雄那里，作《太玄》既是为了倡导仁义，同时也是为了辨析世人对仁义理解的驳杂，这正符合扬雄对"书"的另一个要求："书不经，非书也；言不经，非言也。言、书不经，多多赘也。"[5]即著书时一定要以"经意"自期，不以经典为标榜的书，是不能称为书的。综上可知，扬雄赋予了他自己"拟经"的行为以非同寻常的责任感与目标，这种责任感一方面是对圣

---

[1] 本文随俗，作"扬"。
[2] 汪荣宝：《法言义疏》，第164页。
[3] 汪荣宝：《法言义疏》，第160页。
[4] 汪荣宝：《法言义疏》，第168页。
[5] 汪荣宝：《法言义疏》，第164页。

人心志（经意）在新时代下的接续，另一方面也有辨章学术、考镜源流的意味。

就接续圣人的心志来说，扬雄一方面肯定圣人之经包罗万象、深不可测，圣人所著之经是后世诸多立论的根源；另一方面，他也承认经典可以因时代的变迁进行损益，其损益的思想根据是："道非天然，应时而造者，损益可知也。"[①]乍一看，扬雄的以上两种观点似乎存在矛盾，比如他肯定圣人创作的经典包罗万象，但既然如此，为何还有损益的必要呢？若圣人的经典还须损益，那就称不上包罗万象。事实上，如果注意到扬雄对损益经书所作的要求的话，就会知道其实以上两种说法并不矛盾。按扬雄的意思，只有圣人才有资格对经书进行损益，经书作为圣人心声、心画的显现，对它是损还是益，又或将它定为一尊，其根据不在经书，而是在于圣人的心，圣人之心，应时制宜，或损或益，皆无不可。换句话说，对于无法与圣人之心相通的学者来说，圣人所造的五经是"众说郛"，而对于与圣人之心相通的学者来说，对经书或损或益，应时而造，都是可以的。

就辨章学术来说，扬雄曾以孟子自比，他指出，在孟子的时代，杨朱、墨翟之说横行，为了维护正学，孟子不得不与他们辩论，而在扬雄看来，他所处的时代也充斥着种种异端乱道的思想。扬雄把当时的"异说"比喻成一个乱哄哄的集市，即便是一卷之书，其异说亦非常之多。在这种众说喧嚣的学术现状之下，扬雄不得不以孟子自任，对异说进行清理与辨析。可见，扬雄是从"拔本塞源"、拨乱反正的意义上以孟子自任的，而最终目的是复归儒家思想的本来面貌。因此，扬雄说："好书而不要诸仲尼，书肆也。好说而不要诸仲尼，说铃也。"[②]这是以孔子作为学问的正统。当有人问他："人各是其所是，而非其所非，将谁使正之"的时候，他的回答是："万物纷错则悬诸天，众言淆乱则折诸圣。"又问："恶睹乎圣而折诸？"扬雄回答道："在则人，亡则书，其统一也。"[③]这都

[①] 汪荣宝：《法言义疏》，第144页。
[②] 汪荣宝：《法言义疏》，第74页。
[③] 汪荣宝：《法言义疏》，第82页。

说明，扬雄是以圣人与经书为最终旨归的。

值得注意的是，尽管扬雄以众言淆乱为忧，但他却并不像董仲舒那样决绝地以"罢黜百家，独尊儒术"来否定诸家学说存在的合理性，而是试图对诸家进行一番"折诸"。扬雄对老子讲的"道德"，庄周讲的"少欲"，邹衍讲的"自持"，皆表现出肯定的态度，但对老子绝灭礼学、庄周乱君臣之义、邹衍"无知于天地之间"[①]却持否定的态度。扬雄还将孔子之道与其他家学说放在一起进行比较，他说："仲尼之道，犹四渎也，经营中国，终入大海。它人之道者，西北之流也，纲纪夷貉，或入于沱，或沦于汉。"[②]将孔子之道视为主干，其他家视为支流，并最终都汇入大海，反映出扬雄极为开放的学术观，在他看来，除孔子以外的诸家学说，虽不可被视为大道，但未尝不是道之一曲，只有博学兼采，才能见道之原貌。如果将之对应到心上，我们就会发现，扬雄这里对心的认识达到了一个极高的高度。心作为人心，是每个人皆具的，扬雄承认诸家之心所进行的思考皆有可取之处，这样一来，将诸家对心所进行的探索集中在一起，就使得心的面向更加丰富与完善。

诚如上文所论，扬雄若想要拟经，或者说想要接续圣人的心志对经书进行损益，那么，他就必须做到能与圣人之心相通才行，只有这样，他的拟经行为才具有合法性，这正是扬雄提出"潜心于圣"所要解决的。扬雄关于"潜心"的讨论见于《法言·问神》篇，扬雄说道：

> 或问"神"。曰："心。""请问之。"曰："潜天而天，潜地而地。天地，神明而不测者也。心之潜也，犹将测之，况于人乎？况于事伦乎？""敢问潜心于圣。"曰："昔乎，仲尼潜心于文王矣，达之。颜渊亦潜心于仲尼矣，未达一间耳。神在所潜而已矣。"[③]

徐复观将扬雄的"潜心"解释为"心的探索认知的能力"[④]，《法言义疏》中引崔憬注"潜龙勿用"将"潜"注为"潜，隐也"，汪荣宝将"潜"

[①] 汪荣宝：《法言义疏》，第134—135页。
[②] 汪荣宝：《法言义疏》，第503—504页。
[③] 汪荣宝：《法言义疏》，第137页。
[④] 徐复观：《两汉思想史》第2卷，第316页。

引申为"深入"之义,最终将"潜心"解释为"以心测之"。《中国儒学史》将"潜"释为"深入认知"[1],可能是继承自汪荣宝。事实上,扬雄以"潜"述心,是看到了心所具有的隐的一面,这同时说明心之隐有更大的意义在里面。而《法言义疏》引用的另外一条关于"心"的解释,也有助于我们理解扬雄的"潜心",其引《说苑·辨物》云:"《易》曰:'仰以观于天文,俯以察于地理,是故知幽冥之故。'夫天文地理,人情之效,存于心,则圣智之府也。"[2] 由此可见,在古人的思想世界中,心并非空洞无物,而是像一个府库那样,容纳着天文地理、人情之效,正是因此,圣人以其心能"矢口而成言,肆笔而成书"。在这个意义上,所谓"潜心于圣"应是指深入"圣智之府",行圣人之道,而成乎"群心之用"[3]。

扬雄将"潜心于圣"的途径分为两种。一种是借鉴孟子的"操心"说,提出"操心"与"存心"。但他却指出,人心至神,能常操和常存的,只能是圣人。圣人常存此心,就能成天下之大顺,致天下之大利,进而达到天人合一的境地。但人并非都是天生的圣人,因此,扬雄又另立一条学者的途径。在扬雄看来,普通人多是聪明不开、恣于情性,有鉴于此,扬雄撰《学行》来为普通人启蒙。扬雄认为,生民在有生之初就应该通过"学"去发蒙,否则就跟禽兽没什么两样了,他将学的目的视为"修性"与成为君子。但是,即便是学,也要分辨清楚所学的内容,否则就有可能学非其道,他要求学者以"五经"作为标识,学习儒家的"圣人之道"。正如上文所论,儒家传统的五经是圣人的心声、心画,学者学习五经也就是探寻圣人的"智府",正是在此意义上,普通人也能"潜心于圣"。

尽管学者可以"潜心于圣",但这里仍有一个问题:学者之心如何"潜"于圣人之心?扬雄认为"一人之心"与他人之心本有相通的可能。扬雄说:"四海为远,治之在心,不亦迩乎?"[4] 此言可以看作是扬雄对心

---

[1] 汤一介、李中华主编:《中国儒学史·两汉卷》,第391页。
[2] 汪荣宝:《法言义疏》,第138页。
[3] 汪荣宝:《法言义疏》,第262页。
[4] 汪荣宝:《法言义疏》,第541页。

"通"的性质的看法，即远人之心通乎近人之心。值得注意的是，扬雄正是将"道"训为"通"的，他说："道也者，通也，无不通也。"①这样一来，当一人之心可以通于四海，以四海之心为心时，此心就已经符合大道了，只有这样的心才可称为圣人之心。毋宁说，在扬雄眼中，这一通于四海的心是一个无限量的大心，圣人以此心为心，为世间立"法"，同时此心又与学者之心同质，需要学者由"潜"而通向那无限量的大心。

五、王充论心

王充将其著作《论衡》的主旨用一言以蔽之，即"疾虚妄"②，他还进一步对这一主旨进行解释。在王充看来，因为人世间存在着种种虚妄的意见，世人颠倒迷乱，于是他竭尽心思著《论衡》，以此"铨轻重之言，立真伪之平"，而不仅仅是为了"调文饰辞，为奇伟之观也"。王充作《论衡》还包含着他的期许："冀悟迷惑之心，使知虚实之分。实虚之分定，而华伪之文灭；华伪之文灭，则纯诚之化日以孳矣。"③可以说，《论衡》是王充"有善心，则有善言"的尽"心"之作，因为"心善则能辩然否。然否之义定，心善之效明"④。同时，《论衡》也包含了他试图"以诚化俗""拯救人心"的理想，并且在此理想背后，还隐藏了他试图对当时的人文传统进行"正本清源"的野望。在王充这样一个"奇伟"的目标之后，"心"自然也成了他正本清源的对象。

如果说，王充之前的思想家论"心"因或多或少受到儒家思想的影响而将"心"视为人文建构的根源的话，那么，王充对此不仅有明确的认知，还试图对之进行一番根源上的"清理"。王充先是指出圣人论"心"的实质：

> 六经之文，圣人之语，动言"天"者，欲化无道，惧愚者。之

---

① 汪荣宝：《法言义疏》，第109页。
② 黄晖：《论衡校释》，第870页。
③ 黄晖：《论衡校释》，第1180页。
④ 黄晖：《论衡校释》，第1119—1120页。

（欲）[1]言非独吾心，亦天意也。及其言天，犹以人心，非谓上天苍苍之体也。变复之家，见诬言天，灾异时至，则生遣告之言也。

验古以知今，[知]天以人。"受终于文祖"，不言受终于"天"，尧之心知天之意也。尧受之，天亦授之，百官臣子皆乡与舜，舜之授禹，禹之传启，皆以人心效天意。《诗》之"眷顾"，《洪范》之"震怒"，皆以人身（心）效天之意。文、武之卒，成王幼少，周道未成，周公居摄，当时岂有上天之教哉？周公推心合天志也。上天之心，在圣人之胸，及其遣告，在圣人之口。不信圣人之言，反然灾异之气，求索上天之意，何其远哉？世无圣人，安所得圣人之言？贤人庶几之才，亦圣人之次也。[2]

王充指出，无论是六经还是圣人，但凡提到"天"的地方，都是为了化无道而就有道，圣人将人心与天并言，最终是为了"以人心效天意""推心合天志"。我们知道，"天"自周代以来就被视为德性的根源，并在儒家思想传统中得到延续与进一步发展。然而，在王充看来，"天"并无神圣的意义，只不过是"苍苍之体"而已。圣人所谓的以人心代替天意，其实只是人心，并无天意。从这个意义上来说，圣人之言、六经之文，都不过是圣人为世人能够接受教化所找的合理性根据而已。这可以看作是王充对"天"这一观念的"疾虚妄"。

由此，再看王充在"以人心效天意""推心合天志"中对"心"的定位，我们会发现其中有两点值得注意。首先，先看王充所理解的古代思想传统中的"心"。在王充看来，古代圣人通过"天"来赋予人心以合法性，"以人心效天意"，建构了"六经"系统乃至政治体制。王充不否认这种建构的合理性，却并不完全认同这种建构逻辑，他仅将这种建构视为"圣人以神道设教劝人为善而编造的劝世之谈"[3]。以颇具争议的薄葬与厚葬问题为例，王充指出，人们想要厚葬，是因为他们相信死人有知，但王充认为，死人是无知的，这也就导致厚葬没有原初的意义了，因此，

---

[1] 此段符号皆原书所有，非笔者擅加。
[2] 黄晖：《论衡校释》，第647—648页。
[3] 可参汤一介、李中华主编《中国儒学史·两汉卷》，第436页。

: 汉代人的观念世界 :

若基于现实的考虑，应该提倡薄葬。但是，薄葬与儒家的传统又是相悖的，于是王充解释道，孔子并非不知道人死是无知的，但孔子却不明说，这是因为如果"言死〔人〕无知，则臣子倍其君父"，从而开不忠不孝之源。王充说道："圣人惧开不孝之源，故不明死〔人〕无知之实。"所以，圣人其实是为了孝道，才不得不支持厚葬。可见，在王充看来，孔子为了维持"孝"这一价值的合法性，不得不牺牲"死人无知"的事实。王充在此注意到事实与价值之间的矛盾，但他最终以"事实"作为论衡的立脚处，[1]这一点，正好与董仲舒走向两个极端。从这个事例中能看到，一方面，王充认为孔子隐去事实是为了价值的维护，也就是说，价值体系的建立是基于现实教化的需要，而并不一定真有其事实基础。换言之，无论是"孝"，还是"天"，这些观念的价值面向，在王充看来都是缺乏根据的，都不过是圣人用来论证价值合法性的手段。这样一来，王充就抽离了价值在现实世界的根基，从而将价值变成了一种"治术"，王充说："圣贤之治世也有术，得其术则功成，失其术则事废。"[2]这样一来，所谓"以人心效天意""推心合天志"就都成了一种心术。另一方面，当王充斩断心与"天"之间的关联的时候，同时也面临着一个问题：价值的合法性何在？与此相关，他也必须重新对"心"作出解释。

其次，是王充所理解的"心"。如果细读以上王充的论述，就会发现一个极为有趣的现象：一方面，王充认为事实层面的天只是"苍苍之体"而已，这就取消了天作为价值根源的地位；另一方面，他却又说："上天之心，在圣人之胸，及其遣告，在圣人之口。不信圣人之言，反然灾异之气，求索上天之意，何其远哉？"这样来看，王充似乎又重新肯定了天的地位。但事实并非如此简单，王充著《论衡》有一个一以贯之的方法论，那就是"事莫明于有效，论莫定于有证。空言虚语，虽得道心，人犹不信"[3]。可以说，在王充那里，当"道心"与事实产生冲突的时候，事实

---

[1] 徐复观将王充的思想特点视为"重知识不重伦理道德"，也聊备一参。详参徐复观《两汉思想史》第 2 卷，第 356—357 页。
[2] 黄晖：《论衡校释》，第 1107 页。
[3] 黄晖：《论衡校释》，第 962 页。

的有效、有证才是最终的衡量标准。这样一来，略显虚幻的天，就永远不会再重新被肯定。那么，王充以上那段话又该如何解释呢？从王充的话中，我们发现王充还有另一个目的，那就是他试图对灾异的本质进行解释，王充在此既试图劝说那些相信灾异现象的人，也有对"变复之家"的观点进行批判的用意。在王充看来，既然上天之心在圣人之胸，上天的遣告也需要借圣人之口进行表达，那么为何不相信圣人之言，而另去求索上天之意呢？很明显，这是王充的一个批评之语，此语中的"天"不能代表王充的真实观点。但是我们发现，在王充那里，圣人的地位还在，从王充下文煞有介事地认为即便圣人不在了，贤人之言也可以作为次一级的"天意"的代表就能看出。因此，这里的问题是：既然王充否定了"天"，那么，作为"天"的代言人的圣人为什么又被他保留下来？换言之，圣人之所以为圣人的合法性在哪呢？

在王充那里，人与万物都是由"天地合气"而生，圣贤作为"人"，自然也应遵循这一生成过程。王充说道："上天多文而后土多理，二气协和，圣贤禀受，法象本类，故多文彩。瑞应符命，莫非文者。"[①] 王充此言，道出了圣贤是作为二气协和而生的人，同时又肯定了感应论。后者暂且不论，单就前者来说，圣贤跟普通人都是禀气而生，只不过圣贤所禀的是"协和"之气，普通人所禀之气却差了些。因此，王充说："至德纯渥之人，禀天气多，故能则天，自然无为。禀气薄少，不遵道德，不似天地，故曰不肖。不肖者，不似也。不似天地，不类圣贤，故有为也。天地为炉，造化为工，禀气不一，安能皆贤？"[②] 在此言中，我们能看到：一方面，王充认为，禀天气的多少是区别圣贤与不肖的标准，这意味着当王充将"天"作为价值根源的地位取消之后，以气学为根基，通过所禀之气的差异，他

---

① 黄晖：《论衡校释》，第1150页。
② 黄晖：《论衡校释》，第781页。

又重新树立起另外一套价值体系。[①]另一方面，通过王充"有为""无为"的用法，也能看到他明显受到黄老道家思想的影响。并且，他还通过"无为"与"有为"的差异，为教化的合理性提供了根据。王充说："然虽自然，亦须有为辅助。"[②]又说："及其生也，人道有教训之义。"[③]尽管王充对"人道有教训之义"的论证稍显薄弱，但终究是承认了"教训"的合理性。王充还认为"人生禀五常之性，好道乐学，故辨于物"，又说"'天地之性人为贵'，贵其识知也"，还说"诸夏之人所以贵于夷狄者，以其通仁义之文，知古今之学也。如徒作（任）其胸中之知以取衣食，经历年月，白首没齿，终无晓知，夷狄之次也"[④]。可见，在王充看来，无论是在所禀的天性上，还是为了"贵于夷狄"，人都需要学，并且这种学是一种不同于"任其胸中之知"的学。王充所谓的"胸中之知"即是心知，对于王充来说，心已经丧失与天的联系，故而，必须向外寻求"知"。

当王充将价值作为一种教化的"术"时，心与天的关系也就成了府库与府库所藏的物品的关系。王充举例道："富人之宅，以一丈之地为内，内中所有，柙匮所赢（赢），缣布丝绵也。贫人之宅，亦以一丈为内，内中空虚，徒四壁立，故名曰贫。夫通人犹富人，不通者犹贫人也。俱以七尺为形，通人胸中怀百家之言，不通者空腹无一牒之诵，贫人之内，徒四所壁立也。"[⑤]通人胸中虽然怀有百家之言，还要"能用之"[⑥]。基于此，王充将学者分为四等，由下至上分别为：儒生、通人、文人、鸿儒。儒生是"能说一经者"，通人是"博览古今者"，文人是"采掇传书以上书奏记者"，

[①] 邵毅平指出，在王充那里，人物"禀气的厚薄，不是'天'有意识地决定的，而是在冥冥之中随意完成的，并且一旦禀毕，便终身无法以人为努力加以改变的"。从而，邵氏将王充的思想风格视为一种"悲观主义"的宿命论。这里仅须注意王充不把人物禀气视为天的有意识决定就可以了。详参邵毅平《论衡研究》，复旦大学出版社 2018 年版，第 272 页。
[②] 黄晖：《论衡校释》，第 780 页。
[③] 黄晖：《论衡校释》，第 782 页。
[④] 黄晖：《论衡校释》，第 600 页。
[⑤] 黄晖：《论衡校释》，第 590 页。
[⑥] 黄晖：《论衡校释》，第 606 页。

鸿儒是"能精思著文连结篇章者"[①]。从王充的这种分判来看，儒生与通人之别只是通经数量的关系，而到了文人，开始有了自主"采掇"的意识，鸿儒则自主意识更为明显，由文人的"述者"身份，转而成了"作者"的身份。由此，"才"成了王充区别学者的标准，王充说："奇而又奇，才相超乘，皆有品差。"[②]而"才"对于心来说，是指心对"术"的运用能力，这即是王充对"心"所作的新的解释。在王充思想中，心对"术"的运用能力显然在禀气之初就已经确定了，从这个意义上来说，无论是价值体系，还是教化，它们的合法性在王充思想中都值得推敲。

六、结语

　　生活在现代社会的我们可以从一般意义上说，我们对心的认识在逐渐精确化、去迷信化，现代医学甚至可以将不同人的心脏换来换去，这固然是一种对"心"的认知，也固然是非古人所能理解的"心"。但是，如果仅将"心"理解为这种心，那人与机器又有何分别？又或者，当我们这样做的时候，会使我们觉得心对我们来说已经无有余义了。却不知，我们之所以能做到这些，也正是由于古人所谓的"心"在支持着我们的行为。但我们的这些认知与行为，却在某种意义上逐渐背离了一个美好心灵本该具有的东西。或许，在我们这个时代，心所应该呈现出的面向本该如此吧，这未尝不是现代的一种"感应类型"。我们不应忘记，心并非一个空空如也、有待填充的物什，相反，它本身蕴含着无限的丰富性，有待我们去探索。

　　本章选择汉代五位思想家的"心论"进行分析，选择陆贾与贾谊，是想一窥在董仲舒之前汉代奇伟心灵的面向，选择董仲舒自然是为了见证汉代最具影响力的心灵，扬雄作为两汉之交时期的人物，其所思所想也值得我们注意，选择王充则是看重他反思者与批判者的角色。笔者自知此次研究未做到面面俱到，且有很大的疏漏，比如汉代最具特色的易

[①] 黄晖：《论衡校释》，第607页。
[②] 黄晖：《论衡校释》，第607页。

学思想与经学思想，乃至阴阳五行、感应论、谶纬思想等，皆未涉及，而这些本该是一种别样的心的形态。但仅仅通过如此简略甚至堪称粗糙的分析，我们就已经能大致了解那些精彩的"奇伟心灵"。所幸，今人之心即是古人之心，今人之心可以通于古人之心。因此，正如扬雄的"潜心论"所表达的那样，心是"天文地理，人情之效"所存之处，是"圣智之府"，我们固然应该为我们自己的心能拥有这样丰富而又伟大的一面感到欣喜。但与此同时，我们也应该自问：我们是否能做到像扬雄那样"潜心于圣"？

第七章 美

一、天人之际：讨论的缘起

"天人感应"是汉代的主要观念议题，天、人之间的感通与应和是汉儒"美"观念生成的思想依据。立意于"究天人之际"的《史记》记录了不少关于帝王祭拜天地山川、"入海求仙"、见符瑞而改元的故事。《史记·天官书》记"汉之兴，五星聚于东井"，将五颗行星于南中天一字排开的天象视为至高祥瑞，以此标记汉代历史的开端，佐证君主承天受命的身份。大到开疆拓土、政权统一，小到休养生息、安身立命，对天地的敬畏和感恩是隐寓于汉人心中潜在的思维定式。元光元年（前134），全面执掌政权的汉武帝为创制鼎新而下令郡国举孝廉、策贤良，于是便有董仲舒以"天人三策"对答汉武帝关于"大道之要、帝王之道、天人之应"的策问。这一"回应"是董子结合神灵敬畏和先秦思想，基于君与臣、道统与正统间的现实张力所作的调适与创制。他指出：王朝强盛不衰的长久之"道"正在于在"天道"与"人道"之间架设一座认知桥梁，实现究天人之际的可能性。

二、取天地之美以养其身：董仲舒的"美"论

（一）作为理想境界的"天地之美"

《春秋繁露·王道通》："仁之美者在于天。天仁也，天覆育万物，既

化而生之，有养而成之，事功无已，终而复始，凡举归之以奉人，察于天之意，无穷极之仁也。"董仲舒创造性地将本源性的"天道"同儒家"仁"学相结合，揭示了本体世界；将美同道德属性相联系，仁所以美好，是在于天之美好。天之美好，体现在春生夏长秋收冬藏的生意流转中，体现在天以无私之心孕育万物、奉养人类上。

本来，天道的流行、生育的过程只是自然现象，而与仁义忠信相联系，便关乎价值判断。董仲舒在此处做了观念的倒转，"仁"由人的道德属性转向人从天之美中承袭的品格。于是，对"生"的欣喜就是对美的创造的欣喜与肯认，阳春发育万物的景象内化为德性。我们甚至可以说从宇宙运动生成的那一刻，对美的创造就启动了。世界改造完善的过程就是向美而生的过程。这一过程既不是无为而为，也并非自然而然。

具体来看，上天的创造和孕育总是有条不紊，春夏秋冬四季各有不同的功能与作用。"天之道，春暖以生，夏暑以养，秋清以杀，冬寒以藏。暖暑清寒，异气而同功，皆天之所以成岁也"（《春秋繁露·四时之副》），天地之美在于和谐，体现变与常、微与远、实与虚的和合统一、协调共生。上天赋予人身心的整全，不仅以五谷、丝麻和禽兽保障人之生存，又为人制定礼义以满足精神需要。董仲舒把对天地之美的讨论落实到人类的繁衍生息、生存发展上，体现美与人自身之"在"的相关性。天地之美作为至高的美，其本质便是"仁爱"。《春秋繁露·天地之行》载：

> 天地之行美也……是以天高其位而下其施，藏其形而见其光，序列星而近至精，考阴阳而降霜露。高其位所以为尊也，下其施所以为仁也，藏其形所以为神也，见其光所以为明也，序列星所以相承也，近至精所以为刚也，考阴阳所以成岁也，降霜露所以生杀也。为人君者，其法取象于天。

美存在等级区别，董仲舒将天地的大美视作真正的美，是自然界和人类社会的终极理想，表现出对美感的欣赏和向往，其与世俗的美恶不同，具有超验性和本体性地位。

同时，因"美"的讨论总关涉形式，所以天道要表现为"美"，必然要在形象上体现出来：美不仅指日月星辰的变动不居、明媚绚烂，还指养育万物生生不已的仁德至善，理想的美是自然形态之美与人类社会之美的统一，并不将美抽离于事实、价值而孤立存在。因此，即便是恐怖、怪诞的灾异，同样也是上天至美的具体表现，只不过在现实世界被赋予美丑之分。我们不妨以汉代历史上牵连甚广、争议不断的淮南之狱为例，探查董仲舒的思想观念在此历史事件中发挥的作用，以补足对"天地之行美"的理解。

武帝即位之初，朝廷内有王太后的异父弟田蚡和最大诸侯国淮南王刘安两大政治集团。二者为牵制西汉中央政府而渐趋勾结，建元二年（前139），刘安入京拜见汉武帝，时任太尉的田蚡亲自到霸上迎接，并对刘安说："如今圣上没有太子，大王您是高皇帝的亲孙，抚慰百姓，享誉天下。假若有天皇上过世，必然应当由您来继位续业呢！"刘安心中大悦，开始暗中结交宾客，安抚百姓，为叛逆之事作准备。建元六年，汉武帝准备发兵讨伐闽越，刘安因不愿失去诸越的凭依便假借"用兵有害无益"极力阻止汉廷统一东南诸越，同时在私下练兵意图起事。建元六年是多事之秋，二月、四月辽东高庙与长陵高园便殿先后发生火灾，而后彗星现于东方天空，刘安的属下劝说他道："先前吴国起兵，彗星出现仅长数尺，而兵战流血千里。此时彗星长至满天，天下兵战应当大兴。"此言正中刘安下怀，他的谋反之心愈演愈烈，于是不断整治兵器、积聚钱财，只待天下生变争夺王位。面对危机重重的政治局势，彼时在长安担任中大夫的董仲舒忧心忡忡，作《灾异对》以《春秋》昭公、定公、哀公时期鲁国两观、桓庙、釐庙、毫社灾异现象同当时两处庙火相类比，说明"天"以焚其宫社的灾异警示统治者应当去乱臣而治之，此为天地之美显露于外的表现，是上天意志、仁爱之心的体现。若统治者对天的灾异谴告不知自省、不加改变，将会招致灭亡。《灾异对》将火灾视为"天"对汉武帝的谆谆教诲，出于对仁君的警醒，天以异象暗示君主对当地诸侯加以处置，以矫其正。无奈是时田蚡、刘安二人广布内线、气焰正盛，又不幸遇上主父偃因嫉妒董仲舒而偷走文稿呈交汉武帝，在众官员传阅、评议间，吕步舒未能看出此作出于其师董仲舒之手，严厉谴责文中论点。多方夹击下，建元六年（前135）董仲舒惨遭庙火之狱，被判死罪。尽管险些因此论说而丧命，但其主张无疑在当时产生了政治影响力。《汉书·武帝纪》记载："（元狩元年）十一月，淮南王安、衡山王赐谋反，诛，党与死者数万人。"面对此惊天大案，汉武帝忆起董仲舒的《灾异对》和庙火之狱，遣廷尉张汤问计于致仕家中的董仲舒，随后采纳其意见任命吕步舒以《春秋》大义严治淮南之狱。

董子将"天"视为至美的存在，天地之美落实于自然界被赋予的形式，为统治者所体验的灾异便是其具体的形象。世俗的美丑皆是微妙难寻的天意的直接体现，同样被赋予的形式还有祥瑞。董仲舒一并将其纳入"天人感应"的理论架构中，作为"天地之美"的积极感性显现，顺理成章地通过美的现象将天道与人事联系起来。汉儒所建构的世界从根本上便不同于人与自然的二分，他们强调人与自然的互化，政治治理同天地之化相互淆荡，"世治而民和，志平而气正，则天地之化精，而万物之美起"（《春秋繁露·天地阴阳》）。

董仲舒将上天降下草木丰茂、物富岁美的祥瑞以示奖掖的过程描述得具体详尽、绘声绘色：君主领受天命只是开端，安顿万民、调和人事是中点，唯有"施乎方外，延及群生"而达"阴阳调而风雨时，群生和而万民殖，五谷孰而草木茂，天地之间被润泽而大丰美"（《汉书·董仲舒传》），此方为"王道终"。"大丰美"是天道的直观映像，依赖于气的化育而呈现天意。人们不仅为自然的盛大美好而吸引、陶醉，更从中得知天的意志，明白自身责任，通过实践促使自己与世界朝着更为完美的状态迸发。自然美是天意的赋形，不可否认关于美的讨论蒙着一层神意的面纱，但董仲舒并未陷入宗教的迷狂中，而是提出人君正心而天地之间风调雨顺、披润德泽，自然的美丑便是道德良恶的象征，其始终在神性的讨论下显露理性现实的政治考量。

董仲舒以阴阳二气的流布区分同阴、同阳，提出物类之感实是同气之应，从而建立起类感的普遍性。具体来看，"美事召美类，恶事召恶类"（《春秋繁露·同类相动》）充分体现了其思想中政治、自然、天道三元相阐发、映现的逻辑架构：由政治表现推及自然现象，复而以自然现象推导出天道意志。自然现象作为感应联系着自然与人事，天地之气可以影响人事，但社会风气同样会反作用于天地气化。"美事—美类"的感召显示出董仲舒对于散乱经验现象的系统化、政治化处理。由天鉴人、由人观天的共感过程本身就排除了单向性、决定性的力量压制，看似自然的发生皆为类感使然，人与人之间、人与自然之间就不是分离的。所见之"美祥"不是单纯的自然对象，而是包括人在内的整体气象，体现为动态的参与式审美。因为同阴、同阳不可淆乱，所以在美类与恶类之间亦存在分明界限，以"善善而恶恶"确保价值的稳定性，同类相感的应用亦是明辨是非、表达对错的道德能力的体现，人了解天地之美的目的在于规范现世行为。汉儒主张贵元重始，体现在类感中便是于精微现象、不显之几中获得证验。祥瑞图像在汉代的流行便可作为例证。

无论是江苏铜山苗山孔雀画像、四川宜宾凤凰画像砖，还是最为典型的山东嘉祥武梁祠画像石二十四幅祥瑞图摹本（如图 1 麒麟祥瑞图木刻摹本），皆是由同类相感的意象思维将社会人事的演进置于世界的动态变化中。天具人情而人含天心，强调人与自然的联系依存，以美为谏，取美事以喻劝，自然之美与政治之美、人文之美始终处在同构同感的状态中。此种排除理念—感应、外部—内在二元世界的一体图谱无疑是中华文化的鲜明底色。

图 1　山东嘉祥武梁祠画像石麒麟祥瑞图木刻摹本

（二）作为价值向度的"仁爱之美"

伴随着阴阳二气之感应发用，理想之美便自然而然落实于现实中。在处理国与国、中土与外夷的关系上，既有以利益为评判法则的功利目的，包括兵家胜负、资源占有等；也有以道德存续、发展为标准的德性目的。董仲舒以天道为基础，将仁义视作王道的核心内容，以德性目的为终极目的。于是，制度与行为一旦逾越道德界限，便是"恶"。

《公羊传》里记载了这样一个故事。成公二年（前589），晋国大夫郤克率晋、鲁、卫、曹四国联军伐齐，齐顷公亲自率军迎敌。两军在鞌地（今山东济南附近）发生了争战，齐军大败，齐顷公想要绕华不注山逃脱，不料被晋军包围。正在齐顷公的骖马被树枝绊住、束手就擒的紧要关头，齐国大夫逢丑父急中生智，让齐顷公换上自己的戎士衣裳坐于车右，而自己换上了齐顷公的锦袍绣甲，坐在金舆的尊者之位上。晋将韩厥将身穿锦袍的逢丑父认作齐顷公，遣身旁的齐顷公下车去附近华泉打水，使得齐顷公借机绕过山脚逃遁、免于被俘。齐顷公遭围困，逢丑父同其互换位置，看似是帮助君主"佚获"以保全性命，但是董仲舒却以"君子生以辱，不如死以荣"（《春秋繁露·竹林》）论证这一做法是不知权的表现。虽然生命得以保全，但人格遭到侮辱、轻慢，君主受辱犹国、社稷、宗庙之辱。相较之下，同为臣子的祭仲深明"君必死，国必亡"之意，在"亲亲"的伦理原则同君位存续相冲突时，由自身背负逐君之罪，随机应变暂且让公子突继位而避免兄弟纷争、生灵涂炭。

董仲舒面对周秦文弊而发明《春秋》大义，以天道为基点，指向现实王权政治，认为天道的内在规定性——仁、美，正是王道根系于天的本质动因。基于此，他便自然地将"君子"与"天"联系在一起，从而使天作为至上完美的自组织系统，构成君子德行涵化的根本切入点，将潜在之美转变为现实之美，成为人之为人的意义所在。天道并非凌驾于人之上、游离于人世生活之外的绝对存在，也不是普遍法则的绝对律令。将"天道"作为行权合理性的最高标准，通过执经、行权的天道化处理，能够折射情理交融、活泼生动的主体选择与伦常要求，进一步彰显"天人相与之际"之下"美"的丰富意涵。

一个更为典型的案例发生于宣公十五年（前594）。楚军主将司马子反跟随楚庄王伐宋，围困宋国都城而致使城中断粮，百姓易子而食、析骸而炊。庄王命司马子反前去探察军情，宋大夫华元以实情相告。司马子反不忍见一国饥民而心生同情，未向楚庄王请示即将军粮储备告知华元，并订下停战盟约，促成楚国撤军，以臣子之力拯救宋国。孔子以"君子大其平乎己"美言二大夫间的君子协议，董仲舒同何休对此"宋人及楚人平"的史实有着不同评断，何休认为二大夫虽促成和平协议但仍要"贬"，因为"平者在下也"①，也即"在君侧，不先以便宜反报归美于君，而生事专平"，认为子反的行为并未持守，也未维护君主美誉，同归美于君的人臣之法相悖离。董子则提出司马子反在身陷忠君与行权两难时，面对易子而食的惨状无法无动于衷，故"解二国之难为不得已也"的选择。

在先秦语境中，唯有达至"尽善尽美"方能称为圣王之乐，而汉初儒生则强调王道理想之下的尊民伸民、天下为公，相较于"万物皆备于我"的主体自觉，更追求政治、社会环境的良善、和谐，在某种程度上似是放弃了对于"尽善尽美"的要求，但实际上是放弃了绝对君权。与其说是归美于君，不如说是归美于"仁"，楚国司马子反之举便是理性精神和人文气象的注脚。

对于司马子反的行权，董仲舒给出独到的理解："今诸子所称，皆天下之常，雷同之义也。子反之行，一曲之变，独修之意也。"（《春秋繁露·竹林》）假设华元未据实相告、子反中计，则子反遭殃；即便成功，子反同样需要面对治军之罪，承受更改国君意志的骂名。同时，司马子反的情境与祭仲亦有不同。相较于祭仲的理性权衡、冷静考量，"闻人相食"发生于战事前线，是来不及思考的非常规情况，可跟随内心道德良知的呼唤而据实相告。前者为"知权"之智，后者则倾向内在于人的道德情感的觉醒，"目惊而体失其容，心惊而事有所忘"（《春秋繁露·竹林》），惊惧状态以至忘事、失容，自然而然触发恻隐之心，不加思量、由心而发。

从道德的视阈出发，"为仁者自然而美"（《春秋繁露·竹林》），美是人的本质的确认，是意义所及之处。生活世界离不开人事参与。司马子反虽违背"忠臣不显谏"的"常礼"，然有比恪守一般情形下的臣道之"让"更为重要的道德要求，故"当仁不让"。仁爱的原则高于君、政、位，一旦失了"仁"，则"礼"也失去其道德价值，无处安放。"美"从理想层面建构了意义信仰的本体，又在现实层面重新确立了价值主体。

董仲舒由子反自然流露的心、情入手，讨论"通于惊之情者，取其一美，不尽其失"（《春秋繁露·竹林》）。美是情感化的形式，体现为生

---

① ［东汉］何休解诂，［唐］徐彦疏：《春秋公羊传注疏》（下），第673页。

活的、当下的"真实性"情感流露,以本己的在场克服人为的异化。不同于以情感愉悦与否界定"审美"的进路,此处更多涉及的是情理结构,以"美"为价值导向来回应"情感","只有有意味的情感,才能消灭虚无"[1],美作为一切异化的对立面存在,反对工具理性对道德主体的压制与扼杀。美的价值性说到底是具有有益于主体生命存在的积极意义。

"取其一美"的权变代表着将宋国子民视作与"我"一道的一体存在,"我"对他者的体察是切己、切身,人我不分,这种一体之仁恰是天道依循的理想的标志。司马子反的"取其一美"是对道义"不尽其失"的保全,此处的"美"不同于一般感性的审美活动,其有对道德准则的把握和对生存规律的显现。抱残守缺,守小信失道义并非"取其一美",救仁救质方是"为仁者自然而美"。董仲舒提示我们面对"行权"同"尊君"相抵牾时,有必要回到"道"本身,与其说是"返于经",不如说是随时、随宜"合于道"。

上述故事中体现的情感只限定于特定的场景——两国战事中,是短暂的。而为了"让情感的偶然有真正的人生寻找和家园归宿"[2],便需要跨越人与人的界限推而及远。从具体情境中的宋国国民推至天下百姓,不仅是个体的情感,同时也是群体性的情感、宇宙性的情感向外扩充、推恩。汉儒以实现不忍人之心的共同价值为美德,从依循特定场景到主体自觉的同情、为仁,体现"善推其所为"的生活智慧。

"仁之为言人也……仁之法在爱人,不在爱我"(《春秋繁露·仁义法》),"仁者所以爱人类也"(《春秋繁露·必仁且知》),董仲舒认为仁的本义便是泛爱群生,"推恩"以"恤民"便能走出个人中心主义,救宋国之民、救世道人心、救礼义常道,将内在本心外化为对群体的关怀、对生命的尊重、对自然的关爱。以"仁者爱人"的博爱实现"美"而能皇,"以仁厚远",于是"恩及草木,则树木华美而朱草生……恩及于火,则火顺人而甘露降;恩及羽虫,则飞鸟大为,黄鹄出见,凤凰翔……恩及于土,则五谷成而嘉禾兴;恩及倮虫,则百姓亲附,城郭充实,贤圣

---

[1] 李泽厚:《李泽厚对话集·中国哲学登场》,中华书局 2014 年版,第 73 页
[2] 李泽厚:《世纪新梦》,安徽文艺出版社 1998 年版,第 31 页。

皆迁，仙人降"（《春秋繁露·五行逆顺》）。以恩及倮虫、百姓亲附、城郭充实，兼及天地人一体的"仁"为"美"，对"美"的追求蕴含着情感的满足，体现道德的幸福感。通过行仁与推恩，打开一条通往自由和道德、美和审美境界的必由之路。董子论"美"代表仁的完全实现、道德理性的全然贯通，是对孟子"充实之谓美，充实而有光辉之谓大"（《孟子·尽心下》）的接续，生命的美好正在于充实，而内在充实的生命与外在的光辉相和合便体现出其崇高和伟大，"德不能匡运周遍，则美不能黄"（《春秋繁露·深察名号》）。应当说，董仲舒是立足于现实活生生的、有情有感有心的人之上言"美"，美是客观的，又是社会的，切近对人的基本关切。

（三）作为德性养成的"中和之美"

"中和"是先秦儒家的审美理想。孔子以"和而不同"言说"礼之用，和为贵，先王之道，斯为美"（《论语·学而篇》），执礼守中为"美"，是有道德内容的形式之美；孟子以"执中无权，犹执一也"（《孟子·尽心上》）点出"权"之变通为"中道"的题中之义；荀子从礼义出发称"先王之道"是"比中而行之"（《荀子·儒效》）。董仲舒则在前人基础上以阴阳五行为框架从时空的维度进行阐述，在气化的意义上区分"中"与"和"。

阴阳各有位次，阳气由东北出向南行逐渐息长，及至南方达到极盛，处于北方便是"休"；阴则由东南向北行至北方达到大寒顶峰，而后开始削减至夏季则"伏"，避德于下。仲春之月，逐渐上升的阳气运行至正东方，阴气逐渐下降运行到正西位，此时"阴阳相半"，"昼夜均而寒暑平"称"春分"。与其情况相当的是中秋之月的"秋分"。《春秋繁露·循天之道》有言："天有两和以成二中，岁立其中，用之无穷。"清人俞樾解："两和谓春分、秋分，二中谓冬至、夏至。"[①]居北方之中，阴盛至极，有待东方之和（春分），而生命开始萌发生长；居南方之中，阳气极盛，"养始美于上"，须得到西方之和（秋分）而果实成熟，有所收获。"两和"和"二中"构成对天道运行过程的直接描述。

从方位来看，"中"并非处于空间意义上的中心、中位，相反，其位

---

① ［清］苏舆：《春秋繁露义证》，第444页。

于阳气极盛（冬至）和阴气极盛（夏至）的两端，但这样的理解无疑将中道作为静止的状态予以判断。实际上，阴阳消长是生生不息、无有休止的，"阴日损而随阳，阳日益而鸿"（《春秋繁露·阴阳出入上下》），表现为逐渐变化的过程，董仲舒是将此变化之"道"顺逆调整的拐点称为"中"。阴阳之中，可以理解为天地的终结与起始。同时，北方之中与南方之中提供了生命萌动生长的可能而未真正达成，必须依靠阴阳之和才能够实现成熟，一生一成平衡阴阳、成就生命，是万物之美的普遍规律，也是万物生长、发展、成就之道。由原先分属于不同传说体系的伏羲、女娲在汉画中以对偶、交尾图式（见图2）出现，便可见汉人对于"美于和"的推崇，"美"作为一种关系范畴，表现出阳中含阴、阴中见阳的兼和关系，"兼和与不和，中与不中，而时用之，尽以

图2　山东嘉祥武梁祠西壁伏羲女娲

为功"（《春秋繁露·循天之道》），不可将"中""和"机械地拆分看待。由"合"而"和"成天地正气，既无永久之"胜"，亦无无限之"生"，宇宙系统的均衡之美恰在于对中和的依循，诸因素相互依存、制约、渗透，从而在气化流行轮转中达到新的平衡。

董仲舒虽没有明确提出关于"美的本质"的定义，但其思想的内核意在说明天人感应指向下的文化（现实）生命的生生不息。不同于《中庸》所论由人道"致中和"推及天道，董仲舒主张由天道中和之美推致人道的进路，为君子人格完善找到了可靠的思想依据。既然"中和"为"天地之美达理"，那么人的自身生存、发展问题必然需要遵从天道完美的中和规律。

正所谓"人气调和，而天地之化美"（《春秋繁露·天地阴阳》），"美"不是对于世界的静照，而是一种形同"气化"的创造性的生命律动，是在自然、生活中显现鲜活律动的"象"，中和之美是一种节律感应。

节律感应必然强调顺天时之美，王者的喜怒哀乐同四时相关，据此提出"时则岁美""当则岁美"（《春秋繁露·王道通》）的命题，讨论美的时机化。董仲舒把五行之间的关系用"比相生，间相胜"来概括，即相邻的要素可以相生、相间的要素必然相胜。所以，不同节气出现于不同时间，表现为承一节气生又为另一节气所胜，每一个个体都在"中""和"的作用下维系生命运作。因此，人的饮食起居亦须符合中和规律，每一节气也会有最为合宜的食物出现，就像荠属甘味是土类，土能胜水，便可于冬日进食驱寒，正所谓"宜之所在，其物代美"（《春秋繁露·循天之道》），"美"在此表合宜、适宜。合宜同时间的更替密切相关，相代而美。董仲舒总结为冬、夏阴阳两气不调或盛或衰，故而需要于冬日服用甘味食物，于夏日多食苦味以调和；相对地，春秋两季阴阳和谐，各种食物都可食用一些，如此因其时之所美而食便可养身。

这一点在汉画中表现得尤为显著。以安徽宿州褚兰汉墓为例，褚兰汉墓建于建宁四年（171）二月，出于"春主生、夏主长"的意识，其画像石并未雕刻田猎宴飨、弋射捕鱼等内容，而建于永寿三年（157）十二月的山东嘉祥宋山汉墓的画像石（见图3）中不但有宴饮、出行等场景，狩猎搏兽、弩射叉鱼的图像亦在其中。秋冬时分，大地宣泄蓄积的阳气，以弋射、田猎取池泉之赋正当时。"美事召美类"并非单纯以天决定人，而是以主体容纳天地万物、互相成就。不同于将审美与无功利性画上等号的表达，董仲舒理解的自然是包括人在内的性命节律之总说。天地之美与人身之养的合一，便是考虑到无功利性同功利性的结合，最终落实到人如何饮食、如何生存、如何创造上来。

图3　山东嘉祥宋山汉墓画像石

《循天之道》篇中董仲舒还引述孟子与公孙尼子之言来说明不善养气的危害。公孙尼子以气化失序提出泰虚、热胜、泰劳、泰佚、怒、忧、惧等十种非正常的情绪反应，具体来看表现为内心蕴藏得太充实气便不通顺，太空虚则气不足，过分劳苦气不入身，太过安逸则气体郁结，恼怒时心气高昂，欢喜过度气便散乱，忧郁气就张狂，惧怕气就恐惧。这都是人的阴阳之气无法保持"中和"所导致的，也是养气、治身过程中常出现的问题。因此，君子须得时刻检视自身，以"中"为标准规范行为，实现气的"和"：发怒亢奋时须保持冷静而用和自悦，欢喜兴奋过度则返回"中"用正收敛，忧虑悲伤时即以坚强意志转化负面情绪，惧怕担心时用精气充实。一旦迎养和气以养身，人之精气便如同流水一般顺畅无阻，毫无凝滞，身心自然趋向"行中正，声向荣，气意和平，居处虞乐"（《春秋繁露·循天之道》）的完美状态。

存养"中和"之气，便是以身心的超越晓喻美的实现，通过主体精神意志的控制，调节充实体内之气。《循天之道》言及"处其身所以常自渐于天地之道，其道同类，一气之辨也"，阴阳在天亦在人，奉天道与行人道本质是一样的，人并非被动地被"气"所缠绕，而是可以根据运行规律能动地调整自身的小宇宙。君子将自身浸润于天地的"中和"气氛中，借此真切体达，滋养身心。现藏于湖南博物院的西汉《行气导引图》（见图4）便将44个人物术式同五方、五时相对应，并将可见与不可见的世界以气化形式一并纳入互通互联的框架内，使人自身处于交通感应的枢纽而承担均衡平和的调适责任，中和之美在主体身上得到了新的自洽表达。养护身体的同时亦是内充、自渐、修炼精神的过程，《行气导引图》为主体遵循天道变化，通

图4 《行气导引图》复原

过呼吸吐纳随时调节行为提供指导，以"中和"之美修身治道的方式有效地解决了人因无所依傍而产生的孤独感、焦虑感。

《春秋繁露·循天之道》有言："是故君子养而和之，节而法之，去其群泰，取其众和。高台多阳，广室多阴，远天地之和也，故圣人弗为，适中而已矣。"可见表现在具体生活实践中，"中"以礼法节制自身欲求，就像高大的房屋多阳气，宽广的居室多阴气一样，居室的建构要合度始终，否则便是远离和气的伤身害性之举。天赋予人以先天本能，但只准许其在规范的限度内发挥作用，无论衣食住行、进退容止，但凡超出规定之域，势必损害生命。可见中和之美是经过制度规范约束后的"美"，强调人之在世的适中原则。倘若不知节度、不讲礼仪，无休止地放纵本能，便同禽兽无异。有基于此，董仲舒发展了他的礼乐美论。

王朝兴衰更替都是"天命"使然，而之所以从立国到武帝继位将近七十年之久，"天地未应而美祥莫至"，甚至灾害丛生，在董仲舒看来在于"教化不立而万民不正"[1]。就像禾苗须经加工才为稻米，道德待人事（王教）而成，他向汉武帝提出"更化"的主张，以"复修教化"来重振"先王之道"，"礼、乐纯其美"，美作为情感化的形式，隆礼以规范、陶冶情感，使"仁谊礼智信五常之道"大行于天下。

具体到人的美，便集中体现为人的容止服饰。贾谊曾在《新书·容经》中从"定制度，兴礼乐"的层面关注"美"的外在形式与程式，系统讨论容止之美。他将"有道、有仁、有义、有忠、有信、有密"（《新书·道德说》）称为"六美"，舜等圣贤明君同"我"一样都先天地、内在地具有"六美"，不同的是舜"俛俯而加志"（《新书·劝学》），努力勤勉，注重"自修"以培育、践行美德，有若素面的美人西施经过一番打扮而能显现天生的美质。可见，"美"的最终实现离不开后天的教化、学习，故而便需要在服饰、车马、宫室、床席、器皿、饮食等"美"的表现载体之上加以规范。相较于社会纷杂、无章可依的乱世，贾谊以隆礼重服召唤审美化、秩序化的回归，确保社会秩序的有效运行。

贾谊所确立的服装等级法为董仲舒所认可，他主张以礼仪制度来满

---

[1] [东汉] 班固：《汉书》卷五十六《董仲舒传》，中华书局1962年版，第2503页。

足人们的需要，而确保其欲望不过度膨胀、失控，此便为"度制""礼节"。着装的制度与朝廷品级、身份贵贱、地方秩序都相对应。具体来看，《春秋繁露·服制》载：

> 生有轩冕、服位、贵禄、田宅的区分，死有棺椁、绞衾、圹袭之度。虽有贤才美体，无其爵不敢服其服；虽有富家多赀，无其禄不敢用其财。天子服有文章，不得以燕公以朝，将军大夫不得以燕，将军大夫以朝官吏。命士止于带缘。散民不敢服杂采，百工商贾不敢服狐貉，刑余戮民不敢服丝玄纁乘马，谓之服制。

人生下来有轩冕、服位、贵禄、田宅的区分，死后相对应的有棺椁、绞衾、圹袭的待遇。即便是品德高尚、才能非凡的人，没有爵位，也不可以穿高贵的衣裳；即使家中家财万贯，没有俸禄的给予，也不可以任性消费。天子穿的衣服有图案花纹，普通民众不可以穿颜色交织的服饰，各类工匠商贾不可以穿毛皮服装，受过刑罚的人不可以穿丝质衣服。佩剑于左边，象征青龙星宿；刀饰于右侧，代表白虎星宿；韨在前端，表示赤鸟星宿；帽子戴头上，象征玄武星宿，"四者。人之盛饰也"（《春秋繁露·服制像》)，唯有通晓古今、辨察是非之人能够佩戴此威严的服饰。"染五采、饰文章"的形象美化并不是为了增益外在的美观，而是出于辨明等级秩序的需要，有其伦理价值和现实意义。但这并不意味着审美价值的取消，董仲舒仍从情感观照的角度，说明衣着容貌的表现能够使人感到悦目，从而愉悦自身，感染他人："衣服容貌者，所以说目也；声音应对者，所以说耳也；好恶去就者，所以说心也。故君子衣服中而容貌恭，则目说矣；言理应对逊，则耳说矣；好仁厚而恶浅薄，就善人而远僻鄙，则心说矣。故曰：'行思可乐，容止可观。'"（《春秋繁露·为人者天》）除了礼仪规范，董仲舒还将儒家"六艺"视作"王教之典籍"，是天道的具体表现形态，主张"简六艺以赡养之"（《春秋繁露·玉杯》)，通过审美教育教化百姓，陶冶情操，塑造人格，使潜在的"善质"展开为真实的善性，推动德教与政教的达成。

"取天地之美以养其身"的目的体现为将中和的客观规律转变为主体的依循，特别是在面对非常规"变"的境况时，开启自我完善、创造的积极面向，引导人类生活回归中和之道。唯有遵从本于天地、阴阳内蕴之"美"的礼制，方能形成良好、稳定的政治秩序。

（四）理论特点与影响

董仲舒的美论是对先秦"和"之谓美以及"全"之谓美的延续与发展。美不单是多个要素的和谐显现，还是据于宇宙整体图式之下全要素的和谐呈现，既包括形而上的道的确立，也对应形而下的德的实践，阴阳消长，生生不息。

值得注意的是，不同于"里仁为美""先王之道斯为美"（孔子），"充实之谓美"（孟子），"不全不粹之不足以为美"（荀子）等先秦儒者对于美的规定，董仲舒并未对"美"予以明确定义，而是采用"从抽象到具体"的思维方式，以具体的现象、性质描述代替理论界定。由此来看，他对于美的规定是多元集合的，是基于社会功能与价值实现而体现出的泛文化性。究其原因，人与万物虽秉受一气，然人实以"精气"的性质超然万物之上，基于汉儒对人的优先性的强调，其哲学阐发更多侧重秩序建构、政治合法性等实用主义的内容。当然基于天人相生关系的表达，不难见到董仲舒由经验向形而上跃升的努力：为道德体系、人的伦理属性寻求形而上的根据。但此种形而上的探索赋予天以人体，更多表现为感性化的趋向。一方面，以身类天难免显得荒诞，经不起推敲，但另一方面它也以美的方式认识到世界的必然，在天人相感中赋予世界以人化的亲切，并依循美的规律加以创造。不可否认的是，因过多聚焦现实的政治生活，对于政权、制度的问策、筹划在一定程度上削弱了对"美"自身特性、独立性的关注，这也有待后世学者进一步予以讨论和反思。

三、问题的转向：从扬雄到王充

两汉之际，观念世界的格局已发生重大变化。此时的扬雄、王充等人正处于新旧传统的连接点上，一方面，他们已觉察时代性的转变，一种"博学通儒"的风气应运而生；另一方面，他们又自觉地同其他思潮展开辩论，在推崇道德化的立场上加入理性化的思考，为文学、艺术提出新标准。同时，在对过往历史经验的反思中开启了理性的、自然的"美"的讨论。扬雄率先开始批判谶纬之学和对经学神秘化的研究，主张以实证的精神建构太玄思想体系。他以玄作为超越性的无形无相的绝对存在，认为它是万物的本原，是物的归宿。玄由元气组成，有自然无为的属性，"玄者，幽摛万类而不见形者也。资陶虚无而生乎，规揆神明而定摹，通同古今以开类，摛措阴阳而发气"（《太玄·太玄摛》），以气贯通万物，在阴阳运动中将万事万物联系起来，通过调和来对事物予以平衡、公正的安排，使得事物趋向最佳的和谐状态。因而对"美"的评价是灵活变通的，将美放在人的品格养成、社会政治革新的动态视域中讨论，正所谓"厉之以名，引之以美，使之陶陶然之谓日新"（《法言·先知》）。美是过程，符合"因循革化"的发展，能够合乎时宜，同时代需求相一致。扬雄认为王道理想的建立首先仰赖体知民众的所美与所恶，将革新与日新作为解决政治乱象的手段，最终实现美政的理想，"立政鼓众，动化天下，莫尚于中和。中和之发，在于哲民情"（《法言序》）。

四、疾虚妄与求真美：王充论"美"

董仲舒上承邹衍而王充下开魏晋，二人的思想可视为两汉精神的代表。不同于董仲舒、扬雄等中央学者身份，王充身处东南一隅，青年时代虽师事班彪，但并没有机会接触到政治中心，后在乡中教学数年才步入仕途，却因不善人际、直言不讳而屡次碰壁、归隐回乡。从永平二年（59）到永元二年（90）的三十余年间，王充倾注心血完成《论衡》。虽著述颇丰，但在《论衡》写就后的相当一段时期内，他与他的著作并未引起注意，湮没不彰。与声名显赫的儒者聚焦时代性话题建构美论的进路不同，王充更多地受到民间思潮影响而关注自身，对流行风气保持一份清醒，使得其美论呈现出独特风格。

（一）元气自然的理论根基

与董仲舒的人格神之天不同，王充认为具有人格意志和生命力的"天"是"天地故生人"（《论衡·物势》），"故"即表示刻意而为的荒谬推论,"天"的本质应是自然的、无为的,"夫天道,自然也,无为"(《论衡·谴告》)。

为了说明天道的"自然无为",王充使用归谬法来加以论证。这些论辩在今天读来依然很有意思。首先,王充认为事物应有口、目一类的生理感官才能产生欲望,比如嘴巴想要吃东西、眼睛想要观察,感官所承载的欲求之心施于外,才有一系列有意识的行为。但天是没有口、目的,因为"天""地"是一对夫妇,而"地"以土为主要材质,且土没有感官,故而"天"自然也就没有耳目、没有欲求。王充在《雷虚篇》还借助雷声来予以说明,打雷是"天"在表达愤怒,此种愤怒甚至会烧死人。但表达必然要使用嘴巴,可人在用"口"表达时并不会使他人烧焦,可见"天"无口、目,天人不同体。又比如,我们想象天地同人一样是身体的结构,那么它在创造谷物、丝麻时必定要用手,但是世间事物千千万万,天地又从何处得到千千万万只手来创造呢?可见一切都是自出、自长、自起、自藏的结果。所谓赋予人格神之天的形体化、情感性、意志皆为主观想象,在王充看来都是缺乏真实依据的妄言。

所以人们食用的谷物、身着的丝麻并非"天"出于为人类充饥、御寒的目的而有意识地进行创造的,它只是自然而然地生长。世间万物无论花草树木还是祥瑞异兽,从出生、成长到凋亡皆是顺从本性的、无目的的变化过程。用植物的颜色变化与人的毛发相比,可以看到植物成熟后颜色会变黄,即使人们灌溉培土、不断施肥培植,也不能使它变青;同样地,人年老头发会变花白,即使可以服药调理保养,也不能使头发退回黑色、延寿成仙人不死。"自然"有"性自然,气自成"的意思,天无意于生万物,它亦无意于指使某物去感应人事。

于是,王充在继承阴阳二气交感的观点基础上提出"元气自然",以无意志之天施气而万物自生自为,标识了一种"初秉自然之气"的自然美形态。气"恬淡无欲,无为无事"(《论衡·自然》),没有欲望指向,自然而来,还带有反对外在目的性的偶然性特征。

(二)"疾虚妄"的展开

王充以"用气为性,性成命定"元气自然的观点肯认生命的物质性、论证天道自然、消解天的意志性。于是尧射太阳、商汤求雨动天、杞梁妻哭城等以微薄人力感动皇天伟岸的言论在他看来俱是虚妄论调。基于对"实诚"的追求与对"虚妄"的拒斥，王充开启了"美"的讨论。

王充这样自述《论衡》的写作动机："是故《论衡》之造也，起众书并失实，虚妄之言胜真美也。故虚妄之语不黜，则华文不见息；华文放流，则实事不见用。"（《论衡·对作》）他希望通过明辨是非、虚实、真伪等，破除"虚妄之言"而挺立、彰显真美。"真美"作为王充凝练的精神实质，有其理论基础和自身规定性。破除虚妄的直接对象便是《书虚》《变虚》《异虚》《感虚》《福虚》《祸虚》《龙虚》《雷虚》《道虚》九篇文章所言的虚妄论调以及《语增》《儒增》《艺增》中所罗列出来的夸张言论的"九虚三增"。钟肇鹏认为，"九虚"主要针对天人感应的神学论调以及一些成仙长生之说，"三增"则集中批判《五经》传记、文章的夸大言论。"立奇造异"之虚、"异类相生"之妄、"美过其善"之增便是与"真美"相对立的三个概念。此三个概念所指向的内容不同，但又有所重叠，故而在批判、反思的着重点上存在差别，想要在理论上对"真美"的意涵予以正面阐释，就不能仅限于对"虚妄"的否定，而必须基于对虚、妄、增现象的具体分析，明确所"破"三者的展开形态，在此基础上把握"真美"。

1. 无中生有之"虚"

首先，"虚"指的是不符合实际情况的虚假，往往表现为否定现实存在、偏离实际的"无中生有"。武帝时期，董仲舒提出"推阴阳言灾异"的解经传统："灾者，天之谴也；异者，天之威也。"（《春秋繁露·必仁且智》）违背天意便会降下残酷的灾异谴告，符合天意便会生成美好的祥瑞赞许。在东汉章帝建初四年（79）的白虎观会议上，君主与学者共同确立了一个包含有灾变、符瑞、占卜、谏诤、祭祀等内容在内的广义的灾异阐释系统。

然自汉明帝崩逝后，情况发生了变化。据《后汉书》记载，从汉章帝即位（75）起，全国各地陆续发生大旱、饥荒、蝗灾、瘟疫、地震等灾害，数次灾害变异致使农田锐减、谷价飙升，百姓流离失所，惶惶不可终日；与灾情相对应的是仰观天象之时见到的诸如日食、白虹贯日、彗孛见天等奇异天象，依循天人感应，天象被赋予隐喻性色彩，如"天之变莫大乎日蚀，地之戒莫重乎震动"①，需要统治者对天谴的昭示予以反省、觉悟。出于扭转社会舆论、稳定社会秩序的需要，汉章帝"令太傅、三公、中二千石、二千石、郡国守相举贤良方正能直言极谏之士"②。出身"细族孤门"的王充希望通过重诠"灾异谴告"的观点，引起统治者的关注，实现"鸿儒"志向。

天象、符瑞都是可能出现的自然情形，是真实存在的，王充就关注到了历史上的一些奇异天象。

古人将八大行星中的火星叫作"荧惑"，取其荧荧似火、行踪捉摸不定之义。当我们以太阳为中心进行观测时，其与地球的会合周期大约是2年2个月，在此期间呈现"顺行—留—逆行—留—顺行"的运行状态，逆行发生的拐点位置并不相同，对应不同的黄道星座和二十八星宿。人们将心宿二和它附近的心宿一、心宿三视作皇帝、太子和庶子的象征。因此，当其拐点出现于心宿二附近时，便预示着"大人易政，主去其宫"（《开元占经》）的不祥之兆，称为"荧惑守心"。

《论衡》中载传书上记录有宋景公时"荧惑守心"的故事，彼时火星侵入心宿，宋景公便召来司星子韦询问，子韦回答："火星出现，预示着上天即将降下惩罚，心宿正处于宋国的分野。但是，王上可以把它转嫁给宰相。"宋景公以宰相是协理治国之人，不可将灾祸转嫁于他为由而拒绝，子韦又称可以转嫁给百姓，宋景公以"百姓是为君之本"拒绝，子韦复而提议："可以转嫁到年成上去。"景公则认为收成不好，百姓必然挨饿受苦，身为君主却要牺牲百姓以求苟活，实在不妥。言罢，子韦向景公叩拜说："天虽高，但它能听见地上所言，正因君王您说了三句作为君主该说的话，上天必定要三次奖赏。今天晚上火星会移动三处，每移动一下便经过七颗星，可延长君王寿命二十一年。"当夜火星果真移动三处，因而得出结论：景公行善，而得上天保佑、免除灾难、延年益寿。王充以"此言虚也"质疑子韦天祐善人的感应论调。

---

① ［南朝宋］范晔：《后汉书·志》卷十八《五行》，第3365页。
② ［南朝宋］范晔：《后汉书》卷三《章帝纪》，第133页。

他以齐景公时遇有彗星的事例提出反问。齐景公想要禳解灾难，就像子韦想转嫁灾祸一样；而宋景公不肯听信子韦建议，就像晏子不肯依从齐景公之举一样。晏子和宋君做出同等选择，可晏子却没能得到由彗星增添寿岁的结果。倘若"天"有赏善罚恶的情感意志，为何会出现"同变共祸，一事二人"的情形呢？更何况，如果只是善言数句便能使荧惑徙三舍，是否无须改政修行，只要讲上百句善言便能延寿千岁？王充认为，我们可以比较君王的操行，若天人感应成立，尧、舜必定延寿千年，而桀、纣则须遭遇火星降灾的警告。可实际情况是尧、舜、桀、纣皆随顺自己的年寿而终，可见"延长寿命"之说并不符合客观事实。继而，王充针对"天"能听见人言的说法加以辩驳，认为即使假设"天"为实体，但要用耳朵听清数万里之外的言语是不可能做到的，加之天人不同体，二者之间难以形成交流，人能够用言行使气受感应发生变化上达于天并不符合事实。

此类"行善得福"的言论在时人心中已是根深蒂固，并非孤例。宋国一户人家祖孙三代皆做好事、行善举，然而家中却遭遇黑牛生了白犊的变故。他们以此事询问孔子，孔子认为这是吉兆并建议以白犊祭祀鬼神。这家人听从建议连续三年祭祀皆用白犊，可父亲、儿子的眼睛却相继失明。此后楚国攻打宋国，宋城受困易子而食，独独父子二人因失明而未登城守卫，待楚军退去后父子二人又一同恢复了视力。时人以此说明修善积德可得天神回报，王充以层层设疑的方式，提出质询：如果天神确要报答父子，为何要让他们先失明再恢复视力呢？难道视力完好就不能受到护佑吗？宋、楚二军交战，宋国大臣华元已同楚将子反达成口头协议，各自退兵，即便有登城的战斗，没有实际交锋也不一定就会有死亡的威胁。难道战事吃紧时失明的人家能独自摆脱物资短缺的困境吗？以现实生活为基础，由客观事实与经验来证验便知道将祸福与善恶对照的说法并不符合实际，"人道不然，则知天无验矣"（《论衡·变虚》）。

这里王充以"主体无意而客体自成"的自然主义排除了事物发展的因果链条，对"虚"的批判特别发展了自然的偶然义。在他看来，灾异也好，符瑞也罢，只遵循"偶自然"的预设，以非目的的自然论取消道德因果律，以本来自然的"物性"否定刻意的"故为"。王充通过列举实例、类推的方式考订史书所记的异常天象、罕见事件，认为谴告是"衰乱之语也"，"末世衰微，上下相非，灾异时至，则造谴告之言矣"（《论衡·自然》），其深层原因是政权腐化而危机深重、民不聊生，统治者为维护民心和秩序稳定编造了不实之论。通过否定不合逻辑、相互矛盾、以假乱真的虚假，王充主张"褒是抑非""辩然否之实"的实事求是，追求与虚假、虚伪相对的客观存在的"实事"之"美"。

2. 荒谬背道之"妄"

王充接续扬雄、桓谭的思想进路，将背道、谬妄、违背常理及逻辑统称为"妄"。与强加关联、无中生有而失实离本的"虚"一样，对于"妄言"，王充亦大加鞭挞。妄言的出现一者是出于世俗的好奇心性，一者是由于思维方式和认识对象的局限，故保守师门家法，而对记录于册的《五经》传书不加考辨地接受。

鬼神问题因涉及人们对于永生的渴望、想象，关乎安身立命、道德教化、政治秩序、终极关怀等，向来错综复杂、扑朔迷离。同时，鬼神作为文学作品的重要表现对象，亦不断被文学性的虚拟构想所包围，其中不乏经典的艺术创造。但这种在今天看来属于文学创作的作品，有时会转化为现实世界中人们的生命意识，在一定程度上增加了鬼神观念研究的复杂性。王充对于鬼神的论辩极具代表性，他既探讨观念里的鬼神意识、生命意识，同时重思经典创作中的文学叙事。因而，其思想不仅在儒家鬼神观的衍化中起着承上启下的作用，也对理解艺术真实性和科学真理性有深远意义。

他在《论死》《订鬼》等篇目中揭露"人死为鬼"的妄言本质：若人死后为鬼，那么衣物如何成鬼，为何人们所言之鬼仍身着生前衣物？故可以其为虚妄。倘若死后定化作鬼，则受冤屈的鬼魂应为生前报仇，但这在现实世界中并未发生，因此推论鬼会说话害人是违背常理的论调。

除了提出"无鬼论"，在《道虚篇》中王充还关注到在当时广为传信的黄帝骑龙升仙之事。儒书上记载黄帝采首山之铜，在荆山之下铸鼎，鼎成之后天龙下降，垂下龙髯。黄帝接住龙髯骑到龙背，群臣、后宫有七十余人一起登上龙背，其余小臣也拉着龙髯不放，髯须被拔断后还掉下了黄帝的一张弓，百姓仰望黄帝升天，便抱着他的弓和龙的断须呼喊。后代因此称这个地方叫"鼎湖"，这张弓叫"乌号"。司马迁的《史记》在谈到五帝生平时亦说黄帝封禅完毕飞天成仙。王充认为须以权衡事情是否真实来校订是非，于是他从四个方面对故事的可信度加以推理。首先，从谥号看，谥号的给定是为了勉励君主注意操行，必然符合人的行为实际。如果黄帝真是得道升天，其谥号应为"仙"或"升"，而不该用"黄"。《谥法》认为：使人民安定而能依法办事叫"黄"。因此不论是当时黄帝的群臣谥称，还是后来的追谥，谥号都同仙道无关。其次，依照汉人对于"龙起风雨，因乘而行"的理解，龙非但不应升天，反而潜渊入水才是正道。再次，《史记》记载黄帝葬于桥山，皇帝若是仙去为何要将衣服留下，同时臣子已知其得道未死，缘何筑起衣冠冢，此为忤逆不尊的行为。可见黄帝是自然死亡，并非仙去。最后，王充以尧、舜两位贤君为例说明忧勤职事、对天下事用心专注，必然身形干瘦羸弱，"世称尧若腊，舜若腒"。黄帝同尧、舜一样勤勉治世、忧心天下，如果只是为学道修仙，必然荒废政事，因"心意调和"而"形体肥劲"，如何能致太平？如果真像书中记载，黄帝治理天下的同时还能学习道术，那么尧、舜等圣君也应成仙升天，但实际上并无尧、舜成仙的记载。由此推论骑龙升仙的故事是毫无根据的谬妄说法，后世又不加求证地妄加传言，不经思索地接受"妄"言，致使真假不分、是非颠倒，认识不到真正的"美"之所在。

在这里，王充对神仙道术的批判迂回至伦理，与儒家正性情、敦人伦的风教理论存在契合之处。人们执着永生的迷思，方术之士又编造种种修仙的不实之事，扭曲历史事实，蛊惑民众。历史上不乏统治者因轻信方术之士、沉迷求仙而致劳民伤财、疏忽国事的案例，可见这些记述和言论不仅禁锢人们的思想活动，同时影响治国治民和社会的有序进步。创作者的各色心声不断外发，读者、观者的心境难免受其影响。心路端正与否，与所感受到的作品言论的美丑、是非直接有关，不可不慎重对待。在学术上辨析虚妄失实，最终还是要以是否有裨益于教化为标准。

虽然人的清浊操行由气禀所决定，各有定性、难以变易，但不可忽略教化训导、促成由恶向善转化的作用。虽然王充极力说明个体之性不可改易的命定向度，但同时也有朝向普遍价值的、可塑造转化的面向。就像土地本就有肥沃与贫瘠的本性差异，对于本性美好的土壤来说，庄稼必然生长得茂盛，但如果可以深耕细锄、多加粪土，以人力协助，本性恶劣瘠薄的土地也会生长出丰硕的庄稼来。正如《乐记》中将"人情"视作"圣王之田"，"修礼以耕之，陈义以种之"，通过接受他者（特别是圣贤）的引导、教化来实现性情的转化。就这一点来看，王充的思想带有鲜明的儒家特色，人性、鬼神、灾异的讨论最终牵涉王权教化、统治实施等现实问题。

就驳斥虚妄之论而推崇道义之言，王充指出圣人将言语记载于竹帛和书册，能够启迪善心、改变性情、增益智慧。因此，儒家典籍和圣人之言的作用甚广，"精诚由中，故其文语感动人深"（《论衡·超奇》），"后人观之，见以正邪"（《论衡·佚文》）。经传的写作可教化百姓、敦朴风俗，使人知晓礼义，接受训导，归于实诚之美。

至此，"疾虚妄"的观念同治道、风俗联系，艺术的"真美"同人心的"向善"、政治的"良善"密切相关。黜虚妄而求真美的最原初的任务是调治自身心性，终极目标则是提振朴素实诚、明朗健康的习俗与风气，最终迈向儒家理想的道德社会。是以风化天下的政教，始于显"真美"的探索。

3. 妄加夸耀之"增"

王充关注到因创作者担心达不到表达效果而将事实予以失真的夸大处理，意图提升内容的感染力以迎合俗人的好奇心理。这种夸张不当、"辞出溢真"的情况便是"增"，"闻一增以为十，见百益以为千。使夫纯朴之事，十剖百判，审然之语，千反万畔"（《论衡·艺增》），使得原先质朴的故事伤本离实。

一个鲜明的案例便是对孔子的神圣化。王充在认同孔子为"素王"的基础上对此提出质疑。针对"赐不受命，而货殖焉，亿则屡中"（《论语·先进》），王充通过逻辑推论，认为子贡既然可以通过自身努力在不受命的情况下求得财富，因着富、贵是一类事情，可见孔子"生死有命，富贵在天"的言论与其"知己不受贵命，周流求之不能得"（《论衡·问孔》）表现出的言行及对子贡不受命而富的评价相悖。同样的情况还出现在传书关于孔子死后葬于泗水，为不冲毁其坟冢泗水倒流的记载，王充对此发问：为何上天不当孔子在世之时降下天恩以庇护其后人？以此推定泗水回流不过是扩大己派影响的增益之言。出于"实事见用"的立场，王充将关注点聚焦效验与效用，认为《论语》用词不当而造成意义含混、逻辑矛盾，故须得"订其真伪，辩其实虚"（《论衡·对作》），美在其真实的人之性而非增益的神性。王充考实根核，认为在经典中既存在对孔子形象的神圣夸大，也存在为颂扬功德而编造的神话故事和夸张之语。如传书中所载虞舜死后埋于苍梧出现"象为其耕"的现象，夏禹去世后出现"鸟为其田"的奇观，因圣人的无边圣德感化上苍派来飞禽走兽耕作、护佑。然王充从经验出发，说明现实中冀州一带并未听到鸟兽耕种的情形，同时尧、舜、禹三人亦勤苦有功，缘何不见天恩，以此辩驳象耕、鸟田一类不过是出于神化圣德而强加的联系。以上"辞出溢真"还出现在对于一些品行败坏之人的恶意丑化中，皆是为突出自身思想而进行的形象异化。

有学者认为王充的"疾虚妄"在一定程度上取消了艺术的表现、想象和虚构的可能，但实际上他并没有全然否定创作中"增"的形式美，在看似纠结的思想论辩中亦保留了调和的空间。他在《艺增篇》中对经书上的夸大和传说的夸张进行了区分，《尚书·西伯戡黎》中记载了祖伊面见纣王时的谏言："现在我们的百姓没有一个不希望你灭亡。"王充认为民众希望纣王灭亡是可能的，但绝对地说没有一个不希望纣王灭亡则是夸大。然而祖伊这种夸张的表述是出于希望纣王有所畏惧的目的，正所谓不夸张则人心不惧怕，内心不惊惧则德行不会改变。因此，王充认为圣贤、经文中的夸张修饰，有的是为了扬善宣德，通过树立道德典范进而产生"典范性"意义；有的是为了警戒觉悟，启迪读者更为通晓其间意蕴，正人心，纯人伦，善风俗。基于社会环境中的功用考虑，基于对生存、生活、生命状态的期许考虑，王充允许未达到"过"与"溢"程度的"增"的应用，探索适度原则和客观真实下的审美追求。

（三）"求真美"的内涵

在"疾虚妄"的理解基础上，王充探索出以"真美"作为根本原则的审美评价体系,"真""实""诚"是美的,而相对应的"虚""妄""伪"则是丑的。也许这时候王充对于美的意识仍处于较为模糊、局限的认识中,但这也是观念史上第一次将"真美"作为合并的命题提出,充分说明了"真"与"美"融合、统一的可能性和现实意义。

1. 事理之美:耳目感知与立事以实

首先,王充以天道自然、元气自然立论,对天人关系作了去神秘化的尝试。正是出于对证实的注重,他强调真知的获取。面对著文垂辞时"辞出溢其真,称美过其善,进恶没其罪"(《论衡·艺增》)的情况,他强调要从实际的生活真实出发,既要确认客观存在的事物和事件,也要确保记录、阐释和理解的准确,反对"虚美"而率先强调"实"与"事"相契合的"实美"。相较于公羊、谷梁等口口相传的经说,王充认为《左传》解经因"得实"而更具权威性。圣贤也达不到生而知之,必得先以耳目之闻见确定实情。因此,推重切身的体验,"实者圣贤不能性知,须任耳目以定情实"(《论衡·实知》)。耳目是最先与外部世界接触的认知感官,代表外在对象对于主体情感的触发、感应,是审美与创作的基础和前提。然因着现象纷繁复杂,恐只是见得表面而未触及事物本质。如颜渊烧火做饭,灰尘掉到饭甑里,颜渊不愿浪费而将其挑出来吃掉,孔子远远得见以为弟子在偷饭食,可见仅凭耳目感知不可"尽知万物之性"。一旦缺乏客观的真实性,则其他奇思、妙想、"美盛之语"、"奇伟之观"便都是虚假的、不实的、丑陋的。

2. 逻辑之美:用理诠疑与贵是尚然

由上文可知,不可过分仰赖直接经验,而应继续开展主体在心中的"诠订"。所谓"诠订",是基于感性经验于主体胸中评价、考订和校验的过程,强调"造于眇思,极窅冥之深"(《论衡·超奇》)的胸中运思和造象,揭开现象之蔽。如果说"实美"是表征人的真实存在,那么这里讨论的便是人的本质存在。王充以"开放心意"之言推崇心意思知的理性考订。王充在一定程度上继承了荀子"凡论者,贵其有辨合,有符验"(《荀子·性恶》)的观点,以已知的效果或事实对学说或观点予以检视。如以鸟有毛羽、能飞却不能升天来说明人非鸟类不能飞行,从而推论升天之说的虚妄；又比如，以有生命的活物一旦气绝则必死无疑，一旦成为死物则烹调必烂的已知经验印证齐王烹煮三昼夜不死的"不真"；再比如，《淮南子》中记述纣王能"索铁伸钩"，又有关于武王伐纣兵不血刃的说法，王充以称赞纣王气力则是贬低武王德行、赞颂武王品格则纣王气力存疑，由此得出"不得二全，则必一非"的结论（《论衡·语增》），同排中律的形式推演有相当之处。虽然都在讲心的开放性，然而不同于荀子通过"虚一而静"的"大清明"来"解蔽"，克服认识的主观臆断和知识的"蔽于一曲"，王充则是以现实为基础，"以心原物"展开内部的分析、推理，"效之以事"，将逻辑论证的结果置入实际语境予以事实印证，体现为主体心理活动的逻辑考量。荀子重在克服偏见，为人的理性和道德规范寻求终极的价值依据，王充则强调理顺逻辑。王充将"心意"视作思维工具，开启一种建立在知识论基础上用理诠疑的"理美"，强调理性的认知能力揭示普遍意义上的必然性。"美"代表逻辑真实与思想实诚，紫色与朱红混杂在一起，瓦块和宝玉夹杂成一堆，虽都是客观存在的物质现象，然因为"心明不暗""心理不乱"而真假难辨，可见真正"美"之所在恰在于对真理的追求，如《桓子新论》一类"论贵是而不务华，事尚然而不高合"（《论衡·自纪》）的著作文章才是"美"的。

3. 情感之美：实诚意奋与表著情心

王充在强调客观存在真实的同时亦从思想情感、主体精神来充实"真美"理论。

《自纪篇》中记录了不少有趣的故事。春秋时期有这样一起民事纠纷：孔子正带着几位得意弟子周游列国，一日，马车的一匹马挣脱缰绳跑到农夫的田里啃食麦苗，农夫得知后极为愤怒，便将马匹扣下。孔子的弟子子贡能言善辩，便自告奋勇地前去周旋，可是，任凭他以优美的辞藻引经据典、反复劝说，那农夫就是不为所动，反而更加愤怒。碰了一鼻子灰的子贡只好回去禀告老师，孔子开导他说："拿别人不理解的话去说服别人，就如同让野兽享用美味的贡品，让飞鸟聆听美妙的音乐一样，行不通啊！"后来孔子的马夫上前用幽默诙谐的话语加以劝服宽慰，他说：老哥您从未离家到东海之滨耕作，我们也不曾来过西边，两地庄稼长得一个模样，马儿一时辨认不出是你家的庄稼。农夫听罢便理解了，将马匹归还给孔子。拿着圣人的经典给小孩子看，将高雅的论调讲给山野之人听，和给牛喝酒、给马喂肉一样，人们不得已而勉强听着，但并没有真正受到感化。

"真"是"美"的基础，除了"反映对象、事理之真而不妄"，还强调"主观情感之真而不伪"。既要追求立事以实，对客观存在予以切实反映；也要坚定用理铨疑，以"贵是""尚然"的求真精神思考本质；更要注重真情实感，以内在的实诚不伪用心感悟。作品的内核是由内心迸发而出的，并不仅仅依靠博览群书、熟悉学问。在批判了先秦以来艺术神秘化的现象之后，王充尝试回归到文艺创作的本质，肯定情感真实之"文"能够"感动人深"的审美特性。

首先，从创作角度来看，王充以"实诚在胸臆……意奋而笔纵"（《论衡·超奇》）来解释主体将心中创构传达出来的过程，强调对于"胸臆"的关注。他将"著文"内外比作植物的根与叶、果实的核与壳，因为有实在的根基做里，才有繁茂的枝叶生长其上。唯有创作者心中充盈真情实感，才会使得文辞自然流露，产生强烈的感染力量，而内在虚妄、虚伪时便只能生成虚浮的外在而没有意义。王充从情感真实的角度强调自然显现的"实诚"，与之相对的便是勉强、造作的伪饰。儒家认为"志"在"情"的反身而诚中确立，"意"与"质"是内含"意向"的思想追求、情感投射，王充讲"述作者之意，采圣人之志"（《论衡·书解》），即采集、揣摩先贤之志的"意"，而摒除偏颇的主观臆断和阿谀逢迎之"意"。有人将"思无邪"定义为发自天性情感之正，作为"情时直观"中的"无邪"。王充认为，就像《诗经》以"思无邪"予以概括，《论衡》的篇章同样可以用一句话来总结，那就是"疾虚妄"、以真为美。"真美"同样要求回归本心，回归出于善的情感，回归"无邪"之"正"。

以真情的兴发为基础，展开创造性的实践活动，文章的美好恰是情感的通达实现。从内心情感通透出发，"美"并不指外在的形式表现，而是作品背后蕴含的主体意志的特指，"善"的规范蕴含于其中，因此"美色不同面"。王充强调以内在情质的真诚与高尚来凸显主体的独特性、审美的独创性。

"在胸臆"的"实诚"不仅表现为思想的实诚、事理的不妄,同时是主体内在真挚的情感体现,是不可遏止的采志述意,它由自然写就而不受到外力的左右和干扰。可见,"著文"是一个由内而外的过程,作者通过真挚情感带动将"实"化为"文",欣赏者则通过"文"来读事、观人、识理。如若说先秦儒家由自然情感论及道德情感,言说情实与善,那么王充在此则是针对儒生以主观偏颇的私意而扭曲先贤之志的本"意"的现状,说明这是纵由情欲的缘故,故而强调一种对于社会生活、社会关系真切体验后的情感追求。王充将"情性"同提,称"情性者,人治之本,礼乐所由生也"(《论衡·本性》)。天生的情欲亦是人性,然"心情贪欲,志虑乱溺也"(《论衡·答佞》)。他并不否定欲求的存在,但强调主体的情感应是自身自觉的思考与理解,要不假于外,体现积极性、实在性,能够直面虚妄的表达,可见此真情同时含有勇气的内容。

这种情感的真实是双向的、可见的,表现于主体间的审美认同。唯有诚见其"为文"之美,才能有"欢气发于内也"(《论衡·佚文》),此处之"美"涵括了情感、思想等多方面之真实。发自肺腑的同时也要符合现实实际,见得"大道体要"(《论衡·超奇》),以感应的方式作用于读者,最终能够使性气到达"欢"的状态,实现美的感染与传递。据此批判逢迎世俗的情感修饰,因其不真实可信而"不美"。可见"真情"是对创作者提出的为文要求,"表著情心"而能使"圣人之情见于辞"(《论衡·佚文》)。

4. 教化之"美":实事见用与文为世用

"实诚"之美在这里体现为由情真感动而来的反身性维度,是"诚",将其扩展于伦理交往层面便是"信"。在神学主义盛极一时的西汉末年,王充意欲以理性的批判精神和真诚的情感体验摒弃私欲,维护艺术的真实性。"为文"是发自肺腑的真挚显露,更是基于对生活世界的真切体验,它使情感追求符合实际。《论衡》的创作应时事而起,又以"匡济薄俗,驱民使之归实诚"为最终目的,在承继儒家"思无邪"思想上必然带有社会功利目的,强调"文为世用"的价值追求和"美在效用"的实践评价。就像王充努力论证独特的骨相同个体性命材力的内在联系一样，作为观人方法的骨相、文学都指向官僚选拔的现实用途，其创作往往同谋划、经世相关联而具社会性审美价值取向。文字和写作在表达情质的同时，也作为自我社会抱负实现的手段而存在。至少在王充看来，普通士人借由优秀出众的创作能力超拔于同人之上，收获赏识以实现自我理想，是具有可行性的。写作能力同个人操行、政治身份间存在一致的对应关系，体现个体审美活动对国家政权的依附，正所谓"德弥盛者文弥缛，德弥彰者人弥明……官尊而文繁，德高而文积"（《论衡·书解》）。

具体来看，王充认为文章、图画的创作本身具有"劝善惩恶"的教育作用，以社会效用作为审美标准，因此反对"调墨弄笔为美丽之观"的形式主义，徒见"形容"未见"言行"便达不到"激劝"的目的。就像先前讨论黄帝的谥号一样，谥法的意义在于表彰美善、揭露丑恶，使听闻的人反省自勉。在《佚文》中王充举了扬雄和班彪的经历：有蜀郡的富商以十万钱财赠予扬雄，希望能将自己的成就记载于书中，被扬雄拒绝；班彪续写《太史公书》并不因同乡恩情而有所遮掩回避，而选择实事求是对邪恶背道之人予以记述。此二人皆不因现实利益的驱动而随意编造、传播失实、妄言、惊目之论，据此强调追求创作的客观真实便是追求社会的真实良善。因此，内容的增删之间自有法度，通过还原事物的本来面目而"定是非""辩然否""立真伪之平"，以使人们认识真理、与圣人之道合，从而促进社会有序进步。

同时，王充视情感的内在"诚正"是"美"之基，而其作用于政治事功、社会治理则为"美"之用，"著文"同"教化"相关联，"美"的直观呈现离不开"真"与"善"的交织互动。王充"美在实用"的观点沿着儒家教化传统得以展开，文、诗、乐、画皆为教化的工具。文艺的价值正在于促进艺术与道德在塑造理想人格中的统一，力求以艺术美教化民众而推进人格美、社会风尚美的实现。

（四）为文真美的讨论

王充以主体的感知、思知、学知分辨虚实，通过主体的妙思颖悟、理性诠释和仿象推类体认"真美"的三维度：真而不妄、立事以实的"事理之美",用理诠疑、贵是尚然的"逻辑之美",以及实诚意奋、表著情心的"情感之美"。王充认为,著文垂辞的过程就是将藏于主体胸臆之中的真实事件、核心真理、真情实感传达出来。王充之"文"并非指纯粹的文学而是泛化的杂文学观,既涉及文章之文,亦包括文德之操;既有传统"学术"之文的意涵,也同时指向"论发胸臆之思"的主体传达需要。正所谓,"文由胸中而出,心以文为表。观见其文,奇伟俶傥,可谓得论也"(《论衡·超奇》)。胸中运思就如同藏于鱼腹、石间的美玉一般,创作者以"胸中之论"作为著书立作的本源和本质,表示内里之实,但如果仅仅停留于胸臆的立意创意就无法将实诚之思想诉诸现实和生活。正所谓"物以文为表,人以文为基","夫人有文,质乃成"(《论衡·书解》),再完美的"质"也需要"文"相副、相称。

王充认为古和今之间同样存在一定的关联和对比,从当下的实际情况和历史发展进程来看,不能说凡是古代的就一定比今日的美好、完备,这无疑忽视了"今之实"、社会生活之"实"。文化总是随着生活的真实不断变化发展,对于美的认知也在不断变化发展。超越盲目的"褒古毁今"的复古主义,强调文学的创造性、主体的创新性就是强调"美"的多样性。

1. 事美足观:文与事质

王充从广义层面理解"文",将包含有学术、哲学、政治、文艺、历史等经传之书、诸子著述、史书文书一并纳入讨论。单从字面理解,《说文解字》云:"质,以物相赘。"段玉裁注曰:"以物相赘,如春秋交质子是也。引申其义为朴也、地也,如有质有文是。"[1] "质"的原义是以物易物,而后引申出素朴、本真等。《说文》称"文"为"错画也。象交文。凡文之属皆从文"[2],《淮南子·原道》亦有"被发文身"的表述,将其理解为带有象征性的人造符号。《周易·系辞上》所讲与地理相对的天文,可看作天地万物的纹理色彩,以天地自然之文为美,观之可知幽明之故。王充将天地之文与文字之文直接联系起来:"夫禀天地之文,发于胸臆,

---

[1] [东汉] 许慎撰,[清] 段玉裁注:《说文解字注》,第281页。
[2] [东汉] 许慎撰,[清] 段玉裁注:《说文解字注》,第485页。

岂为间作不暇日哉？"（《论衡·书解》）所以，从"文""质"本义出发，基于元气自然论的立场，王充的文质观首先可以体现为自然与人文的关系，"性本自然，善恶有质"（《论衡·本性》）。

王充以气释性，亦以气释文，指出人因气的异质而有才性智愚之分，因禀气不均故而个性各异，有不同风格的创作，"文士之务，各有所从，或调辞以巧文，或辩伪以实事"（《论衡·自纪》）。与进入人类的意义世界并加以创造的"文"相对应的是"质"。先秦诸家对"文""质"关系多有讨论，老子主张弃绝空洞的教条和虚伪的礼乐文饰，认为社会奸邪的出现恰是由于智慧机巧，因此倡导回返大道，回到素朴之质。可见老子将"文"视作与"道"脱节是出于维护私利需要的刻意规范，是伪饰；而"质"则是如未雕原木一般的自然状态。孔子则以"实质"来理解"质"："君子义以为质，礼以行之，逊以出之，信以成之。君子哉！"（《论语·卫灵公》）他以仁义忠孝等道德伦理观念为行事之实质，"质"指向美德的内容，是本质、根本。孔子以两者的调配、平衡批驳质胜于礼乐文章的粗野和文过于美德实质的虚假，不以一方偏胜一方，而强调"文"与"质"的兼顾和平衡，以达到合宜的程度成就"彬彬"君子。老子讲由文返质，孔子言文质和洽，及至西汉扬雄则将文等同于辞、质为情，文、质的关系可转化为辞、情的关系，以辞来表达情感、抒发意义。

王充把人看作万物之中的智慧存在，有精气作为鲜活的生命力。"精气为知"（《论衡·订鬼》），能作文章者，必定是禀气深厚之人。有据于此，王充区分了"文书之人"与"文章之人"，前者主要是"采掇传书以上书奏记者"（《论衡·超奇》），撰写文书、上书奏记，需要有博览古今之识、著书表文之能；后者则是"能精思著文连结篇章者"（《论衡·超奇》），如扬雄、班固等文章大家，既要有主体妙悟颖思，亦能创作多种文体，指向精神才智的充分凝聚与发挥。

而在谈到"文章之人"时，王充关注到"调墨弄笔为美丽之观"（《论衡·佚文》）的现象，引出"文""质"观的第二层意义：著书作文与思想内容。在这层意义基础上，"美"的用法也较为多变。首先，它用来表示思想内容的完美、逻辑上的真实，在"质"的层面使用，与不真不实相对。"夫为言不益,则美不足称;为文不渥,则事不足褒"(《论衡·儒增》),此处"美"与"事"相当,指的是尧、舜之德与文、武之隆,关乎圣人先王的功绩、事业及治理的具体内容,意在指出客观事实与现实经验才是为言、为文之基础,反对造生空文、无故增益。一些空言、增语在违背客观史实的同时丧失公平合理的衡量标准,因此无法教化世人、提供价值规范。又如评价西汉陆贾的《新语》称:"《新语》,陆贾所造,盖董仲舒相被服焉,皆言君臣政治得失,言可采行,事美足观。"(《论衡·案书》)此处点出言与事的统一,符合王充关于文质如同枝干与花叶、内核与外壳的关系的讨论,说明王充认为陆贾已不再局限于客观事实而开始认真思考深藏于事物本身的本质道理,出于理真而著文,顺应实诚的理进行思想创构、生成和完型,其"美"是真理性与真实性的并存。

2. 美善不空:文与情质

王充亦用"美"来标识言语文辞的优美,文辞的美恶与否是创作者自身才性高低的外在体现,"言事粗丑,文不美润,不指所谓"(《论衡·超奇》)。既要讲求文与事、理相符,又不能忽视语言的应用和文风的选择,在忠实于主体之"思"的基础上运用合宜美润的文辞,无疑能够具有以辞达意、辞以表事的功用,"喻深以浅""喻难以易"(《论衡·自纪》),以便更多的人认清事理,避免曲解、虚妄的发生。

王充既反对"华伪之文",也不赞同"实而不华者",而是主张由美的形式到美的内容渐次完善。他以无林的土山和无毛的泻土做了有趣的比喻:如果山上没有林木只是土山,土山难觅麋鹿;如果地上不长草木则为泻土,泻土难生五谷。同样,人没有文采,便是无用之人。物以文采为外表,人以文采为根基。就像言语、修辞等外在的形式是"美"的具体呈现,亦是"美"的载体。因此,我们要在表达实践中将深刻的内容同合宜的形式相结合,探索美的"雅化",达至"出水芙蓉"般的自然美感。

相较于深宏、华丽的雅言,王充出于正定是非、善恶的目的,更倾向于形露之言的表达,《自纪篇》中谈到"故形露其指,为分别之文""充书形露易观",否定当时盛行以生僻字或"指意难晓"的语词进行写作的风尚,不推崇晦涩难懂而讲求著述通俗明白,且有深意蕴于其间。雅同俗就像文质的关系一样并非绝然对立，而是主张相称的"自然性"，高士之文雅恰在于"言无不可晓，指无不可睹"（《论衡·自纪》），唯有自然、质朴、真实的才是"美的"。

王充继承扬雄"观其施辞，则其心之所欲者见矣"[①]的观点，在言辞、文饰等外在形式层面，更多的是将"美"和"善"区分来看待，提出既"美"且"善"的文辞形式，"美善不空，才高知深之验也"（《论衡·佚文》），既有美观、优美的表达，亦有体现效用、情实的内容。于是，据于创作与传播的层面，王充的"文""质"关系体现出第三种意涵：意与象、文与情。文章的情感真实是王充极为注重的，正所谓"文辞施设，实情敷烈"（《论衡·书解》），主体内心实诚充盈的情感意志在创作中具有重要作用。情实既是文质的重要内容，也是辞情的具体表现，王充以反对夸张的精诚来剔除情感的不实成分，"益功美""过其实""好增巧美""弘丽之文""美盛之语""奇伟之观"等美过其实、华而不实的表达必然会掩盖文本的本来意义。

"真美"可视作是"文""质"互动而生的美感，既关乎美的展示，也涉及美的内涵，强调根植于具体的生活下的实存的"真"、实践的"真"，"真"是基础但不是终点，最终是要追求人格完美与人文环境优美的相辅相成、有机统一，融会在生活中探寻"美"与"善"的合一之境。

（五）结语

王充作为西汉儒学的重要人物，通过对天意志性的消解来否定谶纬神学和天人感应，以性、命皆由气禀和"偶适"的观点确立以元气自然为基础的生命本体论。他将"美"的问题放置于自然主义的天道观下予以考察，既强调其非目的的自然之性，也讨论除华存本的形神问题。基于"疾虚妄"的立场，批判无中生有之"虚"、荒谬背道之"妄"、妄加夸耀之"增"。以感知、思知、学知立实诚以求真美，"真美"含有三个大的层面：实事之美、逻辑之美、真情之美。此三者并非相互分离，而是紧密联系、综合统一的，从事、情、理三个角度共同抵抗"虚美"。文以世用的价值追求、文实相符的运思诠订、文质副称的情感传达共同体

[①]［西汉］扬雄撰，张震泽校注：《扬雄集校注》，上海古籍出版社1993年版，第201页。

现了王充在扬雄思想的基础上对文质观的发展。据此梳理"真美论"在文学创作中的体现,"美"的用法丰富多样:既是表达方式,也是事理、情实的实质内容;既指主体的妙悟颖思,也表示个体的创新创作。审美活动须依循事理、情理获得存在合理性,思想、意义又须借助外在表现形式获得普遍性实存。"文"与"质"之间并非非此即彼的选择,而是表现为连续的相生相成的互动,强调文辞相称的自然性、真实性,以此避免文学创作对自然之"质"的异化。

当然,就像徐复观所认为的,王充虽有疾虚妄、求真实的学问要求,但并未得到疾虚妄、求真实的结果,其"真美"更多出于"为世用"的社会需要,存在一定局限性:将造论著述视作实用性的创作,否定汉赋、绘画等艺术表现形态。他过于强调社会意义、生活真实,而对相关神话、传说予以批判,忽略了艺术意义上的"真美",从而无法全面地理解语言修饰、艺术手段以及想象与知性、理性与非理性的统一关系。但王充关于"美""真美"的讨论始终具有深厚的现实意义,其思想的批判求实性强有力地质疑了当时社会上盛行的虚妄之风,纠正了"好褒古而毁今"的复古主义。实事求是、以真为美、溯本正源的观念,进一步融会、深化了先秦西汉以来的"美"观念,对后来魏晋诸子的文学思想、艺术观念有直接的启引作用。

王充的"真美"观并未将"真""善""美"并列而论,但不妨碍其思想中同样包含有三者相互作用的辩证关系。相较于之前的思想家大抵重视善而忽略真、看轻美,王充的思想更为明确地认识到"本色""自然""真实""意境"等概念。从其理性批判的立场出发,美的最高境界便是"真美",是以形真、理真、事真、情志真为"美",把"真"视作"美"的基础和条件,以"美"的追求推动"真"的发展。同时在主体创作、"为文"中,推崇真美就是为了符合"劝善惩恶"的价值追求和社会发展需要。在养性与教化层面,"美"与"善"是能互动、可互换,又是合一的。蕴含理、情、物三者之"美",涉及个体价值与社会价值的彰显,同样也符合儒家思想中对于审美理想的终极追求。

第八章 天下

"天下"一词在古代文献中频频出现，近些年来又被学者不断关注、讨论。从字面意思来看，"天下"意为"普天之下"，也就是世界。但古人提到"天下"时，往往不是客观地陈述地理知识，而是表达某种政治、文化观念。具体来说，"天下"有两层含义。第一层含义侧重于政治，比如人们常说"天下苍生""天下为公"，这里的"天下"要求人们（主要是主政者）克服私心，关心民众疾苦，实行仁政，造福百姓。第二层含义侧重于文化，古人把受到礼乐教化的区域称为"中国"，在这之外的区域则是荒蛮之地，居住在荒蛮之地的人，分别叫作东夷、西戎、南蛮、北狄，统称"蛮夷"或"夷狄"。这显然是带有歧视的称谓，体现了"中国"人对自身文化的自信和优越感。"中国"的一些人希望夷狄接受礼乐文化，也担心"中国"有一天失去礼乐文化，所以他们非常在乎"中国"和夷狄之间的界限，生怕有一天自己不慎越界，变成野蛮人。这种心态或者论调，叫作"华夷之辨"或者"夷夏之辨"。

对于"天下"的两层含义，先秦儒家已经有不少讨论。大致来说，孔子强调仁义在天下的基础性地位，也对华夷问题有所表述；孟子简单论及华夷问题，但主要阐述仁政的一面；荀子天下观念的政治性、现实性最强，他所思考的，主要是如何建构一种没有战乱、价值统一的天下秩序。可以发现，先秦儒家对于"天下"的论述各有侧重。后来把这些较为零散的阐述整合为一套政治学说、施政方略的，是汉代儒者。汉代儒者的天下学说既非凭空建构，也非众口一词，在这背后，有时务之所需，也有儒者之外的人的纷繁议论,当然还有帝王统治欲的膨胀。种种因素交汇,确立了日后两千年中国的自我定位和对内对外的基本政治理念。本章的论述主要包括三个方面:首先,从先秦入手,交代天下观念所涉及的基本问题,拉长视线,通过铺陈,尽量使我们在最后对汉代天下观念的特征一目了然;然后,围绕汉代(这里只探讨西汉,尤其是前中期)的时代境遇,以董仲舒的天下观为中心,探讨汉代天下观如何逐步成型,遗留了哪些问题;最后,参考他人论述,对汉代天下观念进行总体性的评价、检讨,思考新型天下共同体模式的基本机制。

一、天下观念的产生与流变

(一)从"四方"到"天下"

在文献中检索"天下"这个词,我们会发现,至少在《尚书》中就已有多处表述。①从这些表述中能够看出,"天下"概念在一开始就已经是一种政治用语,它和君王的治理范围息息相关。

商代的甲骨文中有"东""西""南""北""中"等关于方位的文字,还有"四方""四土"这样的统合性表述。②"东""西""南""北"代表了人们对地平面上不同方位的称呼,即方向。每一个称呼都同时包含对一个与之相对(相反)的方位的界定。比如,我们在说"东"时,就已经包含了它不是"西"。所以,方向不是一个单向度的延伸。方向感表明,人习惯于把自己放在一个"中间位置""中心位置"上。只有如此,人才会觉得自己在世界之中,才能感受世界、描述世界。人们之所以称"四土""四方",正是因为人们感受到自己被周围所环绕,"四"就是周边,而自我则是四方的中心。我们可以发现,"四方""四土"指的是一个平面世界。后来出现的"天下",则增加了一个"上下"的维度,凸显了从

---

① "昔在帝尧,聪明文思,光宅天下"(《尚书·尧典》),"小民乃惟刑用于天下,越王显"(《尚书·召诰》),"方行天下,至于海表,罔有不服,以觐文王之耿光,以扬武王之大烈"(《尚书·立政》),"燮和天下,用答扬文武之光训"(《尚书·顾命》)。
② 武丁卜辞:"四土受年。"武文卜辞:"四方受禾。"乙辛卜辞:"四土受年。"引自陈梦家《殷虚卜辞综述》,中华书局1988年版,第319页。

第八章 天下

天的角度俯视世界的立体感。《诗经·大雅·文王之什》中说:"皇矣上帝,临下有赫。监观四方,求民之莫。"也就是说,伟大的上帝亲自观察天下,监视着那个居住着芸芸众生的四方,希求人民生活安定。东汉经学家郑玄意识到,要想述说上帝对人间的俯瞰,用"天下"解释"四方"较为合适。所以,郑玄将"监观四方"解释为"天之视天下"[①]。"监察天下"比"监观四方"更能体现上帝的明鉴。

天下观念的出现,意味着人们开始想象一个神圣的天。生活在上天之下的人们,则要小心翼翼地遵守天的命令。其实,在人们讨论"四方"时,就已频频强调"天命",声称君王经营四方是秉承天的意志。不过,商王认为自己只是四方这个平面上的中心,他虽然可以通过祭祀、祈祷与天沟通,垄断着通天的特权,但他不敢妄称自己是上帝,不敢随便说"天下"如何,但后来的帝王们可以经常使用"天下"这个词了。

"四方""天下"都是带有政治色彩的空间概念。无论是传说时代的尧舜,还是西周建立之后自以为处于天下中心的君王,都要考虑协调各国关系、维系天下和平的问题,这是天下内部的一项严峻事务。对这一事务的经营,主要依靠两点。第一点是遵照天命。天的命令不仅是开展政治活动的根据,而且是政权的合法性来源。一个政权之所以成立,是因为天的旨意如此;一个政权之所以灭亡,是因为它没有很好地执行天的命令。"天命"只是个外表神圣的代名词,它可以在不同时期被注入不同的内涵,代表着不同群体的利益。第二点是学习、实践以前的圣王治理天下的经验。以上两点,对后来的儒家政治思想产生了深刻影响。比如,儒者在讨论政治时,不满足于讨论具体的、技术化的问题,而是喜欢上升到天的高度,用天的神圣命令为自己的政治思想作庇护。另外,学习、实践以前圣王的治理经验,可以为后来的儒家学者在讨论政治问题时提供历史经验参考,比如政治改革时就要到古代的人事中寻找根据,所以改革的幅度往往不会特别大。许多贯穿于日后两千多年的政治理念、习惯、倾向,都可以从以上两条思想中找到根基。

[①] [清]阮元校刻:《十三经注疏·毛诗注疏》,中华书局1980年影印本,第519页上栏。

（二）文德双修，天下有道：孔子的天下观念

儒家心目中的理想社会是"大同"世界。根据《礼记·礼运》的记载，在理想的世界中，大道通行，天下为所有人所公有。人们选举有品德、才能的人处理事务，诚信和睦，不只是敬爱自己的双亲，疼爱自己的子女，还爱着其他的人。老人能够安享晚年，壮年人能够发挥自己的才能，儿童能够健康成长。鳏夫、寡妇、孤儿和残疾人都能够得到赡养。男人有职业，女人有归宿。人们担心财货被丢在地上得不到合理利用，而不是考虑将其藏在自己家里；人们也担心自己的智力、体力得不到施展、发挥，而不是只考虑自己。他们总是浑身充满干劲、热情，为非作歹的念头不会出现，也没有盗贼出入，可以不用关门，放心生活。这一理想是借孔子之口来表达的，其中的"天下为公"理念，构成了此后儒家天下观的一项重要内涵。"公"和"私"是一组对立的概念，它们原先指的是公共领域和私人领域，后来被赋予道德上的内涵，人们认为一个人常常为公众着想，不自私，才值得称赞。所以，战国晚期的思想家就普遍提倡"公"，贬低"私"。自此以后，国人对"公"的热切追求基本未变。在"大同"世界中，私领域被取消，"天下"成为"一家"。但春秋时期的社会，却并不如此，而是衰乱、无道。

衰乱之世的基本特征是王权旁落，伦理废弛，秩序崩解，大道消隐，所以，孔子希望天下应当有道。"天下有道"的基本表现是文化制度、出兵征战都由天子决定，卿大夫不专权，民众不议论政治。而"天下无道"则表现为文化制度和出兵征战的事情由诸侯决定，天子没有实权。孔子认为，君王应该有文化修养，品德高尚。我们还要补充一句：君王还应遵循制度化的礼。礼规定了不同身份的人应该做什么。孔子生活的春秋时期，周王虽然没有实权，但名义上仍然是天下共主，各诸侯国仍然打着周天子的旗号称霸。齐国的管仲虽然曾经违反礼的规定，但孔子仍赞许他的功绩。这是因为管仲辅佐齐桓公征讨夷狄，九合诸侯，都是在"尊周"的名义下进行的。具体来说，管仲协助齐桓公确立了霸主地位，使周王在形式上的最高地位也得到了延续，齐桓公只是霸主，只要霸主不触动周天子的最高地位，周天子就至少还保留着一点体面。从春秋时代

进入战国时代的两个标志性事件是三家分晋和田氏伐齐。分晋和伐齐的主角都是卿大夫。到了这时，各国已经不再承认周天子的共主地位，而是索性以独立的身份试图兼并其他国家，我行我素，争当新王。这是孔子所谓"天下无道"的真正上演。

在孔子看来，君王要想使天下有道，应当具备两项条件：

第一，文德双修。前文已经稍作解释。具体来说，文德包括恭敬、忠信，也可以称为"仁"。后来，荀子在孔子恭敬、忠信的基础上再作补充，指出恭敬、忠信、礼义、爱人、辞让、厚道、本分是华夏与夷狄共同承认的价值。①这些价值共同凝结于儒家的核心价值——仁义——之中。据孔子和荀子的论述，先秦儒家已把天下视为一个以仁义为内核的文明共同体。西汉初年，儒生陆贾撰《新语》指出："大舜生于东夷，大禹出于西羌，世殊而地绝，法合而度同。"②舜和禹都出生于我们前面说的荒蛮之地，出生时间不同，地域也不同，但是他们都有仁义之心。陆贾这段话呼应着孔子、荀子的观点，可见仁义是人人具备的一种价值，这种价值构成了后世儒家天下观念的思想基础。

第二，由贤能的大臣来辅佐。贤臣辅佐是实现君王文德的关键环节。孔子本人对管仲多有评论，他赞扬管仲的主要原因，除了上文提到的维护了周天子在形式上的共主地位，还因为管仲辅佐齐桓公抵制夷狄的入侵，避免了华夏沦为夷狄。孔子还提到舜通过禹、稷、契、皋陶、伯益这五名辅臣治理天下的事。③在这五人之外，舜还任命了22位各有所长的官员，他们都出色地完成了舜交给他们的任务，但功劳最大的是治水的禹。据记载，大禹治水的功绩有二。第一项功绩是将中央政府治理、管

---

① 《荀子·修身》："体恭敬而心忠信，术礼义而情爱人，横行天下，虽困四夷，人莫不贵。劳苦之事则争先，饶乐之事则能让，端悫诚信，拘守而详，横行天下，虽困四夷，人莫不任。"
② 王利器：《新语校注·术事》，第43页。按，"大舜"原作"文王"，今据王利器之校改。
③ 禹担任司空，负责治理水土；稷的原名叫弃，舜任命他为后稷，负责管理农业生产；契担任司徒，负责协调民间的伦理关系，最终实现了"百姓亲和"（参见［西汉］司马迁《史记》卷一《五帝本纪》，第50页），此外，契还辅佐大禹治水有功；皋陶担任士，也叫大理，是狱官的首领，利用五种刑罚处理天下的侵扰、奸邪等事件；伯益是皋陶的儿子，他担任虞官，掌管山木水泽、草木鸟兽。

辖的范围延伸到距离王畿五千里之外的地区，一直延伸至荒服。① 并且，大禹根据各地所宜种植的作物及距离、交通条件，明确了各地向中央进献特产的数量和道路。据说，从此开始，一种根据距离中央远近而划分的、层层嵌套的"回"字形天下格局——五服制——诞生了。不过，也有学者怀疑历史上从未有过这种制度，这种制度不过是人们的一种想象。大禹的第二项功绩是解决了夷狄居住地的水患。在古代交通、通信条件比较落后的情况下，位于中央的帝王要想使周边的夷狄仰慕其德行，进而归附，只靠声名外扬是不够的。大禹厥功至伟，很大程度上是因为他作为舜的使臣，亲临夷狄的居住区，做了务实的工作。比如，禹在冀州治水，使当地居民摆脱了洪水之患和衣食不足的困扰。

前文说过，孔子希望当政者文德兼备，远方的夷狄受到感化，仰慕"中国"的文化和道德，就会主动前来归附。但是这一设想能不能实现呢？关键还是要看"中国"能够为夷狄做出什么具体务实工作，能否使他们具有获得感和幸福感。贤臣的辅佐在一定程度上有助于孔子设想的实现，并且实现这一设想并不依靠武力逼迫。不过需要指出的是，如果以为贤能的辅臣就可以包办一切，把天下的兴衰离合系于贤臣身上，就未免太过理想化了。因为大禹的成功在无形中得益于这样一个客观而重要的条件：信息不畅。时易境迁，当远方的民众拥有更多、更便捷的渠道获取关于中央王朝的政治资讯，尤其是对帝王的品德、才能拥有更为全面、深刻的了解时，这些更为充分的政治资讯反而可能成为动摇民众认同感的不确定因素。从理论上说，民众掌握的信息变多，政治运行的限定条件就随之增加。因为一件事物展示得越具体，它的覆盖面就越窄，适用性就越弱，对它满意的人就越少。孔子应该意识到了这一问题，他认为，在理想的天下中，民众是不议论政治的。三国时期的何晏，进一步解释说："不议论，就是对政治无所非议。"其实，一个理想的天下首

---

① "南抚交阯、北发，西戎、析枝、渠廋、氐、羌，北山戎、发、息慎，东长、鸟夷，四海之内咸戴帝舜之功。"（"鸟夷"或作"岛夷"，参见［西汉］司马迁《史记》卷一《五帝本纪》，第50、51页）"开九州，通九道，陂九泽，度九山"（参见［西汉］司马迁《史记》卷二《夏本纪》，第66页）。

先应该是征求民众意见、回应民众关切的天下，这样的天下当然不会引起民众的非议。另外，政治必须受舆论约束。政绩固然必要，但不应成为政治的全部，其他如政治参与、文化认同以及不同阶层、族群利益需求的多元化，都是不容忽视的课题。政绩多以量化的形式体现出来，但是政绩的量化也隐含着为政者可能通过不择手段的方式制造数量的危险，比如那些"面子工程"。如果认为理想的天下就应该禁止百姓议论，这便是鼓动、纵容愚民政策；而如果看到政治活动首先需要得到百姓的承认，具有善的品性，百姓才无所议论，这样的天下观才更具现代价值。

（三）仁人之政，天下归之：孟、荀天下观念概述

1. 孟子论仁政与战国交邻之道

（1）得民心者得天下

春秋时期，诸侯争霸往往打着"尊王攘夷"的旗号，也就是尊奉周天子，维护其在天下的至高、核心地位，拒斥夷狄，杜绝野蛮。但到了战国时代，孟子意识到已不能再倡导"尊王攘夷"，因为周天子连形式上的共主地位也没有了。所以孟子希望一个"新王"出现。在孟子看来，只有实行仁政、善待百姓的诸侯才能够当新王。梁惠王曾问孟子如何结束列国战争，平定天下。孟子的回答是"定于一"，也就是实现天下统一。孟子认为，只有实行仁政，不残害百姓，国君才能够赢得民心（支持），其他国家的民众也会把他当作父母，这个国君才能完成天下统一大业。

（2）"事大"与"字小"

孟子还提出了"事大"与"字小"（亦称"事小"）的战国交邻之道。"事大"指的是小国臣服比自己强大的国家；"字小"指的是大国爱护比自己弱小的国家。春秋时代，无论"事大"的小国，还是"字小"的大国，都必须信守约定，否则无法立足。对于小国来说，守信尤其必要，因为一旦失信于大国，将引来大国的讨伐。而在孟子所处的战国时代，各国之间已不再以诚信为原则设立盟约。国家要想自保，就需要动用智谋。所以，孟子认为，"事大"是小国审时度势、保全其身的策略。小国通过向大国进献皮币、犬马、珠玉，以讨好大国，获得安宁，是无可厚非的。但是"事大"并非没有限度，本国百姓赖以生存的土地就不可以

: 汉代人的观念世界 :

献给其他国家。"字小"当然就是大国对小国的回馈，或者一定程度上的履行道义。

2. 荀子论结束战国、实现统一

儒家一度相信华夏和夷狄都认可某些共同价值，即仁义，但有时也会质疑这个想法。荀子认为，既然仁义价值为华夷所共同认可，那么主政者就应当知晓这样一个道理：以仁义之心，做对天下人有利的事情，祛除对天下人有害的东西，天下人就会认同你。在荀子看来，国可以被窃取、争夺，国君可以随时更换，但是天下不可被窃夺，不是谁都有资格和能力做天下之主的，只有圣人才可以得到天下。圣人能得到天下的原因，在于圣人以仁义治天下，能够使人衷心认可，也即"服人之心"（《荀子·王霸》）。不过，圣人可遇难求，现实政治中担当起仁义精神的首推"大儒""士君子"。所以荀子希望君王重用大儒。大儒可以参照古代圣王的治理经验，统一文化和制度，触类旁通地把前人的经验、原则运用于不同的事情上。君王要让大儒做"天子三公"，辅佐天子；要给予大儒充分的空间以施展其才能；要给予大儒土地，使大儒亲行教化之事，改善习俗。

荀子在谈论天下时，总是有意将其与"国"相区分，甚至认为二者为截然不同的价值体系。他曾指出，即使一个国家依靠强兵之术获得暂时的壮大，但当它奉行武力、霸道的外交政策时，其实也是充满忧患、提心吊胆的，因为它总是把其他国家当作敌人，生怕其他国家联合起来倾轧自己。强国终究不是天下，反而可能是天下的对立面。中国人喜欢说"家国天下"，"国"与"天下"是前后相续的，似乎关系密切，但荀子更多地注意到并强调"国"与"天下"之间的根本差别。概括地说，这种根本差别就是：国是崇尚武力，奉行霸道的；天下则是崇尚文化、道德，奉行王道的。

荀子提出一系列改善习俗、重建礼制的措施，对执行者提出了极高的要求，非圣王、大儒不能实现。在各国矻矻于征战的时代，这样的主张不易被采纳。因为各国需要迅速实现富国强兵，不愿花费时间，也没有充足的时间去进行短期内很难见成效的文化建设。荀子对天下秩序的设计要成为现实,需要与一种"止战"的学说相配套,也就是需要一种学说来塑造安定的国际环境。后来,他的学生帮助秦国实现了统一,结束战乱。我们知道,荀子培养了两名法家阵营中的学生:李斯和韩非。这时常引来后世儒者的批评,甚至荀子思想在多大程度上属于儒家思想也常常受到争议。朱熹就曾在荀、李二人的关联与区别之间徘徊不定,他曾对人说,荀子教出了李斯这样的学生,以致秦始皇焚书坑儒,如果荀子没死,看到焚书坑儒的情形之后一定后悔不已。但是朱熹也并未把焚坑之祸完全归罪于荀子,他也曾针对世人对荀子的清算而为荀子鸣不平,指出荀子只是著书立言,喜欢发奇谈怪论,而一些末流(比如李斯)进一步歪曲了他的学说,提出焚书坑儒。历史学家陈寅恪更强调荀子与李斯之间的一脉相承,在他看来,这种一脉相承,恰恰是儒家理想制度得以实现的过程。因为儒家希望天下的制度、文化、道德实现统一,也就是"车同轨,书同文,行同伦"。秦始皇统一天下,真正实现了儒家的理想。不过,需要指出的是,虽然儒家的理想在表面上被实现了,但是实现的手段却是儒家坚决反对的,因为那是一种暴力的、与仁义价值背道而驰的手段。可以说,在建构天下秩序的道路上,荀子和李斯的主张是截然对立的。日本学者佐藤将之把荀子、李斯的主张分别概括为"调(齐)一"和"一统",二者的不同在于,前者主张以一国为中心,对周边各国进行安抚,对周边国民取得间接支配;后者则主张通过武力消灭各国,取得对天下的统治。[①]按照李斯的方案,最后那个胜利的果实已远非荀子理想中的"天下"了。李斯把荀子建构的天下秩序纳入国家制度的层面上,这样的"天下",不过是荀子意义上的"国"。李斯的理想正是荀子的噩梦,而荀子的理想终未实现。

二、汉代儒者的天下观念

秦汉王朝常被今人称为帝国,而在古代则常常被认为是天下。以秦

[①] (日)佐藤将之:《荀子的"天下"观与"后周鲁时代"的秦国》,载《科学·经济·社会》2021年第2期,第127页。

帝国为例，秦始皇声称自己结束战国暴乱，实现"天下大定"，却又绝不否认"平定天下"就是王绾、冯劫、李斯所谓的实行郡县制，法令统一化。秦始皇当然知道，天下不只是秦朝管辖的若干个郡县，但他为何还是自诩"平定天下"呢？这是因为，在秦人看来，结束了列国战争的局面，实现制度、文化的一体化，便是"天下一家"的表现。与分封制下封地不超过千里的情形相比，秦人更重视法令制度所延伸的范围之大小。法令制度的普遍性能否带来各地风俗生活的一致，进而使得人心一致？秦朝当政者对此缺乏深入思考，因推行秦文化下的法令制度操之过急，引起楚地之人的强烈反感，最终致秦朝二世而亡。①

帝国君主口中那片广袤的统辖范围并不等于天下。将二者混为一谈的帝国统治者多以"天下"为彰显自身功业的门面之词。秦朝在本质上是一个大"国"，而绝非儒学意义上的"天下"。汉承秦制，秦人政治观念的载体——制度——被汉人接受下来。接受了秦朝的制度，当然也要思考如何解决秦朝的难题，也就是国和天下的关系问题。汉儒的天下观，就是在国与天下纠缠、互动的语境中产生的。汉代在这方面论述最系统、阐发最详尽者，莫过于董仲舒。

（一）从寻找王者到强调仁义

董仲舒的天下观念，主要包括他提出的实现天下太平的一系列理念和措施。按其所述，"天下所未和平者，天子之教化不行也"②。在儒家的理想中，担当教化的人是王者。王者必须受天命，且具有崇高的品德。所以董仲舒才说，天下如果还未实现和平，那是因为天子对天下人的教化还没有到位。并且，天子在完成了使天下太平的神圣使命之后，要制礼作乐，把教化的成果以制度的形式固定下来。受命与否，可以被论证。所以，我们经常看到，历史上的帝王通过虚构故事，牵强附会，指出自己上位是上天的旨意。除此之外，王者还需要以其高尚的品格教化百姓，使百姓的人性更为完善。所以，王者是一个能够贯通天、地、人的角

---

① 参见陈苏镇《〈春秋〉与"汉道"——两汉政治与政治文化研究》，中华书局2011年版，第28—37页。
② [清] 苏舆：《春秋繁露义证》，第401页。

色。①真正意义上的王者，要时常想到爱天下人，利天下人，把实现天下的安定祥和作为自己的责任，也就是"常以爱利天下为意，以安乐一世为事"②。

然而，秦汉的帝王与儒家理想中的王者相差甚远。从字形上看，"王"字意味着贯通"三才"，即天、地、人。那么，王者自然需要具备常人所不及的道德、学问水准。清代学者苏舆指出，"王"字的含义仅适用于上古时代的帝王，因为他们在道德、学术上确实有过人之处，但是秦汉以后的帝王，就是另一番情形了。类似的说法很早就出现了。比如东汉思想家王充在《论衡·宣汉》中提到当时的儒者说汉朝之所以不太平，是因为汉代没有和圣王一样的皇帝。在《论衡·须颂》中，王充再次提到当时的儒者说汉朝没有和圣王一样的皇帝，所以整个社会的治理、教化还达不到太平的程度。当代学者邢义田也说"汉代天子几乎没有自称大圣或敢以圣王自居的"③。秦汉帝王已经不再品学兼优，他们对做圣人没有太多兴趣，而是甘心屈居圣人的完美人格形象之下。这样，儒家提倡的王者教化就是空谈，儒家理想中的天下太平也就遥遥无期。

帝王没有王者的素质，无意做圣人，却可以被劝说借鉴圣人阐述的某些理念。汉初，陆贾曾经反问汉高祖刘邦：得天下可以通过武力，但是治理天下还能继续靠武力吗？意思是，文化建设才是实现天下太平的常道。后来，在董仲舒的建议下，汉武帝把儒学作为指导思想。这样，孔子就被汉儒尊为圣人。我们在前面介绍过孔子的天下观念，那就是：通过发扬文治，崇尚、施行德教，获得天下人的支持，远方的人自然前来臣服。《论语·为政》中也说，如果为政者将道德作为工作的主要原则，那么他就像北极星一样处于中心，其他的星星都围着它转。简单地说，道德具有吸引力、感化力。孔子的这些理念被董仲舒继承下来，并予以发展。董仲舒是阐释儒家经典《春秋》这部书的大师。《春秋》一书，

---

① 《春秋繁露·王道通》："古之造文者，三画而连其中，谓之王。三画者，天地与人也，而连其中者，通其道也。取天地与人之中以为贯而参通之，非王者孰能当是？"［清］苏舆《春秋繁露义证》，第328—329页。
② ［清］苏舆：《春秋繁露义证》，第322页。
③ 邢义田：《天下一家：皇帝、官僚与社会》，中华书局2011年版，第59页。

艰深难懂，被认为是"微言大义"，需要阐释者眼光独到，明察秋毫，把它的主旨、原则呈现给世人，也为王者治天下提供根本大法。董仲舒曾简要概括《春秋》的主旨，那就是反对暴力，崇尚道德，王者以仁义治天下。这里的关键词是"仁义"。不管帝王的素质如何，只要注重文化道德，践行仁义价值，同样可以开展教化工作，实现天下太平。只要实现了天下太平，帝王就是王者。这样一来，就不是王者进行教化，而是教化的成功塑造了一位王者。这算是汉儒的一项理论发明，但也是无奈之举。圣人受命而做治天下的王者一直是萦绕汉儒心头的期待。一些汉儒认为，一旦符合王者标准的人出现，当朝皇帝就要禅位。汉昭帝元凤三年（前78）正月，在今泰山、莱芜交界一带的泰山之南，突然发出巨响，像是数千人在喧闹。老百姓去看，只见有一块一丈五尺高、四十八人合围那么粗、入地八尺深、另有三块石头作为脚的巨石，自己竖了起来，然后有几千只白色乌鸦聚集在石头旁。与此同时，昌邑社庙中已经枯死倒地的树突然又活了过来，上林苑中已经折断枯萎倒地的大柳树也竖了起来，有许多虫子吃这棵树的叶子，吃剩的叶子的形状像这样几个字：公孙病已立。这时，一个叫眭弘的人，根据《春秋》这本书指出，石头和柳树都属于阴物，象征着处在下层的百姓，泰山是群山之首，每逢改朝换代，新的帝王都要到泰山祭天。现在大石自立，枯柳复生，都不是人为造成的，而是有普通老百姓要变成天子了。神庙中已死的枯木复生，表明以前被废的公孙氏要复兴了。眭弘也不知道公孙氏在哪，就说："我的先师董仲舒曾说过，即使有继位并且遵守文德的君主，也不妨碍圣人受命于天。汉家是尧的后代，有把国家传给其他姓氏的运势，汉帝应该在天下征求贤能之人，把自己的皇位让给这位贤人，自己就像商王、周王的后代一样，封得百里之地，以顺从天命。"眭弘有一位担任内官长的朋友，名叫赐。眭弘请赐把这份报告送到汉昭帝那里。当时，汉昭帝还年轻，霍光主持朝政。霍光上奏皇帝，指出眭弘和赐妖言惑众，大逆不道。眭弘和赐被判处死刑。五年后，汉宣帝从民间出现，继位之后，征召睦弘的儿子为郎官。[1]儒家推崇禅让制，希望的是受天命、文化品德素质高的人治理天下，造福天下，但是这种理念很容易被人利用。后来出现的王莽篡汉事件，就是通过禅让完成的。这次禅让一度给天下人带来深重灾难。

按董仲舒的说法，凭道德获得天下人的支持，是"仁义以服之"[2]。"仁"是针对他人而言的，"义"则是针对自己而言的，也就是"以仁安人，以义正我"。因此，仁义在政治上就分别对应着治人与治我。董仲舒提出，以仁义治天下的王者，要区分"内治"与"外治"。"内治"要多反思自己，以求做得更好；"外治"则要广泛地对他人施以恩惠，宽容他人。以区别内外、宽人律己为原则，意味着治理天下是一个交往事件。开展教化的那个人，正是在这样一个与天下之人交往、安顿天下人的过程中逐步成为王者。

（二）由近及远：实现天下太平

关于如何实现天下太平，董仲舒认为，要遵循由近及远的原则，先从京师，也就是首都做起，提高京师地区的道德、文化水准，践行仁义，然后拓展至诸夏，也就是整个"中国"，最后延伸至夷狄居住区。这是一个考验教化者耐心、需要循序渐进才能完成的工作。在董仲舒之前，儒家也已经阐述过仁爱的远近问题。比如《礼记·中庸》曾谓："仁者人也，亲亲为大。"孟子则说："亲亲而仁民，仁民而爱物。"（《孟子·尽心上》）要做到爱他人，爱万物，需要有一个爱的基础，这个基础就是亲子之爱。亲子之爱是最原本、最自然的爱，它不需要谋划、伪装，其他的爱都是这种爱的变式。董仲舒把这个机制运用于治理天下的活动中。教化者对身边的人施以仁爱，却不必计较收益，也无法对"远处"的四夷何时来归附给出预期，但总有一天，爱会产生让人欣喜的结果，"远人"会被感化为"近人"。

---

[1] 为增强表述的准确性，笔者参考了《二十四史全译·汉书》中的译文，特此说明。参看由许嘉璐主编，安平秋、张传玺担任分史主编的《二十四史全译·汉书》第3册，汉语大词典出版社2004年版，第1537—1538页。
[2] ［清］苏舆：《春秋繁露义证》，第46页。

: 汉代人的观念世界 :

我们通常用远、近来表示空间距离，但远近不只是空间概念。空间距离上的近，也完全可以是生存意义上的远，反之亦然。一个人可能在空间上离我们很近，但是彼此之间毫无话题，心就隔得很远，甚至都没有意识到彼此的存在。举一个近代的例子。19世纪的美国传教士、外交官何天爵（Chester Holcombe，1844—1912）讲过一个关于中国老妇人的故事：在夏日的某一天，有位陌生人来到她的门前要一杯水喝。她询问陌生人家住何处。对方告诉她住在波士顿城。她吃惊地喊了起来："天哪！您在那么遥远的地方该有多么孤独！"中国老妇人之所以觉得在波士顿城很孤独，不是基于这个城市的人口数字和发展水平，因为她根本不了解那个地方，她的判断是基于陌生而产生的生存距离感，生存距离使她觉得遥远、荒凉、孤独。或者说，波士顿是一个从未在她的生存世界照面的地方，无法给她的人生带来意义，也就没有亲切感。在她的想象中，这样一个遥远的地方当然是一片冰冷的世界。所以何天爵感叹："在她的想象中，波士顿是一片蛮荒之地，只有那风吹雨打的小木屋，才是她的天地和宇宙中心。"[1]

关于生存距离的问题，按照董仲舒的说法，仁义能够把在空间上与"中国"相隔甚远的夷狄感化为在情感上的一家人，使生存距离不受空间距离影响，这就是"以仁厚远"。

（三）三世异治：王者教化永无止境

"京师—诸夏—夷狄"不只是一个从首都出发由近及远的地缘结构，更是王者在教化、爱人的过程中所面向的对象的层层延展，属于观念结构。在这个观念结构中，夷狄基本上属于"京师—诸夏"联合体——也即"中国"——的外人。但即便是外人，也应当对其施以仁爱，使其逐渐认同"中国"，实现"天下一家"。

董仲舒对于"京师—诸夏—夷狄"这一治理进路的详细论述，见于"三世异治说"中。所谓"三世"，就是根据天下是否安定、太平，划分三个阶段，分别是衰乱世、升平世、太平世。从这个划分来看，天下秩

---

[1]（美）何天爵著，鞠方安译：《真正的中国佬：西方人眼中的中国》前言，光明日报出版社1998年版，第1页。

序是逐步朝着理想的方向发展的。在不同的时间段，分别采用不同的治理策略，这就是"三世异治"。按三世异治之说，在衰乱世，王者首先通过治理京师的"大恶"以正自身，进而治京师的小恶和诸夏的大恶。夷狄之所以未被纳入教化范围，是因为严格自正是教化他人的前提。如果一个人自己的品行都存在问题，怎么有资格去教化别人呢？自己的品行如何，不是自己可以宣称的，自己只能严格自律，让他人来评价。只有获得了他人的认可，才能够名正言顺地教化他人。

升平世则强调华夷有别。王者要治理诸夏的小恶和夷狄的大恶。治理诸夏小恶是三世异治中最为关键的一个环节。在这个环节中，要像治理诸夏的大恶一样，严格治理诸夏的小恶。但是，王者还不能要求夷狄完全遵守"中国"的礼俗。因为以现成的"中国"之礼要求习俗、性情有别于"中国"的夷狄，会引起后者的强烈反感。王者解决这一问题的办法是：在第一阶段，暂时不治理诸夏的小恶；在第二阶段，通过治理诸夏小恶，促进或带动对夷狄大恶的治理。夷狄目睹华夏严格地自我纠错，会受到触动，弃恶从善，产生归附之心。关于如何治理夷狄的大恶，东汉经学家何休指出，要循序渐进。这说明，夷狄认同"中国"，需要时机，不可强求。一旦时机出现，夷狄就会前往京师朝拜王者，表达认同，并获得一定的爵位。此即太平之世。

人不可能完全不犯错，所以太平时代的诸夏，仍然存在"小失"，且被教化的夷狄虽然没有了"大恶"，但还有"小恶"。严格来说，太平之世并不是完全的平安无事。在这个时代，华夏与夷狄还要交往。这种交往自一开始就不会是顺利的，华夷之间还是心存一定的戒备。我们可以通过边疆史研究者的阐述，进一步解释小失、小恶是如何存在的。按照美国学者拉铁摩尔（Owen Lattimore）的说法："征服和扩张都是一种想象。游牧民族和汉族所取得的成功，没有一个不产生对自己的反动。当一个宽阔的边缘地带的混合社会受到汉族统治时，长城边疆的严格性并没有更显明确。相反，因此而得到的非汉族人口，却在边疆汉族间产生不良影响。"[1]可以说,"中国"的边疆地带居住着一个介于华夷之间的群体,这里失与恶相混杂,但并不一定小失就是"中国"所致,小恶就是夷狄所为。"三世异治说"对于小失、小恶的划分,仍未脱离华夷偏见,似乎华夏之人不会有恶,顶多有小的过失。不过,如果把视野超出边疆这个地理空间,把处理小失、小恶作为一个一般的交往过程,那么,在这一交往中,治理华夏的小失就继续以边缘的方式为王者治理夷狄的小恶提供缓冲,使治理夷狄小恶不至于成为突发事件,夷狄就不会觉得自己总是被针对。在太平之世,华夷之间不再处于隔绝的状态,而是亲如一家。但这种融洽的关系背后,仍然存在着华夏和夷狄两个群体之间的身份意识,所以彼此之间的交往仍需要谨慎,这也要求天下人和王者要继续共同努力。就天下人而言,道德水准得到明显提升,人们都像君子一样,很少犯错。虽然如此,但王者也不会宣布天下已尽善尽美。董仲舒曾主张,如果天下还不到太平之世,王者就不能把教化的成果用制度的形式固定下来。按照这一说法,当天下已至太平时,王者便应当制礼作乐,巩固教化的成果了。可是,小失、小恶毕竟难以根除。如果天下还存在小失、小恶,那就很容易引发更大的冲突,打破亲如一家的表象,天下反而更不太平了。所以,天下太平似乎即将实现,却也很容易一夜回到乱世。小失、小恶的存在,太平之世的微妙,并非董仲舒思想中的疏漏,而是其有意设计。因为只有如此,王者才不会觉得天下已经太平,从此高枕无忧,他才会战战兢兢,不骄不躁,为天下太平的事业奋斗不已。

"三世异治说"始终把"中国"放在主动位置,王者对于夷狄的教化结果,无非两种:成功和失败。所谓教化成功已如上述。教化失败则指夷狄不臣服于"中国",仍在"中国"外围,但不会入主"中国"。后来有一种说法,叫"夷狄乱华",指的是夷狄进入中原,统治"中国",进而做"天下之主"。这种事件一旦发生,许多信奉儒家学说的人会感到极度痛苦,认为"中国"将由文明走向野蛮。但从西汉一朝来看,当时的人只是担忧夷狄不服从教化,却没有考虑夷狄是否会进入汉朝的首都

---

[1] (美)拉铁摩尔著,唐晓峰译:《中国的亚洲内陆边疆》,江苏人民出版社2005年版,第323页。

把汉朝皇帝赶下台去，进而做"天下之主"。美国学者巴菲尔德（Thomas Barfield）曾说："尽管匈奴是对西汉王朝最危险的外部威胁，但是朝中关于匈奴问题的争论从未提及匈奴会征服中原。匈奴采取一种审慎的政策，这种政策使他们自己不会离中原太近。"这是因为，"匈奴需要在中原有一个稳定的政府可以敲诈"[①]。"敲诈"一词似乎很不适用于讨论王者治天下这样的宏伟大业，但崇高的理想一旦试图成为务实的政策，就会显露其荒诞的一面。那种近在眼前的太平盛世背后，隐藏着华夏与夷狄之间消除不掉的习俗差别、利益纠葛，由教化而带来的认同，并没有一个长久维持的机制。

（四）给以厚利与共盟于天：董仲舒对世俗性与神圣性的糅合

西汉时期，匈奴屡次侵犯汉朝边境，天下并不太平。对此，董仲舒曾提出：一方面，应该对匈奴施以厚利，用金钱来安抚他们；另一方面，也要与匈奴在上天面前发誓，彼此坚守约定，不背弃承诺；另外，还要把匈奴首领的儿子当作人质，以此牵制匈奴，使其不敢轻举妄动。董仲舒的这些说法，不像是儒家那一套崇高理想，而像是一些夹杂着崇高和世俗的计谋。这就是王者以仁义治天下，爱天下之人吗？董仲舒的上述方案，尤其是给夷狄以厚利的主张，后来受到《汉书》作者班固的严厉批评。班固认为，董仲舒的方案不仅不符合实际，而且会让匈奴不停地"敲诈"下去，汉朝只能通过剥削百姓来满足敌人的无限贪欲。

从董仲舒的其他论述来看，他在阐述古代王者承天命、顺天意以治天下时，就指出过"利"在其中的关键性。他说，天虽然不说话，但总是满足天下人，古代的圣人意识到了这一点，所以做了王者以后，一定要做对天下人有利的事。荀子也阐述过这一理念。这一政治理念本身并没有问题，但关键在于，如何去做有利于天下人的事？王者和天下人之间只有利益关系吗？利益关系不会长久。对于单向的利益关系而言，一方的需求和另一方的付出需要一个具有说服力的理由。"中国"为何要源源不断地给夷狄以厚利？这样的太平有何意义？天下太平就意味着一方的

[①]（美）巴菲尔德著，袁剑译：《危险的边疆：游牧帝国与中国》，江苏人民出版社2011年版，第88、64—65页。

: 汉代人的观念世界 :

不断付出和另一方的不断索取吗？可以说，一旦利害关系成为形塑天下的准绳，并且与某些曾被强调为神圣性的价值嫁接在一起，"天下"就成为一个权力与利益的交易场。在实际层面，汉武帝频繁地对匈奴发动战争，试图征服不安分的夷狄，拓展汉王朝的边境。当然，这是一条走向帝国的道路，而不是建构"天下"的道路。武帝的行为导致国家财政亏空，战争物资越来越紧缺。于是，武帝于元狩四年（前119）下令，把盐铁的经营权收归国家，以增加国库收入。汉昭帝始元六年（前81），官方组织召开了一次会议，辩论盐铁专营、酒类专卖和平准均输等问题，这次会议被称为"盐铁会议"，会议记录被整理为《盐铁论》。参加盐铁会议的一些御用文人熟悉儒学，常常称引以往儒者的话。比如有些人多次转述董仲舒的观点，其中一处说："孔子说过，有国的诸侯和有采邑的卿大夫，不担心民众财富不够，而是担心分配不均；不担心人口少，而是担心社会不安定。所以天子、诸侯、士大夫都不计较利害得失。他们培养仁义，实行教化，推广德行，安抚远人。近处的民众都来亲近，远处的人都来臣服。所以，善于取胜的人不必战斗，善于战斗的人不需要调动军队，善于调动军队的人不需要摆出阵法。朝廷把工作做好，敌人就会退兵；王者施行仁政，就会天下无敌。哪还需要军费呢？"

郭店楚简《唐虞之道》是战国作品，其中说："尧舜之王，利天下而弗利也。"[1] 尧舜作为王者，只做对天下有利的事情，不做对自己有利的事。《史记·五帝本纪》说帝喾高辛"普施利物，不于其身……仁而威，惠而信，修身而天下服"[2]。帝喾、尧、舜之所以成为后世君王的典范，原因之一便是他们"利天下"，而"利天下"同时意味着他们不利己。古代圣王的这种利人不利己的品格，与董仲舒及其后来参加盐铁会议的一部分人的观点是暗暗相合的。且有的汉儒相信，民众都有邪、正两种气质，既有坚守正义的心愿，又有追逐利益的欲望，关键在于通过教化引导他们。退一步说，夷狄毕竟也是天下之民，给夷狄以厚利，就是具有仁爱之心的王者爱天下人的体现，就不再显得俗套且委曲求全。这种行为可

---

[1] 荆门市博物馆编：《郭店楚墓竹简》，文物出版社1998年版，第157页。
[2] ［西汉］司马迁：《史记》卷一《五帝本纪》，第16页。

以称作"怀夷",也就是用某种手段笼络夷狄,使夷狄服从。与之相对的是"攘夷",即抗击夷狄入侵。之所以攘夷,是因为华夏人将夷狄视为礼乐文明的威胁。这种严华夷之别的行为,其视野已从"天下"收缩为"中国"。怀夷则是因为,"中国"之帝王要做天下之共主。如果以厚利怀夷就是行仁义,那么"内治"上的"反理以正身","外治"上的"推恩以广施,宽制以容众"①,就会相应地要求制定限制国人获利、纵容外人索取的制度与之配套。在实际层面,汉朝确实是把利益安抚作为治夷的重要手段之一,②攘夷与怀夷并进。殷晴说:"汉朝统辖西域以后,充分发挥其富裕的财力对西域的支援,以大量的金币丝帛为赏赐或赠予,有效地争取了各地上层人物的支持。"③对于一些夷狄政权而言,只要有丰厚的利益可得,对中原王朝给以形式上的臣服也并无不可。中原王朝历来讲求排场,特别在意各国前来朝拜天子时的荣耀,以为这是君临天下的体现,不惜以丰厚的回赐表达对前来臣服者的欣赏和关爱。这就是在天下观念的驱动下形成的朝贡体系。但是在这些夷狄看来,中原王朝引以为傲的朝贡体系"是一种荒唐可笑、自欺欺人的伪装"④。

  班固对董仲舒的批评切中要害。因为对于见利忘义的人来说,一旦无法满足其欲望,所谓的认同、太平都将不复存在。不过,这只是其中的一方面,我们现在有理由指出,董仲舒在主张给夷狄以厚利时,对于夷狄的政治体制缺少充分的了解。研究边疆史、游牧民族史的海外学者提出了观察汉匈关系的新视角,即制度视角。巴菲尔德指出,作为汉朝最主要竞争对手的匈奴政权,是一种"帝国联盟"(imperial cinfederacy),亦即由多个部落组成,"部落首领直接掌握政治权力,而不仅仅受命于单

---

① [清] 苏舆:《春秋繁露义证》,第248页。
② 以经营西域为例,余太山指出西汉采取的七条主要措施为联姻、武力威胁、屯田、赂遗、纳质、以夷治夷、设置西域都护。参阅余太山《西汉与西域关系述考》,载《西北民族研究》1994年第2期,第16页。必须指出,"说之以厚利""质其爱子""共盟于天"等方案皆非董仲舒首创,董氏只是一个主张者。
③ 殷晴:《汉代西域人士的中原憧憬与国家归向——西域都护府建立后的态势与举措》,载《西域研究》2013年第1期,第1—8页。
④ (美)巴菲尔德:《危险的边疆:游牧帝国与中国》,第83页。

于"①。单于即匈奴部落联盟的总首领,是匈奴最高层。汉朝的物质安抚策略,基本上是针对夷狄上层并且主要是最高层,未能得到利益的中下层,自然就以一种"非官方"的形式继续侵扰汉朝边境。所以匈奴对汉朝提出的要求是双层的:首先要满足匈奴帝国的政治精英,其次是普通游牧民。② 历史学者狄宇宙(Nicola Di Cosmo)在区分汉朝与匈奴政权的制度差异时,揭举了这样一种情形:汉朝皇权至上,意识形态具有高度渗透性;匈奴单于则需要获得酋长的支持,受到大臣的制约。这种制度特征上的差异,导致了双方在遵守约定时的不对称。③ 这里不妨推测一下:单于可能非常乐于遵守约定,因为他将因此获得丰厚的利益,但他的臣下和附属于他的酋长未必与单于有着相同的意志。由此反观董仲舒的学说乃至整个儒家传统,我们可以说,历代儒家的华夷之辨,想当然地把夷狄看作一个内部没有差异的整体了。如果能够意识到夷狄内部的复杂性,我们就不会奇怪为何汉朝对夷狄施予的厚利源源不断,却仍不能确保边疆的安定。

董仲舒认为,比起出兵与匈奴开战的花费,送给匈奴钱财更为划算;用坚固的城郭防御匈奴,和与匈奴订立盟约的效果是一样的;给匈奴厚利,可以避免边境地区的人民受战乱之苦,匈奴也不会侵扰"中国",这对于整个天下也是有利的。对董仲舒来说,天下的和平比物质利益更为重要。这看上去是着眼大局的考虑。按董仲舒所述,天下是否和平,直接关涉是否符合天意,"天下和平,则灾害不生。今灾害生,见天下未和平也"④。这话是针对君主而言的,天下不和平首先是王者失职,说明王者并未把仁义理念落到实处。董仲舒忽略了一点,那就是:实现和平、太平,只是王者对天命的兑现和对天道的践行,而夷狄并没有致天下于太平的神圣使命,因此,即便他们造成天下大乱,也不必担心自己受到上天的惩罚。匈奴也

---

① (美)巴菲尔德:《危险的边疆:游牧帝国与中国》,第47、52页。
② 参看(美)巴菲尔德《危险的边疆:游牧帝国与中国》,第58页。
③ 参看(美)狄宇宙著,贺严、高书文译:《古代中国与其强邻:东亚历史上游牧力量的兴起》,中国社会科学出版社2010年版,第258—263页。
④ [清]苏舆:《春秋繁露义证》,第395页。

有敬天的习俗,自称"天所立匈奴大单于"[①]。但是这里的"天"的意涵是什么,让人费解。汉匈关系的起伏意味着,要么二者至少有一方违背了天的意旨,要么二者所说的天根本不是一回事,他们只是共用了"天"这样一个名号,以天之大确保自身行为的正当性,约束对方的行为。另须指出,有敬天的习俗并不意味着有致天下于太平的神圣使命。比如,后来建立元帝国的蒙古人虽然敬天,但他们认为其从"天"处所获的使命是武力征服、兼并天下,而不是以德怀远、天下太平。

(五)神圣还是世俗?——形塑天下的两难

身居华夏的学者,对夷狄性情、习俗的指斥比比皆是。综合这些指斥,大致认为,夷狄与华夏人在性情上存在着根本的不同,夷狄贪而好利,难以被教化成善良的人,圣王干脆把他们当作禽兽,不与他们宣誓、设盟,不必在他们身上耗费钱财,也不必兴师动众,耗费兵力。总之,华夏的价值规范很难直接适用于夷狄。这就意味着,王者以仁义治天下,百蛮朝贡,远人臣服,不过是华夏之人的美好想象。

孔子曾乐观地以为包括恭敬、忠信在内的仁义价值可以通用于蛮貊之邦。孟子则指出,只要国君施行仁政,邻国的百姓就会把这个国君视为父母。董仲舒也设想过一种天下人像回到父母怀抱一样归附王者的祥和景象。然而,当华夏与夷狄这两类在生活习俗、价值观念甚至性情好恶上都并不一致的群体进行交往时,一种试图通过自以为"最好的"价值——仁义——来塑造认同的举动,就颇具单边主义的意味。儒家曾认为,小人的品格在君子的道德面前单薄无力,就像草遇见了风,必定跟着倒。事实并非如此简单。董仲舒之前,"中国"与夷狄已经进行了长期的磨荡交往,发生了许多故事,比如夷狄犯边、王师征讨、驻兵防御、和亲通好。但时至董仲舒时代,华夷冲突问题仍未得到解决。所以,被"中国"视为贪而好利、人面兽心的夷狄,在面对"中国"的文治、德行时,绝非想象中的那样能够轻而易举地被感化。我们还发现,在身份问题上,"中国"虽然也有变成夷狄的可能,但这一转化不需要获得夷狄的承认。相反,夷狄却必须通过"中国"的评判来完成对自己身份与形象

[①] [西汉]司马迁:《史记》卷一百一十《匈奴传》,第3501页。

的更新、重塑。"华夏（中国）""夷狄"这两种称呼，俨然不是在陈述一个社会事实，而是在表达一种价值判断。

在华夏与夷狄真正开展交往之前，任何诸如华夏优越、夷狄落后的判断，都是难以成立的。因为华夏、夷狄作为两个尚未处于同一生活情境中的群体，只能代表两类生活方式和价值观念。二者构成了事实上的并立状态，是"普天之下"的两种身份，却并不必然也无必要代表两种高下不等的价值。价值的高低不是通过概念的比较得出的，而是在共塑天下的实际交往中直接被人感受到的。无论是华夏，还是夷狄，都具备从不同的生活方式（习俗）与交往方式（礼仪）中把握某种先天价值的能力，也就是感受到什么是好的、什么是不好的。这种能力毋须性情、智识上的训练。基于这种能力而产生的观感、好恶，常常是不一致的。那么，究竟用什么来塑造一个和谐、多元的天下？

上述问题理应成为董仲舒天下观念的核心，然而董仲舒并没有对此给出一贯的回答。他首先继承、强化了先秦儒家对于天的敬奉，继而以天阐述仁义价值的合法性。但问题也随之而至：夷狄并不把"中国"人理解的天奉为神圣者，或者说，"中国"之"天"与夷狄之"天"的内涵差异极大，那么仁义价值就无法适用于礼乐文明之外的群体了。战国时期的商鞅就绝不相信仁义能够治天下。商鞅认为，具有仁爱之心的人，可以把仁爱给予他人，却不能使他人也变得仁爱。义也是如此。所以，仁义是不能用来治天下的。这一观点和儒家的王者以仁义治天下的理念迥然对立。我们必须思考：仁义是否能够感化他人？如果不能，那么"中国"给予夷狄"厚利"，岂不是白白的付出，无谓的牺牲？商鞅的思想带有浓厚的功利主义色彩，由其变法打造的秦国被视为虎狼仇寇，与戎狄同俗。也可以说，商鞅的功利主义与董仲舒"正其道不谋其利，修其理不急其功"[1]的非功利主义恰成对比。这种对比把仁义价值的普适性问题摆在我们面前。

既然华夷双方理解的"天"并不一致，那么，只是和夷狄在一个抽象、空洞的"天"面前制定盟约，作出承诺，就没有什么意义。神圣之天必须可视化地与人们的实际生活相关联，使人们能够切身而一致地感受到"天"

---

[1] ［清］苏舆：《春秋繁露义证》，第262页。

的存在、功用。然而，现实中可见的事物又常常发生变化，不足以维持认同。所以，寻找一个凝聚彼此的事物十分困难，令人踟蹰。获得"厚利"的夷狄仍然屡犯不止，以至汉代以来，热衷于建言献策的大臣们就这一问题争论不休。

以上说明，只要在现成的框架——比如理念世界、经验世界——内寻找认同的基础，这个框架所不具备的某种要素就足以限定这个框架的适用性，以至神圣的理念世界、世俗的经验世界均无法表述"天下"。因而，华夏的仁义与夷狄的性情都不可直接拿来作为塑造认同的根据。所以我们看到，董仲舒固然提出了精妙的教化设想，但汉代的帝王却走上了帝国之路。所谓帝国之路，即通过征服不断增加累积性收益，通过不断进攻以实现防御，以及通过施加威胁使他者屈从。[①]董仲舒的观念与现实之间，已非是否符合或是否脱节的问题，而是背道而驰了。还不止于此，当帝王诉诸暴力以制造"天下一家"的表象时，才华斐然的文士，比如司马相如，还可以不辱使命地为杀戮唱赞歌，指出夷狄渴慕文明之邦的恩泽，将残酷的血与火美化为对夷狄迫切心愿的满足。这显然是对事实的严重歪曲。

三、对汉代儒家天下观念的评价与反思

综合董仲舒的方案可以发现，董仲舒试图撷取神圣性与世俗性这两个截然对立的价值来平衡华夷关系，保证"中国"安宁，营造天下太平的局面，但被董仲舒视为神圣的"中国"之天，并不足以对贪而好利的夷狄构成制约。面对夷狄的无已之诈，王者以仁义治天下就是对夷狄施以厚利，这就势必带来"中国"自身物力财力的长久损耗。神圣性与世俗性构成了董仲舒天下观念中不可消除的张力，而实现天下太平就意味着"中国"要做出巨大的牺牲。

[①] 参见俞可平《论帝国的兴衰》，载《山西大学学报》(哲学社会科学版)2022年第1期，第1—11页。

: 汉代人的观念世界 :

（一）"大一统"理念的滥用及双标

从西汉一些儒者、朝臣的言论中，我们还可以发现，由帝王主导、部署的华夷交往，完全不符合儒者的期待。汉武帝的拓边事业与儒家对"王者大一统"的价值性阐述格格不入。"大一统"理念中包含着道德的维度，也就是百蛮朝贡的天下太平局面是通过道德感化而不是武力征服实现的，不是形式上的土地面积扩大、人口数量增加。虽然《春秋》的法典化使儒家对夷狄的文化偏见变成教条，有些儒者甚至多有刻薄之论，但是在儒者心目中，王者以仁义治天下的理念不曾动摇。汉宣帝时，匈奴曾发生内乱。许多汉臣认为，这是消灭匈奴的大好时机。但当时的御史大夫、通晓经学的萧望之却不同意。萧望之说："据《春秋》记载，晋国的士匄率领军队侵略齐国，听说齐侯去世，就率领军队回国了。君子称赞他不征伐正在办丧事的国家，认为他的恩德足以使齐国的新国君佩服，道义足以感动诸侯。从前的单于仰慕我朝教化，一心向善，以弟自居，派遣使者请求和亲，四海之内的人们都很高兴，夷狄没有不知道的。条约没有奉行到底，单于不幸被叛臣所杀，现在去讨伐匈奴，是趁别人内乱而幸灾乐祸的行为，他们一定会逃到远方躲避。不以仁义而战，恐怕劳而无功。汉朝应该派遣使者吊唁慰问，在他们衰弱的时候帮助他们。四方夷狄听说之后就会纷纷佩服汉朝的仁义之举。如果匈奴因此承蒙恩惠，新的单于继位，匈奴一定会向汉朝称臣。这就是道德的感召力。"[①]仁义不仅是承平时代的施以厚利，更是不乘人之危，救人于危困之际。

相比而言，汉武帝对四夷连年用兵，战死在夷狄居住区的人数不胜数，对内加重了民众的赋税压力。西汉政治家、经学家贡禹说，汉武帝征伐夷狄，向百姓横征暴敛，三岁儿童就要算成一口人，交一份赋税，百姓承受不了这样的剥削，以至生了儿子就马上杀掉，实在是令人心痛。西汉的另一位经学家夏侯胜说，汉武帝虽然打击夷狄，把汉朝的版图进一步扩大，但是他也杀了很多人，劳民伤财，奢侈无度，耗尽天下的财力，导致百姓流离失所，后来又闹蝗灾，粮食不足，出现了人吃人的现象。这些批评不

[①] 参见由许嘉璐主编，安平秋、张传玺担任分史主编的《二十四史全译·汉书》第3册，第1608页。引述时有改动。

只是对于武帝本人的不满,更代表了儒者对于通过武力实现儒家天下理想的一种沉痛反思。

另外,以下问题也值得思考:对"中国"来说,通过对夷狄的战争而获得夷狄居住地,有何必要?① 实现"华夷一家"是一种理想主义的天下情结,而考虑"中国"利益,权衡对夷狄开战的必要性则显得有些现实主义。归根结底,在当时怀抱天下理想的人看来,天下太平的局面必须是以"中国"为中心的。但这一局面的实现,可能使当下的"中国"作出牺牲,"中国"民众会遭受因战事而生的徭役、赋税、饥饿、恐慌之苦。这里就产生了两组冲突:一是未来与当下的冲突,二是天下与"中国"的冲突。对抽象化、形式化的"华夷一家"的拒绝,延伸到了对君民关系的探讨上。长期战事必然导致"上虚府库,下敝百姓",进而出现"民困而主不恤,下怨而上不知,俗已乱而政不修"的"土崩"②之势。反战者未必皆为民众考虑,但是长期对外用兵、劳民伤财,一定会渐失民心。因此,反战言论暴露了天下的两个重要内涵——仁政和华夷之辨——之间的矛盾,这一矛盾表现为汉朝对于这样一个问题的深深困惑:"万民之饥饿,与远蛮之不讨,危孰大焉?"③百姓的饥饿和夷狄的不讨,哪一件事情危害更大?注重"中国"利益、哀民生之多艰的人,其现实主义倾向中仍有理想主义的色彩,那就是仍希望"中国"的皇帝通过以德怀远,实现四夷臣服。危险性也在这里,当现实主义和理想主义掺杂在一起时,现实主义就降格为一种务实的手段,服务于理想,在以德怀远的问题上,就是给夷狄赏赐,招徕其人,收买其心。简单地说,天下太平的实现离不开利诱。现实主义者过于现实,以致自欺欺人。其实,不占夷狄之地,不疲"中国"之力,并不代表"中国"拒绝接受夷狄的臣服,而是说只需要一种形式上的臣服,即"中国"皇帝对夷狄统而不治。在这个意义上,"中国"和天下并不是截然对立的,"中国"是有可能成为天下之中心的,

---

① 公孙弘一直对武帝通西南夷持反对态度,认为"西南夷无所用""以为罢敝中国以奉无用之地"。参见〔西汉〕司马迁《史记》卷一百一十二《公孙弘传》,第3574页。
② 〔西汉〕司马迁:《史记》卷一百一十二《主父偃传》,第3580页。
③ 〔东汉〕班固:《汉书》卷六十四《贾捐之传》,第2835页。

: 汉代人的观念世界 :

只是中心地位的确立要充分考虑"中国"的实际利益，不能为了理想而无节制地牺牲当下。

"大一统"包含的另一个维度是价值观念的一致性。对价值观念统一性的要求，必然包含着对人们生活习俗的改变，"百里不同风，千里不同俗"和"户异政，人殊服，诈伪萌生，刑罚亡极，质朴日销，恩爱浸薄"①都属于乱世之象。通过暴力方式获得的臣服，则不是情感和价值上的认同。如上文所述，汉儒认为，能够凝聚天下人心的是仁义。仁义是对治天下的王者提出的要求，治天下的人要想天下人之所想，而不是只顾自己的想法，"治天下者当用天下之心为心，不得自专快意而已也"②；对于民众来说，仁义则体现为作为"法度"的礼教。所以，于王者和民众双方而言，仁义都具有规范性。汉儒说礼教，多针对刑罚，强调任德不任刑，但礼教和刑罚的约束机制是一样的，那就是让人遵守一套已经制定的条框。有一种观点认为，在王者完成制礼作乐之前，应该先用先王礼乐中适合当下的那一部分来教化民众。比如，董仲舒说："王者未作乐之时，乃用先王之乐宜于世者，而以深入教化于民。"西汉经学家王吉也曾说："王者未制礼之时，引先王礼宜于今者而用之。"③另外，《春秋繁露·玉英》："《春秋》有经礼，有变礼。为如安性平心者，经礼也。至有于性，虽不安，于心，虽不平，于道，无以易之，此变礼也。"苏舆随文引《礼记·丧服四制》云："有恩有理，有节有权，取之人情也。"④董仲舒所谓"宜于世"之"世"，是指"衰乱""升平""太平"三世中的某一阶段。对于"今"处于何"世"的判断和先王礼乐之内容的取舍，最终要服务于王者拨乱反正、教化天下这个长期的过程。这个过程的开展则需要参考人情。或者说，人的具体生活是"三世"的构成部分和判定标准之一。不过，董仲舒对人情有所区分，上面所说的人情应是指君子之情。普通民众之情很容易被欲望主导，所以民众之情需要用现成的礼教来引

---

① [东汉]班固：《汉书》卷七十二《王吉传》，第3063页。
② [东汉]班固：《汉书》卷七十二《鲍宣传》，第3090页。
③ 分见于[东汉]班固《汉书》卷五十六《董仲舒传》，第2499页；《汉书》卷七十二《王吉传》，第3063页。
④ [清]苏舆：《春秋繁露义证》，第72页。

导,[①]而不是根据民众掺杂着欲望的复杂情感来生成新的礼教。这里的双标现象已清晰可见。

(二)从王朝观念到天下观念——也说贾谊、董仲舒之差异

如何教化民众是汉初儒学界的前沿课题。在教化的具体开展上,贾谊和董仲舒的方案是不同的。陈苏镇已对此作了深入探讨。[②]仔细分析贾谊向文帝提出的政治主张,可以发现,贾谊的论述并不侧重于建立太平天下,而在于从纵向上维持汉王朝的长久统治。具体来说,贾谊对于汉王朝命运的担忧及其提出的方案,总是在"秦—汉"连续性这个历史前提下力求避免汉朝重蹈秦朝覆辙。这主要体现在两个方面。

第一,希望汉朝摒弃秦朝遗留下来的风俗敝败、不知礼义的畸形价值观,指出移风易俗迫在眉睫。贾谊提出了"以礼义治之"[③]的教化方案。这是一种速成之法。礼义是现成的,直接被拿来规约天下人。以现成的规范约束众人,忽视了人的个性和需求,使其只能被动地压抑自己的个性,克制自己的需求,调整自己的生活方式,适应一套抽象的价值理念。汉王朝统治者也曾亲身遭遇抽象价值理念的刁难。在儒生讨论"汤武革命"的合法性问题时,汉朝帝王顿觉尴尬:按礼制规范,汤武起而革命是犯上作乱,与之类似的刘邦叛秦也是以下犯上,大逆不道;但按照"民心即天命"的仁政思想,汤武革命则是顺乎天而应乎人的,一个引起民愤的君主当然要下台,这种君主必须被更换,这样,刘邦起事也就说得过去了。汉景帝对这个问题采取回避态度,学者后来也不再对其进行探讨、争论。抽象的价值理念、现成规范都不容商量,以这样的东西治理天下,和通过暴力征战强行打造的政治服从,在本质上是一致的。司马迁曾说,贾谊和晁错都精通申不害、商鞅的法家之学。就贾谊的思维方式而言,同样与法家思维殊途同归。由现成规范塑造的共同体,缺少生动、具体、充满可能性的生活,人们的生活是被决定的。但是深入汉初

---

① 陈苏镇:《〈春秋〉与"汉道"——两汉政治与政治文化研究》,第188页。
② 参阅陈苏镇《〈春秋〉与"汉道"——两汉政治与政治文化研究》第二章"'以礼为治'和'以德化民'——汉儒的两种政治学说",第133—206页。
③ [东汉]班固:《汉书》卷四十八《贾谊传》,第2244、2253页。

历史便可发现,贾谊指出的逐利、杀亲、盗窃等乱象,都是另一极端,即罔顾公共秩序、丧失规范意识的自私自利行为。贾谊的教化主张,是以一种极端来压制另一种极端。贾谊的优势在于,他可以借助权力。

第二,贾谊认为,秦俗败坏与商鞅变法丢弃礼义仁恩、只求进取的功利化取向有直接关系。这种取向体现在政治上,就是不重视道德、文化建设,以吏为师,用法令管理百姓。贾谊通过批评秦政表达政见,主要体现在他对于用法令、任刑罚的不满上(不过必须指出的是,贾谊对于自己的思维方式接近于法令思维并不自知)。与刑罚相对立的是"德教"。贾谊对自己政见的表达,是一种在刑罚和德教之间的范畴之争、方法之争。进一步说,是立场之争。这种争论只是为了选择一个范畴、一种方法、一项价值,没有看到两个范畴、两种方法、两项价值共同的弊端。

同样反思秦政,董仲舒与贾谊的思维方式有很大差别。贾谊秦汉对举,通过否定、克服秦朝的意识形态、价值理念而标举礼义;董仲舒则更多地通过解释经典,发展、阐述了一套超越王朝更替的"(三)世"论——"三世异治说"。在董仲舒建构其政治哲学的过程中,当然要涉及过往朝代的政治理念,比如他曾列举夏、商、周这些王朝的文质论,以确立汉代新的王道理论,并对汉朝继承秦朝之恶俗痛心不已。但董仲舒在把秦朝的政治、风俗贬斥一顿——"师申商之法,行韩非之说,憎帝王之道,以贪狼为俗,非有文德以教训于天下也"——之后,话锋一转,便论及天下大势:"今陛下并有天下,海内莫不率服,广览兼听,极群下之知,尽天下之美,至德昭然,施于方外。夜郎、康居,殊方万里,说德归谊,此太平之致也。"[1] 华夷关系是太平之世的外在维度,虽然"中国"、夷狄在儒家的观念世界中并不平等,但是华夷关系的维系首先是政权或族群之间的交往,一方对另一方的认同、臣服都是以二者的对立为前提的。所以,如果只停留在夷狄对"中国"的归顺上,没有切换到"天子—天下人"这个维度,仍然视天下之人存在着文化、价值观上的三六九等,那么这个"天下"也只能说是一个以某一政权为中心的单极化世界,而非儒家理想中的大同世界、太平天下。这时,《春秋》就作为一部"国际法"

---

[1] [东汉]班固:《汉书》卷五十六《董仲舒传》,第2510、2511页。

出场了。董仲舒的思维便依《春秋》而展开，他在历史连续性的基础上根据所处时段，确立了道的一贯性和时代性。古今帝王的治理是否有一贯之道？为何历史上常有变化？这是汉武帝在策问中提出的亟须回答的问题。董仲舒的答案非常明确，他说古今帝王的治理是存在一贯之道的，但道的具体呈现要取决于"所遇之时"①。董仲舒把道的彰显纳入治天下事业的逐步开展中，强调这项事业的时段性，其视野是天下，而不只是王朝。这与贾谊的二元化、替代性思维和王朝视野是不同的。

在如何教化天下人这个问题上，汉儒曾有两种主张：一种是贾谊的"以礼为治"，也就是用现成的礼乐制度规范天下人；另一种是董仲舒的"以德化民"，即临时用先王的礼乐教化民众（对汉朝来说，最合适的是虞舜时代的礼乐制度），最后把教化的成果作为制度巩固下来。两种方案的分歧主要在于什么时候制礼作乐。陈苏镇先生指出，导致"以德化民"和"以礼为治"之区别的原因，曾有两种说法：一是"主有优劣"，亦即和教化者自身的水平有关；二是"时有朴文"，亦即和所处时代的民风有关。②我们上面的论述，或可作为第三种说法，即"德教"的阐述者是否具有明确的天下观念。贾谊确曾论及天下大势，但是距离秦亡未远的他，摆脱秦政、革除凋敝风俗的"过秦"心情更为迫切，其思考重点是更换意识形态，延长新王朝的寿命。相比而言，在董仲舒所处的武帝时代，汉王朝已经历"文景之治"，元气充盈，具备实现天下太平的条件。其时的思想课题，就不再拘于王朝兴亡，而是运思天下，建立儒学意义上的理想世界。

我们还可以推出一个一般性结论，以供读者征诸事实而作出评判，今试述如下：一个政权在建立之初，要收拾前朝残局，倾向于反思、否定前朝统治之术，建构自己的正统性，确立自己的历史位置，种种思考不出朝代嬗变、革故鼎新的框架。经过几十年、上百年的恢复、发展，这个政权就根据自己的力量和在过去与其他政权的交往经验及其效果，

---

① "帝王之条贯同，然而劳逸异者，所遇之时异也。"载[东汉]班固《汉书》卷五十六《董仲舒传》，第2509页。
② 参阅陈苏镇《〈春秋〉与"汉道"——两汉政治与政治文化研究》，第205页。

在天下坐标中理解自己，确立自己的位置，并试图主导天下秩序。

（三）人与人的交往——天下的基本形态

仁义虽然是实现天下太平的一项不可或缺的条件，甚至成为一种规范，但它不具有惩戒功能。仅凭仁义而致天下于太平，是不可能的。没有惩戒性的规范，现实生活中的种种乱象就得不到遏制，比如帝王因私心、私欲而搜刮百姓，朝臣间的斗争倾轧，以及夷狄的屡犯不止等都不是仁义能够彻底消除的。儒家虽然指出王者受天命，但王者与天的关联只是为其开展教化提供神圣性、合法性。灾异论则是在对王者以仁义治天下予以神学补充的基础上，增添了警示意味的学说。灾异论的存在，意味着天参与到天下人的生活中，可以规范天下人的言行举止。灾异属于非正常现象，但是灾异的出现本身是天道中本有的组成部分。天道通常以天地之象，也就是天地、日月、星辰、阴阳、四时、五行等形式体现出来，但是普通人难以把握到天地之象中的道，只有圣人才能得道，或者说，道本来就是给圣人呈现的。这里的圣人，随时待天命而成王者。捕捉灾异，反思政治之失，调整施政方略，需要敏锐的洞察力和果敢的决断力。孔子曾希望"天下有道"（《论语·季氏》）。汉朝天下必然有其"汉道"。汉道就是在践行、延续天道中生成的具体性的东西。"天道远，人道迩"（《左传·昭公十八年》），汉道的具体性就在于当政者对于时机的把握，根据天道的显现（尤其是以灾异为主要内容的"变天"）而适时地更始、更化、改革。在某种意义上，走向太平之世的过程，也是一个灾异不断纠正人君之失的过程。[①] 但是灾异容易引发多种解释，人会通过解释灾异现象表达政治主张，打击政治对手。这样，灾异论就不是一种规范人世间秩序的学说，而是一种容易被人操纵的政治斗争工具。

那么，除了带有神秘色彩的灾异论，我们还能否思考一种不带有神秘性的、和当下世界息息相关而又不被权力轻易操控的天下之"道"？最后，笔者对此略陈数语，聊供读者参考、批评。

[①] 陈侃理："在永无止境的'致太平'过程中，灾异还会不断发生，以纠正人君的失德失政。"参见陈侃理《儒学、数术与政治：灾异的政治文化史》，北京大学出版社2015年版，第67页。

《史记·秦始皇本纪》说，秦始皇命令蒙恬在北方边境修筑长城，与匈奴隔绝，把匈奴往回击退了七百余里，匈奴不敢南下牧马，士兵也不敢弯弓射箭发泄怨恨。这样的后果，就是考古学家李济在20世纪所指出的，史学家长期以来把中国古史看作长城以南的事，"长城不只是疆域的界限而且成为精神的界限"。这就忽视了民族文化在其起源、形成过程中的开放性、互动性机制，它最多能够说明秦汉以后的历史。李济感慨："中国2000年来的史学家，上了秦始皇的一个大当。"[1]实现天下的和谐、太平，不是以隔绝天下内部不同群体之间的交往，以掩盖矛盾来达成一种暂时的无战状态；当然也不是如德国哲学家康德所言的以长期的战争为代价，换取人类理性的发展，进而实现和平。而是说，天下人已经在彼此交往了，交往塑造着关系，也改变着彼此，构成着新的生活形态。无论是个人之间、族群之间，还是国家之间、文明之间，但凡进行交往，必然需要在过去的关系局面中打开新的生活世界，在共同的生活世界中达成共识，包容差异，不回避矛盾，把矛盾的存在作为推动彼此展开深入沟通的契机，使人与人、族群与族群、国家与国家、文明与文明之间的交往永远处于进行时。这样才是一个不断实现新的可能性的活的天下，而不是靠暴力、强权管控的帝国，也不是一个人人自私自利、视他人如仇敌的丛林世界。

---

[1] 李济：《中国上古史之重建工作及其问题》，张光直、李光谟编：《李济考古学论文选集》，文物出版社1990年版，第81页。

后　记

当今之世，中国能为全人类贡献什么具有普遍性、永恒性的价值理念，是目前学界正在关注的一大热点问题。中国是四大文明古国之一，为全人类贡献了卓越的科学技术和哲学成果，是世界文明大家族的重要成员。随着中国国力的逐渐强盛，如何继续为文明世界增光添彩，日益成为全体国人深思的问题。习近平曾指出："要努力从中华民族世世代代形成和积累的优秀传统文化中汲取营养和智慧，延续文化基因，萃取思想精华，展现精神魅力。"[1]返本开新，继往开来，梳理数千年历史文化脉络，发掘出具有现代性价值的哲学与文化遗产，是现代学人责无旁贷的责任。

观念是一个民族在数千年历史与文化传统中积淀而成的精神文明成果。在文字学上，"观""念"各有所指。《说文》释"观"："谛视也。从见雚声。"《说文解字》释"念"："常思也。从心今声。""念"指涉人的思维活动，"观念"即一种面对经验世界现象进行的精神思维活动及其所形成的哲学形态。牟宗三对观念的特点有所分析："中国哲学由尧、舜、夏、商、周开始，模糊地能发出一些观念，这些观念就有相当的普遍性。由游离不明确的观念（idea），而至转成确定的概念（concept），就有其普遍性。观念大都是十分不明确的，明确化成就概念，一成概念就有普遍性。但此种普遍性，就中国而言，由尧、舜、夏、商、周开始就有其特殊性。换言之，中华民族的活动有一个观念在指导，有观念就有普遍性，但这个观念却要通

---

[1] 习近平：《大力弘扬伟大爱国主义精神》，《论党的宣传思想工作》，中央文献出版社2020年版，第179页。

过具体的生命来表现，也即由中华民族这个特殊的民族生命来表现。"① 观念最大的特点就在于"通过具体的生命来表现"，形成于汉代的观念系统，深刻影响了其后两千多年间中华民族的价值观和生活方式。梳理每一个观念的起源与流变，分析其现代意义，恰恰正是本书之价值所在。

  本书由曾振宇学术团队集体创作而成，几经审稿，终于付梓。第一章"友"，由王淑琴撰写；第二章"孝"，由许涛撰写；第三章"忠"，由曾力撰写；第四章"礼"，由郭丽撰写；第五章"乐"，由何家英撰写；第六章"心"，由李超撰写；第七章"美"，由林蕴臻撰写；第八章"天下"，由刘飞飞撰写。最后由曾振宇通稿。博士生曾力协助主编做了不少事务性工作，在此一并致谢！

---

① 《牟宗三先生全集》，(台北)联经出版社2003年版，第7页。